La casa del ahorcado

La casa del ahorcado

Cómo el tabú asfixia
la democracia occidental

JUAN SOTO IVARS

Papel certificado por el Forest Stewardship Council®

Penguin
Random House
Grupo Editorial

Primera edición: marzo de 2021

Printed in Spain — Impreso en España

ISBN: 978-84-18006-42-5
Depósito legal: B-675-2021

Compuesto en Pleca Digital, S. L. U.
Impreso en Black Print CPI Ibérica
Sant Andreu de la Barca (Barcelona)

C006425

A Joaquín Muller y Anna Ribera, por su ayuda indispensable

Índice

¿Dónde hallastes vos ser bueno el nombrar la soga
en casa del ahorcado?

Miguel de Cervantes,
El Quijote, II, cap. 28

No digas palabrotas

Eran los noventa y unos cuantos niños uniformados de chándal de hipermercado nos íbamos a un solar anejo a la estación de tren abandonada del pueblo, un páramo de cristales rotos y jeringuillas de yonqui, y las decíamos: cabrón, puta, chocho, zorra, maricón, joder, mongólico, follar, subnormal, coño, polla, lisiado, porculo, cojones, sidoso, mierda, te reviento, me cago en tus muertos, me cago en tu madre, me cago en tu alma. Tenía ocho o nueve años y experimentaba un placer singular con las palabrotas.

Por una parte, estaba el sabor del taco, que era el de la libertad, pero no solo eso. Poner porquería léxica en nuestras bocas nos provocaba también un goce onanista. El viejo «caca-pedo-culo-pis», en órbita desde que el mundo es mundo. Estallábamos en carcajadas cantando canciones tan monstruosas que hubieran hecho llorar a las funcionarias del Ministerio de Igualdad. No tengo ni idea de dónde las sacábamos; dudo que fueran de cosecha propia. Supongo que corrían de boca en boca como material de estraperlo o aquel rumor sobre Ricky Martin, el perro y la mermelada que inauguró lo que hoy llaman posverdad.

Decíamos tacos y cantábamos canciones de follar y cagar, de cojones y chochos, de irse de putas. Ninguno se convirtió en proxeneta que yo sepa. El contenido educativo de nuestra diversión nos traía al pairo, como es lógico. Todos los niños detestan la moralina, como supo ver Roald Dahl y como olvidan los actuales pedagogos y censores de libros infantiles. Nos deleitaba la sonoridad de las palabrotas, la violencia del lenguaje y la velocidad con que la coprolalia nos llenaba de éxtasis y alegría. El goce estaba en decir lo que habría acarreado castigos de llegar a oídos de los adultos. Nuestro gusto era atávico: romper un tabú.

El universo de los niños se parece al de algunas tribus en que los tabúes ocupan un lugar predominante. Al niño se le dice que no toque eso, que no diga aquello, que no se hurgue ahí, que no haga ese ruido tan molesto; se le exige que se acueste a una hora temprana mientras los adultos siguen despiertos, que no vea esa película que ellos sí ven, que no toque ese libro que parece tan interesante, que no haga ascos a la comida asquerosa que a veces le dan. Sus afanes y caprichos están cercados por límites que para él son antiguos y arbitrarios.

¿De dónde vienen? ¿Por qué se impusieron? Y sobre todo: ¿qué los hace tan importantes? ¿Por qué reaccionan los mayores como si la vida entera fuera a torcerse irremediablemente si el niño pisa la estúpida línea roja? Su deseo de cruzarla es intenso y nadie ofrece explicaciones convincentes para el veto. Eso es caca, eso está mal, eso hace daño. No es no, porque lo digo yo. Pero los niños ven a los mayores transgredir esos límites todo el tiempo. Son testigos de los tacos que sueltan, del vino que beben, del tabaco que fuman, y ellos quieren hacer las mismas cosas porque interpretan que en esos actos prohibidos se esconde la libertad.

Cuando el niño oye reír a los adultos en una complicidad que lo excluye, cuando no capta el doble sentido ni la turbia insinuación que hace que sus padres se carcajeen hasta ponerse colorados, lo que él desea es crecer a toda prisa, entender, participar, ser admitido en el club de los mayores. Parapetado en la frontera de la edad parece un refugiado en busca de asilo en un país cuyos trámites de admisión son demasiado lentos. De ahí que todos los niños jueguen a lo mismo, a ser mayores: mecánicos, enfermeros, aventureros, policías, vulgares.

Pienso que el taco es el primer trago del licor que el niño bebe a escondidas, la primera señal de peligro que burla para aventurarse en una suerte de allanamiento de morada, como cuando registra de arriba abajo los cajones de la cómoda de la abuela o espía lo que ven sus padres en la tele después de la hora de dormir. Si has tratado con niños sabrás que parecen ajenos a vuestra conversación, pero en realidad están sumamente atentos a las palabrotas que se os escapan. Cuando te oyen decir una levantan las orejas, te señalan con el dedo y tal vez quieran cobrarte una multa: ¡me debes un euro por decir *esa* palabra!

Esa palabra que no repite es una cosa impresionante para el niño, incluso para el que no la dice y se escandaliza cuando otros sí. Su existencia separada del resto del idioma, como si el vocablo fuera leproso o radiactivo, le explica algo de gran importancia: que el lenguaje no es un territorio homogéneo sino que tiene riscos, desfiladeros y grutas infectadas. Además, el niño sabe que basta pronunciar *esa* palabra (no las otras) para que papá y mamá se enfaden, y la reacción le está enseñando que hay palabras como conjuros, atrayentes y repulsivas a un tiempo, cargadas de poder. Sobre este poder, el tabú, tratan los cuatro primeros capítulos de este libro.

Si te has interesado en leer esto, quizá hayas pensado que hoy las malas palabras no solo se les reprochan a los niños. En esta época los adultos también estamos bajo vigilancia, y proliferan los curitas laicos dedicados al monólogo moralista, las *seños* rígidas y castigadoras, en palabras de Michi Panero: «los coñazos». ¿Por qué? Por una parte, nuestra sociedad ha perdido la grandiosa estructura con forma de escalera que servía como yincana a los chicos para dejar de serlo, y las etapas del antiguo ceremonial que ha acompañado a los humanos hacia la vida adulta en todas las culturas y a lo largo de la historia de la humanidad se ha desdibujado; por otra parte, el mundo adulto se ha hecho patéticamente infantil.

La televisión emite programas de cocina donde menores de edad trabajan bajo una presión de tiburones de finanzas y muchos de sus espectadores son gente adulta sin hipoteca, sin ataduras ni seguridad, que siguen compartiendo piso en el parque temático de la vida precaria. El éxito de las sagas interminables de los superhéroes de Marvel o los productos recocinados de *Star Wars* son la cara amable de una moneda que tiene en el reverso la pasión por el maximalismo, la obsesión maniquea y la polarización en una sociedad dividida y subdividida de forma simplista en buenos y malos, en héroes y villanos, donde la vida política es pura esclerosis.

En esta parálisis del crecimiento, donde la vida adulta tarda demasiado en desplegarse y lo hace al fin de forma frágil e insegura, adolescentes como Greta Thunberg o los activistas universitarios tienen una popularidad increíble. Son señales de una extraña inversión moral en la que generaciones deslavazadas intercambian sus papeles tradicionales: los jóvenes castigan y aleccionan a los mayores mientras estos tratan de parecer jóvenes, siempre a la última, sin asumir la más mínima responsabilidad o compromiso más allá de las soflamas tuiteras.

En las redes sociales, a las que dediqué mi anterior ensayo, los individuos se prestan al placer sadomasoquista de vigilar mientras son vigilados. Expuestos al mismo acoso de patio de colegio que los niños, a las mismas camarillas, a la misma ansia de validación por parte de los líderes del grupo, adaptan su discurso y quizá también su pensamiento a las corrientes de opinión dominantes, puesto que presuponen que ir por libre es una actividad de riesgo que puede traer consigo la acusación de herejía. La búsqueda del volátil prestigio social de las redes nos hace más vulnerables al juicio ajeno y esclavos de nuestras propias palabras. De nuevo, analizaré algunos de los síntomas que todo ello produce en las próximas páginas.

Pero no nos quedaremos ahí. Con este libro intento mirar a nuestra propia época con una distancia que me permita unir puntos que parecen no tener relación entre sí. Por ejemplo, las viejas recauchutadas y tanoréxicas que salen transfiguradas de la mesa de operaciones, los políticos que recomiendan apasionadamente *Operación Triunfo* y los cuarentones que se abren una cuenta en TikTok y afean al panadero que no se haya enterado de que hay ciento treinta identidades de género diferentes son, desde mi punto de vista, caras del mismo prisma. No es solo la ola de infantilismo que, según los analistas malhumorados, recorre Occidente como una pandemia, sino nuestro *Zeitgeist*: porque ay de quien no baile al compás de la innovación en un mundo donde todo lo viejo es automáticamente tachado de extinto y obsoleto.

Mientras el público asiste fanatizado al lanzamiento de un nuevo producto Apple, es previsible que se derribe una estatua de George Washington, que se retire el nombre de David Hume de la torre de la Universidad de Edimburgo, que el lenguaje, los museos, los cánones artísticos, el relato histórico y hasta los comportamientos comunes se conviertan, a ojos de la epidemia de gurús, en un nido de pecado y subdesarrollo. Que el pretexto para poner patas arriba museos y bibliotecas sea tan siniestro e ideológico como salvar al hombre de sí mismo no cambia las cosas; nos encontramos ante el culto a la novedad, hipnotizados por el adanismo, huraños hacia todo lo que hemos heredado y sin tener claro qué buscamos. Sin forma.

En esta tensión sin perspectiva, en esta celebración de la desmemoria, en esta demolición es donde las identidades colectivas simples y vulgares (hombre, mujer, negro, blanco, trans, gay, hetero) se han convertido, junto con los viejos nacionalismos y confesiones religiosas, en fortines donde la gente desorientada y desesperanzada se refugia. Y ahí es donde florecen las nuevas herejías, a las que está dedicada la segunda parte del libro. Porque no basta con ser mujer, hombre o trans, negro, mestizo o blanco, musulmán, ateo o cristiano, español o francés, sino que hay que serlo de la forma ordenada por los integristas: asumiendo un paquete de ideas, de expresiones, de enemistades; de censuras, de ángulos muertos, de limitaciones.

Uno de tantos ejemplos de ese ensimismamiento identitario es la situación actual del islam en Europa, una deformación grotesca de la religión intoxicada de política reactiva, producida en las refinerías de petróleo de Arabia Saudí. Detengámonos un momento en esto. Sabéis que el islam prohíbe la representación gráfica de Mahoma, comer cerdo y beber alcohol, pero nadie entra a tiros en el Palacio del Jamón gritando por la gloria de Alá antes de inmolarse para impedir que zampes paleta ibérica, ni apunta con un kaláshnikov a la cabeza de los engullidores de salchichas alemanas, ni dispara al charcutero, ni vigila los bares de copas en el centro de Madrid.

En Europa los musulmanes conviven con los cristianos y los ateos que beben alcohol y tragan el manjar prohibido sin que la transgresión pública del tabú desate la violencia. Pasa lo mismo con la costumbre de vestir como furcias de muchas europeas (a ojos del recato islamista). Pese a que los musulmanes asisten a mezquitas salafistas regadas con dinero saudí y muchos han terminado prefiriendo que sus esposas se disfracen de monjas, los casos en que un fanático molesta a una europea en la playa o la calle siguen siendo anecdóticos.

Esta paz en la discordia, este equilibrio entre interpretaciones morales opuestas es la grandeza de las democracias occidentales. Sin embargo, todo equilibrio depende de la distribución del peso de las partes, y las sociedades no son estáticas, sino organismos en movimiento permanente. Por un lado, pueden surgir grupos disolventes que se aprovecharán de la tolerancia para minar el sistema; por otro, un sutil desplazamiento de una pieza puede trastocarlo todo de la misma forma que una cucharadita de estiércol estropearía el sabor de un *steak tartar*.

Unas simples caricaturas de Mahoma publicadas en 2006 en una revista satírica francesa de ínfima tirada bastaron para poner patas arriba las relaciones entre el islam y la democracia en Europa. Si el nombre de la revista está en tu cabeza no es por su trayectoria ni por su contenido, sino por la catástrofe. Hemos asumido que la masacre ocurrió como consecuencia de las caricaturas como si los hechos no pudieran haber sido distintos, pero a mí todavía me sorprende que algo tan nimio como un dibujo produjera una reacción tan descomunal.

Solo unos pocos años antes el vuelo de una viñeta como esa hubiera sido corto. Sin embargo, para 2006 el motor de la red y la gasolina de la ofensa ya funcionaban y la condujeron hasta los cuatro confines. La blasfemia de *Charlie Hebdo* fue un rasgo imprevisto de la globalización: algo típico de un país democrático y laico, una blasfemia, provocaba graves desequilibrios en teocracias islámicas lejanas y entre la población musulmana francesa, parte de la cual había llegado al país en busca de la libertad que hacía posible esa ofensa.

En 2007 la justicia francesa rechazó los alegatos de grupos musulmanes que buscaban castigo denunciando que las caricaturas incitaban al odio contra el mundo islámico. El mundo islámico, en su versión más abominable, se tomó en 2015 la justicia por su mano: doce muertos, a cuya memoria está dedicado mi anterior ensayo.

Cualquier corazón bienintencionado hubiera creído que la masacre de 2015 había puesto el punto final al ansia de represalia del integrismo musulmán, pero en 2020 un profesor francés llamado Samuel Paty mostró los dibujos en una clase sobre libertad de expresión y la sangre volvió a llover sobre la democracia. El profesor ofreció a sus alumnos musulmanes que abandonaran el aula si querían para no resultar heridos por el material didáctico que se proponía utilizar, pero este *trigger warning* tan americano, claro, no sirvió de nada.

Tras una serie de reuniones y quejas de padres musulmanes ofendidos, empezó a correr la voz en Facebook hasta que un desconocido se presentó en la puerta de la escuela, preguntó a los niños con aspecto musulmán quién era Samuel Paty, dio con él, lo siguió, lo decapitó en plena calle a veinte kilómetros de París y se grabó después con la cabeza en la mano. El terrorista, Abdoullakh Abouyedovich Anzorov, tenía dieciocho años y era checheno.

Esa nueva atrocidad demostró que el poder desencadenado por los dibujos de *Charlie Hebdo* no se había atenuado tras la masacre de la revista. En el homenaje a la víctima, el presidente Emmanuel Macron defendió la libertad de blasfemar y trató a Paty como un mártir de la república. Eran las únicas palabras posibles en un líder europeo ante un asesinato tan monstruoso, pero muchos musulmanes franceses protestaron y la ira se contagió de nuevo a otros países. Hubo manifestaciones contra Macron en ciudades de Occidente y del mundo islámico, y finalmente nuevos atentados en Francia y Austria.

En los debates que suscitó esta nueva ola de violencia, la presencia de los tabúes era pertinaz. Por una parte, estaba la incapacidad de muchos musulmanes europeos de tolerar la ofensa, lo que hizo de las expresiones de condena sin paliativos (es decir: aquellas que no solo execraban el asesinato, sino que apoyaban el derecho a la blasfemia) una excepción. Por otra, estaba el tabú de los ciudadanos franceses de izquierdas, para los que la mera alusión a que el islam pueda ser un problema suponía un acto de xenofobia. Por último, estaba la derecha nacionalista, que utilizaba los atentados para defender la expulsión de los musulmanes, es decir, para convertir a una parte de la sociedad compuesta por gente muy diversa en tabú.

Pero hubo algo que pasó inadvertido y que es el asunto medular del libro que tienes en las manos: el hecho de que el profesor ofreciera a sus alumnos musulmanes abandonar la clase para no ser ofendidos por las caricaturas que iba a mostrar. Aquí está la clave de nuestra derrota colectiva, en ofrecer a los alumnos de un credo que se mantengan ajenos a una lección tan importante como la que enseña la libertad de expresión. Esto supone haber asumido la mentira de que la sociedad democrática no es el lugar donde, independientemente de nuestras creencias e identidades, todos tenemos sitio si nos sometemos a los derechos universales.

Ofrecer a un grupo identitario ausentarse de la clase sobre un derecho fundamental es muy diferente de no poner cerdo en el comedor o respetar una dieta vegetariana. Supone dar por válida la monstruosa idea de que una identidad es incompatible con la democracia, es decir, asumir la derrota de la sociedad multicultural y cubrirse las espaldas ante los problemas sentimentales que pueda acarrear compartir una idea clave. ¿Acaso los niños musulmanes no tienen derecho a aprender por qué la blasfemia está consentida en Francia? ¿No son algunos de ellos, de hecho, quienes más necesitan comprender este principio fundamental, que con frecuencia les negarán sus familias y, si viven en guetos, cosa fácil en Francia, sus comunidades?

La desafortunada forma de «respetar» la identidad y separarla de unos valores intrínsecos a la democracia, que es lo que se adivinaba tras la invitación bienintencionada de Samuel Paty a sus alumnos musulmanes, se ha extendido como la gangrena en Occidente. La consecuencia de esta perspectiva, que importamos de Estados Unidos y sus nefastas políticas de la identidad, es el separatismo cultural: como veremos en la tercera parte de este libro, el fin de la sociedad multicultural, basado en la renuncia acobardada de quienes dicen defender este modelo social con más ahínco.

Comparto con las almas puras la idea de que nadie con un mínimo de sensibilidad mencionaría la soga en la casa del ahorcado, pero, como veremos en las próximas páginas, nos enfrentamos a un problema enorme: en el mundo global e hipercomunicado la casa del ahorcado no tiene paredes, ni puerta por la que escapar; abarca el mundo entero sin dejar un resquicio para la libertad. Digamos lo que digamos, una comunidad dominada por sus integristas podrá venir a castigarnos como a niños que juegan a decir palabrotas en una estación de tren abandonada. Y esto, amable lector, es mucho más grave que una ola de infantilismo: es la mayor amenaza contra la sociedad abierta que se ha visto en las últimas décadas.

PRIMERA PARTE
Tabú

1

Cook a la conquista de Hawái

El descubrimiento del tabú

*Donde se describe el lugar y circunstancias en que
los occidentales hallaron la palabra «tabú»
y nació la antropología,
mientras los imperios conquistaban el mundo*

El 17 de enero de 1779, los nativos de la isla Grande, la mayor de las extensiones de tierra del archipiélago de Hawái, se quedaron estupefactos. Se dibujaban en el horizonte las mismas criaturas marinas que habían visto otros indígenas justo antes de que todo cambiase para ellos: un par de barcos británicos. Las naves que se aproximaban eran los buques *HMS Discovery* y *HMS Resolution*. A bordo del segundo viajaba un personaje singular: el explorador y capitán de la marina británica James Cook. Alegres y hospitalarios, diez mil hombres, mujeres y niños se congregaron en la playa para recibir a los visitantes, subieron a sus canoas y se acercaron a ellos, cantando y bailando sin parar: no se veía una sola arma. Cuando Cook y sus hombres consiguieron poner pie en la arena diamantina, la fiesta llegó al clímax. Los británicos solo querían abastecerse de agua dulce y comida para seguir su viaje, un trámite para el que no esperaban un recibimiento tan asombroso. Un sacerdote envolvió a Cook con una tela roja bordada con los motivos de un templo y lo guio hacia el lugar sagrado. Todo esto no entraba en lo previsto por el explorador. Habían tenido tiempo de sobra para tratar con nativos a lo largo y ancho de los mares y esta vez les acuciaba un plan más urgente. Además, Cook ya había pasado por estas islas un año antes, y había ordenado a su cartógrafo que las esbozase en el mapa y escribiera la palabra «Sandwich». Llamó de esta forma al archipiélago de Hawái en honor del conde de Sandwich, John Montagu.[1]

Durante esta travesía, la tercera y última para Cook, habían devuelto a un indígena tahitiano llamado Omai a su hogar, después de llevarlo a Londres tras la segunda expedición para convertirlo en objeto de estudio antropológico. La devolución de Omai era un pretexto para ocultar a las potencias extranjeras su verdadera misión: los británicos querían encontrar una nueva ruta entre el Pacífico Norte y el Atlántico, cruzando el paso del Noroeste, posibilidad que entonces seguía siendo controvertida y que, en caso de existir, otorgaría grandes ventajas a sus descubridores. Lo que no podía imaginarse Cook era la trascendencia que tendría para él y para el mundo de las ideas aquel puñado de islas polinesias. En este paraíso terrenal a él le esperaba la muerte y a nosotros, un concepto. Aparecería en sus diarios y sería explicado por los supervivientes de la expedición. Era una simple palabra, sí, pero cambiaría para siempre nuestra forma de pensar en las cosas en las que no podemos pensar.

En las playas bañadas por el agua turquesa del Pacífico de los archipiélagos polinesios de Tonga, Fiyi y Hawái, remotos entre sí, escucharon por primera vez los oídos de un europeo las tres variaciones que dan origen a nuestra palabra «tabú». Era *tapu* en Fiyi, *tabu* en Tonga y *kapu* en Hawái, y no hay un solo fonema en este tétrico vocablo que nos induzca a pensar en las playas paradisiacas, sino que nos remite a peligro, a oscuridad y a silencio. Resulta paradójico que un término como este, que tiene por costumbre envolverse en la tiniebla, fuera hallado en escenarios tan luminosos como las islas polinesias. Pero, como vamos a ver, las paradojas se multiplicarán a medida que avancemos en la historia del tabú. En su expedición a Tonga dos años antes, Cook ya había anotado en sus diarios la palabra *tabu*, pero en Hawái tendría nuevas y trágicas oportunidades para aprender sobre ella. La primera adaptación de este vocablo en los caracteres de un idioma occidental está en la anotación del diario de Cook del día 15 de julio de 1777:

Cuando la cena llegó a la mesa, ninguno de mis invitados quiso sentarse a tomar un bocado de lo que había allí. Cada uno era «tabú», una palabra fácil de entender que en general significa «prohibido».

Es divertido, por seguir con las paradojas, que las tres voces hawaianas más populares en el resto del mundo remitan a nociones tan extremadamente contradictorias. Además del tabú (*kapu*), utilizamos *wiki* («rápido») para referirnos a la enciclopedia más dinámica y políglota del planeta, y *hula-hop* para el anillo que los niños usan para mover alegremente las caderas en el patio del colegio.

La danza *hula* resultó, de hecho, mucho más interesante que la palabra «tabú» para los marinos de James Cook. También el saludo *aloha*, que las mujeres de Hawái pronunciaban mientras se les aproximaban contoneando las caderas con incitante sensualidad. David Samwell, ayudante del cirujano del *Resolution*, consignó en su diario que las mujeres hawaianas eran muy hermosas y que «empleaban todas sus artes para atraer a nuestra gente a sus casas, hasta el punto de obligarles al darse cuenta de que los marinos no habían de ser seducidos por sus halagos. Tal era su determinación que de ninguna manera aceptaban ser rechazadas».

Pese a que un tabú impedía a las mujeres salir de su casa en presencia de los británicos, ellas parecían más que dispuestas a transgredirlo. No sería el único tabú roto: la preocupación de Cook por emponzoñar el paraíso con gonorrea británica, como había ocurrido en otras expediciones, le llevó a prohibir terminantemente a sus hombres cualquier trato carnal con las nativas, pero según Samwell, «se sabía que algunos de los que estaban en tierra tenían relaciones con las mujeres». Los astutos marineros incluso las disfrazaban de hombres para llevarlas hasta el barco. Samwell anotó en su diario que «ningún pueblo del mundo da rienda suelta a sus apetitos sexuales tanto como este», y aquí tenemos otra paradoja: cuando decimos «tabú» usamos el concepto de un pueblo con el que los británicos se las vieron en una ausencia de tabúes escandalosa y excitante.

La promiscuidad no era el único tabú cristiano que los hawaianos parecían saltarse a la torera. También violaban otro más sagrado para un británico del siglo XVIII: el de la propiedad privada. Los primeros nativos que subieron a bordo del *Resolution*, después de escenificar en sus canoas unos rituales que los marinos atribuyeron a un ejercicio de purificación, se dedicaron a saquear el barco ante la estupefacción de los británicos. Uno de ellos agarró lo primero que tuvo a mano, la sonda, y cuando fue detenido por los marinos dijo simplemente que se lo estaba llevando a su canoa. El guardiamarina Gilbert observó que, «con mucha parsimonia» y «sin ningún escrúpulo ni vacilación», agarraban todo lo que les gustaba y se sorprendían cuando los británicos les pedían que restituyesen los objetos, «pues no podían creer que lo hiciéramos en serio, sino que imaginaban que les dejaríamos tomar lo que quisieran». Cook reflexionaba en su diario sobre esta disposición al robo: «Pensaban que tenían derecho sobre cualquier cosa a la que pudieran poner las manos encima», pero añade que no se mostraban violentos, sino sorprendidos, cuando los marinos devolvían las piezas del barco a su lugar. Quizá pensaban, como sugiere el antropólogo Marshall Sahlins, que los siglos de sacrificio recibían al fin su recompensa.[2]

Durante los años venideros, los misioneros puritanos de América del Norte intentarían enseñar infructuosamente los mandamientos en estas islas placenteras. Darían fe de que los impulsos sexuales de este pueblo eran tal y como los habían descrito los primeros exploradores, y de que toda esta deliciosa exuberancia anidaba muy profundamente en la cultura local. De nuevo según Sahlins, algunos famosos gobernantes eran bisexuales, y se podía ascender en la escalera social, o incluso caer en desgracia, por medio del sexo. Se jugaba a juegos eróticos de intercambio de pareja y se socializaba a los niños y a las niñas de la élite en las artes del amor, como ocurría con los varones entre la aristocracia culta de la antigua Grecia. «A las niñas se les enseñaba a hacer el "amo, amo", el "parpadeo de la vulva" y otras técnicas para "hacer gozar sus muslos"», mientras los niños eran instruidos por los mayores para cimentar con buen arte amatorio sus futuras carreras políticas. Algunos versos de las canciones rituales y populares confirman la posición central de la sexualidad en aquella cultura: «Fuego ardiente aquí dentro, el acto de amor embarga mi cuerpo, palpitando anoche. Dos de nosotros hemos conocido el poder, el relajamiento pacífico, haciendo el amor dentro de mi cuerpo». «Nosotros dos en la espuma, oh, alegría, los dos juntos, abrazándonos estrechamente en la frescura.» El lingüista Samuel

Hoyt Elbert explica que, debido al escaso número de fonemas y a la gran cantidad de homónimos, la lengua hawaiana propicia el juego de palabras y el «significado oculto». Es decir, una cultura inclinada a la sugerencia y a la libertad sexual hablaba un idioma que funcionaba igual. Una nueva paradoja, pues el tabú también se refiere a lo que no debe ser dicho.

Es fácil imaginar, pues, el choque cultural que deparaba el siglo de las misiones evangelizadoras puritanas en Polinesia. El estirado pastor Lorrin Andrews se quejaba de que los hawaianos tenían «más de veinte modalidades de relaciones sexuales ilícitas, y otras tantas palabras para designarlas», de manera que, si se elegía uno de esos vocablos para explicar a los nativos el sexto mandamiento, estos tenían todo el derecho de deducir que las otras diecinueve formas de hacer el amor eran admitidas por la Biblia. Durante el siglo siguiente a la entrega del concepto «tabú» a Cook, los hawaianos tuvieron que soportar que una tropa de castos misioneros les exigiera convertir en tabú lo que para ellos era sagrado.

Sahlins, de cuyo extraordinario trabajo he sacado parte de esta información, explica que los misioneros consideraron la danza *hula* blasfema por su erotismo, «que era justo lo que le otorgaba el carácter religioso para los hawaianos». A lo largo del siglo XIX, los misioneros suprimieron «toda mención al sexo en las canciones y los bailes». Un viaje de ida y vuelta que nos permite intuir una de las ideas fundamentales que aparecerán más adelante: es evidente que para los cristianos existía la noción de tabú antes de descubrir la palabra. Desde los tiempos del Levítico, el tabú aparece con el nombre de «blasfemia», «obscenidad», «impureza» o «pecado» para señalar como peligrosos y contaminantes un sinfín de comportamientos, términos y funciones corporales humanas. Lo que lleva a pensar que las palabras no crean una realidad, como suponen cada vez más ciudadanos occidentales aficionados a la corrección política, sino que hay realidades que esperan su palabra exacta como los hawaianos esperaban los botes de Cook. Entretanto, estas realidades se conforman con otros nombres o sin ningún nombre.

La pregunta que se estará haciendo el lector más atento es esta: si los nativos de Hawái tenían costumbres tan disolutas no ya a ojos de un misionero, sino de los experimentados marinos del *Resolution*, si eran tan hospitalarios y alegres con los visitantes y no desconfiaban de ellos, y si vivían, por así decirlo, en un lugar parecido al paraíso terrenal, ¿qué demonios significaba el tabú para ellos y por qué era tan importante? ¿Cómo pudimos importar una palabra tan castrante de una tierra, en apariencia, tan promiscua e impúdica?

En los diarios de la tripulación de Cook, las variaciones hawaianas, fiyianas y tonganas de la palabra se traducen como «prohibido» y se aplican de igual manera a ciertas zonas de la isla, a frutos y animales, a vestidos y tipos de plumas de adorno, y también a personas, como, por ejemplo, el sacerdote o el jefe. Los británicos observaron que los hawaianos tenían que asumir tabúes en función de su rango social, en sus relaciones con el *mana*, como llamaban a los espíritus sagrados, y entre ellos. Una batería de tabúes limitaba sus movimientos en la isla. Había lugares *kapu*, generalmente señalados con dos astas cruzadas; había tabúes para cada rango de edad o la casta social; y había personas que llevaban el *kapu* dentro de sí, expandiéndose a su alrededor como una burbuja invisible que no debía ser traspasada. Así pues, «prohibido» nos proporciona solo una noción muy superficial del significado de «tabú». Wilhelm Wundt, citado copiosamente por Freud en su estudio sobre el tótem, el tabú y la neurosis, nos ofrece una breve definición que nos permitirá empezar a pensar sobre el concepto llevándolo más allá de las observaciones de Cook: Wundt señaló que es tabú una persona, lugar, objeto o acto «en el que santidad e impureza no están todavía diferenciados».[3] Subrayémoslo ahora, puesto que volveremos una y otra vez a esa ambigüedad.

Si pensamos en actos en los que la santidad y la impureza no están bien diferenciados, sin duda el sexo será el primero que nos venga a la cabeza. Para muchos cristianos contemporáneos, el sexo sigue siendo a la vez el generador de vida y el de pecado. La gente que no tolera o no entiende la homosexualidad, aplica sin saberlo el concepto de tabú a unos grupos humanos y libera a otros; así, un hombre podrá yacer con una mujer, pero no con otro hombre. El hombre será, desde este punto de vista, tabú para el hombre.

Con esto, que tiene que ver con la asociación entre el tabú y la distinción (o lo selectivo), hemos dado ya un paso muy interesante, pero, como ahora veremos, la noción de *kapu* tampoco resultaba en Hawái tan sencilla de entender ni de delimitar como pensó Cook. Al igual que ocurre en todas las culturas regidas por la observancia del tabú, y también en nuestras sociedades sofisticadas, el concepto de tabú es tremendamente escurridizo. Según entresaca Sahlins de la documentación del *Resolution*, las mujeres «violaban los tabúes rituales que las confinaban en sus casas para mantener relaciones amorosas con los tripulantes de los barcos europeos. Este apasionado intercambio pronto llegó a ser un importante vehículo para el comercio, con vistas a eludir tanto los tabúes de los sacerdotes como el negocio de los jefes». Es decir, tras los tabúes de Hawái había, a su vez, una compleja forma de organización social. Vetos no solo a lo inmoral o peligroso, sino también al comercio. Empezamos a intuir con esto que la cultura hawaiana no era tan promiscua e impúdica como les pareció a los británicos y a constatar que proliferaban numerosas prohibiciones muy concretas que formaban una intrincada telaraña de límites no escritos en ninguna ley, pero presentes en la vida de los habitantes de las islas. Veremos más adelante que las prohibiciones de los hawaianos eran, como los tabúes que nos afectan en el siglo XXI, mucho menos arbitrarias de lo que parecían. Pero sigamos con la historia del encuentro entre James Cook y los inventores del tabú.

Como decíamos al principio, el 17 de enero de 1779 la multitud de Hawái había recibido a los británicos con una desconcertante algarabía. El sacerdote de la tribu había envuelto al capitán en una tela roja bordada con los motivos de un templo. Según los diarios de Ellis, ayudante del cirujano en el *Discovery*, el sacerdote condujo al Gran Navegante de la mano hasta el templo Hikau. A su paso, un hombre gritaba: «Oh, Lono!», y al oír el grito las multitudes corrían hacia el interior de sus chozas para postrarse en el suelo. Lono, dios hawaiano de la fertilidad, regresaba cada año sobre las aguas con las lluvias del invierno y buscaba a su novia sagrada en la isla. Sahlins señala que la llegada de los británicos coincidió con el homenaje anual que rinden allí al dios Lono, y que aquel año se honró a Cook con los ritos de bienvenida habitualmente destinados a él.

Pese a la rudimentaria simplicidad que podría suponer un profano a los asuntos políticos de los nativos, lo cierto es que la situación política en Hawái era muy compleja, y la relación entre los jefes políticos y los sacerdotes era intrincada y difícil. Que Cook fuera confundido con Lono, como creyeron los marinos británicos, sigue siendo hoy un tema controvertido para los antropólogos. Pero hubo al menos una parte de los hawaianos, sobre todo del clero, que creyó que era él o que al menos estuvo interesada en favorecer esta confusión. La venida de un dios a la tierra siempre es buena para el clero y mala para los políticos.

Sea como sea, la estancia de los británicos en Hawái hasta los primeros días de febrero fue fructífera y amistosa. Como hemos visto, hubo intercambios sexuales, pese a estar prohibidos por las órdenes de Cook y por el tabú que afectaba a las mujeres hawaianas, y hubo también comercio entre nativos y británicos, acto vetado a su vez por otro tabú. Sahlins explica gráficamente que «comenzó una carrera de violaciones de los tabúes por parte de las mujeres del pueblo». Esta situación se prolongó durante los días de fiesta en honor a Lono y, casualmente, el 3 de febrero, poco después de concluida la fiesta, el *Resolution* y el *Discovery* levaron anclas y el capitán Cook se alejó de Hawái.

Todo parecía haber terminado bien, pero el tiempo es malo en esa parte del mundo durante esas fechas, y los de Cook se toparon en el mar con una tormenta en la que el trinquete del *Resolution* se rompió, lo que obligó a los británicos a regresar a las islas para repararlo. Hay que hacer hincapié en que Cook ya estaba enfermo para entonces. La teoría más aceptada es que se intoxicó con algún pescado. Padecía dolores intestinales y su comportamiento era cada vez más errático. Hay investigadores que hablan de parásitos, pero, de cualquier forma, Cook no era ya el mismo cuando regresó a Hawái para reparar su barco. Tampoco se encontró con los mismos isleños de los que se había despedido.

Para sorpresa británica, esta vez los hawaianos se mostraron hostiles. Sahlins encuentra en este cambio de actitud una posible prueba de que los sacerdotes habían hecho creer a una parte de la comunidad que Cook era el dios Lono. Su regreso a los pocos días de marcharse se salía del calendario sagrado. No pintaba nada allí en febrero: el propio dios estaba violando un tabú, y la crisis ritual podía desembocar en otra política. El 13 de febrero, un grupo de isleños propinó una paliza a los marinos que cargaban agua y robaron el bote con el que habían llegado a la playa. Al día siguiente, el 14 de febrero de 1779, Cook decidió emplear la fuerza como represalia: los británicos se adentraron en el pueblo de Ka'awaloa y secuestraron al rey Kaliniopu'u. Si los hawaianos querían liberarlo, tendrían que restituir el bote que habían robado. Esta misma táctica de extorsión les había funcionado a los marinos en Tahití, pero esta vez las cosas no salieron como esperaban. Los hawaianos protagonizaron una violenta refriega con ellos en la playa, tumbaron a Cook de un mazazo en la cabeza y después lo asesinaron con los mismos cuchillos que él les había entregado antes de partir. Los británicos que pudieron salvarse y escapar observaron que los «salvajes» despedazaban el cuerpo del capitán en la playa, como si quisieran asegurarse de que sus hombres podían verlo.

Así terminó la vida del explorador que nos trajo de aquellos archipiélagos la palabra «tabú». Sin embargo, escribe Sahlins que, «incluso después de la muerte de Cook, mientras predominaba una situación de hostilidad entre los británicos y los jefes Ka'awaloa, los sacerdotes de Lono enviaban diariamente provisiones a los barcos, [...] más como en cumplimiento de una obligación religiosa que como efecto de la simple generosidad». Además, preguntaban con insistencia a los británicos si sabían cuándo iba a volver el dios, como si el asesinato de Cook formara parte del ritual, o como si creyeran que Lono podía regresar al año siguiente en otro cuerpo. El lugar donde el capitán fue asesinado se convirtió asimismo en tabú, quedó marcado y solo algunos individuos podrían pisarlo. Esto puso en aprietos a los británicos, que exigían recuperar los restos de su capitán para enterrarlo con honores en el mar. Finalmente, los sacerdotes les entregaron la mayor parte del cadáver, aunque parece que se guardaron algunos huesos para venerarlos como reliquias. Hoy, un monolito blanco se eleva entre el verdor selvático en este punto de la costa hawaiana.

En Hawái, los tabúes variarían para adaptarse a la era del capitalismo. Sahlins explica que el rey Kamehameha, conquistador autóctono del archipiélago y unificador de Hawái, entre 1795 y 1819 impondría prohibiciones «a las épocas y condiciones del comercio con los barcos europeos, con el objeto de impedir el comercio de los vasallos, o bien de asegurarse de que las exigencias del consumo político y aristocrático tuvieran prioridad frente al interés del pueblo hacia los artículos de uso doméstico. En estas circunstancias, el concepto de "tabú" [...] experimentó una extensión lógica hasta el punto de una transformación funcional. El tabú se convirtió paulatinamente en el símbolo de un derecho material y de propiedad». Hoy, *kapu* es una forma de marcar una propiedad privada en Hawái, y muchos niños la escriben en un papel que pegan en la puerta de su cuarto para evitar que sus hermanos pequeños entren.

El concepto de «tabú» que llegó en los cuadernos de la tripulación de Cook despertó un interés casi sobrenatural en la legión de exploradores y estudiosos que estaban sentando las bases de la etnografía y la antropología a lomos de los corceles del imperialismo. El descubrimiento de que había tribus regidas por el tabú en todo el planeta, desde la Polinesia hasta África, pasando por América y las estepas siberianas, dejó entrever que este tipo de restricción no era un vestigio del hombre de las cavernas o un capricho de aquellas islas encantadoras. Se llamase *tabú* (como en Polinesia), *pomali* (como en Timor), *porikh* (como en Borneo), *nazarita* (como en el judaísmo antiguo), *äyos* (como en la antigua Grecia), o *sacer* (como en Roma), lo cierto es que la idea que opera tras este concepto parecía estar presente en todas partes. Hoy, cuando el simple hecho de que un hombre blanco diga en Estados Unidos la palabra *nigger* puede ser sinónimo de su autodestrucción social súbita, vamos a seguir recorriendo un poco más la historia para averiguar qué fuerzas se ponen en marcha cuando encadenamos una serie de sílabas, como si pronunciáramos un conjuro mágico o tocáramos algo indebido. Pero antes, debemos examinar un poco más el contexto en que se despertó el interés europeo por el tabú de aquellos pueblos.

ANTROPÓFAGOS Y ANTROPÓLOGOS: EL TABÚ CONQUISTA EUROPA

La coincidencia de la llegada de Cook con la festividad del dios Lono en Hawái no parece menos trascendental que esta otra: en 1776, el año en que Cook zarpó de Londres en su tercera y última travesía, se publicó uno de esos pocos libros destinados a transformar para siempre el rumbo de la historia: *La riqueza de las naciones,* de Adam Smith. Desde el asesinato de Cook y durante las décadas siguientes, mientras las colonias americanas de España, de Portugal y de Gran Bretaña empezaban a emanciparse, los europeos crearon nuevas colonias en el resto del mundo y continuaron llevando su religión, su cultura, su organización social, su tecnología, su industria, su curiosidad y sus epidemias a los cuatro confines. También su idea del comercio, y la historia ha demostrado que no hay una fuerza tan destructora de tabúes como esa.

Hoy la ambición imperial está sometida a una importante revisión, y las estatuas de conquistadores y exploradores desaparecen de sus altares. La corriente de opinión que demoniza el proceso colonial es fuerte, así que tendremos de recordar, aunque sea con la boca pequeña, que donde existen sombras pronunciadas también hay puntos de luz que las producen. El imperialismo dio un impulso increíble a la cartografía, a la etnografía y a la biología. A finales del siglo XIX apenas quedaba ya un trozo de tierra seca que no apareciera detallado en los mapas. Los espacios blancos más allá de las costas africanas se habían convertido en diagramas de interés para la industria, llenos de puntos que señalaban las minas y las plantaciones, la mano de obra y las almas que había que evangelizar. Los infranqueables pasos polares estaban desvelados y con ellos desaparecieron los últimos obstáculos del comercio. Podemos ver la evolución de los mapas entre los siglos XVII y XIX como el desvelamiento definitivo de las supersticiones de la Edad Moderna.[4]

Así que el último viaje de Cook está escrito en el prólogo de una catástrofe planetaria: el imperialismo colonial del siglo XIX. Durante este siglo violento y largo, que un cierto consenso entre historiadores ha situado de forma diacrónica entre 1789 y 1914, las aventuras viajeras del XVIII viran mecánicamente y se dirigen a toda máquina hacia la anexión sedienta del planeta. Mientras la industria exige recursos con una voracidad bulímica y vomita nubes de humo, los gobiernos de las potencias europeas se los procuran mediante la anexión. Quedan construidos entonces los cimientos de la geopolítica actual, en los que los mapas son politicoeconómicos y señalan las fronteras de contención de los imperios y las minas, plantaciones y explotaciones madereras. Donde hubo preguntas e ingenuas anotaciones prolifera ahora la información de interés para los empresarios.

Pero no solo con el colonialismo proyecta el siglo XIX sus sombras y luces al presente.[5] Casi todas las máximas fundamentales de esa época siguen vigentes: es el siglo del Estado nación, de la democracia parlamentaria, de la legitimación del poder mediante la participación popular. Es el siglo de la noción prometeica de un progreso sin límites con el capitalismo como hilo conductor, de la investigación médica y psicológica avanzadas, de la tensión entre el apasionamiento romántico y el gélido positivismo. Es el siglo del dilema entre la laicidad y la superstición, de las ciencias sociales y la hipocondría social. De la pugna entre ideologías totalitarias y democracia burguesa, entre tiranía y emancipación, de la batalla feminista para convertir a la mujer en un usuario de pleno derecho de la vieja declaración universal. También es el siglo de la fogosa idolatría de la juventud y, por encima de todo, de la creencia de que la ciencia es el bote salvavidas que nos aleja de los males que atosigan a la humanidad.

La cadena de movimientos que conduce a los atentados de *Charlie Hebdo* en París, con sus réplicas de 2020, empieza a gestarse en esta época. La mentalidad colonial parte del presupuesto de que solo una religión dice la verdad, lo que convierte a las demás en idolatrías paganas. El habitante de las colonias es visto como un animal que necesita que le enseñen a entregar sus recursos sin oponer resistencia, a trabajar con horarios y a rezar en cristiano. Habrá muchos tipos de venganza contra este abuso en el siglo siguiente, pero lo cierto es que en la aventura de los imperios hay algo más que militares, terratenientes y misioneros. Los barcos propulsados por el viento y más tarde con carbón y gasolina transportarán las ideas de la Ilustración a las colonias, que germinarán allí para dar lugar a los movimientos de emancipación nacional y a la descolonización. Y, además, llevaban polizones que estaban desafiando el sentido común de su época: los etnógrafos, paleontólogos y naturalistas, un ejército armado con baúles de libros y cuadernos de dibujo que marchó a la conquista del misterio de nuestro origen común.

Durante este siglo de sangre y fuego, de violaciones y abusos, de racismo y desigualdad, el conocimiento sobre la especie humana dio un salto equiparable al de la riqueza amasada por los empresarios que esquilmaron África. El habitante de las colonias es un «otro» ante el que es necesario tomar posiciones. Para muchos se trata de un salvaje o de un bobo al que se puede torear con trucos de prestidigitador. Pero mientras Charles Darwin observa a las tortugas y los pájaros preguntándose si se parecen en algo, los primeros etnógrafos conviven con los «salvajes» haciéndose preguntas parecidas.

Todo atropello implica un contacto, y este puede cambiar para siempre a las dos partes implicadas. Tras arrollar a un peatón, el conductor del coche se preguntará quizá quién fue ese al que lisió y pasará los años siguientes implorando un perdón que tal vez nunca reciba. Hoy se tiende a pensar que en aquella época toda nuestra influencia fue mala y unidireccional, y esto no es cierto. En Europa y Gran Bretaña la fascinación por lo exótico, aquello que estaba más allá de los márgenes, hizo que brotaran como setas las sociedades geográficas de aventureros, exploradores y apasionados del orientalismo. En las ciudades obreras, atosigadas por las chimeneas siderúrgicas, ennegrecidas por el hollín, aparecían aficionados a la montaña, desenterradores de dinosaurios y poetas bucólicos. Junto a los hospitales modernos, estandartes del progreso científico y la investigación, aparecían tenderetes de chamanismo, piedras mágicas y tarot. En el amurallado y violento núcleo de los imperios crecía, poco a poco, al principio como extravagancia y en el siglo siguiente en forma de carreras de estudios poscoloniales y movimientos de liberación nacional, la fascinación por la sabiduría de los pueblos oprimidos.

También nació el marxismo, que con elementos antimperialistas cuestionaba las relaciones de trabajo de la metrópoli capitalista. Y mientras pensadores como Karl Marx y Friedrich Nietzsche propugnaban el fin de las religiones, por todas partes aparecían cultos nuevos, como si el contacto con otros mundos hubiera dejado pasar algunos de sus ídolos aplastados. Se fundaron sociedades zoroástricas, cabalísticas, masónicas, teosóficas, satánicas y budistas, y las casas de los extravagantes bohemios se llenaron de figuritas hindúes del dios Shiva, de caligrafías japonesas y de máscaras rituales africanas. Los imperios pisotearon los ídolos a los súbditos, pero estas criaturas paganas se escondieron en los barcos y alcanzaron Londres. A lo largo del siglo XIX se pone de moda una literatura entre aventurera y aterradora que llena la imaginación de los europeos de momias, caníbales y vampiros. Como apunta Nick Groom, «es la célebre "colonización inversa" que ha provocado un debate crítico importante y meticulosos estudios que argumentan que los vampiros —junto con el lumpen, los científicos locos, el "peligro amarillo" del Oriente demonizado, las momias egipcias e incluso los alienígenas interplanetarios— representan [...] a los súbditos imperiales, que contraatacan».[6]

En las criaturas sobrenaturales de ficción que se pusieron de moda en plena expansión colonial está, si nos fijamos bien, la semilla de la fascinación por el tabú. El vampiro (metáfora del peligro en los límites orientales del imperio Habsburgo, donde estallará la Primera Guerra Mundial) y la momia (encarnación amojamada de la colonización inversa) son figuras diabólicas de apariencia humana (como los salvajes) cuyo poder brota del deseo de represalia, del resentimiento. Ambos son intocables, ambos cometen sacrilegio con su mera existencia, y sus poderes emanan del tabú que han roto al atravesar la frontera entre la vida y la muerte. Además, tanto la momia como el vampiro son metáforas del pavor al contacto, que alude tanto al cuerpo humano como al de la nación. Desde que Thomas Hobbes escribiera su *Leviatán* en el siglo XVII se piensa en el Estado y la sociedad como un cuerpo que ha de mantenerse sano, a salvo de la contaminación. Así que ¿cuál es el cuerpo que hay que proteger de la mordedura orientalizante del vampiro? ¿El de la virginal doncella victoriana o el de la metrópoli imperial?

La tendencia a fabular sobre los peligros del progreso y la expansión mediante metáforas monstruosas, cuya cima es el *Frankenstein* de Mary Shelley, que dará lugar a la fecunda ciencia ficción del siglo XX, nos está señalando esta particularidad del colonialismo de la que hoy se habla tan poco, el efecto del súbdito imperial sobre la metrópoli, la «contraconquista», toda una guerra cultural mucho antes de que este concepto fuera creado. Los monstruos típicos del siglo XIX son patógenos para el hombre y también para el país. Drácula viaja con ataúdes llenos de tierra de su castillo para comprar propiedades inmobiliarias en Londres en lo que parece una sutil «contrainvasión», mientras que la momia viene cubierta de arena y sal del desierto y resucita a su ejército intramuros. El vampiro te chupa la sangre y te transforma en su sirviente, mientras que la momia es un general que utiliza su poder demoniaco para someter al hombre civilizado y coronarse como faraón de un salvaje imperio asiático renacido en tu propia ciudad. Sin necesidad de retorcer la metáfora, ¿no parece la momia un antecedente metafórico de lo que muchos años más tarde sería la yihad?

Pero hay algo más en estos monstruos. La ciencia había descubierto ya entonces que los dominios coloniales del trópico estaban infestados de enfermedades terribles, mortales y desconocidas; de parásitos capaces de chuparle la sangre a un soldado hasta disolverlo por completo, y hasta de provocarle horrores psicóticos y locura, de desnaturalizarlo. Sabían también que existen enfermedades hereditarias, que atribuían a la corrupción moral de ciertos grupos, como el lumpen o los colonizados. Había, por tanto, una noción científica de la frontera, una línea más allá de la cual existía el peligro de la degeneración. Un lugar que no debía ser pisado, como ocurría con la playa donde los hawaianos mataron a James Cook. La literatura ha dejado muchas pistas sobre el pavor de los europeos a adentrarse en territorio tabú. Mientras el *Frankenstein* de Mary Shelley advertía sobre el viaje sin retorno de una ciencia cegada por la ambición prometeica, *El corazón de las tinieblas*, de Joseph Conrad, nos hablaba del peligro de violar los límites geográficos de la oscuridad.

Este miedo a la corrupción, al contagio y a traspasar los límites establecidos por el tabú está en el origen de la invención de la raza, que coincide con la expansión colonial. El profesor Kwame Anthony Appiah ha fechado la génesis de la idea de la raza en tiempos muy recientes, entre los siglos XVIII y XIX, cuando aparecen las escuelas de mitos médicos que servirán al imperialismo como coartada. La raza, explica Appiah, es una quimera teórica relacionada con el temor a la descomposición del cuerpo humano y social que pretende explicar con argumentos biológicos el atraso cultural de los sometidos, para hacer aceptable su dominio paternal por parte de las potencias imperiales. Numerosas corrientes de la medicina decimonónica quedarán fascinadas por esta jerarquía de las ramas humanas y sostendrán que el carácter de los pueblos se hereda por los genes, hibridando así la medicina y la política. Los descubrimientos de Charles Darwin serán deformados por algunos de sus epígonos y se argumentará que existe una evolución inversa en la que el ser humano retrocede de vuelta al simio. Los defensores de estas teorías manejarán pruebas tan ridículas como la morfología craneal del negro o las deformaciones provocadas por el trabajo industrial en el cuerpo de los obreros de Londres; compondrán así su mapa de razas degeneradas de negros y blancos, de pobres. Nacerán nuevos tabúes para las relaciones sexuales interraciales, especialmente en el mundo protestante.

Aunque no todo es horror, prevención, separación y mitología. Entre la ficción gótica y la seudociencia racista del XIX, entre la estilización literaria de las culpas colectivas y los terrores despertados por el avance imperial hacia lo desconocido, aparece también la mirada curiosa y valiente que no se asusta ante la oscuridad, sino que pretende averiguar qué significan esas formas. En este momento se crean en Europa las primeras escuelas de antropología y, como ya hemos dicho, las misiones imperiales se llenan de polizones que no aspiran a conquistar, sino a explicar. Entre los antropólogos y etnógrafos habrá muchos individuos que apliquen la óptica racista o supremacista para conformar sus estudios en el marco de la justificación colonial, pero también otros que se harán las preguntas pertinentes en un tiempo tan poco proclive como el presente para la discusión y la disidencia.

La mirada sobre el otro, incluso la que está limitada por el prejuicio, suele deparar sorpresas. Aquella legión de etnógrafos y antropólogos descubrirá muy pronto que la presencia extendida de los tabúes, incluso en las sociedades consideradas más aisladas y primitivas, como las del interior de Australia, supone un duro revés a la mentalidad colonial. Mediante el tabú, el salvaje dejará de ser considerado como tal. El tabú explica a esos primeros etnógrafos que las tribus no son bandas de animales con forma humana que pululan por las selvas dando rienda suelta a sus impulsos viciosos, sino que apoya la opinión contraria. Los antropólogos descubrieron que aquella gente caricaturizada vivía bajo una ley estricta que ordenaba su vida y jerarquizaba su sociedad. Esta ley no emanaba de la moral, sino de una mezcla indisoluble de costumbre y superstición. El tabú ofrecía, por tanto, un sistema de control social que dibujaba, como una espiral, un intrincado laberinto de vetos, ceremoniales y ritos de paso. Es decir, el tabú era una manifestación de la cultura, de la civilización, no de lo salvaje.

Pues bien, en los próximos capítulos veremos hasta qué punto ha pervivido este mecanismo de control social y cómo se ha revelado en los momentos de crisis y de peligro (también en nuestros días).

2

El espejo primitivo del tabú

*Donde un virus desembarca en Occidente
y los mecanismos de orden simbólico, control social
y protección contra la ambigüedad del tabú
van quedando al descubierto*

Todas estas noticias han llegado a mi correo electrónico a lo largo de los últimos años, desde que empecé a escribir este libro, gracias a una alerta de Google con la palabra «tabú» y a un puñado de amigos que me mandaban todo lo que les parecía que estaba relacionado con el tema: se elimina a las azafatas en bikini de los podios de Fórmula 1 y otras competiciones deportivas,[1] se convierte el piropo en una falta delictiva,[2] se persigue la pornografía,[3] se insulta y acosa a mujeres que acuden a una clínica para abortar;[4] aparecen pintadas contra los inmigrantes,[5] los homosexuales[6] o los hombres;[7] se publican artículos que condenan la heterosexualidad[8] y otros que condenan los movimientos por la transexualidad;[9] se ataca a quien se disfraza en Carnaval o en Halloween de un personaje de otra raza;[10] se tacha de pedófilo a Gauguin y se anima a retirar sus cuadros de las pinacotecas;[11] se dice que los inmigrantes musulmanes están disolviendo nuestra cultura,[12] y menores extranjeros tutelados por el Estado reciben ataques directos de aspirantes a la presidencia en una campaña electoral;[13] en Cataluña, cualquier complemento de color amarillo se carga repentinamente de significado político y se convierte en un color mal visto por quienes no piensan igual;[14] en Estados Unidos, ocurre lo mismo con un gesto de la mano que ayer sin ir más lejos expresaba un simple «ok».[15]

Un actor muy popular de Hollywood se convierte en un apestado al descubrirse su mala conducta sexual y se le borra de películas ya rodadas;[16] también despiden a un ingeniero de Google por manifestar su opinión en un debate interno de su compañía;[17] castigan a un jugador de fútbol americano por arrodillarse durante el himno nacional[18] y aparecen carteles en el metro de Madrid que piden a los hombres que no separen las rodillas;[19] se denuncia a un cómico por sonarse con una bandera;[20] se manda a un actor a juicio por cagarse en Dios[21] y se abronca a otro porque apareció en una foto con una botella de plástico en la mano;[22] también se cancela el rodaje de una película porque una mujer iba a interpretar a un personaje transexual[23] y se vapulea a otra por aparecer en una gala con las axilas sin depilar;[24] hay escritores que abandonan su agencia literaria para no estar cerca de una autora que manifestó su opinión sobre lo que para ella significa ser mujer,[25] y se prohíbe circular a un autobús que lleva escrito el mensaje «Los niños tienen pene, las niñas tienen vulva»;[26] se cancelan seminarios universitarios por protestas estudiantiles,[27] se exige que se eliminen definiciones del diccionario[28] y se retiran obras infantiles clásicas como *Caperucita* de una biblioteca escolar.[29]

Todas estas noticias están conectadas con algo que de manera intuitiva relacionamos con el tabú. Son afluentes dispersos de una poderosa corriente de ultracorrección de las costumbres, el lenguaje y la ideología que agobia a algunos y que otros consideran necesaria para el progreso. Pero ¿nos hablan todas del tabú? ¿Usamos el término a la ligera? ¿Conocemos hasta dónde alcanzan sus implicaciones? ¿Seríamos capaces de detectar las fuerzas simbólicas que lo activan? En este capítulo y los siguientes intentaré responder a estas preguntas, pero antes acompañaremos a otro viajero que, como James Cook, hizo el viaje en dirección contraria y desembarcó por sorpresa en nuestras costas.

UNA VISITA INESPERADA

Este libro estaba casi terminado cuando las noticias de una presencia insólita y espectral empezaron a deslizarse por la prensa diaria como en una secuencia de Murnau. La sombra vampírica no era esta vez un príncipe no muerto de Valaquia, sino un virus de origen animal que había contagiado a cientos de personas en China sin necesidad de morder ningún cuello. Se apuntó como culpable a una zoonosis —una enfermedad animal que salta a los humanos— con origen en un mercado de criaturas exóticas, y se habló del murciélago y del pangolín como los principales sospechosos. Años antes, el escritor científico David Quammen se había preguntado en su libro sobre las zoonosis dónde se originaría la próxima pandemia mundial de gravedad suficiente como para eclipsar al VIH. «¿En una selva tropical? ¿En un mercado del sur de China?»[30]

Cuando el brote de coronavirus SARS-CoV-2 empezó a infectar de manera exponencial a los habitantes de una ciudad llamada Wuhan, la pregunta de Quammen quedó por fin respondida, pero la opinión pública no estaba lista para encajar esta sencilla información. La idea de una pandemia potencialmente grave para Occidente era tabú. ¿Cómo es posible? No es que no se pudiera decir, todo lo contrario: la advertencia aparecía en la prensa de vez en cuando sin despertar mucho interés y alguien tan popular como Bill Gates había advertido ya en 2015 del peligro en una charla TEDx, donde afirmó que una nueva cepa de gripe contagiosa y letal era una amenaza para la que el mundo debía prepararse.[31] El libro de Quammen contenía este mismo aviso. Se había editado varias veces y era un superventas traducido a muchas lenguas. Además, de tarde en tarde, se proyectaban en los cines y se programaban en plataformas digitales películas catastrofistas que nos mostraban esta posibilidad. No estaba prohibido anunciar que un virus atacaría Occidente, esto no acarreaba ni escarnio social ni castigos infames, y sin embargo, como quedó demostrado con las torpes reacciones mundiales de los gobiernos y con la incredulidad de la opinión pública, la idea de que algo microscópico pudiera poner patas arriba nuestra sociedad era tabú. Se podía decir, sí, se podía jugar con ello, pero parecía que, en un nivel más profundo, no debía pensarse.

En el capítulo anterior vimos que James Cook recogió el concepto de tabú y tradujo sus variantes polinesias como «prohibido», pero también que el tabú no puede reducirse una mera prohibición. No es tabú aparcar en doble fila, pero sí está prohibido. El código penal puede prohibir actos que son tabú, como el incesto o el asesinato,

pero también conductas simplemente dañinas o peligrosas, como tirar una colilla encendida desde la ventanilla del coche, evadir impuestos o saltarse un stop. Hutton Webster ha sugerido que muchas de las
prohibiciones de las civilizaciones avanzadas podrían ser una evolución de tabúes primitivos, pero eso tampoco implica que el tabú sea
una prohibición. Sin embargo, este suele ser el uso más extendido.

La Real Academia Española define el término como la «prohibición de tocar, mencionar o hacer algo por motivos religiosos, supers-
ticiosos o sociales». Esta es la noción habitual en los artículos de prensa,
en los libros críticos con la corrección política y en las conversaciones
de barra de bar, donde tachamos de tabú cualquier tema que se haya
vuelto espinoso por causas que van desde la ignorancia y el miedo
hasta la cerrazón ideológica. Sin embargo, no todo lo que queda fuera
del entendimiento o del discurso permisible, ni todo lo que no se
quiere escuchar por fundamentalismo ideológico delata la presencia
del tabú. No: el tabú pone en marcha unos mecanismos del orden
simbólico muy particulares. Por ejemplo: *Mi lucha*, de Adolf Hitler, no
sería un tabú para un analfabeto, pero sí para los libreros alemanes
desde la caída del Tercer Reich, o para un superviviente del Holocausto. El libro es el mismo. ¿Dónde está entonces el tabú?

Durante el mes de enero de 2020, las noticias de una nueva plaga
que tenía lugar en un país lejano se atribuyeron a la estúpida manía
de algunos chinos de echar cualquier bicho viviente a su caldero. Se
habló en televisión de mercados insalubres, de campesinos analfabe-
tos y de mascotas metidas en jaulas a la espera de convertirse en me-
rienda. Los chascarrillos sobre la ausencia de gatos en las proximidades
de los restaurantes chinos salieron de su sepulcro, y algunas personas
empezaron a mirar mal a sus vecinos de ojos rasgados. Hubo casos de
difamación, pintadas y hasta ataques contra comerciantes chinos en
España, y supongo que ocurriría lo mismo en otros países, dado que
Donald Trump hablaba del «virus chino» en una clara perversión
lingüística que contaminaba la salud con propaganda geopolítica. Sin
embargo, mientras saltaban todas las alarmas en las secciones científicas de los medios, en los comunicados de la Organización Mundial
de la Salud (OMS) y en las revistas especializadas, lo cierto es que la
mayor parte de la opinión pública se tomaba a pitorreo la enfermedad.

Nada impidió que se celebrasen las manifestaciones feministas del 8 de marzo en España, donde se hizo popular una pancarta que comparaba el número de muertos hasta esos días por coronavirus (cero) con el de víctimas mortales de la violencia machista.

Todas las advertencias de la OMS chocaron con una incredulidad endémica que todavía hoy me parece uno de los fenómenos más fascinantes de esta crisis. La catástrofe inminente, en una sociedad habituada al confort, la seguridad y los apocalipsis de ficción, causó en la opinión pública la misma impresión perpleja, transitoria y frívola que una serie de ocho capítulos de Netflix, la nueva entrega de la saga de *Mad Max* o la presentación de la próxima secuela del videojuego de ciencia ficción nuclear *Fallout*. Instalados ideológicamente en la seguridad del progreso científico, en la orilla privilegiada del océano capitalista, representarnos sufriendo plagas propias de nuestros vertederos del Tercer Mundo requería dar un salto cualitativo al alcance de muy pocos. En España, antes de que el virus se metiera hasta en la cocina, uno de los pocos comunicadores relevantes que detectó el peligro fue Iker Jiménez, director y presentador de un programa sobre fenómenos paranormales, ocultismo, avistamientos de ovnis y conspiraciones en la cara B de los libros de historia.[32]

Es decir, la verdad estaba ahí fuera, como en *Expediente X*, a la vista de cualquiera con suficiente interés en lo invisible como para tomarse en serio las advertencias; pero solo unos cuantos herejes estaban preparados para transgredir el tabú de la invulnerabilidad occidental. Nos creíamos a salvo de las epidemias con la misma fe en el sistema que nos hizo suponer en 2007 que la crisis económica mundial, que ya mostraba sus afilados colmillos en las gráficas descendentes del papel salmón, no iba a ser para tanto.[33] De nuevo parecíamos colocados en un punto ciego de nuestra capacidad para mirar las cosas de frente, y florecía el tabú más poderoso y extendido en las sociedades de consumo: aquel que nos impide aceptar que todo tiene un límite, que todo lo bueno se acaba y que somos vulnerables.

Y había pistas, muchas. En febrero, el congreso mundial de telefonía móvil que se celebra cada año en Barcelona se canceló. Las reacciones de la prensa y de los poderes públicos fueron hostiles, incrédulas y sabihondas. Los gigantes tecnológicos más importantes del mundo habían tomado una decisión estúpida al negarse a viajar a Barcelona. ¿Qué riesgo podía existir? ¿Qué posibilidad había de que un chino infectado contagiase a los demás? En España podíamos cazar un virus con un matamoscas, bloquear cualquier contagio, curar cualquier enfermedad. Teníamos la tecnología más puntera, los profesionales mejor formados, la red de hospitales más sólida del mundo. En plena globalización, China quedaba muy lejos. Los jeques de las grandes tecnológicas se habían dejado llevar por la histeria o todo formaba parte de una calculada estrategia de relaciones públicas destinada a ofrecer una imagen de prudencia. Sí. Quizá querían fingir que estaban preocupados por la seguridad de los suyos y, en un efecto dominó de conveniencia y pose, acabaron cargándose uno de los eventos más rentables de la ciudad de Barcelona. Esta, querido lector, era mi opinión de aquellos días. Así lo dije, de manera tajante, en la televisión pública catalana.

Durante el confinamiento domiciliario que se decretó a partir de marzo tuve mucho tiempo para pensar en mis propias palabras y en mi incapacidad para encajar una idea nueva que amenazaba mi sistema simbólico. Ya había escrito sobre el tema, este libro estaba casi terminado y yo llevaba años pensando en el tabú y en la herejía, buscando ejemplos en nuestro mundo, leyendo libros de antropología y criticando en una tonelada de artículos la cerrazón ideológica de los demás. Y, sin embargo, yo mismo cometía el mismo error.

Andrea, mi mujer, es profesora de Filosofía. Cuando discutimos sobre ciertos temas la acuso de ser inflexible y severa, inamovible en sus opiniones; pero, como en tantas otras cosas, soy yo quien peca de cabezonería. Andrea fue mucho más rápida —mucho más flexible— que yo en advertir que esto iba en serio. Recuerdo muy bien el día en que me hizo cobrar conciencia de que la amenaza era real. Me habló de artículos en revistas científicas, de las inquietantes informaciones que venían de Italia y del alto grado de infectividad de un virus cuyas consecuencias para el organismo eran todavía un enigma para la ciencia. Yo insistí con mi discurso prefabricado y le dije que todo esto era otro cuento alarmista de la prensa. El virus, en caso de ser tan infeccioso como decían, no sería más que una gripe. Al final Andrea me convenció. Estábamos a comienzos de marzo. Recuerdo el día. Yo había escrito, había hablado en televisión y había tuiteado mensajes cínicos sobre la epidemia. Mis palabras pasaron por mi mente mientras mi certeza se desmoronaba. Andrea, totalmente calmada y pedagógica, paciente, lanzó tres o cuatro misiles más a la línea de flotación y mi opinión reventó por completo.

Algo fascinante de algunos tabúes es su capacidad para eclipsar el pensamiento. El objeto tabú —como lo era la posibilidad de una epidemia incontrolable en España— se esconde de las preguntas del pensamiento crítico detrás de un satélite opaco. El momento en que caemos en la cuenta de que ese objeto estaba realmente ahí es duro, casi doloroso. Noté un crac en algún rincón de la cabeza, cerca del orgullo, en la región del amor propio, el narcisismo y la vanidad. Recuerdo balbucear un condicional, «quizá tienes razón», sabiendo muy bien que Andrea la tenía. Argucias, falacias y trucos retóricos fueron entregados a toda prisa por mi sistema de propaganda interno, pero no había nada que hacer. «Sí, bueno, puede que tengas razón», seguí balbuceando. En cuestión de minutos, todas mis cínicas palabras se habían vuelto contra mí. Me sentía estúpido, bocazas y aturdido. Un día después escribí a mi editor: «Oye, con esta situación que parece que viene, es posible que necesite un poco más de tiempo para rematar el libro. Esta nueva enfermedad podría darme algún ángulo interesante para reflexionar». Ja. Mi editor me dijo que sí, y en las semanas siguientes la realidad se encargaría de demostrar que mi ceguera no había sido un asunto individual, propio de un escritor arrogante, sino colectivo.

EL HORROR AL CONTAGIO

Para mí y para mucha otra gente (las hemerotecas y videotecas atesoran muchas vergüenzas), un tabú había rodeado al virus como una coraza durante los primeros empellones de la pandemia. Esto se manifestó en forma de chistes, de bromas y de incredulidad, pero también como una negación pertinaz en el caso de los ciudadanos más fanáticos. Mientras el cinismo general era sustituido por el terror, una poderosa corriente negacionista empezó a proliferar bajo el radar. Al principio eran un puñado de locuras vomitadas en YouTube sobre agencias secretas y antenas asesinas, pero en pocas semanas se sumaron famosos, celebridades en horas bajas e idiotas con mucho dinero. Se convocaron manifestaciones —hasta donde recuerdo— en Estados Unidos, Francia, Alemania y España, y a veces la policía tuvo que reprimirlas. Meses después hasta se creó una organización de médicos que trivializaban la gravedad del virus y abogaban por terapias dudosas —estos doctores fueron expedientados—.[34] Los negacionistas empezaban rechazando la autoridad de la OMS y seguían cuestionando cualquier evidencia que les disgustase. Como los antivacunas, se agarraban con uñas y dientes a tres o cuatro investigaciones preliminares con resultados en apariencia escandalosos, y relativizaban el peso del 99 por ciento de las pruebas que sostenían la verdad científica. Creían haber adivinado —en internet— que Bill Gates y George Soros estaban detrás de la alarma mundial. Tenían a Trump de su lado. En una entrevista a Fox News durante la campaña electoral de 2020, el presidente dijo que «gente que no conoces» controla a Joe Biden «desde las sombras oscuras», mientras alertaba de un avión lleno de esbirros con uniformes negros del que no podía hablar porque estaba «bajo investigación».[35] Nunca la «conspiranoia» tuvo aliados tan poderosos.

Ante un golpe mortal de realidad, cuando se descubrió que la globalización no son solamente camisetas baratas y atentados terroristas aislados en París, Londres o Madrid, cuando la vida común se convirtió en una película de ciencia ficción, miles de personas decidieron asumir fantasías delirantes. El virus se había convertido para ellos en tabú, y ante la verdad chillaban como un vampiro rociado con aguan bendita. Pero viéndolos manifestarse me pareció que les pasaba exactamente lo contrario de lo que decían. Acusaban a la gente con mascarilla de estar asustada, pero saltaba a la vista que les movía el miedo. Negaban la existencia algo invisible y estaban seguros de haber descubierto las intenciones secretas de poderes herméticos y genocidas; pienso que esta fantasía les permitía manejar mejor el miedo. Era una masa que luchaba por mantener la ilusión de control.

Aunque suene paradójico, creo que se negaban a ponerse la mascarilla precisamente para evitar un contagio. No del virus, sino de su evidencia. En su esquema mental, algo había infectado a casi todo el planeta y ellos iban a protegerse de esa cosa. Encontraron un escudo en la irracionalidad y se unieron como los legionarios de Astérix en formación de tortuga para que la verdad no se infiltrase entre sus filas. Formaron un insólito grupo en el que convivían perturbados de extrema derecha con señoras que creen en el poder benéfico de las flores de Bach, adictos a las páginas sobre reptilianos y algunos boxeadores tronados. Cuando una persona quedaba seducida por la fantasía se hacía invulnerable a la razón. Traté de discutirlo con un par de amigos convencidos de estos disparates y fue inútil. Ante cada demostración se hundían más en la paranoia. La simple mención de las fuentes oficiales era el fin de la conversación. Todo era mentira para ellos, y así evitaban el contagio de la verdad.

Fue J. G. Frazer, uno de los padres de la antropología, quien describió el tabú como un objeto cargado de un poder contagioso.[36] Lo imaginó poseído por una energía capaz de electrificar todo aquello que lo roza, como un clavo de hierro y un imán. La metáfora perfecta es el juego del pilla-pilla, donde el niño que «la tiene» debe perseguir a los demás y solo quedará liberado de esta energía simbólica e invisible cuando «se la pase» a otro con un contacto que puede ser tan sutil como el roce de los dedos en la espalda. Quien «la tiene» es intocable, y en las sociedades regidas por el tabú todo funciona de esta manera. El transgresor del tabú pasa a convertirse en tabú, queda manchado y se le obliga a purificarse. Sin embargo, atribuir esto a las mentalidades primitivas sería una reacción ignorante, porque hoy podemos encontrar muchos ejemplos. En momentos de amenaza, una sociedad civilizada y democrática, ajena (se supone) a las supersticiones, actúa de la misma forma. Por ejemplo, tenemos a Harvey Weinstein, que transgredió un montón de tabúes sexuales con sus actos, se convirtió en tabú por contagio de esos actos y después pasó a manchar con esa suciedad simbólica a quien estuviera demasiado cerca de él. Todos los actores y actrices que le dedicaban sus premios Oscar entre abrazos y besos, todas sus grandes amigas, como Oprah Winfrey, se olvidaron de él en cuanto aparecieron las acusaciones. El caso más extremo de contagio del tabú fue el del decano Roland Sullivan, que perdió su puesto de trabajo en Harvard tras anunciar que ejercería como abogado de la defensa de Weinstein en los tribunales.[37] La reputación es un territorio regido por las normas tribales del tabú.

Los negacionistas del coronavirus tenían su propio esquema de reputación, donde cualquiera que manejase datos oficiales era desautorizado. Sin embargo, no todos eran ignorantes, sino que se apoyaban en la historia reciente para justificarse. Después de todo, no era la primera vez que una alarma mundial pasaba por nuestra puerta sin provocar la más mínima catástrofe. El brote del virus del Ébola de 2014 había supuesto el mayor pico en la historia de esta enfermedad hasta ese momento, con más de once mil muertos en varios países africanos, pero se tradujo en España con el sacrificio del perro de una auxiliar de enfermería, Teresa Romero, contagiada y salvada gracias a nuestro «invulnerable» sistema de salud. El sacrificio del perro Exkalibur se decidió por precaución ante la incógnita de que pudiera transmitir el ébola y desató también un caso masivo de negacionismo, esta vez disfrazado de buenos sentimientos hacia los animales. Asombrosas multitudes gritaban, sin que nadie pudiera razonar con ellas, que el perro no estaba infectado. ¿Cómo podían estar tan seguros? De nuevo, era gente blindada que evitaba el contacto con una idea que se negaban a asumir. Sabían que las alarmas habían sonado antes sin que pasara nada. Comimos perdices tras la fiebre aftosa porcina, el síndrome de las vacas locas, el SARS y la gripe aviar. Los virus del Tercer Mundo eran cosa de Tercer Mundo y en nada podían alterar el confort occidental, donde la muerte de once mil africanos es aceptable, pero el sacrificio de un perro se convierte en un crimen de lesa humanidad.

Para el ciudadano occidental de comienzos del año 2020, las desgracias más atroces siempre tenían lugar en esa parte del mundo de la que se encargan las ONG. Un tabú cubría nuestra vulnerabilidad y era hijo del tabú de la muerte, quizá el más activo y compartido en las sociedades capitalistas, que se justifican con eslóganes insensatos como «Impossible is nothing» y se alimentan de autoayuda y de una idea de progreso científico que se vende como imparable: «Just do it». Para los habitantes de la torre de marfil, los productos no se terminan nunca en el supermercado y los envases de plástico se reciclan por arte de magia con el simple hecho de tirarlos al contenedor del color correcto. La fase de negación previa a los confinamientos masivos y el negacionismo obcecado posterior eran, me parece, consecuencia de este tabú que nos ha puesto a vivir de espaldas a la muerte, a la enfermedad y a la vejez. Un tabú que nos evita, como hubiera dicho Frazer, el contagio con esa evidencia atroz de que los límites existen también para nosotros.

Philippe Ariès ha llamado a esto «pornografía de la muerte».[38] Nos explica cómo, desaparecidos los velorios, arrancada la muerte de un núcleo familiar cada vez más disperso y vaporoso, pagamos a empresas para que manden nuestros cadáveres a tanatorios diseñados para ocultarnos su existencia. Estos tienen la apariencia aséptica de las terminales de aeropuerto y sirven para decir adiós a alguien que «se va de viaje», pero sobre todo para evitarnos el contagio de esa pestilencia final. Son lugares tabú construidos a las afueras de la ciudad para ocultar cosas tabú, cerca de los cementerios, los nudos de autopista y los grandes almacenes de Amazon. Como las residencias geriátricas, también marcadas por el tabú pavoroso de la muerte, que ha convertido la vejez en una peste y la juventud en un tótem sagrado, son guaridas destinadas a esconder a quienes han perdido la capacidad de producir, follar y consumir para que nada importune nuestra fantasía de control, de goce sin freno, de inmortalidad. Nuestro «presente rabioso sin pasado ni futuro», en palabras del profesor Adolfo García Martínez: justo lo que trataban de defender los negacionistas del coronavirus con gritos insensatos de «libertad».[39]

CONTACTO PROHIBIDO

Siempre había supuesto, en mi dulce amargura, que el problema occidental de las tensiones identitarias, la violencia nacionalista y la intransigencia ideológica se arreglaría en cuanto sufriéramos una invasión alienígena. No era una solución sencilla, puede que hasta un poco improbable, pero no me parecía más complicada que hacer entrar en razón a un solo fanático con el arte de la retórica. El ataque externo de una especie superior en inteligencia, en potencia bélica y en mala leche que no entiende ni de naciones ni razas nos demostraría, como en *Independence Day*, que todos vamos en el mismo barco y que nuestros problemas más graves son globales. Quizá, tras ahuyentar a los invasores mediante un esfuerzo conjunto y millones de muertos, pudiéramos enfrentarnos con cierto espíritu de colaboración a otros problemas de menor urgencia como la desigualdad económica, la destrucción de los ecosistemas y el enigma del calentamiento global. Así lo había escrito en este libro, por cierto; pero la epidemia de coronavirus echó por tierra mis esperanzas. Por fin teníamos un ataque inhumano y este solo sirvió para recrudecer las tensiones identitarias, la violencia nacionalista y la intransigencia ideológica. El contacto entre los que piensan de manera diferente se hizo todavía más difícil de lo que era antes del virus. «Contacto», otra palabra clave para entender el tabú.

El coronavirus, la invasión, no unía a los diferentes, sino que los encajaba con vaselina en las casillas ya marcadas de confrontación. Todo podía resumirse así: «El virus nos golpea más a nosotros por culpa de X», como si fuera una maldición levítica y no un fenómeno arbitrario de la naturaleza. Y, si bien el virus no había sido la solución a nuestros problemas, sí era, al menos, una buena metáfora de los contactos prohibidos por el tabú. Los escritores nos conformamos con cosas tan intrascendentes como esta.

El SARS-CoV-2 era caprichoso y discreto. Genera un síndrome respiratorio agudo en algunas personas y en otras es asintomático o leve, como un resfriado. De la noche a la mañana, todos nos habíamos convertido en sospechosos; podíamos estar contagiados, contagiar a los demás y matarlos. Éramos pequeñas representaciones ambulantes del tabú y debíamos rodearnos de burbujas invisibles. Nadie debía tocarnos, ni respirar cerca de nosotros, y nos apartábamos por la calle los unos de los otros. Después de tocar cualquier cosa que hubieran podido tocar los otros, incluso el picaporte de nuestra puerta, era recomendable un lavado de manos que recordaba a una ablución purificadora. Más tarde, cuando el pico de epidemia bajó y abrieron los teatros y cines, se dejaban asientos vacíos y se practicaban lavatorios en la entrada como en las mezquitas.

En el cambio en nuestros códigos de comportamiento había resonancias antropológicas. Las crónicas de Frazer describen, por ejemplo, el escrúpulo de los camboyanos en el trato con su monarca (títere de los franceses, pero adorado por el pueblo), tan extremo que llegó a causarle problemas en 1874, cuando se despeñó de su carroza y se estrelló contra el suelo. El golpe fue brutal, el rey se quedó inmóvil y su séquito, paralizado. Los hombres más leales se miraban entre sí, pero nadie se acercaba para ayudarle. Pasaron unos minutos eternos sin que el rey se moviera, hasta que un europeo que caminaba por allí lo reanimó y le ayudó a levantarse. Durante todo el episodio sus sirvientes se habían mantenido a distancia. Observaron la escena con pasividad y, a continuación, cuando hubo intervenido el europeo, siguieron al monarca de vuelta al palacio como si no hubiera pasado nada.[40]

Lo que provocó el comportamiento pasivo de los camboyanos no fue la indiferencia o un brote de ideas republicanas, sino el tabú. El monarca, como muchos otros jefes y sacerdotes de culturas antiguas, era dueño de un poder tan grande y ambiguo que cualquier contacto físico con él podía ser letal para los súbditos. En muchas culturas antiguas se atribuía al soberano el poder de traer las lluvias, de hacer salir el sol y de desencadenar el viento, de la misma forma que en las monarquías absolutas de la Europa medieval y moderna el rey y el Papa se entendían como prolongaciones directas del poder de Dios. Marginar a los hombres poderosos mediante el tabú cumplía una doble función: los súbditos se protegían del contacto peligroso, y él quedaba protegido de potenciales amenazas sediciosas (a no ser que se cayera del carro y necesitara atención urgente). Algunos investigadores sugieren que las prácticas cortesanas de respeto y distancia reverencial hacia el monarca podrían haberse originado de esta primitiva noción del tabú, que separaba simbólicamente a unos individuos ungidos del resto de los mortales.

Frazer también encontraba ejemplos en nuestra tradición latina. Nos habla del Flamen Dialis, el sacerdote supremo del templo de Júpiter de la antigua Roma, considerado *sacer* (sagrado, tabú) y responsable de aplacar la furia divina mediante el cumplimiento de una ristra de normas tan increíble que no me resisto a transcribirla completa. Tenía prohibido montar caballos y tocarlos, mirar a las tropas armadas, llevar brazaletes que no estuvieran rotos y presentar nudos en sus vestidos. No podía encender en su casa más fuego que el que estuviera consagrado, no podía tocar la harina de trigo, ni el pan con levadura. No podía tocar ni nombrar a las cabras, ni a los perros, ni la carne cruda, ni las habas, ni la yedra, ni podía reposar bajo una parra, ni limpiar el barro a los pies de su cama. No debía cortarle el pelo un esclavo, sino un hombre libre, y había que hacerlo con un cuchillo de bronce. El pelo y las uñas cortadas había que enterrarlas bajo un determinado árbol. Tampoco podía tocar un cadáver cerca de la sepultura, ni ver a nadie trabajar en día festivo, ni caminar descubierto al aire libre. Tenía que desatar a todo hombre maniatado que metieran en su casa y, anticipándose dos milenios a las virguerías de la NBA, lanzar las cuerdas por un agujero del techo de su casa para que llegaran hasta la calle. Por si fuera poco, su mujer tenía que observar también todas esas reglas, y algunas más.

Algunos antropólogos señalan que los tabúes para personas importantes, como sacerdotes o reyes, podrían haber sido la causa de la extinción de algunas monarquías: nadie quería asumir semejante normativa y convertir su vida en una carrera de obstáculos. Por extraño que nos parezca, hay episodios reseñados en los que se tuvo que imponer por las armas el ejercicio de un cargo respetable. Eran tantas las restricciones para el representante del poder sobrenatural que este se veía impelido a delegar en otra gente de menor estofa los asuntos políticos. Incluso hoy, en nuestro mundo, podemos encontrar vestigios de esa antigua distinción en la diferencia de prohibiciones para el Papa y demás autoridades eclesiásticas (castidad, humildad, etcétera) y la libertad de la que gozan los políticos, empresarios y financieros, es decir, los representantes del poder pagano, al menos en teoría.

La creencia de que algunas personas extraordinarias deben mantenerse alejadas de cualquier contacto físico o de que no deben ser rozadas por ciertos materiales aparece en otras páginas de Frazer, como la referida a la muerte del rey Tieng-tsong-tai-oang. Aquel hombre falleció a consecuencia de un absceso infectado que ninguno de sus médicos osó operar, puesto que estaba prohibido que el hierro tocase su cuerpo. Así pues, el tabú, que protegía al rey de los puñales, terminó siendo la causa del deceso. Esta familia de tabúes podía llegar a cotas todavía más estrafalarias: Frazer describe la rabieta del hijo de un sacerdote de las islas Marquesas —cuya cabeza era tabú—, que rodó por el suelo pidiendo la muerte solo porque alguien le había echado unas gotas de agua en el cabello.

Como se ve, el tabú era una forma de diferenciación simbólica entre los individuos basada en el pavor ante el contacto. Podía elevar a algunos como garantes del orden social y cósmico hasta un podio en el que estarían a salvo, aunque esto les acarrease una existencia miserable, y hundir a otros cual despojos contaminantes, como pasa todavía hoy con los intocables de la India. Podríamos pensar que estos impulsos son rarezas de los libros de etnografía, muestras de un atraso primitivo, pero ¿estamos seguros de ello? Marvin Harris ha desarrollado toda una antropología materialista que atribuye a los tabúes funciones sociales, económicas y ecológicas,[41] mientras que otros investigadores se han centrado en su aparato simbólico. Pensemos desde ese lado, el simbólico, en lo que hay detrás de la adoración que siente un adolescente occidental por su cantante favorito. ¿Qué es esa energía que mana de una figura extraordinaria y que la distingue del resto de los mortales? Muchas veces, los ídolos del pop se lamentan de la vida miserable a la que les ha conducido la fama mundial. No pueden pasear por la calle, no pueden entrar a los comercios, ni pasar una tarde tranquila en una cafetería de la ciudad. Describen su vida como un confinamiento en la jaula de oro de las zonas VIP, en la que nadie puede tocarles, ni ellos pueden tocar a nadie.

El concierto de una estrella es un *shock* que electriza a los fans con una poderosa energía que fluye como un río, pero que no se activa si ponemos el disco compacto en un reproductor. Durante la ceremonia del concierto aparecen en el público gestos y expresiones de paroxismo, los individuos cantan al unísono, las individualidades se diluyen en la masa. Si tras el concierto alguno de los fans logra acercarse a la estrella, si consigue abrirse paso, no podrá individualizarse. Balbucirá y dará gritos. No será un individuo delante de otro, sino el miembro de una casta inferior en un peligroso instante de contacto con su dios. Si este le roza la mano, si le besa o le abraza, el fan estará en el mismo sitio, pero habrá sido catapultado simbólicamente a otra parte. En la historia del rock hay hasta crónicas sobre una casta sacerdotal de fans: las llamadas *groupies*, aparentemente inmunes al contagio, como sacerdotisas o más bien hetarias, por la vía del intercambio sexual.

Estas historias nos explican que el tabú no tiene por qué estar cargado de una fuerza negativa, que no afecta solamente a lo que nos causa horror, sino que la fascinación es una de sus fuentes. También nos aclaran que el contacto constituye un asunto central, aunque no es necesario que exista el contacto físico. Cuando un niño dice palabrotas delante de su madre, ella le abroncará para que no vuelva a «tocar» estas palabras tabú. Pero ¿por qué? ¿De qué nos defendemos exactamente?

Defenderse de la ambigüedad y de lo marginal

La antropóloga Mary Douglas presentó una interesante teoría del tabú que le va como anillo al dedo tanto a nuestra incapacidad para asumir, en febrero de 2020, que la pandemia era una amenaza real como a la obcecada actitud de los negacionistas.[42] Según Douglas, el tabú es un mecanismo que brota allí donde la forma de un sistema simbólico ha sido atacada. ¿Qué significa esto? Veámoslo despacio.

Todos vivimos instalados en sistemas simbólicos. Lo son la ideología, la familia, la religión, el ateísmo, la ciencia, la empresa, la nación, la tradición, la identidad sexual, la cultura o la etnia, así como nuestra sensación de control e invulnerabilidad occidental previas a la epidemia. Incluso nuestra percepción de nosotros mismos es un sistema simbólico. Son nociones que, como apunta Kwame Anthony Appiah, funcionan como «mentiras que nos unen». Todas las relaciones sociales complejas entre los individuos de nuestra especie, salvo quizá la de la madre y su retoño, se apoyan en estas construcciones abstractas. Eso explica que seamos la única especie capaz de viajar cientos de kilómetros para visitar a sus tíos o a sus abuelos; los animales carecen de capacidad de abstracción suficiente para creer en la familia, mientras que nosotros somos esclavos de ella. Nuestra necesidad de rodearnos de personas y de establecer lazos, así como nuestra capacidad de sentir aprecio hasta por desconocidos que agitan la misma bandera (e incluso para matar o dañar a otros por esta abstracción), son pruebas de que el hábitat natural del ser humano son los sistemas simbólicos. En ellos vivimos y por ellos estamos dispuestos a dejarnos matar.

Douglas explica que todo sistema está delimitado por sus márgenes. Es fácil de entender si pensamos que se pueden representar con dibujos y diagramas. La familia como un árbol, la empresa como un organigrama y el Estado como un mapa cercado por sus fronteras, por sus márgenes. La forma de los sistemas nos dice cuál es su tamaño, hasta dónde alcanzan sus relaciones, y también expresa que hay algo más allá de ellos, fuera del dibujo, donde las normas internas ya no operan. Incluso en sistemas simbólicos con márgenes etéreos y abstractos, difíciles de imaginar de forma gráfica, como la nación, la religión o la ideología, el límite resultará muy claro para sus creyentes en el momento en que perciban una amenaza externa (invasora) o interna (herética). Es ahí donde se manifiesta, según sugirió Douglas, el tabú.

Pensemos en los ciudadanos que temen una invasión extranjera, en los que se negaban a creer los informes sobre el coronavirus y en los que entienden la sociedad como un panal de identidades en una pugna eterna de privilegios y opresiones. Para todos ellos, el margen del sistema simbólico es un territorio temible y sospechoso. Si nos encaminamos allí o dejamos que lo marginal se nos acerque, ¿cuándo nos habremos aventurado demasiado? Dos niños que remolonean en el umbral de una casa abandonada y se retan para ver quién se adentra más en la oscuridad son la metáfora perfecta de este mecanismo, pero Douglas no se está refiriendo solo a mapas con líneas dibujadas o casas tenebrosas con puertas aterradoras, sino a cualquier sistema simbólico, es decir, a nuestras nociones de las cosas.

Los psicólogos descubrieron hace mucho el mecanismo psicológico que podría estar detrás de la defensa de nuestros sistemas simbólicos: la «disonancia cognitiva», que nos produce un dolor casi físico cuando una idea desafía tu visión del mundo y hace que te cierres ante ella como una almeja. La disonancia cognitiva convierte en tabú ciertas ideas que nos violentan y nos blinda ante el peligro del extrañamiento y la confusión. Podemos encontrarla en toda clase de bodegones típicos de nuestro tiempo, desde las peleas en Twitter hasta la situación en algunas universidades de élite estadounidenses, donde se han creado «espacios seguros», aulas en las que los estudiantes más lábiles pueden refugiarse de las expresiones tabú y que se convierten, al mismo tiempo, en sitios tabú donde ciertas ideas no se dicen en voz alta.

La insistencia de Douglas en los márgenes como lugares ambiguos y propicios al tabú es acertada. El recelo hacia los márgenes explica que muchas de nuestras guerras culturales se desaten en los puntos de contacto entre personas con sistemas simbólicos ligeramente distintos, pero vecinos y muy parecidos. Vegetarianos y veganos pueden enzarzarse en abominables disputas de frontera sobre aquellos alimentos que unos consideran un crimen y otros toleran haciendo la vista gorda. Feministas radicales y activistas *queer* pueden convertirse en enemigos declarados por una disputa simbólica sobre el significado de la palabra «vagina». Polémicas como estas, en las que profundizaremos en la segunda parte del libro, cuando abordemos las herejías, nos enseñan que nada violenta tanto un sistema simbólico como una pequeña desviación. Mientras que los enemigos frontales y los extranjeros refuerzan nuestro orden simbólico colocándose al otro lado de las fronteras, las mutaciones y ambigüedades internas parece que lo destruyen.

Un ejemplo elocuente de las cosas ambiguas que se convierten en un tabú son las drogas. De hecho, los estupefacientes son una fuente de tabú para todas las culturas, y es habitual que una sociedad prohíba uno mientras se coloca con otros. Lo que para nosotros es el alcohol (una inocente sustancia recreativa, decimos, que refuerza los lazos sociales en momentos de fiesta), para los marroquíes es el hachís.[43] Son distintas posturas de equilibrio social ante esa fuente de tabú que representan las drogas. A simple vista, esas sustancias no se diferencian demasiado de otras. No son más que virutas, líquidos transparentes o polvos, pero simbólicamente están cargadas de un poder que las distingue de las demás. Sabemos que ese material guarda en su interior un poder que lo empareta con la medicina y con el veneno. Intuimos que una dosis adecuada nos proporcionará placeres sublimes y que una sobredosis será letal. Son capaces de alterar la percepción y el comportamiento, de transformarnos temporalmente en otra persona y de ponernos en conexión con otro mundo. Las drogas, pues, vuelven a demostrarnos la estrecha relación entre la ambigüedad y el tabú.

· En sus exploraciones africanas, Douglas conoció a fondo al pueblo lele, famoso por su pavor a las mujeres embarazadas. La relación del embarazo con la frontera es estrecha: el embrión es un habitante de la aldea, pero no se le puede ver, porque está más allá, en un lugar prohibido, recóndito y secreto. A los lele, en consecuencia, los fetos no les parecían gente de fiar. No se sabía si esa criatura era hombre o mujer, bueno o malvado, sagrado o impuro; estaba vivo pero no respiraba aire, y se alimentaba, pero no comía con la boca. Era, además, un híbrido, una criatura ajena, exterior, que al mismo tiempo era interior y formaba parte de la madre. Esta clase de razonamientos situaban al feto humano en el margen del sistema simbólico de los lele, y esto les llevaba a considerarlo un peligro para la madre y para la comunidad. Esa criatura en tránsito entre dos mundos les parecía contaminante, porque la suciedad, entendió Douglas, debía ser entendida no solo como porquería, sino también en su vertiente simbólica como «materia fuera de lugar».[44] De manera que las mujeres con el vientre abultado se volvían impuras y se las apartaba de la aldea. Se las recluía en cabañas y se les dejaba un cuenco con comida en la puerta. Eran tabú.

Una locura, ¿verdad? Pues no lo es en absoluto. Voy a incluir una serie de ejemplos que a primera vista parecerán muy distintos, pero que tienen en común esta relación, hallada por Douglas, entre la sensación de amenaza contaminante y el ataque a los márgenes de los sistemas simbólicos. El temor al feto de los lele es una expresión del miedo a lo que viene de otra parte, de un lugar desconocido, sin dejar del todo claras sus intenciones o su propósito. Su presencia provocaba una reacción defensiva unida al temor a la impureza y a la corrupción. Esto nos suena extraño porque consideramos al feto en otros términos, pero la pervivencia del razonamiento queda a la vista en el discurso de los políticos que hablan mal de los inmigrantes que han venido a vivir entre nosotros. De hecho, el horror a la contaminación que viene por la frontera o habita en los márgenes ha estado muy presente en la historia del siglo xx, y quizá en ningún sitio con consecuencias tan horrendas como en el Imperio alemán, uno de los lugares supuestamente más civilizados del mundo durante los tiempos del colonialismo.

Hasta que Adolf Hitler y sus secuaces llegaron al poder, los judíos alemanes podían considerar que aquel era su país.[45] Tenían un rango ambiguo, lo que Arnold van Gennep llamó «liminar», aunque esto no impidió que luchasen en la Primera Guerra Mundial y ocuparan puestos de responsabilidad política.[46] Sin embargo, esta condición identitaria ajena, sutil, los mantuvo siempre como objeto de sospecha.[47] Los judíos eran vecinos, pero estaban obcecados en sus propias tradiciones milenarias y oscuras, comían alimentos distintos, etcétera.

Nunca estuvieron del todo limpios a ojos de sus vecinos y compañeros de trabajo, y a los ideólogos nazis les bastó avivar el pavor tribal en
un momento de inquietud y pobreza para convertirlos en tabú. Las
leyes de Núremberg decretaron restricciones que impedían al alemán
«puro» comerciar con judíos o casarse con ellos. El sistema simbólico
de la raza aria no significó gran cosa hasta que razas supuestamente
inferiores amenazaron su forma y su pureza.

La ambigua identidad de los judíos era uno de esos estados que,
según Douglas, se perciben como una fuente de contaminación porque socavan la forma. «El peligro reside en los estados de transición:
sencillamente porque la transición no es un estado ni otro, es indefi-
nible.» ¿Estaban los judíos con los alemanes, junto a los alemanes,
frente a los alemanes o contra los alemanes? Esta pregunta, en principio
inocente, desembocó en la abominable respuesta de Alfred Rosen-
berg, el moralista del Tercer Reich, y los judíos fueron extermina-
dos de forma quirúrgica por una sociedad que buscaba la afirmación
pura de su identidad. Pese a la complejidad de la historia del siglo xx,
nos encontramos ante unos hechos que recuerdan demasiado a ciertos mecanismos propios de pueblos regidos por otra clase de ley, ajena
a lo que se entiende por «civilización». Numerosos historiadores, antropólogos y filósofos han coincidido en que el Holocausto fue un
sacrificio ritual. De ahí su nombre. Y por eso es tan peligroso ceder a
los «pavores de frontera» cuando ciertos políticos se dedican a cebar
el miedo a lo fronterizo, a lo ambiguo y a lo marginal.

Sin embargo, no es necesario arribar a las infames matanzas étnicas para entender la pervivencia del tabú según la perspectiva de Douglas. El ejemplo más claro en nuestro tiempo de esos seres marginales
o «liminares» son los mendigos, tan peligrosos para nuestro sistema
simbólico que hasta usamos eufemismos para referirnos ellos. Habitan
en el umbral de nuestra casa pero no tienen casa donde meterse. Los
encontramos tirados en el suelo, junto a las puertas. En los márgenes
de los edificios comen y duermen. Pese a que habitan la misma ciudad
que nosotros, no son ciudadanos. No tienen vecinos, dado que la condición de vecindad la proporciona el acceso a una vivienda. No entran
en las tiendas, ni gastan dinero, lo piden. En consecuencia, nadie los
mira. Pocos conocen sus nombres. La gente se aparta de su lado. Ellos

ven pasar a lo largo del día a más personas que nadie y están solos, o acompañados por otros mendigos, esto es, gente de su misma casta. Desde el punto de vista de Douglas, podemos pensar que la mera existencia de los mendigos supone ya una agresión contra el sistema simbólico de lo que es para nosotros la ciudad y la sociedad de mercado. Hacen de la ciudad un sitio más incierto, más ambiguo. Como vieron algunos etnógrafos en el albor de la disciplina, Frazer o Wundt, por ejemplo, y también estudiosos posteriores como Lévi-Strauss o Margaret Mead, la ambigüedad es una poderosa fuente de tabú.

De ahí que tanto el recurso del chivo expiatorio como el del rito de paso sean para muchos antropólogos, en lugar de problemas, soluciones simbólicas a los desajustes e inquietudes provocados por la ambigüedad; instrumentos clarificadores que se han observado en ritos relacionados con los cambios de edad y en otras figuras culturales de apariencia más trivial, pero cargadas de poder simbólico, como las novatadas. Lo expresó de manera elegante Leyre Khyal cuando escribió que «las novatadas son formas de sacrificio que permiten la entrada de un extraño a una comunidad. La humillación a través de la risa es un rito habitual por el que se permite la incorporación».[48] Ridiculizar, sigue diciendo, es una forma de desactivar las amenazas de lo diferente, de lo externo, de lo que viene desde el margen y no se rige por nuestras normas. Esta opinión enlaza con la crítica que Slavoj Žižek plantea a la corrección política, que entiende como ineficaz, porque impide utilizar la risa y la suciedad para limar asperezas entre los grupos. Según ha contado el filósofo esloveno, en la antigua Yugoslavia los chistes racistas entre serbios, bosnios y demás eran una constante en tiempos de paz, pero desaparecieron justo antes de que empezara la limpieza étnica.

Pero profundicemos ahora un poco más, con una noticia reciente, en la relación del tabú con la ambigüedad: la prohibición en España de que los enanos trabajen haciendo estriptis.[49] El enano es la figura liminar por antonomasia: un adulto con un cuerpo de niño que parece atascado entre dos mundos. De pronto, la ley no les permite realizar los bailes eróticos que sí pueden hacer hombres y mujeres de estatura superior. La decisión los separa y les proporciona un rango especial en el que ciertos comportamientos son indignos. ¿A qué se debe la restricción? Desde el punto de vista de la justicia social políticamente correcta, nos dirán que el baile erótico de los enanos alimenta un estereotipo; pero, en realidad, la diferencia entre el baile de un acondroplásico y el de un hombre de un metro ochenta anida en la ambigüedad. El baile del enano pone en marcha elementos tan inquietantes como la comicidad, el erotismo y la humillación. Como lo expresaba uno de los afectados, Toni The Midget, en el artículo citado: «Lo quieren prohibir porque les ofende. Y yo me voy a quedar sin trabajo. ¿Eso no les ofende? A mí me gusta mi trabajo. [...] A mí no me humillan y no creo que se rían de mí. Se ríen porque hago cosas graciosas, que me las preparo en el espectáculo para eso. Para un artista cómico, lo mejor que le puede pasar es que la gente se ría, ¿no?». No, por lo visto. La sociedad (en este caso un grupo de presión) decide por Toni The Midget sobre los asuntos simbólicos que afectan a su vida.

¿Se protege a Toni The Midget de una humillación o somos nosotros quienes nos protegemos de la ambigüedad al prohibir a esa confusa figura que baile? Radcliffe-Brown, estudioso de las sociedades totémicas, señaló que una de las funciones del tabú podía ser mantener el orden y la tranquilidad psicológicas al aclarar la ambigüedad mediante rituales mágicos y con la imposición de prohibiciones o estados de marginación para lo que no encajaba en la norma. Su punto de vista ha sido discutido por la antropología posterior, pero creo que es muy interesante. El autor identificó esa clase de tabú que proporciona equilibrio psicológico cuando rige en momentos extraños del ciclo vital como la infancia, el embarazo o la vejez; en animales relacionados con los tótems o de apariencia no del todo definida como el anfibio; o en procesos biológicos como la menstruación y la deposición de excrecencias.

LO QUE HA SALIDO DE NOSOTROS

Las excrecencias son, como diría Lévi-Strauss, malas para comer y buenas para pensar.[50] ¿Por qué son tabú las heces si cada día nos tenemos que relacionar con ellas? ¿Se debe a su olor asqueroso o a su inquietante indefinición? Si nos paramos a pensar un momento, vemos en seguida que su estatuto es incierto. Están dentro de nosotros hasta que las arrojamos y desde ese momento se convierten en nuestro enemigo mortal, como si nos hubieran traicionado. ¿Cómo es posible que esa cosa pestilente e innombrable no oliera a nada hasta que la dejamos escapar? Su indeterminación la hace poseedora de un inmenso poder escatológico: son fascinantes para el niño, repelentes para el adulto e incitantes para el pervertido. Su fuerza simbólica es tan potente que magnetiza incluso las palabras que la designan: el término «caca» le sirve a los padres para señalar a los niños cualquier cosa sucia que no se debe tocar, y su origen etimológico, del griego *kakos*, aparece ya en el Nuevo Testamento y designa «lo sucio, el pecado».

Como dice Mary Douglas, «era de esperar que los orificios del cuerpo simbolizaran sus puntos más vulnerables. Cualquier materia que brote de ellos es evidentemente un elemento marginal. El esputo, la sangre, la leche, la orina, los excrementos o las lágrimas, por el solo hecho de brotar, han atravesado las fronteras del cuerpo». Esto explica también por qué, en Hawái, ciertos jefes iban acompañados de un sirviente que portaba una escupidera para que ninguno de sus salivazos cayera en manos de hechiceros enemigos. La saliva tenía igual rango que el excremento o la sangre menstrual, era algo que salía del cuerpo, y lo mismo le pasaba al cabello cortado. Sobre esta excrecencia en apariencia tan limpia e inocente, J. G. Frazer recoge algunos ejemplos asombrosos. Por ejemplo, el del rey godo Wamba, a quien depusieron del trono después de que su sucesor, Ervigio, le cortase las greñas mientras dormía; o el de cierta tribu africana cuyos miembros atribuían al cabello la capacidad de servirle de cojín a los espíritus y para cortarlo tenían que pedir permiso a estos seres invisibles. Después del acicalamiento, la gente se convertía en tabú durante unos días y se la apartaba del resto. No podían tocar los alimentos y otros tenían que metérselos en la boca. A veces el simple acto de ir al peluquero se convertía en un rito mortal, y uno de los jefes tribales de Fiyi «siempre se comía un hombre, por vía de precaución, cuando tenía que cortarse el pelo».[51]

El cabello cortado vuelve a situarnos ante la ambigüedad, y la hace tanto más insoportable al estar relacionada con nuestro propio cuerpo. ¿Está vivo el pelo o lo han matado las tijeras? ¿Forma parte de la persona en la que creció o es un simple residuo, como la piel mudada de una serpiente? ¿Por qué sigue creciendo después de morir uno? ¿Tendrá acaso alguna conexión especial con los muertos? Preguntas como estas pueden parecer estrafalarias desde nuestro punto de vista si las dirigimos al pelo, pero dejarán de serlo si las enfocamos a otras «partes cortadas» más terribles para nuestro paradigma cultural. Por ejemplo: ¿qué ocurre con un miembro amputado tras un accidente de tráfico? ¿Hemos de enterrarlo después de celebrar un funeral o permitimos que lo echen al cubo de la basura y lo trituren? ¿Es basura, como el pelo cortado, o algo diferente?

La legislación española distingue entre los restos anatómicos de «escasa entidad» y los de «entidad suficiente».[52] Me interesa el adjetivo «suficiente», porque indica que hemos trazado una línea y que antes de hacerlo existía la ambigüedad. Ahora, a partir de aquí un trozo de carne será de escasa entidad, pero a partir de allí otro trozo mayor será de entidad suficiente y, por tanto, tabú. ¿Dependerá del peso? ¿De la forma? La ley nos da más pistas sobre nuestro sistema simbólico: los despojos de entidad suficiente comparten categoría con algo tan horrible como un embrión abortado. Es decir, son para nosotros mucho más que simples despojos. En este caso podemos ver cómo la ley cumple la función clarificadora que nos permite vivir sin pensar en el tema; lo que en tribus con problemas de peluquería se resolvía con el tabú, aquí lo aclara la legislación. Después de todo, como señala Freud, el tabú se dedicaba a ordenar el universo antes de que hubiéramos inventado la ética, las leyes y la moral.

La línea entre el cabello cortado y el brazo amputado puede parecernos diáfana, pero quizá no lo sea tanto. Ambos son materia humana separada de su dueño, lo que tiene una vertiente biológica y otra simbólica. Cortarse el pelo no supone un daño físico, ni vierte la sangre, ni produce putrefacción, pero algunos pueblos han considerado que es un despojo de entidad suficiente. ¿Establecieron ellos la línea demasiado abajo o nosotros demasiado arriba? Es complicado decirlo si tenemos en cuenta que en Occidente muchos padres guardan los dientes de leche de sus hijos durante toda la vida, incapaces de tirarlos, como si fueran reliquias. ¿Es más razonable dar importancia a unos dientes que a los cabellos o a las uñas? Puede que no haya respuestas satisfactorias, pero la pregunta ya nos está indicando la relación que nos interesa: el tabú puede proliferar en torno a lo que ha sido separado de nosotros.

La marginación de los transexuales, que parecen fluir entre las identidades de género, es otro ejemplo; o el recelo a los inmigrantes, que no están del todo situados en nuestra cultura ni en la suya y parece que nos traicionan; o el pavor que convirtió a los homosexuales en personas tabú cuando se desató la epidemia de sida en los años ochenta. Todo apunta en la misma dirección: quien sale de nuestro sistema simbólico, quien se aventura más allá, quien vive en la frontera, lleva la carga de la sospecha y se convierte en tabú. Este pavor a la indeterminación se manifiesta en el reino algo aséptico de las ideas abstractas. A lo largo de la historia, los herejes han sido considerados enemigos más atroces que los infieles por este motivo. Y hoy, cuando la polarización política se recrudece, han ganado peso las posturas concretas y monolíticas, mientras se populariza un insulto que trata de convertir en tabú a quienes se niegan a encuadrarse en una posición partidista y cerrada. En España marcamos a esa gente escurridiza con la etiqueta de «equidistante», que no significa otra cosa que «ambiguo» y que sugiere que quien ha salido de entre nosotros se ha rebelado y ya no se le debe permitir la entrada. Como si fuera mierda.

UNA DEFINICIÓN OBLICUA

Después de todas estas páginas, ¿conseguiremos manejar una definición breve y satisfactoria del tabú? ¿Se pueden unir todos los puntos? Quizá no sea necesario. Los portugueses tienen dos palabras igual de hermosas e intraducibles: *saudade* y *meiguice*. Cada una es una caja de música con mecanismos sofisticados, pero el contenido se desmonta si te las llevas fuera de Portugal y abres la tapa. Ni siquiera en Brasil, que comparte el idioma, siguen funcionando. Para comprender sus melodías hay que escucharlas en ese portugués, y quizá solo a ciertas horas y en determinadas callejuelas o locales de Oporto y Lisboa. En el resto de países carecemos del campo semántico concreto de la *saudade* y la *meiguice*: los traductores intentan encontrar maquetas a escala. Alguien podría elegir «nostalgia» para *saudade*, y la distorsionaría; otro «melancolía», y fallaría también. Pero, como dijo el maestro Juan Carlos Suñén, el trabajo de los poetas es hallar palabras allá donde el lenguaje no las tenía. En el siglo XVII, Francisco Manuel de Melo definió *saudade* de forma oblicua: «bien que se padece y mal que se disfruta», porque la *saudade* es una tristeza sublime donde anida un tipo muy portugués de placer. [53] Respecto a *meiguice*, F. da Cunha Leão la definió como «la blandura del temperamento que caracteriza a los portugueses, particularmente emotivos; [...] la afectividad [que] nos define, [...] forma el tesoro de nuestra psicología [y] se encuentra en la base de la comprensión y del querer».[54]

Conceptos de esta profundidad no se conforman con definiciones de diccionario y requieren explicaciones llenas de matices y espacios abiertos para el juego y el equívoco. Y esto es lo que pasa con el tabú, según creo, y lo que he intentado hacer con este largo capítulo: una definición oblicua y obviamente no académica. El profesor Adolfo García Martínez ha señalado que el interés por él ha sido intenso durante la mayor parte de la existencia de la antropología, pero que más adelante se ha desvanecido sin dejar un estudio sistemático.[55] Pero el tabú tiene, claro, muchas más nociones, aparte de las vistas aquí. Se ha tocado desde campos tan variopintos como la antropología, la sociología, la psicología o la literatura, y todavía hoy no hay ningún consenso sobre qué significa. Ha sido objeto de inmensas disputas, y algunas de las teorías más apreciadas durante largos periodos han sido refutadas o discutidas después por la antropología contemporánea. Émile Durkheim señaló que era un mecanismo para establecer distinciones entre cosas profanas y cosas sagradas; Jean Cazeneuve lo definió como un símbolo que marca algo que escapa a la regla y se sale de lo corriente, como una señal de lo extraordinario;[56] y yo añadiría, junto con Lévi-Strauss, que también es un método para clarificar la realidad utilizando clasificaciones obvias y comprensibles. Pero en el próximo capítulo veremos, con Sigmund Freud, que una parte importante del campo semántico del tabú todavía se está ocultando, y lo hace dentro de nosotros.

3

Psicoanalistas y caras de asco

La mente conquista el tabú

Donde se explora el tabú como ley interior de la mente
y aparecen sentimientos ambiguos de fascinación y repulsión,
del asco y del goce, en la frontera entre lo racional y lo irracional

Después de bucear una larga temporada en libros de antropología y sociología, mi propósito de utilizar el tabú para analizar el presente había tropezado con un obstáculo previsible. Como siempre, mis certezas iniciales habían perdido fuelle con el estudio. Cuanto más aprendía sobre el funcionamiento del tabú, más difícil era condenarlo. Había pasado de mirarlo con hostilidad a hacerlo con fascinación y, como ya he admitido, había podido comprobar que la crítica al tabú no me había inmunizado contra él después de la aparición del coronavirus. El tabú parecía ser algo más que un abalorio tribal, un efecto de la superchería o un rasgo de culturas temerosas de la furia divina. Podía leerse en muchos ámbitos de nuestra sociedad, y no necesariamente como algo negativo. Sin embargo, los episodios en que nuevos y agresivos tabúes arrancaban trozos de la libertad seguían produciéndose a diario. Si bien hay tabúes que mantienen la paz y la unidad social, otros nos dividen y distancian.

De pronto para algunos estaba mal visto, por ejemplo, que la actriz Scarlett Johansson interpretase a un personaje transexual en una película.[1] Quienes protestaban contra esto decían que un hombre transgénero debe ser interpretado por un hombre transgénero, así que imponían el tabú sobre los actores cisgénero y la sociedad acogía la restricción. En un efecto rebote, casi podríamos decir que en un contraataque, aquellos que habían sido tabú durante tanto tiempo por su ambigüedad pasaban a formar una ortodoxia que tachaba de tabú cualquier crítica a su ideología. Johansson dejó el proyecto, la película se canceló y el tabú siguió extendiéndose.[2] Las opiniones categóricas de la teoría *queer* saltaban de la universidad, Tumblr y los hilos de Twitter a los medios de comunicación y se imponían. Temerosos ante esa fuerza invisible que contamina a quien la toca, pocos se atrevieron a intervenir por miedo a ser tildados de «tránsfobos». J. K. Rowling, la autora de *Harry Potter*, tuvo graves problemas de reputación por manifestar opiniones que sentaron mal a los activistas transgénero, y este ambiente de pánico moral cruzó el Atlántico y se instaló en España. La feminista Lidia Falcón fue expulsada de Izquierda Unida por mantener una postura hostil hacia el activismo transgénero,[3] el profesor de Psicología José Errasti denunció la censura contra un artículo suyo en *The Conversation* donde hacía críticas parecidas a la teoría *queer*,[4] y al profesor Pablo de Lora lo echaron a voces de un seminario en la Universidad Pompeu Fabra acusado también de transfobia por el mismo pecado: violar un tabú en lo que se suponía una discusión racional.[5]

En medio de las guerras culturales, los nuevos tabúes seguían ampliando su territorio a veces de manera imprevisible. Unos años antes había ocurrido algo banal y sorprendente: la decana de un colegio mayor universitario de Estados Unidos se vio forzada a dimitir en medio de fuertes protestas estudiantiles por haber escrito la palabra «molde» en un e-mail a una estudiante hispana.[6] Esta se quejaba de las condiciones de opresión simbólica que sentía en el campus, donde los hispanos solían ser jardineros en vez de profesores. La decana le respondió que comprendía sus críticas y que le gustaría hablar con ella. La invitaba a su despacho para escuchar todo cuanto ella tuviera que decir y se comprometía a hacer del campus un sitio menos hostil para alguien que, dijo, sentía que no encajaba en el «molde». Pues bien, esta palabra activó un resorte de horror y de purga. La respuesta de la estudiante al amable e-mail de la decana fue una campaña de desprestigio en las redes sociales y el campus que se saldó con su destitución.

A este tipo de hostigamiento se le llama hoy «cultura de la cancelación»,[7] etiqueta que se ha popularizado para abordar campañas de censura promovidas por la izquierda posmoderna de influencia anglosajona y expandidas por todo Occidente, aunque no sean patrimonio de los progresistas estadounidenses. Pequeñas tribus sensibles declaran como prohibidos y abominables comportamientos y palabras que antes estaban permitidos. Pensemos, por ejemplo, en las protestas que tuvieron lugar en Brasil en 2019, donde grupos de integristas cristianos atacaron con cócteles molotov la sede de la productora Porta dos Fundos, que había rodado la película *La primera tentación de Cristo*. El motivo era que, en esta ficción satírica, emitida por Netflix, Jesucristo era gay.[8] En este caso, como en las campañas de difamación promovidas por la izquierda, la sociedad no solo no condenó el acoso y defendió la libertad creativa haciendo piña, sino que se dividió. Parecía que no se podía ser cristiano o conservador y permitir la travesura. Días después, un juez ordenaba a Netflix retirar la película «por el bien de la mayoría cristiana», como si los sentimientos de esta coincidieran con las algaradas de unos cuantos grupos fundamentalistas.[9]

Esta división maniquea, este «ser representante de los míos, aunque nadie me haya elegido», se había convertido en moneda de cambio habitual de las guerras culturales. De esta manera es como, en un lado y otro del espectro ideológico, en una y otra orilla del océano, los nuevos tabúes se propagaban sin que las fronteras culturales frenasen su expansión. Hacia 2014, los efectos de la corrección política estadounidense ya se habían extendido hasta la relajada Europa meridional, mientras su imagen especular de derechas, lo que Robert Hughes llama la «corrección patriótica»,[10] se intensificaba en forma de movimientos nacionalpopulistas. En España, país despreocupado, abierto y libertino durante décadas, la lista de actos y palabras tabú estaba creciendo al mismo ritmo que los escaños de los partidos con discursos identitarios. Infames polémicas rodeaban a artistas, a cómicos, a activistas y a simples peatones que pasaban por allí. El asunto podía resolverse en un puñado de insultos o en despidos y destituciones. De cualquier forma, una tensión tribal se estaba afianzando en el centro de las democracias liberales y el tabú parecía ser el síntoma más claro.

En este punto bajé mi dosis de lectura, salí a la calle y me dediqué a hacer preguntas. Me interesaba comprender con claridad de qué hablamos hoy cuando hablamos de tabú, así que cualquiera que hubiera hecho un comentario sagaz sobre el tema corría el peligro de que llamase a su puerta. Pregunté a escritores, a artistas, a académicos, a activistas, a políticos y a científicos; pregunté a gente corriente, a especialistas y a personas cultivadas, y enseguida pude constatar que el sentido de la palabra «tabú» se había desplazado desde el ámbito de la profanación, del peligro y de la impureza hasta el de la libertad de expresión y la censura.

Como ya vimos, en las democracias occidentales usamos «tabú» para designar simplemente asuntos controvertidos, palabras malsonantes, chistes de mal gusto y cosas por el estilo. El diccionario Oxford recoge una acepción ajustada al uso popular: algo tan ofensivo y embarazoso que la gente no debe mencionarlo. Pues bien, me sorprendió que casi todas mis conversaciones coincidían en una cosa. Si yo preguntaba qué tabúes se le ocurrían a mis interlocutores, ninguno mencionaba los más estrictos, generalizados y claros, como los que vetan el incesto o el asesinato, sino que se referían a otros más pequeños y específicos. Pese a que el tabú tiene una función social (que nadie mate, que nadie profane el lecho de sus padres), el acoso de los pequeños tabúes enemigos de la libertad era lo único que la gente mencionaba.

Hubo, por ejemplo, hombres que señalaron el tabú que impide que se hable de las denuncias falsas en la violencia de género y mujeres que aludieron al que impone silencio a las víctimas de maridos brutales. Saqué, pues, más información valiosa de las omisiones que de los tabúes referidos. Así, aprendí que ni siquiera consideramos tabú aquello sobre lo que no nos atrevemos a pensar o que nos parece de sentido común que no se permita. Era como si, por su propia naturaleza opaca, el tabú se hiciera invisible a la mirada. De nuevo, por tanto, sucedía algo parecido a aquello en lo que caí durante los primeros compases de la pandemia de coronavirus.

El escritor V. S. Naipaul describe muy bien en su libro de viajes *Una zona de oscuridad* esta habilidad del tabú para esconderse, para no ser detectado ni visto. Refiriéndose a los intocables de la India, dice que «defecan en las playas; defecan en las calles; jamás buscan resguardo... De estas figuras en cuclillas [...] no se habla nunca; de ellas no escribe nadie jamás; no se mencionan en las novelas o cuentos; no aparecen en las películas ni en los documentales. Esto podría considerarse como una justificable intención de embellecimiento. Pero la verdad es que los indios no ven a estos personajes en cuclillas y pueden incluso, con total sinceridad, negar su existencia». Y así es. Ninguna de las personas con las que conversé mencionó como ejemplo paradigmático del tabú en nuestro tiempo a los mendigos. Ni una sola.

«Tabú es lo que no nos dejan decir y, a veces, también lo que no nos permiten pensar o sentir.» Esta es la definición que me entregó el periodista Jon Sistiaga, autor de una serie de documentales sobre temas tabú como la eutanasia, los servicios sexuales a impedidos físicos o los abusos pederastas. Sistiaga trabajó como periodista de guerra en Irak, cubrió el terrorismo en su propia tierra, el País Vasco, y fue uno de los primeros reporteros españoles en documentar desde dentro el reino hermético de Corea del Norte del fallecido Kim Jong-il para un famoso documental para televisión.[11] Su interés por el tabú ha sido, pues, una constante en su producción periodística, y esto me animó a enviarle un mensaje por correo electrónico. Pese a que no nos conocíamos, pocos días más tarde nos sentamos a una mesa de un bar de Madrid y empecé a lanzarle preguntas.

En esta charla recurrí al mismo método que había seguido en todas las demás: hice preguntas abiertas, comentarios abstractos y evité mencionar nada concreto para estudiar qué ejemplos de tabú le venían a la cabeza. Pues bien, pese a que Sistiaga ha indagado en sus trabajos en los más estrictos y generalizados tabúes, como la pedofilia y la eutanasia, él también mencionaba solamente los que atañen a nuestra libertad de expresión y pensamiento, es decir, los que más le incumbían a él. Cuando me explicó cómo había sido su trabajo con las víctimas del abuso infantil, dijo, por ejemplo, que la víctima que cuenta al mundo los abusos sufridos rompe un tabú, pero no mencionó el otro, mucho mayor, que transgredió su agresor cuando cometió la violación. Era un ángulo llamativo: la omisión del tabú de la pederastia en esta conversación subrayaba mi intuición de que somos buenos detectando un tabú si lo queremos romper, pero no tanto para notar los que rigen más estrictamente en nuestra vida. Como si los tabúes mayores, generalizados y asumidos permanecieran colocados detrás de la lente. Dado que ni nos planteamos romperlos, ni siquiera asumimos que existen.

Después de todo, los primeros etnógrafos habían incurrido en un error de perspectiva similar. En las páginas de la obra de Frazer encontré menos relaciones entre lo que el autor documentaba sobre los salvajes y lo que tenía delante de sus narices en la sociedad victoriana. Pensé entonces que, si nosotros estudiáramos las costumbres de su época con las mismas gafas que usaba él para investigar estos pueblos, toparíamos con tanta insensatez represiva en su sociedad como la que él halló en las tribus. De hecho, en nuestros tiempos, el puritanismo de la sociedad victoriana se ha convertido en el paradigma de cultura regida por el tabú. El propio Sistiaga la mencionó torciendo el gesto. Me dijo que le preocupaba que nuestro mundo lleve camino de convertirse en un trasunto de aquel a base de restricciones. Luego, justo antes de despedirnos, cuando estábamos pagando las cervezas, añadió algo especialmente lúcido: «Si esto sigue así, acabaremos todos con neurosis». Resulta que Sigmund Freud había llegado un siglo antes a la misma conclusión.

EL TABÚ DENTRO DE NOSOTROS

Algunos de mis improvisados conejillos de indias mencionaron historias de su propia vida como ejemplos de tabú: desde episodios traumáticos del pasado hasta inconfesables impulsos que reprimían, pero que les provocaban sentimiento de culpa. Un actor muy comprometido con los derechos de los animales me habló de su deseo de tratar con crueldad a su mascota cuando esta se porta mal y de las cosas horribles que se imagina que le hace. Un abogado me confesó que a veces, en el duermevela, había fantaseado con matar a su mujer, con la que se lleva estupendamente. Una enfermera había sentido en su adolescencia el impulso de golpear con todas sus fuerzas a su madre en la cara solo porque había sonreído mientras ella estaba triste. Recordaba el puñetazo como si realmente lo hubiera propinado, y este falso recuerdo-tabú era un secreto que todavía la torturaba.

Un escritor me contó que fantaseaba con mantener relaciones sexuales con hombres, pero que no pensaba hacerlo. Cuando le pregunté por qué, me dijo tajantemente que no era homosexual. Una feminista, que defiende la prohibición del porno porque según ella incita a la violación, admitió que le excitaba imaginar que entra un hombre vampírico en casa para abusar de ella y que fantaseaba con esto mientras se masturbaba. Un camarero me contó que le es imposible evitar pensamientos suicidas, pese a no estar deprimido y vivir «de puta madre». No son, aclaró, deseos de matarse, sino que se entretiene imaginando formas de hacerlo. Las escenas que esboza su mente son tan explícitas que llegan a provocarle insomnio.

Estas historias muestran que existen impulsos y deseos tabú que afloran desde algún territorio oscuro de la mente cuando menos lo esperamos. Su presencia nos provoca angustia, en parte porque chocan con nuestra visión moral del mundo, en parte porque no podemos encontrarles una explicación. No son coherentes con la imagen que tenemos de nosotros mismos (ese complicado sistema simbólico), y lo que hacemos es activar la represión. Corremos un tupido velo, intentamos pensar en otra cosa, le echamos la culpa a otro o caricaturizamos nuestro lado oscuro para liberarnos de la angustia. Tras contarme estas cosas, no era raro que mi interlocutor dijera entre risas que yo iba a pensar que estaba loco. De hecho, las personas que me confiaron estas historias insistieron en permanecer en el anonimato.

Yo entendía muy bien su pudor gracias a la lectura antropológica del fenómeno. Sabía que el tabú está unido a la idea de contaminación y de contagio, y que su ambiguo poder no debe ser liberado, porque desencadenaría movimientos incontrolables que podrían llegar a destruirnos. Como ya dijimos, esto es muy fácil de entender si pensamos en la reputación: es tan frágil y está tan sometida al juicio veleidoso de los demás que, con frecuencia, la defendemos con nuestro silencio de la amenaza que suponen nuestros propios pensamientos. Por ejemplo, si la esposa del abogado llegase a saber que su marido ha fantaseado con asesinarla, es probable que, pese a la certeza de que son elucubraciones de alguien que jamás haría eso, surgieran en ella deseos de tomar distancia. De la misma forma, si yo revelase su nombre, con seguridad él perdería algunos clientes. Ciertas fantasías están mejor guardadas bajo siete llaves. Como hemos visto en el capítulo anterior, el tabú roto provoca contagio y el transgresor se convierte en tabú.

El truco que hemos descubierto para mantener la armonía social y familiar ha sido el silencio y, a veces, la hipocresía. Nos hemos convertido en hábiles ocultadores de nuestra peor parte. Esto tiene efectos sobre la personalidad de los individuos, sobre su angustia y su insatisfacción, pero también sobre la sociedad. La ocultación no es solamente la base del fingimiento social, sino que, como consecuencia del silencio de los individuos sobre ciertos temas, toda la sociedad deja de mencionarlos y casi se olvida de que existen. Por ejemplo, está documentado el desapego que algunas madres sienten hacia sus retoños durante los primeros meses después de dar a luz,[12] y cualquiera que tenga madre podrá admitir también que, a lo largo de nuestra infancia, podemos llegar a ser un martirio para ellas. Sin embargo, hoy sigue siendo peligroso para la reputación de una mujer confesar el hartazgo que le produce su hijo. La que escriba sobre esto con sinceridad será, como mínimo, tildada de egoísta y de mala madre.

Pudo constatarlo la escritora María Folguera, que publicó un artículo donde rompía el icono sagrado de la madre abnegada con la transgresión de un tabú.[13] El texto no pretendía ser polémico y tampoco la retrataba como una persona que no quisiera a su hija. Sencillamente expresaba con franqueza los sentimientos ambiguos que tenía como madre, y compartía algunas situaciones en las que echaba de menos su vida anterior. Muchos de los comentarios que aparecieron bajo su artículo, pasados por el moderador del medio, fueron en esta línea: «Sabes que la DDHH dice que el valor más grande es la vida humana, pues eso, tú fuiste a buscar una, tú, nadie te obligo a tener una hija, así que cualquier persona con dos dedos de frente sabe que esa vida humana requiere que dejes de lado la tuya. Esto no es feminismo, se puede ser madre, feminista y mantener la autonomía. Lo que a ti te pasa se llama inmadurez». Respecto a otras respuestas sin filtro en las redes sociales, no creo que haga falta ensuciar el papel.

Bien. Si esto ocurre al confesar en un periódico ese sentimiento de «madre hasta la coronilla» que todo hijo de vecino habrá podido apreciar en la suya, qué no pasará si una mujer confiesa otros impulsos más destructivos y raros, más cargados de dolor y confusión, como los que algunas mujeres experimentan durante las semanas siguientes al parto. La psicoanalista Mariela Michelena ha recogido algunos casos en sus libros. Acerca de una madre, decía: «La pobre pasaba noches y noches durmiendo poco y mal. Contaba que, cuando su adorado bebé la despertaba por las noches, tenía que encender la luz para mirarle a la cara, reconocer que era su hijo y no tirarlo por la ventana. Tenía miedo de que, si se quedaba a oscuras, seguro que lo tiraba por la ventana. [...] Insisto en que este tipo de sentimientos está presente hasta en la mejor de las madres».[14] Sin embargo, solo los psicólogos suelen oírlos abiertamente. Son sentimientos cargados de tabú.

Una amiga mía (la vamos a llamar Juana) me confió esta historia: durante las seis primeras semanas de la vida de su hijo sintió tal desprecio por él que llegó a preguntarse si estaba loca o si era malvada. Como dice Michelena, la llegada del hijo es una catástrofe en medio de la vida, un hecho que lo cambia todo. La relación de Juana con su pareja se había enfriado durante el embarazo, fue de las que vomitan por las esquinas y pasan el día sin fuerzas, y el parto resultó agónico. Cuando le pusieron al bebé amoratado encima del pecho, este buscó su pezón con la boca «como un parásito». Juana sintió asco y horror, y todo empeoró a partir de este día.[15] Algunos amigos dejaron de llamarla porque no sabían cómo relacionarse con una madre, mientras que otros «la trataban raro». Sus conversaciones, hasta entonces ricas en anécdotas y en estímulos intelectuales, se habían reducido a algo que parecía la «logística de un supermercado o de una farmacia»: pañales, compresas, leche en polvo, potitos, peluches, carros, cunas, aperos, objetos, nada. Si encontraba tres minutos para sí misma, el «trozo de carne llorón» la interrumpía, y las hemorroides «espeluznantes» que le había dejado de regalo su embarazo le recordaban su nuevo lugar en el mundo cada vez que se sentaba.

La nueva vida tras el nacimiento era la del niño; la suya se había vuelto vieja y miserable. Algunos días pensaba que el niño era un vampiro que estaba devorando todo su tiempo. Su familia, en especial su madre, no le preguntaba nada más que por el niño —si crecía, si le salían los dientes, si mamaba, si dormía—; nadie se interesaba por ella.

«¿He dejado de existir para que exista el otro?», se preguntaba. De esta manera, un secreto negro se había instalado en su corazón. Las seis palabras que ella necesitaba decir («¡No lo quiero, quitádmelo de encima!») estaban prohibidas. Juana no fue del todo consciente de la magnitud de lo que estaba experimentando hasta que todo esto se terminó. Un día como cualquier otro estaba bañando al bebé. El niño chapoteaba en el agua, ya aguantaba la cabeza, agitaba los brazos y las piernas y le sonrió con una expresión de «vértigo y de vulnerabilidad». En este momento, sin que Juana pudiera explicar qué pasó, el bebé se convirtió en su «persona favorita».

El desapego no había durado mucho, pero sí lo suficiente para dejarle una huella profunda. A Juana le habían dado muchos consejos no solicitados durante el embarazo, pero nadie había mencionado que algunas madres tardan en acostumbrarse a su hijo y pueden llegar a detestarlo, porque esto es tabú y nadie lo nombra. Las que lo han sufrido se lo guardan y a veces hasta lo niegan ante sí mismas. El sentimiento de culpa pone en danza sus cortinas y así es más fácil pelear con los demás, culparlos de todo, que exponer el monstruo que una ha llevado dentro. A esta tarea se dedicó Juana: «Me convertí en una zorra con mi pareja, así te lo digo», afirma, y cuenta que pasaron una época horrible de la que no se recuperaron. Entonces ya se había encariñado con su hijo y lo pagó con su novio. El recuerdo del desprecio hacía que se pusiera «a la defensiva siempre», y no se atrevió a buscar ayuda psicológica hasta que su relación de pareja terminó por explotar. En la consulta de un psicólogo supo que esto, que ella escondía como una deformidad, le pasa a muchas mujeres; pero todavía teme contarlo. Dosifica la información como si fuera veneno. Tiene miedo de que sus palabras la conviertan en un engendro ante los demás. «Mi madre me arrancaría la cabeza si se lo cuento», dice. Su hijo ya es todo un adolescente y Juana se pregunta, cuando saca malas notas en matemáticas, si no será por su culpa. Por aquellos meses de desprecio.

Con esta historia vemos que, aunque el tabú está impuesto por la sociedad, cada uno de nosotros se convierte en un fiero censor de lo inconfesable. A veces, en vez de una culpa, lo escondido puede ser un deseo, una opinión o algo que nos confunde. Por ejemplo, ¿cuántas veces disfrazamos de desprecio la envidia? ¿Cuántas veces decimos «yo también te quiero» sospechando que no es verdad? ¿Cuántos impulsos repugnantes, criminales o enfermizos nos asaltan de pronto en mitad de una comida familiar sin que haya ningún motivo? Para detectar lo que tenemos que guardarnos dentro no hace falta que nadie nos diga que nos callemos. En nuestra eterna pelea contra la mala reputación, nos esforzamos sin proponérnoslo en pacificar la sociedad. Paz a cambio de transparencia; paz a cambio de libertad. Sin embargo, si nuestro secreto, como el de Juana, está lo bastante envenenado, el tabú puede degenerar en un problema psicológico; la estabilidad que ofrecemos a la sociedad será la que la sociedad nos arrebata.

Así lo descubrió Sigmund Freud, un explorador de la mente que tiró de los hilos que habían dejado sueltos los primeros antropólogos. El psicoanalista enlazó el tabú de los pueblos primitivos con el psiquismo de los individuos de civilizaciones avanzadas. Mientras investigaba la neurosis obsesiva escribía casi con asombro: «Volvemos a toparnos con que el tabú ha crecido sobre el suelo de una actitud ambivalente de sentimientos».[16]

Uno de los pilares de su teoría de la mente gira en torno al tabú del incesto. El complejo de Edipo, una mezcla de emociones hostiles y amorosas que los hijos experimentan hacia sus padres, fue un concepto revolucionario y polémico, porque entendía al niño como un ser sexual, cargado de un erotismo que se dirigía en primera instancia hacia sus progenitores. Según Freud, una personalidad sana era aquella que había podido superar este complejo durante la niñez, y una personalidad enferma, como la del neurótico y el psicótico, la que no fue capaz de hacerlo correctamente. Con esta intuición, el padre del psicoanálisis estaba rompiendo tantos tabúes victorianos que no extraña en absoluto su posterior inclinación a investigar el fenómeno en las tribus primitivas. Así lo hizo, y en 1913 repartió en cuatro números de la revista *Imago* los textos que compondrían *Tótem y tabú*, en los que trasladó los descubrimientos etnográficos del incesto totémico al lenguaje psicoanalítico y al reino de la mente occidental. Todavía hoy se considera una de las aportaciones esenciales al estudio del tabú en antropología.

Como Frazer y Wundt, que fueron dos de las principales fuentes de su libro, Freud creía que las culturas primitivas eran un buen laboratorio para observar al ser humano despojado de los ropajes de la civilización. Si había una condición humana desnuda, su rastro debía de hallarse en esos pueblos aislados del progreso y sujetos a la supervivencia más elemental. Aquellos pueblos tenían que ofrecer por fuerza datos más precisos que cualquier sesión en el diván, puesto que mostraban cómo fue la niñez de la civilización. Dado que la base de su terapia era que el paciente consiguiera que afloraran las experiencias olvidadas de su infancia más temprana, Freud pensaba que los pueblos primitivos ofrecerían una explicación a dolencias del individuo moderno y de su sociedad.

Sin embargo, la relación del tabú con la mente no se quedaba ahí. Según Freud, el psiquismo era una región escindida en un pensamiento consciente y uno inconsciente, separados por una puerta llamada preconsciente. Como en un iceberg, la parte inconsciente era más grande y pesada, pero se encontraba oculta. Se manifestaba por medio de sueños o lapsus, y lanzaba señales de alarma en caso de trastorno psicológico a través de los síntomas. El inconsciente era, por tanto, el ámbito del individuo donde reinaban los tabúes. Allí se escondían esos recuerdos remotos e invisibles para la memoria lúcida que, sin embargo, según Freud, estructuraban la psique. De allí surgían también esos impulsos oscuros, como el de la madre que desprecia a su bebé o el del camarero que fantasea con el suicidio, que ocultamos mediante un esfuerzo tiránico de represión. Y allí estaba asimismo el doloroso recuerdo de haber deseado a nuestros padres de una forma prohibida: los restos del complejo de Edipo.

A Freud, que persiguió esa intuición durante toda su vida, le llamó la atención que los aborígenes del interior de Australia, considerados entonces como los habitantes más primitivos del planeta, observasen el tabú del incesto, aunque no se organizaran por familias al uso, sino en clanes totémicos. ¿Cómo era posible? ¿No era el incesto una consecuencia de nuestra forma de entender la familia? No: según los etnógrafos, este tabú parecía ser mucho más antiguo. En los clanes totémicos cada individuo forma parte de una estirpe asociada a un tótem, independientemente de cuáles sean sus lazos de parentesco. No consideran incestuosa la relación sexual con un miembro de la familia carnal, sino con los miembros de su estirpe, existan o no lazos de sangre. Sin embargo, la prohibición es estricta y los castigos a los infractores se aplican con tanto rigor como el de Edipo cuando se arrancó los ojos. De manera que, para fascinación de Freud, el tabú del incesto aparecía incluso en estadios de la civilización previos al concepto de la familia burguesa.

El psicoanalista intuía que el incesto podía ser el tabú que había originado todos los demás. Sospechó que, pese a que muchos de ellos distinguían las culturas y las castas como señas de identidad (lo que muchos años más tarde llamaría Pierre Bourdieu «la distinción»), otros tabúes mayores las igualaban. Viendo a los aborígenes con los ojos de los etnógrafos mientras cumplían a rajatabla sus tabúes y escenificaban complicados rituales para las cosas más sencillas, como degollar un pollo, comparó este comportamiento con el de sus pacientes. Y descubrió que el neurótico obsesivo se parecía al indígena.

Los síntomas de lo que Freud llamó neurosis obsesiva recuerdan a los del trastorno obsesivo compulsivo (TOC) de la psicología contemporánea. Los enfermos viven enredados en un tamiz de rituales y tabúes tan prolijo que les impide desenvolverse con normalidad. Los hay que no pueden salir de casa sin apagar y encender varias veces las luces o mirar debajo de todas las camas; los hay que se ven incapacitados para caminar por la calle sin escenificar complicadas maniobras con las baldosas; los hay que no pueden mirar la hora en el reloj sin toser... En otras palabras, viven sometidos a tabúes, se pasan el día cumpliendo ritos y de esto depende su estabilidad emocional. Cuando el psicoanalista austríaco indagó en los motivos por los que sus neuróticos obsesivos cumplían tan a rajatabla todas estas normas, descubrió que estaban convencidos de que la transgresión desencadenaría la calamidad. El ejemplo más célebre en nuestros días es el personaje que interpreta Jack Nicholson en la película *Mejor... imposible.*

OSCURO OBJETO DE DESEO

Sin embargo, las conclusiones más fecundas de Freud sobre el tabú se refieren a nuestra posición indecisa ante él, entre la repulsa y el deseo de transgredirlo. La ambigüedad intrínseca del objeto tabú, donde lo

77

sagrado y lo impuro no están diferenciados, implica que esta figura despertará sentimientos encontrados en nosotros. Freud lo expresó con elocuencia cuando dijo que la restricción aparece en torno a un «obrar prohibido para el que hay intensa inclinación en lo inconsciente», como un objeto en llamas que nos incitase a tocarlo o un amor prohibido.[17] En otras palabras, Freud supuso que, si todas las sociedades habían convertido en tabú el incesto y el asesinato, era porque los individuos sienten una poderosa inclinación a cometerlos. Recordemos, por ejemplo, el tabú que impedía a los súbditos de algunos pueblos tocar a su líder: lo que estos decían era que creían que el soberano estaba poseído por una energía invisible, contagiosa y mortal. Pues bien, Freud se preguntaba si el sentido de la invención de esa energía era levantar una barrera ante el deseo inconsciente del pueblo de arrebatar al rey su poder.

Desde este punto de vista, el tabú parece un elemento esencial para mantener el orden y la jerarquía de la sociedad. Freud encontraba una prueba de ello en las tentaciones, tan contagiosas como el resfriado. Dejó escrito que, cuando alguien ve a otra persona transgredir un tabú, gozar con ese placer prohibido, el deseo de imitarlo se manifiesta intensamente. Esta inclinación imitadora es algo que ya aparece en el Génesis cuando Adán ve a Eva morder la manzana: «Y vio la mujer que el árbol era bueno para comer, y que era agradable a los ojos, y árbol codiciable para alcanzar la sabiduría; y tomó de su fruto, y comió; y dio también a su marido, el cual comió *así como ella*». Es decir, Adán imitó a Eva. Rompió el tabú sagrado porque ella le incitó mostrándole el placer de la transgresión.

Las expresiones culturales sobre la tentación de transgredir los tabúes son innumerables tanto en la literatura como en el folclore y la refranística popular, pero nadie lo expresó tan sucinta y exactamente como el poeta Geoffrey Chaucer en el siglo XIV. En el prólogo a su cuento *La esposa de Bath*, que narra la violación de una dama por parte de un caballero de la corte del rey Arturo, dice:

*Prohibidnos algo
y lo desearemos.*[18]

A Chaucer no le extrañaría nada, si despertase en el siglo XXI, el llamado «efecto Streisand». Este tropo digital predice que, cuando una autoridad o personaje público trate de censurar una información negativa que ya se ha insinuado de alguna forma, el resultado será que miles de personas se sentirán impelidas a enterarse del asunto. «¿Qué es eso tan interesante que no quieren que conozca?», se preguntarán, y algo que hubiera podido ser una información irrelevante se convertirá en la comidilla del momento. Recibe su nombre por una anécdota protagonizada por Barbra Streisand, que en 2003 denunció a una web de fotografías que había publicado una vista aérea de su domicilio y reclamó al fotógrafo cincuenta millones de dólares. Con esto no impidió que la foto se publicase, es más, la convirtió en algo muy popular en internet.[19]

Pero el axioma no solo nos permite pronosticar cómo funcionará el chismorreo en torno a un famoso, sino que sirve también para los secretos de Estado y las conspiraciones. ¿Creerían los negacionistas del coronavirus que no existe la enfermedad si los gobiernos hubieran intentado ocultarla? Parece poco probable. ¿Hubiera propuesto otro grupo de chiflados el asalto masivo al área 51 si no fuera una base secreta? Impensable. ¿Quién sentiría deseos de viajar a un paraje radiactivo en torno a una central nuclear destruida si no fuera por la sugestiva y atrayente leyenda de la «zona de exclusión»? Nadie. ¿Qué alimenta a los amantes del misterio y lo paranormal más que la idea fija de que todo aquello que debemos saber es justo lo que nos están negando? Nada. ¿No ha sido desde los tiempos antiguos la oscuridad y la niebla lo que más avivó la curiosidad? ¿No depende el erotismo de que no nos enseñen toda la carne en primer plano? Hugh Hefner, el magnate de *Playboy*, hizo una fortuna por acertar la respuesta.

Para constatar hasta qué punto nos incitan los tabúes a su transgresión basta con fijarse en una noticia que se publicó mientras escribía estas líneas. Los obispos de la Conferencia Episcopal española estaban publicitando en internet un curso gratuito de preparación matrimonial. Entre una lista de consejos pastorales para enamorados, los obispos citaban algunas de las futuras amenazas del matrimonio, y entre ellas la bestia negra de todo catequista: la masturbación. Decían literalmente que es «un acto intrínseca y gravemente desordenado», es decir, un acto tabú, y asumían que, pese a que «puede parecer que solamente nos afectará durante el noviazgo [...], puede llegar a tener un componente adictivo que afecta también a algunos matrimonios».[20] Lo que es una prueba más de que la Iglesia está familiarizada por completo con la intensidad con la que el tabú induce a su transgresión. Como sugirió Giovanni Papini, la compleja e insólita figura del diablo podía ser en parte la sublimación teológica de esta clase de deseo indomable que se resiste al dogma, la voluntad y la fe.[21]

Nos encontramos esta misma inclinación transgresora en la trayectoria de cómicos brillantes, de artistas escandalosos y de pensadores audaces. El cómico estadounidense Bill Burr no es famoso solo por su tremenda agudeza, sino también por hacer humor con todo lo que en su país está prohibido. Cuando en 2018 Burr empezó uno de sus chistes diciendo «Lo más divertido de los abusos sexuales es...», el público no dejó que se escuchara el resto de la frase con sus aullidos. Estas mentes osadas y creativas son incapaces de reprimir el impulso de saltar por encima de los límites que la sociedad quiere imponer en cada momento a la creación, a la travesura y al pensamiento. Como consecuencia, se ven envueltos en continuas polémicas que provocan reacciones negativas, pero también movimientos de imitación. Así, toda la historia del arte puede leerse como una evolución que toma impulso en cada límite violado, y que afianza cada nueva etapa gracias a esa tentación imitativa que Freud descubrió en el tabú. Un pionero transgrede, la transgresión se contagia a otros y al final tenemos movimientos multitudinarios, corrientes nuevas y, a la postre, otra familia de tabúes que la generación siguiente querrá destrozar. Es una vieja historia, la más vieja y repetitiva: la de lo nuevo, lo rompedor, lo original.

El ciclo de la transgresión del tabú y la nueva ortodoxia desatada por un movimiento de imitación explican asimismo las polémicas en torno al transgénero. Hace solo treinta o cuarenta años, la presencia de un travesti provocaba burlas y desprecio y la vida de un transexual era simplemente peligrosa: no tenía dónde esconderse. Todavía en los años noventa, artistas dedicados a la provocación como Marilyn Manson jugaron con la androginia y la confusión sexual para causar escándalo. Sin embargo, con el paso de los años, la cultura occidental terminó asimilando esta corriente. Lo que era una transgresión dejó de escandalizar y se le dio la vuelta a la tortilla: estuvo mal visto demostrar sorpresa o desprecio. Bichos raros de la academia como Judith Butler o Paul B. Preciado se convirtieron de pronto en estrellas influyentes, y jóvenes autoras como Marieke Lucas Rijneveld, que ha declarado que no sabe si es hombre o mujer, lograron las más altas distinciones de la industria literaria. Como ya hemos visto, la corriente *queer*, hasta hace poco desterrada a fanzines, casas okupas y conversaciones incomprensibles de cafetería de facultad de Filosofía, adquirió el poder de marcar los límites de la discusión feminista y hasta de cancelar una producción de Hollywood. No hay que ser un lince para saber que, con el tiempo, otra generación se rebelará contra esto, lo considerará viejo y anticuado y terminará imponiendo un nuevo marco mental.

La razón y la emoción

He aquí, pues, un grave problema para la sociedad relacionado con la proliferación de nuevos tabúes. Dado que una parte de nosotros desea secretamente violar la norma y otra siente pavor y fuerza su cumplimiento, a veces la división interna desemboca en divisiones externas, e incluso en enfrentamientos sociales, porque no todos colocamos lo sagrado en el mismo sitio. Un tabú que se transgrede produce angustia en muchas personas y deseo de imitación en otras tantas. Así, por ejemplo, cuando el deslenguado Donald Trump liberó a los blancos de clase baja de la obligación de cumplir con la corrección política, desató un movimiento de imitación que multiplicó las ofensas contra las minorías en internet y en la calle, y lo que parecía una válvula de escape para la presión de la censura acabó en una mayor vigilancia y un mayor estrés social. Pero la pregunta clave es esta: ¿eran los imitadores de Trump auténticos iconoclastas? No, en absoluto, y esto también lo hemos podido ver ya en España, donde los «políticamente incorrectos» lo son solo para algunas cosas. La división entre «gente que respeta los tabúes» y «aficionados al sacrilegio» como si ambas fueran condiciones estables es, por tanto, ingenua y reduccionista. Los verdaderos iconoclastas son irreverentes con todo, y este tipo de personalidad es muy infrecuente. Las activistas de Femen, que enseñan sus pechos desnudos en las iglesias, censuran cualquier chiste machista. De nuevo, hay diferentes terrenos sagrados para cada uno de nosotros.

La pregunta entonces es qué nos empuja a ser transgresores en unos ámbitos y recelosos en otros. En los artículos contemporáneos sobre polémicas tabú se ha generalizado la opinión errónea de que los que defienden el límite son siempre fanáticos que se dejan llevar por lo emocional, mientras que los que toleran la transgresión son personas mucho más racionales. Esto es tentador, porque sitúa al que critica la polémica en un trono racionalista. Como los defensores del tabú suelen poner los ojos en blanco, montan el numerito, se lamentan por sus ofensas, escriben comentarios furiosos y manifiestan que sus sentimientos deben ser respetados siempre sin ofrecer un solo argumento para ello, la inclinación a establecer una línea y dividir el mundo entre «ellos» y «nosotros» es poderosa. Y sí, comparados con los «ofendiditos», los *woke* o los fanáticos religiosos, los transgresores de tabúes y sus amigos pueden parecer gente mucho más razonable. Pero ¿es siempre así? ¿Estamos realmente ante un choque del pensamiento racional contra impulsos emocionales?

Cada vez tengo más dudas. Nuestra distinción entre «racional» e «irracional» bebe de la Ilustración y de los enfrentamientos entre la ciencia y la superchería. Nos brinda historias maniqueas que reflejan estos dos mundos en colisión, como esa escena apócrifa en la que Galileo Galilei murmura tristemente «Y sin embargo se mueve» tras ser amonestado por la Inquisición. Es el heroico hombre racional que persigue la verdad científica y lucha por defenderla contra los dogmas de la religión: un héroe ideal para la ideología tecnoutópica de nuestros días que, sin embargo, tampoco está libre de elementos religiosos. Así que vamos a darle la vuelta. Sí, es cierto que Galileo indaga para entender los movimientos celestes y se las ve con el dogma de que Dios puso nuestro planeta en el centro de su creación, pero miremos el mito desde otro ángulo. ¿Qué hay de impulso emocional en la obcecación de Galileo por desentrañar la verdad? ¿No obedece esa búsqueda a su vez a la pasión?

De nuevo, el trabajo de los humoristas es un buen laboratorio para reflexionar un poco sobre el asunto sin caer en el maniqueísmo. El cómico español David Suárez se ha hecho famoso por su estilo abominable: su ingenio cruel le proporciona trabajo en los medios de comunicación y provoca luego su despido. Sus chistes son mecanismos que juegan con los sentimientos de su audiencia, como en este caso: «El otro día me hicieron la mejor mamada de mi vida. El secreto fue que la chica usó muchas babas. Alguna ventaja tenía que tener el síndrome de Down». Las reacciones a este chiste le acarrearon el despido de un canal de televisión y la cancelación de algunas actuaciones en teatros, y su sombra todavía le persigue. Vemos enseguida que el chiste funciona, como los descubrimientos de Galileo, porque es una construcción racional. Juega con la lógica, crea unas expectativas y deja para la línea final una sorpresa que remueve los sentimientos del espectador. La risa y la ofensa son aquí una cuestión de matices y de sensibilidades: el chiste funciona si logra despertar cualquiera de las dos emociones. Pensando en ello, podríamos atribuir a Suárez un frío ingenio, pero de nuevo me pregunto: ¿cuál es el impulso que le llevó a publicar esta broma? ¿No hubiera sido más racional desarrollar una lista de pros y contras, anticiparse a las posibles consecuencias y tomar una decisión en función de eso?

Se lo pregunto directamente por las redes sociales y me responde con este mensaje (los subrayados son míos): «La comedia está muy *ligada al sexo*. Hacer humor negro es un poco *como follar en público*, porque la mitad de la experiencia se basa en lo prohibido, en el hecho de que eso que estás haciendo jamás debería hacerse con gente mirando. El resumen es "Tus polvos y tus chistecitos de bebés muertos, mejor en casa". Por eso sigue siendo chocante cuando alguien confunde el contexto y dice algo que se supone que no debe decir en el sitio equivocado. Y para mí hay *algo excitante y liberador* en eso. Y más ahora que todo se hace de cara a los demás, que todo acto es una pirueta para la galería. En las redes sociales todos maquillamos nuestros defectos y nos mostramos buenos, respetuosos, justos con los demás, concienciados, blancos, puros y perfectos. Por eso cuando alguien se muestra como el hijo de puta que somos todos en realidad, eso vuelve a ser subversivo. Y a mí me resulta tremendamente atractivo. *Es algo que no puedo evitar,* es la comedia que *me pone cachondo* y creo que tiene que ver con eso, con *lo excitante* que es decir en alto algo que todos estamos pensando pero que nadie se atreve a decir».

Pese a que el chiste es una pequeña máquina construida por el pensamiento lógico con una trampa en el centro, como diría Bergson,[22] el motivo por el que el humorista lo hace público parece más bien un impulso emocional, un empujón apasionado y nada razonable. Y, mientras tanto, algunos investigadores en psicología contemporánea están diluyendo la vieja distinción ilustrada y plantean que, quizá, lo emocional y lo racional no son regiones del todo separadas en la mente. La obra del psicólogo social Jonathan Haidt sobre los sentimientos de justicia me parece particularmente interesante: como Freud, describe la mente como un territorio escindido, pero en este caso la línea fronteriza cambia de sitio y es tan porosa como las fronteras de la globalización.[23] La relación entre las dos partes de la mente no es para Haidt una lucha, sino una simbiosis llena de equívocos.

Como buen divulgador, Haidt explica su teoría con una metáfora: la del jinete que trata de dirigir al elefante sobre el que va montado. Nuestra parte racional, el jinete, ejecuta decisiones meditadas y quiere que el elefante se dirija a un lugar concreto. Sin embargo, la parte emocional, el elefante, posee una fuerza irresistible y suele tirar por donde le viene en gana. El jinete puede pelear con el elefante —«No debería tirarme a esa chica que me pone ojitos, estoy casado»—, pero con frecuencia el movimiento se explicará en sentido contrario: el elefante tomará una dirección y el jinete construirá pretextos racionales para encubrir, *a posteriori*, una decisión de origen puramente emocional. En palabras de Haidt, «la intuición viene primero, el razonamiento estratégico después».

Pues bien, ¿no es esto justo lo que dicen siempre poetas, inventores y artistas cuando explican al mundo la inspiración que les llevó a pulverizar un tabú? ¿No fue una intuición emocional lo que les sobrevino, y solo después llegó el razonamiento para explicar al público su decisión? Pese a que Galileo es por derecho propio del bando racional en la batalla contra el dogma geocéntrico de la Iglesia católica, ¿no fue una persona que llevó sus sentimientos morales hasta el límite, de la misma forma que sus enemigos? Y, volviendo a las impresiones de David Suárez sobre el chiste, ¿no se excita el científico ante su descubrimiento como el cristiano ante el milagro? ¿Qué fuerzas psicológicas se están poniendo en juego aquí y qué relación guardan con el tabú?

EL JUICIO MORAL Y EL ASCO

En la primera parte de su libro, Haidt explora el juicio moral utilizando experimentos en los que se propone a los participantes que resuelvan imaginativos problemas relacionados con el tabú. Por ejemplo, se les pide que emitan opiniones morales sobre el caso de una mujer que rompe en pedazos su bandera norteamericana para hacer trapos porque «no la necesita». La destrucción de la bandera nacional es un poderoso sacrilegio para los estadounidenses. Racionalmente, cualquiera de los participantes puede entender que la bandera que rasga la señora no es más que un trozo de tela, pero el experimento revela que para muchos resultaba imposible encontrar una justificación moral para ella. Ante el tabú roto, el elefante de muchos estadounidenses empieza a caminar con decisión hacia la condena, y el jinete se dedica después a justificarlo con argumentos racionales. Es decir, nuestro juicio moral nace de la parte emocional y solo después empezamos a usar el raciocinio para justificar nuestro asco.

Otra de las situaciones planteadas en los experimentos que cita Haidt se refiere al tabú del incesto y, aunque no parece ser la intención del psicólogo, acaba dándole la razón a Freud. Dos hermanos, chico y chica, tienen una relación estupenda y nada conflictiva. Un día deciden que sería divertido mantener relaciones sexuales. Utilizan preservativos y ella toma la píldora, con lo que es imposible que se quede embarazada y que el acto tenga consecuencias biológicas. Además, solo lo harán una vez, y el acto jamás se repetirá. Lo que se plantea a los participantes de este experimento es lo mismo que en el de la bandera: ¿cuál es vuestro juicio moral sobre esta situación? Los investigadores ofrecían a los conejillos de indias toda clase de argumentos racionales ejerciendo de abogados del diablo y, sin embargo, parecía imposible convencerlos. El tabú del incesto es demasiado importante, y el resultado del experimento avala la hipótesis de Haidt de que la decisión emocional viene primero y la justificación racional, después. La fuerza del elefante es irresistible. Dos hermanos follando dan asco. Y no es un asco como el que despierta la ventosidad, sino que anida en otra parte de la mente.

La hipótesis de Haidt ha sido muy fecunda en la discusión política, pues explica por qué nos radicalizamos y somos tan intransigentes con quienes piensan (y sienten) de manera diferente, y por qué tendemos a refugiarnos en nuestra tribu ideológica. Volveremos a esto más adelante para pensar cómo está afectando este funcionamiento tribal de la mente al choque de identidades colectivas, pero subrayaremos esta idea por ahora: pese a que los tabúes empujan a las personas dogmáticas a defenderlos de forma irracional, esto no implica que la propensión de sus enemigos a transgredirlos tenga un origen distinto. El dogmático vive sometido, como el neurótico, a una red de tabúes más estricta que una persona que consideramos flexible, desprejuiciada y racional, pero es posible que sean los elefantes de ambos los que han tomado direcciones opuestas.

Sigamos, pues, examinando el asco. En diciembre de 2019, un veinteañero llamado Shakeel Ryan Massey entró en la Tate Modern de Londres y destrozó el cuadro de Picasso *Busto de una mujer*, valorado en veinte millones de libras, al grito de «¡Viva Murcia!». Era estudiante de arte y catalogó su acción como una *performance*.[24] Siete años antes, en 2012, un polaco llamado Vladimir Umanets había hecho lo mismo con un Rothko titulado *Black on Maroon*.[25] En ambos casos, la opinión pública se dividió entre la mayoría que decía sentir asco por el sacrilegio y la minoría que reía la gracia o consideraba interesante el planteamiento. Después de todo, ¿no fueron Picasso y Rothko destructores a su manera del arte anterior? Duchamp y sus amigos empezaron con esto, y ahora, en una época lo bastante relativista como para que un vaso medio lleno de agua se venda como obra de arte por veinte mil euros, cualquier cosa vale; han caído todos los tabúes.[26] Al polaco, el periódico *The Guardian* incluso le brindó un espacio para explicar los motivos de su acción después de pasar por la cárcel y presentar al mundo su manifiesto, «The Yellowism».[27]

Las reacciones de la opinión pública ante la destrucción patrimonial fueron menos amables con otro acto iconoclasta: el que emprendió el Estado Islámico a partir de 2014 en sus territorios de Siria, Irak y Libia. En este caso no hubo abogados del diablo, ni activismo moralista, ni sesudos artículos que trataran de explicar la maravilla que las almas vulgares no eran capaces de apreciar. Esta vez hubo unanimidad. La destrucción del arte monumental emprendida por el Dáesh era, sin embargo, algo típico de los cambios violentos de régimen. Todos los bárbaros han derribado los templos de los conquistados y han usado el mármol para fabricar retretes. Como dice sir Peter Chalmers Mitchell, «nuestros misioneros tampoco le habían prestado nunca demasiada atención a los valores históricos y artísticos, o a los sentimientos piadosos de los fieles, cuando destruían los ídolos paganos».[28] Sin embargo, la agresión contra el legado histórico que emprendió el Dáesh revolvió las tripas de Occidente tanto como la voladura de los budas de Bāmiyān por parte de los talibanes unos años antes. Después de todo, la destrucción estaba especialmente dirigida a Occidente y por eso fue filmada, montada y producida. Era un mensaje que buscaba reacción, y la obtuvo: asco y horror. La tónica de cualquier guerra cultural.

Otra polémica relacionada con la destrucción de monumentos se originó durante las protestas del #BlackLivesMatter de 2020, cuando los activistas empezaron a tirar al suelo estatuas en Estados Unidos y, en una corriente de imitación, otras empezaron a caer a lo largo y ancho de Occidente. Pese a las diferencias, creo que había una relación simbólica entre estos derribos y los del Dáesh, pues activistas y terroristas consideraban que, con ellos, empezaba una nueva era donde los viejos símbolos debían ser demolidos; al igual que han pensado bárbaros, revolucionarios e invasores en tantos otros momentos de la historia. Para los activistas eran tabú los personajes ensalzados en las esculturas, símbolos de la esclavitud que iban desde genocidas como Leopoldo II de Bélgica hasta padres fundadores como Thomas Jefferson o George Washington. Pero también los que criticábamos el derribo estábamos reaccionando, de alguna manera, a la transgresión de un tabú.

A unos les movía un asco por cualquier pedazo de bronce que pudiera recordar remotamente a la esclavitud y llegaron a vandalizar el busto de Cervantes en San Francisco, sospecho que porque creían que cualquier nombre español es el de un esclavista. A otros nos movía el asco por esta intransigencia ignorante y por la clara incapacidad de los manifestantes para aplicar la perspectiva histórica. Así que asco: cuando Massey destruyó el Picasso, cuando el Dáesh dinamitó monumentos, cuando los activistas del #BlackLivesMatter se toparon con un esclavista (o algo que se le parezca) convertido en estatua; y asco para mí cuando una estatua de George Washington cae a manos de quienes no asumen las contradicciones de la historia y se niegan fanáticamente a pensar con otra perspectiva que no sea la de su identidad. Vivimos unos tiempos dominados por la sensación de asco moral, y aquí es donde los tabúes han empezado a convertirse en un grave problema para la estabilidad de las democracias.

La expresión «revolver las tripas» se traduce a muchos idiomas y describe un curioso tipo de asco que se activa en presencia de algo que ni huele mal ni tiene una apariencia repugnante, sino que disgusta a otra parte del cerebro. Nos demuestra que el asco humano no necesita un estímulo físico para activar su respuesta. Podemos experimentarlo ante una noticia de abusos sexuales, ante un chiste, ante la narración de una vasectomía y ante una mala película a las tres de la tarde. Somos tremendamente sensibles al asco y tendemos a enfrentarnos por él. Fue el filósofo David Hume quien elaboró una teoría al respecto, el emotivismo moral, donde explicaba que la experiencia repulsiva o deliciosa nos ayuda a construir historias sobre lo que está bien y mal. Lo que Hume no podía imaginarse es que él mismo lo pagaría, en 2020, cuando la Universidad de Edimburgo retiró su nombre de uno de sus edificios porque algunas de sus ideas sobre la esclavitud (del siglo XVIII) causaban «estrés» (léase, asco moral) en las almas insensatas que allí estudian hoy.[29] Aunque podemos comprender qué diferencia hay entre destruir una obra de arte por motivos artísticos y por un fanático mandato religioso, con mucha frecuencia será el asco moral el que tome la decisión por nosotros. Esto es lo que le pasó a la torre Hume de la Universidad de Edimburgo. Creo que el filósofo estará riéndose en el más allá.

Colin McGinn ha dedicado buena parte de sus neuronas a investigar algo tan poco apetecible como el asco.[30] En su libro, que huele a ciénaga, señala que esta sensación física está asociada, como el tabú, a la idea de contacto y de contaminación. Aunque el autor se centra en las reacciones humanas de repulsa ante estímulos visuales, olfativos o táctiles, declara que el asco nos avisa de un peligro que no siempre es de origen biológico, es decir, pone en juego mucho más que unos cuantos estómagos revueltos en presencia de unos huevos podridos. Así, decimos sentir «repugnancia» cuando escuchamos inmoralidades, y también cuando observamos cómo se destruye uno de nuestros más apreciados tabúes. La reacción de repugnancia ante la inmoralidad es una de tantas pruebas de que nuestro organismo biológico está insertado en el de la cultura. Por tanto, hay muchas cosas que ni se ven horribles ni huelen mal, pero que nos provocan respuestas tan físicas como la presencia de los excrementos. La cultura no es un fenómeno externo, sino que nos enhebra como las cuentas de un collar.

En este sentido, los tabúes serían el mecanismo con el que la cultura y el individuo han impuesto límites para lo que le resulta tolerable a sus estómagos. Y, de la misma manera que un individuo siente aversión por el queso de Cabrales y para otro es un manjar de dioses, una mujer sin velo caminando por la calle será tan asquerosa para un afgano como otra totalmente cubierta con el burka para un cristiano europeo. Aunque hay pocas personas, aquí o en Afganistán, que no sientan una repugnancia física ante el incesto o el parricidio (de la misma forma que en Afganistán o aquí hay muy pocos coprófagos), a medida que los tabúes se hacen más específicos y pequeños, a medida que dependen más de los paradigmas morales pequeños, las reacciones empiezan a dividirnos en celdas potencialmente diminutas. Esto explica que en un espectáculo de David Suárez en Madrid, como el que vi al día siguiente de escribir estas líneas, una parte del público reía, otra se removía incómoda y unos pocos individuos se levantaron con expresiones de repugnancia y abandonaron la sala.

Sí, el asco es mucho más importante de lo que parece. Google ofrece 1.230.000 resultados para la palabra «asco» en la búsqueda específica de noticias, y 116.000 para «repugnante». Que tal cantidad de noticias tengan insertadas estas palabras indica hasta qué punto están presentes las sensaciones íntimas en los asuntos públicos. Pinchando en los enlaces han desfilado por mi pantalla tripas revueltas como reacción a toda clase de actos e ideas: una procesión interminable de tabúes rotos donde se mezclaban cuadros destrozados, declaraciones de Donald Trump, agresiones sexuales, escenas pornográficas, anuncios de televisión, pedofilia, asesinatos y simples opiniones polémicas.

Perseguir el «asco» por Google muestra una sociedad que se dobla como una figura de papiroflexia por las sensibilidades y las aversiones. El asco reparte sus objetivos en grupos e ideologías y termina conformando tribus, pero también parece unirnos en torno a unos pocos hechos insoportables para todo el mundo. Es decir, el tabú unifica y también divide a la sociedad. Freud detectó hace cien años que el incesto era uno de los puntos de unión, y dijo que el tabú nos ha servido como pegamento social. En el próximo capítulo veremos hasta qué punto necesitamos algunos tabúes y examinaremos qué pasa cuando grandes masas de personas se lanzan a su destrucción.

4

Si no hay tabúes, hay guerra, revolución y violación

Donde se describen los tabúes que nos unen
y se observa lo que pasa cuando una sociedad los suspende
y el asesinato y el incesto son actos permitidos

Ahora que hemos mirado y remirado el tabú desde distintos ángulos, parece que quebrantar uno pone en juego algo más que la irritación de un puñado de virtuosos que agitan sus antorchitas de led cuando alguien dice algo que les repugna. La transgresión activa mecanismos culturales y psicológicos profundos y provoca un tipo de horror singular. Tal vez, cuando los fanáticos religiosos agredieron al autor de la obra *Me cago en Dios*,[1] o cuando las hordas de Twitter persiguieron a Armando Vega-Gil con una acusación no probada de acoso sexual hasta que se suicidó,[2] esos movimientos de sanción ritual estaban expresando algo más que una simple estrechez o crueldad. Quizá eran furibundos intentos de restaurar el orden anterior a esos actos, de volver a una pantalla en la que ciertas cosas no se decían, ni hacían, ni se tocaban. Algo distinto de pedir justicia, más oscuro y primitivo, como cuando la multitud se reúne en la puerta de los juzgados para gritar al asesino convicto.

Lo hemos visto mil veces. Radios, periódicos y televisiones nos han mantenido informados de los pormenores del crimen sin renunciar a detalles morbosos. En las crónicas se ha recogido la crueldad, la premeditación y el salvajismo para que todo el mundo se enterase; se ha retratado bien al monstruo. El último número queda reservado al momento previo a que baje el telón. Ya se ha dictado la sentencia.

La ley y los jueces han hecho su trabajo, el asunto debería estar zanjado, pero parece que a algunos no les basta. Se agolpan frente a los juzgados y, cuando el condenado pase con la cabeza cubierta con una chaqueta, sin rostro, lo empaparán de infamias mientras la policía lo conduce hasta el furgón. Esa escena típica con la que terminan tantos casos célebres no es una sanción extra por el asesinato, pues de eso ya se ha encargado la justicia, sino el ritual de castigo por la violación del tabú «No matarás».

Algo parecido, pero sobre tabúes de menor categoría, es lo que, con su sed de sangre, se ve a diario en la red social. Cuando se desata el linchamiento, nadie busca justicia, sino que se participa en una ceremonia de castigo ritual. A los implicados les basta un vistazo para colocarse en el lado correcto de una línea imaginaria, y entonces hay que significarse, hacer piña y purgar al sospechoso. Hay que cubrirlo de infundios, insultarlo y hacerlo de forma que todos lo vean. Si lo que esa persona ha dicho se considera suficientemente demoniaco, buscarán las empresas donde trabaja y las bombardearán con mensajes para que lo despidan, algo que muchas veces terminará ocurriendo. Si estudiáramos los linchamientos con atención, podríamos establecer genealogías de los nuevos tabúes, identificar todas las palabras detonadoras y medir el poder de cada grupo de presión, pero esto sería una absoluta pérdida de tiempo. En internet todo se resume en la máxima que humoristas como Zorman o Ignatius Farray conocen bien: se ataca a cualquiera por haber dicho cualquier cosa. Punto.

Creo que los linchamientos no nos hablan tanto de la profusión de temas sensibles como de un gravísimo desequilibrio social. Una libertad de expresión desabrida, sin filtros, se encontró en las redes con grupos dispuestos a defender cualquier causa y vengar sus ofensas. Una palabra molesta para cualquier individuo, un chiste que alguien no entienda, una declaración que atente contra una de las muchas ortodoxias en liza, desata el proceso de humillación. Esto no pasaría de tormenta en un vaso de agua si no fuera por el poder que las redes han demostrado para influir en la agenda de los medios de comunicación y la política. Los apolillados debates sobre límites del humor, discurso de odio y libertad de expresión con que la prensa nos ha estado aburriendo estos últimos años son una consecuencia de dicho desequilibrio. La casa del ahorcado, donde nadie con un mínimo de sensibilidad mentaría la soga con la que se colgó el muerto, se ha quedado sin paredes y abarca el mundo entero.

La defensa de los tabúes, el castigo ritual, necesita de grupos sociales movilizados. La manía que pueda tener un enfermo mental hacia la palabra «pestillo», que le provoca un horror insuperable y un odio mendaz hacia el que la pronuncia, solo contribuye a marginarlo a él. Sin embargo, si un grupo lo bastante numeroso y bien organizado empieza a reaccionar cuando los dibujantes hacen caricaturas de Mahoma, el tabú de un núcleo fanático se podrá imponer en toda la sociedad. Así, tras el atentado mortal a la redacción de la revista satírica francesa *Charlie Hebdo* en 2015 por una portada en la que se caricaturizaba a Mahoma (doce muertos), fueron muy pocas las publicaciones europeas que se atrevieron a reproducir la imagen de la discordia. Pese a las manifestaciones de repulsa y la etiqueta #JeSuis-Charlie, lo cierto es que los fundamentalistas islámicos ganaron esa batalla. El miedo logró que se dejaran de publicar caricaturas del profeta en Occidente, con lo que el tabú de unos pocos terminó asumido por la mayoría, y el fanatismo puso un límite a la libertad de expresión y la blasfemia en las democracias. Sin embargo, esto no tiene nada que ver con el respeto a la religión, sino con el miedo, y la prueba es que el voto a los partidos de extrema derecha no han hecho más que crecer.

Cuando son muchos los grupos movilizados que tratan de imponer sus tabúes al resto, el resultado es una cultura política exacerbada y tensa donde el discurso público está siempre sometido a la vigilancia neurótica y el veto, y donde la politización invade todos los ámbitos de la vida. La sobrecarga de tabúes de los pequeños taifas de activistas chiflados y fanáticos de todo cuño produce ruido y polémicas estériles, pero carece de la fuerza para lograr una transformación de la mentalidad social. Cuando sus campañas tienen éxito, podemos ver cómo se aprueban leyes que prohíben la ofensa que molestan a más personas de las que se quejan de esta, y también decisiones estrafalarias, ridículas y divertidas. Por ejemplo, que la NASA cambie los nombres a determinadas galaxias y nebulosas remotas porque a alguien le sonaron ofensivos[3] o que al clásico cinematográfico *Lo que el viento se llevó* haya que insertarle al inicio una advertencia que explique que la esclavitud estuvo mal.[4]

Sin embargo, toda sociedad sana y estable asume tabúes sin que esto provoque fricciones, y el de la violencia física es uno de ellos. Podemos degustarla en la ficción, disfrutarla incluso en forma de venganza en una película sangrienta de mafiosos en el momento en que esos hijos de puta que molestaban al *signore* acaban acribillados, pero su presencia en el mundo real y en la vida diaria seguirá pareciéndonos una amenaza que puede llegar a desnaturalizarnos por completo. Muchos testigos han dicho que durante las revoluciones y las guerras los primeros muertos despanzurrados en la calle abruman, pero que después dejan de causar impresión.[5] La persona que ha visto cómo se rompen a su alrededor los tabúes más sagrados se quedará en un estado de impavidez, como si el mundo se hubiera convertido en un espectro, se entregará a los brazos de la violencia o acabará cerrada como una almeja.

Pese a que la libertad sea uno de sus pilares, lo cierto es que no existe la democracia sin algunos tabúes. Durante mi juventud, por ejemplo, jamás oí a un miembro del Gobierno criticar la decisión de un juez, aunque pudiera estar en contra, porque casi todo el mundo entendía que la separación de poderes era algo importante y que el poder ejecutivo no debía invadir o cuestionar al poder judicial. Tampoco era normal que desde un escaño se difamase abiertamente a los inmigrantes y se los criminalizara en bloque, comparándolos con una «peste», ni que tildaran a la gente que viene en pateras como una «invasión»; tampoco ocurría a menudo que un político señalase con nombres y apellidos a periodistas contrarios a su Gobierno. Pese a que la separación de poderes nunca estuvo libre de injerencias, pese a que los políticos siempre han odiado a los periodistas que les critican, pese a que la xenofobia no ha sido jamás ajena a las pasiones de los representantes públicos, unos y otros entendían que era mejor guardarse ciertos comentarios, evitar ciertas acciones y acallar ciertas oscuridades, ciertas fallas de la personalidad. Esto es así porque la *pax* democrática tiene activados sus propios tabúes y los responsables públicos aceptan, como los sacerdotes romanos, que su posición les impide actos y palabras permitidas al ciudadano común. Sin embargo, el populismo, que disfraza a los políticos de «gente de la calle», ha pulverizado ya todo esto.

La transgresión de los tabúes que sostienen el Estado de derecho ha provocado conflictos sociales en todas partes. Ocurre, por ejemplo, en el norte de México, donde los cárteles han sembrado de cadáveres el desierto, o en la hiperviolenta Colombia de los años noventa, donde quien salía a la carretera no sabía nunca si volvería a pisar su casa. Pero los efectos de estos procesos a veces llevan solo a una violencia simbólica. Cuando los tabúes fundamentales se desactivan, los espacios grises, propicios a un debate, son devorados por la desconfianza mutua. Es entonces cuando aparece la infinita piara de tabúes divisores y la sociedad, presa de las tensiones, se desvirtúa en una gresca continuada de vetos recíprocos, mezquindad y obsesión por el diablo que supuestamente vive en los detalles. El ascenso de los partidos xenófobos y nacionalistas, el atrincheramiento de las izquierdas en lo que Robert Hughes ha llamado el «separatismo cultural» o la batalla constante por imponer determinadas manías psicóticas a las libertades ajenas no son consecuencias, por tanto, de la multiplicación de los tabúes, que es el síntoma, sino de la suspensión de los que nos unían, que es la enfermedad. Sin grandes tabúes compartidos, la sociedad rompe sus vínculos, y los diferentes no tienen nada que los una.

Como ya hemos visto, Sigmund Freud señaló que dos tabúes indispensables para la paz social son el incesto y el asesinato. A diferencia de los que proliferan como trajes a medida o que distinguen entre culturas y edades del ciclo vital, el incesto y el asesinato marcan unos límites que la humanidad en su conjunto parece haberse impuesto. Como pasaba con el incesto de las estirpes totémicas, tampoco en sociedades que ritualizaron el sacrificio humano más abominable o hicieron de la guerra su seña de identidad se suspendía por completo el tabú del asesinato. Este último se restringía como un envenenado privilegio de sacerdotes, guerreros o verdugos, y todos estaban sometidos a marginación, de forma permanente o hasta que se hubieran purificado con un ritual. Y no necesitamos remontarnos a los sioux o los altares de la muerte del Imperio azteca para entenderlo. En sociedades donde la pena de muerte sigue vigente y el asesinato se institucionaliza, como Estados Unidos, el horror que supone se

95

presenta de una forma extrema, hasta el punto de que un crimen de sangre se castiga con otro, ahora cometido por el Estado. Pues bien, como se ve en *El verdugo*, de Luis García Berlanga, esto no desactiva de ningún modo el tabú. A ese desgraciado individuo al que la sociedad ha permitido causar la muerte le espera la marginación. Quedará marcado por sus actos. Contagiado.

Muerte y resurrección del tabú del incesto

Sin embargo, hay momentos de la historia en que también estos tabúes fundamentales pierden fuerza. Suelen ser fases de desorden y violencia, épocas liminares de caos revolucionario, umbrales entre una tiranía y otra, pero no solo: la corrosión temporal de los tabúes también puede darse en tiempos estables y democráticos, épocas en las que lo único que se desordena es el sentido común o la costumbre. A veces basta con que un grupo de filósofos se ponga a discutir para que un tabú fundamental amenace con desmoronarse. Esto es lo que pasó con el del incesto y algunos de sus vástagos, como el tabú de la pederastia, en el contexto de la liberación sexual de los años sesenta. La revuelta hirvió en el caldero de la oposición a la guerra de Vietnam y los movimientos de emancipación que sacudían el mundo, pero la sangre, en Occidente, rara vez llegó al río. Pese a que las derechas hablaron de caos y destrucción, las armas de la revolución sexual fueron pacíficas y hasta placenteras. La filosofía, el relevo generacional, la droga y una cultura popular emancipada de los corsés lograron abrir unas puertas que parecían de piedra. Actos considerados obscenos o abominables desde tiempos inmemoriales, como la homosexualidad, no solo se despenalizaron, sino que se pudo hacer bandera con ellos.

Sin embargo, en aquellos años, la opinión de algunos investigadores fue que el tabú del incesto estaba desapareciendo en Occidente. Según Lévi-Strauss, este tabú es el rasgo distintivo de los grupos humanos que han abandonado el estado de la naturaleza y han conformado una cultura.[6] ¿Cómo podría desactivarse sin dar paso al caos? Margaret Mead aventuró que la explicación «científica» del incesto como forma de evitar la reproducción en una familia consanguínea podía haber contribuido al debilitamiento de las sanciones sociales una vez que los métodos anticonceptivos se popularizaron.[7] La antropóloga señalaba que en la cultura occidental se estaba creando un caldo de cultivo perfecto para que la seducción intergeneracional en una familia empezara a ser permisible. ¿Ocurrió así realmente? Lo ignoro, pero es posible que Mead estuviera en lo cierto. Porque si bien los padres y los hijos no prorrumpieron en relaciones sexuales a lo largo de Europa y de Estados Unidos, algo ocurrió en la periferia del incesto.

En 1978, una década después de Mayo del 68, la liberación era ya patente en buena parte de Europa y de Estados Unidos. Mientras la puritana Norteamérica se entregaba a los efluvios orgiásticos del hippismo, en Francia se intentó pulverizar un tabú todavía más estricto: el de la pedofilia. Una conversación radiofónica entre Michel Foucault y el escritor Guy Hocquenghem abrió un debate de alto nivel sobre la edad de consentimiento, que culminó con la petición al Parlamento francés, por parte de Foucault, de Hocquenghem y del abogado Jean Danet, de la despenalización de la pederastia y la excarcelación de Bernard Dejager, Jean-Claude Gallien y Jean Burckardt, acusados de haber mantenido relaciones sexuales con menores de quince años. Firmaron el texto personalidades claves de la filosofía del momento, como Derrida, Althusser, Lyotard, De Beauvoir, Deleuze o Sartre, y aunque el incesto no aparece en la petición, sí que se deslizaba tras ella. Los firmantes sabían muy bien en qué territorio jugaban. El propio Foucault había observado en su *Historia de la sexualidad*, siguiendo los pasos del psicoanálisis lacaniano, que el horror al incesto podía derivar en lo patológico como consecuencia del sistema represivo e incitador de la familia.[8] ¿Era la petición de despenalizar la pederastia una prueba de que la impresión de Mead sobre el incesto iba bien encaminada? Es muy probable que sí.

Foucault analizaba la realidad desde la óptica de las relaciones de poder. Él y sus epígonos, como Marcuse, encontraban pruebas de una desigualdad abusiva y sistémica en todas las capas de la sociedad, sin olvidar el uso involuntario del lenguaje, pero este paradigma de la sociedad como tapiz de oprimidos y opresores no impidió que Foucault abriera la puerta a las relaciones entre niños y adultos. Cosas del relativismo. Según él, la penalización severa de estas prácticas era síntoma de una sociedad de la vigilancia donde la libertad era ontológicamente imposible. ¿Acaso no sentían deseo sexual los niños? ¿No eran seres sexuados, igual que los adultos? Entonces, pensaba Foucault, si un niño, digamos de catorce años, podía tener ya su deseo tan desarrollado como un adulto, ¿qué otra cosa sino un abuso del poder fascistoide del Estado podía impedir la relación sexual con un hombre adulto, pongamos, de la edad de Foucault?

Desde su punto de vista se podía plantear la despenalización de todos los crímenes sexuales, incluido el de violación: «Creo que en principio se podría decir que en ninguna circunstancia debería someterse la sexualidad a algún tipo de legislación. [...] Cuando uno castiga la violación debería castigar la violencia y nada más. Y decir que solo es un acto de agresión: que no hay diferencia, en principio, entre introducir el dedo en la cara de alguien o el pene en sus genitales».[9] Es decir, para Foucault era la violencia, el abuso de poder, lo único que merecía ser castigado en la violación. El sexo no debía tener una connotación más conflictiva que la digestión. Follar era igual que cualquier otra cosa que pudiéramos hacer libremente con el cuerpo, como caminar, siempre que hubiera consentimiento mutuo. Solo una cultura castrante y patologizadora nos había hecho creer que el sexo era diferente.

Pero ¿es así? ¿Es el sexo como todo lo demás? ¿La diferencia entre el placer de acariciar una espalda y el de la penetración es solo anatómica? Dicho de otra forma: si el sexo no es lo relevante en una violación, ¿qué sentido tiene que una madre sea castigada, pongamos por caso, si acaricia los genitales de su hijo con la punta de la lengua y no si le acaricia la cabeza con la punta de los dedos? Creo que Foucault estaba dando la razón a Mead: la corrosión relativista de los tabúes sexuales se encontraba muy cerca de alcanzar la espina dorsal de todos ellos, el incesto. Sin embargo, el sexo no es como todo lo demás. En todas las culturas observadas a lo largo y ancho del planeta, el sexo se ha entendido como algo diferente a las demás formas de relación. Recuerda Pablo de Lora que en España una violación se castiga con penas más duras que una herida que deja tuerta a una persona, pese a que posiblemente, si nos dieran a elegir, cualquiera preferiría ser violado sin daño físico a perder un ojo de manera permanente. Luego el sexo es distinto, y de ahí que esté repleto de tabúes.

Sin duda, la demolición del viejo orden mediante la relativización de sus principios sacrosantos tuvo consecuencias muy positivas, pues permitió que los homosexuales salieran de los armarios, que la transexualidad empezara a abandonar el circo de los monstruos, o que las mujeres experimentaran su vida erótica como algo más que un trámite necesario para traer hijos al mundo. Sin embargo, en el relativismo siempre están las semillas del caos, y aquella ola de permisividad sexual produjo también algunos engendros dignos mencionar. Por ejemplo, lo que hoy se conoce como el «experimento Kentler», que devuelve el hilo de nuestros pensamientos al tabú de la pedofilia.

La historia, que *Der Spiegel* publicó en 2013,[10] se remonta a 1973, cuando el psicólogo, sexólogo y profesor de la Universidad de Hannover Helmut Kentler abrió un centro de acogida para niños problemáticos en Berlín, en el que se aplicaría un nuevo y revolucionario método pedagógico, por decir algo. Kentler era lo que en los años setenta podía considerarse un progresista, abierto a las nuevas teorías y desprejuiciado; un enemigo de los tabúes. Entre 1966 y 1974 asesoró al Gobierno regional de Berlín occidental en temas pedagógicos y elaboró una idea radical: sería bueno poner en contacto a pedófilos con niños problemáticos. Su hipótesis era que los adultos con deseos pedófilos podían crear un fuerte vínculo emocional con menores problemáticos que ayudaría a ambos a salir adelante.[11] ¿Acaso no era la pederastia, παιδεραστία, una importante institución educativa en la antigua Grecia? Pues bien, lo que sucedió en la práctica es que Kentler se las ingenió para convencer al Gobierno de la Alemania capitalista de que entregase niños huérfanos o hijos de familias rotas a pedófilos, de modo que estos ejercieran de cuidadores. El resultado fue desastroso, como muestra un reciente informe elaborado por la Universidad de Hildesheim con testimonios de las víctimas, que hoy exigen al Estado una compensación.

En nuestros días sería imposible que una experiencia como esta se llevara a cabo. El péndulo ha recorrido toda su trayectoria, hasta el punto de que tampoco se podrían sostener en público opiniones como las de Kentler o Foucault sin inmolarse socialmente, ni siquiera planteándolas como ideas teóricas. En la sociedad actual cualquier asunto que toque la pederastia es tabú, y esto ha supuesto una horrible desgracia para los pedófilos célibes: personas que sufren en silencio un deseo sexual desviado y a las que se considera monstruos por el simple hecho de desear a quien no deben. La pedofilia es un problema que la generación de Foucault enfocó muy mal, pero que nosotros no estamos enfocando mejor. Nos contentamos con manifestar nuestro horror ante un documental sobre Michael Jackson, ponemos a las víctimas en un altar donde sus heridas queden a la vista, y entretanto condenamos a los pedófilos a un ostracismo que no hace sino subrayar la vigencia recuperada del tabú. Proyectos como el de la fundación francesa L'Ange Bleu o el de Prevención Dunkelfeld, dispuestos a proporcionar ayuda a los pedófilos, son ignorados por los medios de comunicación o vistos con desconfianza por la mayor parte de la opinión pública. La pedofilia no se toca.

De hecho, ni siquiera sus víctimas pueden decirlo todo, sino que han de prestar un testimonio previsible y participar del ritual estipulado. O, al menos, así lo sugirió la muerte civil de Milo Yiannopoulos cuarenta años después de que el debate sobre la despenalización de la pederastia hubiera agitado Francia. Yiannopoulos era un personaje odioso y carismático. Combinaba una homosexualidad irreverente con un extraño batiburrillo ideológico de derechas que tomaba elementos del libertarismo reaccionario y el tradicionalismo canalla. Era editor de *Breitbart News*, el rodillo mediático con el que Steve Bannon allanó el camino de Donald Trump a la Casa Blanca, y un aficionado a provocar el escándalo entre la izquierda más mojigata del planeta. El público estaba acostumbrado a las salidas de tono de Yiannopoulos, que sentía una gran satisfacción despertando el odio de los progres y se desenvolvía ágil en la polémica. Había sufrido boicots y protestas en muchas universidades, pero parecía, de alguna manera, invulnerable.

Sin embargo, no lo era. Así lo pudo comprobar él mismo al sostener en público unas opiniones sobre la pederastia que, hasta cierto punto, podían recordar las de Foucault.[12] Confesó en un *podcast* que un adulto se había aprovechado de él durante su infancia y que la experiencia, lejos de traumatizarle, le había enseñado muchas cosas buenas de la vida. Habló de una experiencia pederasta en términos de relación libre y placentera, casi pedagógica, y en ese mismo momento se encontró con que todos sus aliados conservadores le daban la espalda en masa y se unían a los progresistas en un colosal linchamiento. No tuvo modo de esconderse, ni de rectificar, ni de matizar sus palabras. Al trivializar una relación sexual infantil, al afirmar que no había sido una experiencia traumática para él, Yiannopoulos había cruzado una línea roja; había violado el tabú de la víctima de los abusos infantiles, que obliga a esta persona a relatar su experiencia de una forma concreta, previsible y ritualizada. Decir que el abuso pedófilo le hizo bien significó su muerte civil.

La historia de Yiannopoulos me pareció una prueba de que muchos de los tabúes abolidos en los setenta han vuelto a activarse, por más que los términos y las posiciones se hayan desplazado. Si el tabú del incesto, como pensó Mead, llegó a difuminarse, todo indica que se ha recuperado y que con él han vuelto muchos de los vetos menores que crecían a su alrededor. La pregunta ahora es la siguiente: ¿vivimos un retroceso de nuestra libertad sexual? ¿Estamos metidos en un efecto rebote que nos devuelve a un punto anterior a la liberación de los setenta? Camille Paglia opina que sí. Burlona, sardónica y pesimista, ha señalado que las feministas de los setenta —como ella— mataron al padre, pero que la nueva generación puritana quiere un policía en cada alcoba.[13] El movimiento #MeToo ha sido, en este sentido, una manifestación del deseo de seguridad a costa de poner la vieja libertad bajo sospecha. Si examinamos los efectos de esta corriente sobre las posibilidades de un hombre heterosexual para expresar su gusto o su deseo, podríamos pensar que el movimiento #MeToo ha sido una fábrica de tabúes. Pero partamos de la base correcta: antes de generar sus restricciones, el movimiento #MeToo ya estaba rompiendo un tabú de categoría férrea, esto es, el que imponía silencio y vergüenza a las víctimas de los abusos cometidos por hombres poderosos.

A lo largo de este libro vamos a tropezar con muchas paradojas como esta. ¿Acaso no impuso la revolución sexual un tabú sobre el pudor, la vergüenza y el trauma de las mujeres abusadas? ¿Acaso no las tildó de aguafiestas y frígidas? Las activistas del movimiento #MeToo

101

pertenecen a una generación más joven, y los jóvenes siempre dinamitan lo construido por sus padres. Ellas convierten su fragilidad en fortaleza y exigen control con la ayuda de los medios de comunicación. Mientras rompen un tabú cultural en una especie de pornografía del trauma, en una escatología de la violación, imponen otros nuevos. Quieren controlar a los hombres y restringir su poder sobre la sexualidad, y han creado una atmósfera en la que la existencia del capital erótico femenino, es decir, la capacidad de las mujeres hermosas e inteligentes para utilizar la seducción y manejar a los hombres poderosos, se niega. Desde la óptica victimista del movimiento #MeToo, las mujeres han sido esclavas del eterno patriarcado, esto es, seres pasivos.

El movimiento #MeToo ha puesto el acoso y el abuso sexual en primer término, pero ha enfocado el problema con una extraña mezcla de celo puritano y luces de la sociedad del espectáculo. Feministas díscolas como Germaine Greer han sido ignoradas al proponer —sin eco— que la violación quede separada del escándalo social. Dado que a Greer nadie podía discutirle su compromiso o su radicalidad, su manifiesto sobre la violación, publicado tras el movimiento #MeToo, pasó a estar en segundo plano. Greer afirma que cualquier coito en el que la mujer no tenga ganas de follar puede considerarse violación, y que por tanto la violación no es una cosa extraña, sino habitual. En consecuencia, debería atenuarse un tanto su horror, y empezar a trabajar para crear un ambiente en el que la víctima pueda hablar de ello, sea escuchada y sea comprendida, pero en el que se intente restaurar su vida y la de su agresor sin que todo el mundo empiece a gritar por la calle.[14]

Sin embargo, el feminismo que se ha convertido en hegemónico tras el movimiento #MeToo ha ido en la dirección contraria. El abuso sexual ha sido motivo de consternación social, de cierto despertar a una realidad ignorada, pero también una causa de escándalo, cotilleo vulgar y hasta cazas de brujas. La acusación pública se ha empleado como un arma para destruir adversarios y minar reputaciones, como lo demuestra la difamación contra Morgan Freeman por parte de una periodista de CNN, Chloe Melas.[15] Entretanto, manifestaciones multitudinarias han corrido por las calles para exigir protección del Estado, y los legisladores de izquierdas han pasado los últimos años intentando deglutir las consignas para añadirlas a las leyes. Así, han ampliado la noción de «abuso» hasta límites que realmente confunden, han puesto en cuarentena la presunción de inocencia y han divagado sobre la posibilidad de incluir el consentimiento explícito de las mujeres en la ley, pese a que todo esto suponga el peligro de caer en el «derecho penal de autor»,[16] típico de regímenes poco democráticos.

Pero las paradojas de la nueva moral sexual de izquierdas no se quedan ahí. Mientras las actitudes tradicionales de cortejo masculino se condenan, las teorías *queer* promulgan una visión del género donde las identidades fluyen a lo largo de un espectro abierto y variable. Desde estos planteamientos, resulta que un individuo puede dejar de ser un hombre heterosexual si se deconstruye, pero no dejará de ser un cerdo hasta que no haya hecho este ejercicio. Es decir, se derriban los tabúes de la identidad de género mientras se fortalecen los tabúes de la conducta sexual inapropiada. Tú puedes exhibirte, desatar todo tu potencial erótico, pero ningún hombre debe reaccionar a este estímulo si tú no lo deseas: si lo hace, será un cerdo, y cualquier molestia ocasionada por la tensión sexual podrá ser considerada una agresión. Hablar de la responsabilidad sexual de las mujeres en este clima no solo es poco inteligente, sino que es pecado. Y resulta curioso, recuperando la sospecha de Mead sobre el incesto, que muchas de las nuevas restricciones aludan a este tabú de manera oblicua: condenan cualquier relación en la que haya una desigualdad de poder y producen un desplazamiento de las categorías típicas del incesto, donde no solo será el padre quien transgreda el tabú con su hija, sino también el jefe con la empleada, el fuerte con la débil o el cliente con la prostituta.

El regreso del tabú del incesto tras el desorden que supuso la liberación sexual queda claro si pensamos en la revisión del caso Woody Allen. Durante los últimos años, la polémica ha sido lo bastante dura para que el propio Allen, famoso por su renuncia a responder a las acusaciones, se haya visto obligado a manifestarse después de que las distribuidoras estadounidenses se negaran a exhibir una de sus últimas películas y de que una cola de actores oportunistas dijeran que se arrepentían de haber trabajado con él. El cineasta ha publicado sus memorias, *A propósito de nada*, donde dedica al menos una cuarta parte de la narración de su vida y su filmografía a defenderse de las calumnias que se han vertido contra él. La primera «nada» a la que se refiere el título es su propia vida, que Allen se encarga de desmitificar, y la segunda es una doble acusación de pedofilia incestuosa vertida por Mia Farrow, su expareja.

Durante trece años, Allen y Farrow tuvieron un romance intermitente y tormentoso, trabajaron juntos en un montón de películas y nunca se casaron. Vivían en casas distintas, uno a cada lado de Central Park, y tenían sus propios amantes fuera de la pareja. Farrow decía estar consagrada a la crianza de sus hijos, que eran una legión de niños entre biológicos y adoptivos, y le pedía a Allen que le diera uno biológico. El escándalo estalló en los noventa, cuando Allen y Soon-Yi, una de las hijas adoptivas de Farrow, se enamoraron y esta descubrió el romance. En este momento, Soon-Yi era mayor de edad y estudiaba en la universidad. Allen y ella apenas habían convivido mientras Soon-Yi era una niña. Sin embargo, cuando Farrow descubrió el romance, contraatacó. Primero dijo que Soon-Yi era retrasada mental y que Allen estaba abusando de ella (lo cual es del todo falso), y después denunció a Allen por abusar sexualmente de otra de sus hijas adoptivas, Dylan. Este abuso jamás ha podido probarse, y hay importantes indicios de que se trata de una invención provocada por un ataque de despecho.

¿Estaba el tabú del incesto atenuado cuando Allen y Soon-Yi empezaron su aventura? Pienso que sí. Sobre el desplazamiento de los tabúes en torno al caso Allen se ha publicado hace poco un libro excelente: *El síndrome Woody Allen*, de Edu Galán (Barcelona, Debate, 2020). En este ensayo vemos que, en su momento, la relación causó un escándalo de tipo morboso, bueno para la prensa sensacionalista y más o menos inofensivo para el prestigio y la carrera del cineasta. Corrieron ríos de tinta sobre el tema y los *paparazzi* cercaron a la extraña pareja, pero a juzgar por la trayectoria cinematográfica de Allen no se le castigó socialmente, sino que continuó filmando películas. Se vio obligado a probar que la otra acusación, la de violar a Dylan, era falsa, y ahí parecieron terminar sus problemas. Recuerdo los chistes que provocaba en los noventa su descarado romance con Soon-Yi: «Cariño, ya que insistes en adoptar, ¿por qué no adoptamos a esa coreana de dieciocho años tan sexy?». Dudo que un chiste como este pudiera hacerse hoy sin riesgo.

Durante la conmoción del movimiento #MeToo los cargos contra Allen salieron de su sepulcro y esta vez la carrera del cineasta estuvo a punto de quebrar. Una parte ruidosa y necia de la opinión pública sostenía los siguientes hechos (falsos en el mejor de los casos): que Allen se lio con su propia hija (Soon-Yi) cuando esta era menor de edad y que cometió un acto de pedofilia contra otra hija (Dylan) en el desván de la casa de Mia Farrow cuando la niña tenía siete años. Dylan Farrow, que ya era adulta, apareció en un programa de televisión asegurando que la violación infantil era cierta, mientras uno de sus hermanos negaba la mayor y aseguraba que Mia Farrow le había lavado el cerebro. La parte menos informada del público incluso parecía confundir a Soon-Yi con Dylan; el tabú del incesto planeaba sobre el escándalo como una libélula.

En los acalorados debates mediáticos suscitados desde 2017 en torno a Allen, muchos parecen aceptar que la acusación de violar a Dylan pueda ser un invento de Farrow, pero se niegan a aprobar que un hombre se case con la hija de su expareja, aunque ambos sean mayores de edad y no haya ningún vínculo de sangre. Es algo que recuerda al experimento sobre el asco moral relatado por Haidt y ya citado: los elefantes del siglo XXI corren en una dirección, digan lo que digan los jinetes. El círculo del incesto, abierto por la revolución sexual, quedaba definitivamente cerrado. Si durante aquellos años se difuminó su vigencia, hoy vuelve a ocupar una posición central en nuestra forma de entender el sexo. Quienes han emitido un juicio moral contra Allen ni siquiera aceptan el testimonio de Soon-Yi, que ha declarado a favor del director con sus palabras y con un largo y feliz matrimonio de más de veinticinco años en el que han adoptado a dos niños. Nada importa: el tema huele a incesto, y el incesto causa espanto. El caso Woody Allen subraya el peso del tabú en la nueva moral sexual.

Bien, después de todo esto, me pregunto: ¿fue necesario atenuar el tabú del incesto para combatir otras restricciones de orden sexual?

¿Se hubiera podido lograr la liberación de los homosexuales o la celebración del orgasmo femenino sin un debate intelectual en el que llegó a trivializarse el peso del sexo de esa manera? ¿Vivimos entonces un efecto rebote en el que todas las nuevas restricciones brotan de la necesidad de orden y control? No tengo una respuesta satisfactoria, aunque insinúo que sí. Sin embargo, sea como fuere, queda claro que lo que estaba férreamente ordenado en la sociedad tradicional de forma desventajosa para las mujeres, para los homosexuales y para las demás identidades fuera de la norma saltó por los aires; que vino una época de relativismo y de caos, una revolución, y que ahora intenta imponerse un nuevo orden en el que los hombres pierdan sus privilegios, se liberen de su «masculinidad tóxica» y se muestren dóciles y comprensivos, mientras las mujeres ejercen el control. Como cuando hay que quebrar los huesos del accidentado en sitios nuevos con el fin de reconstruírselos por completo, la moral sexual de Occidente sigue, por tanto, en la mesa de operaciones.

La guerra y el carnaval

Toda mi generación, al igual que la de mis padres, ha vivido en paz. Veamos ahora qué ocurre cuando esto deja de ser así y el otro tabú sagrado, el del asesinato, queda suspendido. George Steiner sitúa en 1914, con el estallido de la Primera Guerra Mundial, la voladura del legado de la Ilustración, de nuestra vieja fe en que el genio de Europa que conduce a la humanidad hacia un progreso sin límites. Desde 1914 queda probado para Steiner que el sueño prometeico de la tecnología puede conducir tanto al infierno como al paraíso. La Primera Guerra Mundial es, además, uno de esos raros episodios en la historia en que se suprime de forma generalizada el tabú del asesinato y la muerte. Esta vez el hombre no solo pelea contra el hombre, sino contra las máquinas que ha inventado su propio ingenio. La producción a gran escala de ametralladoras, de obuses y de gases venenosos garantiza una matanza masiva e industrializada inédita hasta ese momento, que pilla con el pie cambiado a los estrategas del alto mando militar, pese a la advertencia que supuso la segunda guerra bóer.[17]

Esta vez no hay posibilidades para la gallardía, el heroísmo o el laurel de la victoria, los premios que lanzaron a los jóvenes hasta las trincheras. Los soldados parten a la guerra engalanados, distinguidos en sus uniformes, enfervorizados por el influjo hipnótico de las banderas en lo que Jon Savage ha llamado un «éxtasis inmolatorio». Marchan animados por los mitos patrióticos, las multitudes y los estandartes. Más tarde, unos pocos regresan de permiso mutilados o dementes, con el alma podrida y manchada por el lodo, los excrementos y la sangre corrompida de las trincheras.

«Para que la violencia pase de lo marginal al centro, han de cumplirse dos condiciones: hay que suspender los tabúes contra la violencia, y hay que debilitar a las fuerzas del orden», decía hace poco Nick Cohen refiriéndose a la trifulca británica sobre el Brexit y el populismo de la nueva derecha *tory*.[18] Sin embargo, la Primera Guerra Mundial demostró que el segundo requisito es contingente, pero no necesario. Los tabúes de la violencia deben suprimirse, pero las fuerzas del orden pueden participar activamente en que así sea. En este sentido, el estallido de la guerra fue una sorpresa para muchos humanistas atentos, lo mismo que la próxima lo será para quienes vivan hoy aferrados al dogma de que nuestra paz es indestructible.

Cuenta Stefan Zweig que la esfera civil y la militar habían estado razonablemente separadas hasta entonces.[19] Según el escritor austriaco, Europa vivía el mayor paréntesis pacífico de su historia y uno podía viajar de un país a otro sin que nadie le pidiera el pasaporte. Los bohemios proliferaban en los cafés e inventaban nuevas formas de expresión. El arte y la literatura, la ciencia y la filosofía parecían haberse acomodado para siempre en sociedades prósperas y funcionales, que unían sus fuerzas camino del progreso. Sin embargo, la paz y la riqueza europeas se cimentaban en un espejismo: por un lado, la muerte seguía con su labor para Europa en los campos de África y Asia, donde las potencias competían por el dominio imperial; por otro, la tensión entre las clases sociales era mucho más intensa de lo que algunos burgueses bienintencionados como Stefan Zweig podían imaginarse; y, para rematar, una parte de la bonanza económica provenía del insensato crecimiento de la industria del armamento.[20]

La situación económica de los europeos de 1914 era tan desigual que la mera promesa de carne a diario fue suficiente para que muchos jóvenes prusianos, franceses o británicos de familias proletarias se alistasen en el ejército. El número de vidas humanas que fueron a la picadora con esta promesa proteínica arroja una cifra que pierde su sentido al ser escrita o pronunciada. Las horquillas de asesinados por la nefasta estrategia de los mandos militares, que todavía concebían la guerra como un espectáculo campestre de cargas de caballería, pese a los morteros destripadores y las ametralladoras, bailan en cientos de miles e incluso en millones; no significan nada. La potencia mortífera de la tecnología había cambiado para siempre el sentido de la guerra y le arrebató el romanticismo que todavía conservaba en 1914. Sun Tzu había sido engullido por las zanjas de lodo venenoso y quedó desfigurado por el alambre de espino y la metralla.

En esta primera superguerra industrial, los médicos descubrieron una nueva dolencia. Charles Samuel Myers la llamó *shell shock* (en español: «neurosis de guerra») y describía una reacción del orden histérico en quien había suprimido el tabú de la muerte durante los horrores de la guerra. Esta denominación inglesa tan exacta se desvirtuó progresivamente con eufemismos hasta denominarse «síndrome de estrés postraumático», que es algo que podría sufrir una estudiante desequilibrada cuando su profesor pronuncia la palabra «falo». Sin embargo, es la primera noción inglesa, traducida como «neurosis de guerra», la que mejor expresa al hombre que se cierra sobre sí mismo como una almeja en respuesta a un impacto psicológico insoportable. Así, cerrados, indescifrables, contagiados del poder del tabú que el Estado les había obligado a transgredir, volvían a casa muchos de los supervivientes de las trincheras. Mientras los mutilados abarrotaban los hospitales, los locos llenaban los manicomios.

Aunque esta guerra todavía se libraba en los campos de batalla y hasta cierto punto respetó la tranquilidad de las ciudades (al menos, comparada con la siguiente), toda la sociedad, más allá del frente, se vio afectada por la impresión que suponía contemplar a los que regresaban de la zona sin tabúes. El psicólogo Stanley Hall acuñó en esos años el término «esquizofrenia» para describir lo que ocurría cuando la fina capa de civilización y cultura desaparece y la sociedad rueda hacia la barbarie. Esta última no se daba solamente en el frente, sino que lo impregnaba todo. Como hemos visto ya, el poder del tabú es muy contagioso. El asesinato no fue el único pecado capital permitido en este paréntesis de la civilización. Según Savage, «la violencia de la guerra total precipitó una revolución social y moral».[21]

Una parte de esta revolución, tan ambigua como las energías liberadas por la contienda, ya estaba en marcha; era el triunfo del nacionalismo militarizado que impuso la disciplina militar en la juventud europea y que no decaería hasta después de la Segunda Guerra Mundial. Como siempre, justo antes de que grandes tabúes cayeran, otros nuevos proliferaron. En 1914, el Gobierno británico prohibió las expresiones pacifistas con la ley DORA (Defence of the Realm Act), con la que el movimiento modernista pasó a ser considerado un exponente de la decadencia en términos que recuerdan a los que después emplearía Adolf Hitler para condenar el cosmopolitismo, o los de Mao para la cultura burguesa. El sacrificio tribal, musicalizado un año antes por Ígor Stravinski en *Le Sacre du printemps*, lo estaban realizando quienes detestaban esa nueva música. El escritor Robert Graves, en aquel momento un estudiante, recuerda el debate escolar en el que participó un año antes del estallido de la guerra. Llevaba por título «¿Está la escuela a favor del servicio militar obligatorio?». Solo seis de ciento diecinueve alumnos se manifestaron en contra; el tabú se había impuesto, negar la militarización causaba horror y ostracismo.

Sin embargo, la presión social del militarismo iba más allá del debate público. Se metía incluso en la cama, donde también estaban corrompiéndose importantes tabúes tradicionales. Así, «en los primeros días del conflicto patrullaban las calles miles de mujeres jóvenes que entregaban plumas blancas a todos los jóvenes sin uniforme, un gesto que suponía una acusación de cobardía».[22] Esto indica que el militarismo no respetaba la esfera más privada, pero también que las estrictas restricciones sexuales de la época victoriana estaban desapareciendo. Se creó incluso una organización, la Orden de la Pluma Blanca, que preguntaba en sus carteles: «¿Viste de caqui tu "preferido"? Si no es así, ¿no CREES que debería? Si no piensa que tu país y tú sois algo por lo que vale la pena luchar, ¿crees que TE MERECE?». Pocos años antes hubiera sido inconcebible una alusión tan directa a las relaciones sexuales de la juventud, pero ahora estas se utilizaban descaradamente para imponer la presión militar.

La transgresión del tabú de la muerte afectó a los tabúes sexuales. A veces ocurría por necesidades pragmáticas de la propia guerra. Así, muchas mujeres de clase media y alta se alistaron en los primeros meses como enfermeras. Habían pasado la vida en colegios segregados y bajo un estricto control puritano. Vera Brittain, una joven enfermera citada por Savage, dice: «Nunca había visto el cuerpo desnudo de un varón adulto». Pero esto no tardó en cambiar: «Menos meterme en la cama con ellos, apenas había una tarea íntima que no hiciera para uno u otro en el transcurso de cuatro años, y todavía tengo motivos para estar agradecida por los conocimientos del funcionamiento masculino que me ofreció cuidarlos». Otras mujeres sí dieron el paso de meterse en las camas. Según Magnus Hirschfeld, en 1914 hubo tal explosión de los instintos reprimidos que las masas hicieron «aquello que el Estado prohibía a los individuos».

La amenaza de la muerte inminente abolió la castidad y el recato en algunos segmentos acomodados de la sociedad, y liberó el deseo más primario de amor y diversión. Durante los años de la Gran Guerra, los embarazos fuera del matrimonio, la prostitución y las enfermedades venéreas se multiplicaron tanto en el frente como lejos de él. En este sentido, el periodo entre 1914 y 1918 pudo ser la primera semilla de lo que cincuenta años después, y tras muchos momentos de reacción, se terminó convirtiendo en la «revolución sexual». De hecho, los «locos años veinte» se mantienen en nuestro imaginario como un carnaval que solo se interrumpe con la catástrofe bursátil de 1929 y el ascenso posterior del nazismo al poder en Alemania.

No uso esa palabra, «carnaval», a la ligera. El carnaval es un rito de supresión general de tabúes en el que las masas pueden hacer lo que se impide a los individuos. Como la guerra, el carnaval se prolonga durante un espacio de tiempo acotado y suspende tabúes muy severos. Un hombre que se disfraza de mujer podría creer que el sentido de la fiesta es su goce, pero ocurre exactamente lo contrario. El sentido del carnaval no es la libertad momentánea, sino la restauración de las normas cuando termina la fiesta. Parecidos rituales están documentados en sitios muy remotos para la cristiandad. Marshall

Sahlins refiere, por ejemplo, que, cuando se moría un rey hawaiano en los tiempos de James Cook, el orden social se desintegraba en violentas escenas que se caracterizaban «especialmente por la fornicación pública entre las mujeres nobles y los hombres pertenecientes al vulgo, relaciones normalmente prohibidas». Según el antropólogo, el resultado simbólico era que el heredero del trono, que se había mantenido apartado del desenfreno público, regresaba diez días después para restituir el orden (los tabúes) mediante su ceremonia de coronación.

Que el sentido del carnaval sea un desenfreno controlado y acotado hace especialmente estúpido que una autoridad intente imponer normas a la fiesta, como estamos viendo hoy en día con la corrección política. Hay una secuencia magistral de *Los Simpson* en la que viajan a Río de Janeiro y Marge se queda sola con Bart y Maggie. Dice: «Ay, a vuestro padre le habría encantado. Estas borracheras, esa sexualidad ambigua... ¡oh! Tenemos que marcharnos rápido». Pero un brasileño vestido de pájaro interrumpe su huida: «No puede huir de un carnaval porque incluso huir es un estilo de baile». Un bonzo aparece a su lado: «Estoy envuelto en llamas, y bailo». A lo que Marge replica: «Bueno, bailaré y me preocuparé al mismo tiempo». Creo que los «controladores de carnaval» nacidos en torno a la fiesta no han reparado, como Marge, en el sentido profundo de la fiesta que pretenden reprimir. En Estados Unidos hay desde hace años organizaciones estudiantiles que intentan prohibir que los chicos blancos se disfracen en Halloween de indios o de mexicanos, pues lo tachan de «apropiación cultural». Aunque volveremos a esto más adelante, debemos subrayar algo ahora: el carnaval y sus distintas versiones culturales, como Halloween, solo pueden operar como rito si durante esos pocos días los individuos están totalmente liberados de las normas del decoro. Tras el desenfreno del carnaval en los países católicos de Europa llega la severa cuaresma, y es precisamente este retorno de la restricción lo que desactiva la inclinación de los individuos a transgredir las normas el resto del año.

Algo parecido, pero terrorífico y del orden práctico, es lo que sucede en las guerras. Durante la primera mitad del siglo XX, antes de la Segunda Guerra Mundial, algunos historiadores y filósofos se refirieron a la guerra en términos de carnaval y señalaron que son paréntesis necesarios para que la sangre se renueve y la paz y el orden arraiguen con fuerza. En 1919 llegó por fin la rendición humillante de Alemania y la paz, en cuyo tratado estaban las larvas de la próxima contienda. El orden quedó restituido en casi todas las potencias en guerra. La reconstrucción se emprendió en un ambiente de libertad nunca visto hasta la fecha. Sin embargo, el orden no pudo restaurarse en todas partes. En Rusia, las fuerzas liberadas por la contienda habían ido un paso más allá de los paréntesis y se habían derramado. Nos tropezamos, pues, con el otro gran evento social que suspende los tabúes más sagrados: la revolución.

Esta es un proceso en el que las sociedades se fracturan, cambian de rumbo o simplemente cogen fuerzas antes de que se restaure el orden. Durante estos momentos, la «efervescencia colectiva» queda liberada y fuera de control.[23] Este concepto de Émile Durkheim alude a la carga repentina de energía social que prepara al grupo para la acción colectiva y desactiva el juicio individual. Es lo que el escritor Sebastian Haffner llama el «veneno de la camaradería»,[24] cuando se refiere a los aquelarres nazis en los que participó durante su juventud, antes de cobrar conciencia de sí y del horror que lo rodeaba, y tomar la decisión de exiliarse de Alemania.

Según Durkheim, durante estos periodos de efervescencia «se vive más intensamente y de manera muy diferente a como se hace en tiempos normales. Los cambios no son tan solo de matiz y de grado; el hombre se convierte en otro». Lo que provoca esta transformación es que «las pasiones que le agitan son de una tal intensidad que no pueden satisfacerse más que por medio de actos violentos, desmesurados: actos de heroísmo sobrehumano o de barbarie sanguinaria». Según el sociólogo, esto explica, por ejemplo, las cruzadas y «tantas escenas, sublimes o salvajes, de la Revolución francesa».

Para conocer estas escenas conviene leer a Rétif de la Bretonne, que describió el frenesí sangriento y obsceno de la Revolución francesa como ningún otro cronista del momento.[25] Es indudable que el autor exagera e inventa, en particular sobre su propio papel rescatando a damas semidesnudas de violaciones a punto de consumarse que, como premio, lo colman a él de favores sexuales. Sin embargo, en las crónicas periodísticas de este pornógrafo nos llega intacto el fragor extenuante de la supresión revolucionaria de los tabúes. A su alrededor, en las calles señoriales y los jardines de París, se producen incendios, asesinatos y coitos por doquier en una mezcolanza embriagadora. La viveza del idioma francés sobrevive a las traducciones como un perfume pestilente que no varía de olor al cambiar de frasco, y los hechos menos conocidos de la Revolución francesa, los detalles del ambiente callejero que inútilmente puedes buscar en los mamotretos de historia, se revelan con impúdica desnudez.

Lo súbito de la efervescencia colectiva queda relatado en sus crónicas de la multitudinaria asamblea celebrada poco antes del estallido de la revolución en el Palais-Royal. «Era la última jugada de la aristocracia, es decir, de los ministros, los grandes, los miembros del consejo, los intendentes, los subdelegados, los obispos, los canónigos, los monjes, los procuradores, los rentistas, casi todos los ricos y, en fin, los verdugos.» Sin embargo, «el pueblo no estaba pensando en sublevarse; estaba tranquilo, siguiendo con atención y curiosidad, pero no con impaciencia, el desarrollo de la augusta asamblea». Tres meses después se había proclamado la Asamblea Constituyente y Luis XVI tenía al ejército en la calle. «¡Todo va bien!», gritó la aristocracia en el Palais-Royal, «pero todo iba mal, como bien pudimos constatar al día siguiente». La toma de la Bastilla marcó el comienzo de un largo periodo de efervescencia en el que todo estuvo permitido. Y obedeció a un impulso repentino, tras una engañosa calma.

Del tono de las primeras dos partes de su libro, en las que narra los años anteriores al Terror, entendemos que el autor es un libertino de ideas políticas más bien moderadas. Sus crónicas del tumulto combinan el asombro, el horror y la picardía, y subrayan algo que Durkheim observó también en las tribus más aisladas de Australia. Allí, durante los momentos de efervescencia colectiva, las pasiones desencadenadas eran de «tal impetuosidad que no se dejan limitar por nada. Se está hasta tal punto por fuera de las condiciones cotidianas de vida y se tiene hasta tal punto conciencia de ello que se experimenta como la necesidad de ponerse por fuera y por encima de la moral cotidiana». Durante estas explosiones, «hombres y mujeres se emparejan contraviniendo las reglas que dominan las relaciones sexuales. [...] Incluso a veces se realizan de forma ostensible e impunemente uniones incestuosas que, en tiempos normales, son severamente condenadas y juzgadas como algo abominable».

Sin embargo, la efervescencia colectiva típica de la revolución no solo suspende las normas, también mina el pensamiento individual. Por eso la verdad, la dignidad o la compasión quedan abolidas durante las revoluciones, incluso en aquellas que se justifican con los valores más elevados. Quien emprende el camino revolucionario como acompañante o comparsa debe recordar que no hay freno de seguridad —ni botón del pánico— en ese vehículo. Los espíritus optimistas y de cariz moderado serán el primer enemigo de los extremistas una vez quede depuesto el orden establecido. Mencheviques y girondinos caen siempre pulverizados por bolcheviques y jacobinos, y una prueba de ello es que, en la última parte de su obra, Rétif de la Bretonne se ve obligado a hacer una profesión de fe y manifestarse no solo como un revolucionario, sino a favor de las purgas y los asesinatos emprendidos por Robespierre. Mientras el arranque de su obra es descontrolado y extático, el cierre es severo y riguroso. De esta manera podemos ver cuán acertada es la intuición de Durkheim cuando señala que el furor efervescente conculca el criterio individual. Rétif de la Bretonne entrega a la revolución lo mismo que tantos escritores soviéticos durante el estalinismo: la visión propia.

En la historia, ha habido tiranos revolucionarios que incluso han tendido trampas a esos espíritus libres para cazarlos. Es lo que ocurrió en la China comunista durante 1956, cuando Mao Zedong, ya totalmente deificado y, por tanto, paranoico, lanzó una campaña de propaganda bajo el lema «Que florezcan cien flores». El régimen comunista estaba ya establecido y se habían producido purgas y cazas de brujas contra los viejos enemigos del Kuomintang, los funcionarios corruptos y los capitalistas; pero Mao sabía que sus medidas económicas y su dureza represiva estaban provocando el descontento en algunos sectores ilustrados de la población. Propuso entonces una invitación a la crítica. Pidió a los individuos que, en mitad del proceso revolucionario, sacasen lo que tuvieran dentro y fueran sinceros. La revolución, dijo, tenía que aprender de sus errores para hacerse invulnerable. Miles de comunistas convencidos aceptaron la invitación. Durante 1956 y 1957 hubo un breve florecimiento crítico. Los periódicos oficiales del partido reprodujeron enmiendas constructivas a los planes del Estado, y entre los estudiantes proliferaron los debates abiertos. Sin embargo, esta campaña era una trampa: Mao había pedido a los funcionarios de cierto estatus en el organigrama que tomaran nota, que apuntasen los nombres, y estableció cupos porcentuales de antirrevolucionarios que debían ser cazados en la trampa. La campaña de las «cien flores» permitió segar miles. El criterio individual floreció, lo que en palabras de Mao significa «que las serpientes habían salido de sus madrigueras».[26] La revolución se caracteriza porque la única opinión válida es la del partido. Las consecuencias de la purga en China fueron tremendas. Después de segar miles de flores, casi nadie se atrevió a criticar al líder cuando emprendió la locura del Gran Salto Adelante, que convirtió las granjas en pequeñas fundiciones de acero y desató una hambruna que se llevó por delante a unos treinta millones de personas.

La conculcación del criterio individual se observa también en las revoluciones contemporáneas, que hasta la escritura de este libro han mantenido siempre un carácter no violento en Occidente. El analista español Daniel Gascón las ha definido, al referirse al proceso nacionalista catalán, como golpes posmodernos.[27] En septiembre de 2017, ese golpe posmoderno abolió los derechos de una parte de la ciudadanía al tramitarse en el Parlamento catalán una ley de transición hacia una república independiente. La efervescencia señalada por Durkheim no aparecía en este caso como escenas de violencia o de violación, sino en forma de «ensoñación» colectiva, tal como dijo la sentencia que condenó a los líderes independentistas a prisión. Facciones enteras de la opinión pública perdieron contacto con la realidad e impusieron un clima de opinión en el que la disidencia interna era sencillamente imposible. Los independentistas se expresaban en términos ilógicos, creían que una república independiente de España estaba a la vuelta de la esquina, aunque bastaba un mínimo de información para saber que los políticos no habían preparado ninguna estructura de Estado.

Pero no se podía decir. No, al menos, si eras independentista. La efervescencia colectiva convirtió la sociedad en un inmenso campo de fútbol donde las hinchadas se movían al compás. Algo parecido ocurrió también durante los juicios mediáticos del movimiento #MeToo; en este caso, la efervescencia revolucionaria llevó a infinidad de articulistas y escritores a olvidar que la presunción de inocencia y el juicio con garantías son muros de carga que separan la democracia del totalitarismo. Durante esos meses, pocas personas se atrevían a matizar entre la disparidad de las acusaciones, y menos todavía a contradecir a las masas que exigían condenas unánimes y ejemplarizantes. Una excepción fue la escritora Margaret Atwood, cuyos argumentos contra la justicia paralela le acarrearon insultos de la militancia más extremista, pese a ser la autora de la novela que había proporcionado sentido estético a las protestas tras su adaptación en una serie de televisión.[28]

El miedo a la herejía era intenso, lo que explica que tantos actores, directores y productores se quedaran mudos o aplaudieran frenéticamente cuando Asia Argento pronunció en el Festival de Cannes de 2018 un discurso digno de figurar entre los de Robespierre. Después de afirmar que Harvey Weinstein la había violado años antes, en 1997, allí mismo, en el festival (cosa que quedaría probada más tarde en sede judicial), Argento lanzó una advertencia: «Hoy se siguen sentando entre nosotros otros que han tenido un comportamiento indigno con las mujeres. [...] Sabéis quiénes sois. Y, lo más importante, nosotras lo sabemos, y no vamos a permitiros vivir en la impunidad».[29] Lo que todos sabían, y esto sí es indiscutible, es que ya no había hombres intocables en la industria. La guillotina simbólica que cercenaba carreras y reputaciones no respetaba ninguna autoridad. La propia Argento terminó acusada de abuso sexual a un menor y estuvo a punto de ser devorada por la propia máquina que ella había contribuido a encender.[30] Este parece ser el destino de todos los Robespierre.

En este sentido, Gregorio Luri ha definido las revoluciones como «el aquelarre de las mentiras consideradas nobles».[31] Pese a que buena parte de los logros sociales que ahora defienden los conservadores son producto de antiguas revoluciones, el hecho es que, mientras están en marcha, justifican toda clase de atentados contra la verdad y nadie con un sentido crítico demasiado desarrollado querría vivir una de primera mano. En el caos resultante de la supresión de tabúes que es la revolución, lo sagrado y lo impuro se dan la vuelta y ocupan la posición de su contrario. Así, en la Revolución francesa, lo laico pasó a ser considerado sagrado y la religión se convirtió en impura, como ocurrió con los burgueses y los proletarios durante la Revolución rusa, o con las posiciones de poder entre la acusadora y el acusado durante el movimiento #MeToo. Pero, por encima de todo, y como señala Luri, toda revolución convierte en tabú una parte de la verdad, y eleva al altar sagrado una parte de la mentira.

La historia nos enseña, tozuda y repetidamente, que toda revolución violenta acaba siendo un juego que se desarrolla según las normas del integrista. Este enemigo de la verdad es quien siempre se sitúa en la vanguardia y quien se niega a dar un paso atrás. De ahí que tantas desemboquen, tras apagarse el fervor de las masas que las hicieron posible, en nuevos poderes totalitarios dedicados a la represión. El orden que resulta de una revolución violenta siempre justifica sus actos inhumanos con una promesa paradisiaca, que se cumplirá en cuanto el proceso haya culminado. El paraíso, claro, no termina nunca de definirse. Ochenta años de revolución en la Unión Soviética fueron la prueba de que la utopía nunca conquista sus últimos objetivos y se queda siempre a medio camino del porvenir. Mientras duró el totalitarismo, se justificaron los mayores atropellos contra la libertad apelando al bien superior y a la excepcionalidad. Sin embargo, hoy sabemos que el totalitarismo no era un paso intermedio en el camino al paraíso, sino una forma de restauración del monopolio de la violencia tras la verdadera revolución. Es decir, pese a que el totalitarismo soviético se justificaba con el trabajo revolucionario a medio hacer, lo cierto es que se parecía más a la cuaresma que al carnaval. Tras liberar a los individuos de la obligación de respetar los viejos tabúes, había impuesto rápidamente unos nuevos y tan estrictos como los anteriores.

Me parece un proceso interesante para pensar en esta función del tabú, que ha ido mariposeando a lo largo de las últimas páginas. La revolución puede suspender tabúes como los de la muerte o el incesto durante su fase de efervescencia, pero empezará a restituirlos en su fase totalitaria en la forma de un nuevo orden. El poder siempre termina recuperando, cualquiera que sea su rostro, su ideología o su género, el monopolio del tabú.

LA SUSPENSIÓN FICTICIA DE LOS TABÚES FUNDAMENTALES

Hay una corriente conservadora que cree que las ficciones sobre la transgresión de tabúes animan la gente a hacer lo mismo, como si la propiedad contagiosa del tabú roto no fuera lo primero que queda desactivado con el pacto de ficción. Estas personas han visto siempre cualquier expresión cultural depravada como un síntoma de la corrosión social, todo les ha parecido apología y enaltecimiento de la monstruosidad, burlas a lo más respetable, sacrilegios y blasfemias. Nada les ha importado el metatexto, el subtexto o el contexto; son seres textuales y hasta unitextuales. Milan Kundera los llamó «agelastas», neologismo acuñado por Rabelais, y los definió como gentes sin la capacidad para el goce artístico, el éxtasis sublime, la travesura o la distancia irónica. Personas cejijuntas dispuestas a tomar cada mensaje al pie de la letra y que, en cada época, con diferentes pretextos, han sido siempre los más leales promotores de la censura. En *El nombre de la rosa*, Umberto Eco los condensó en el monje Jorge de Burgos. Irónicamente ciego, enemigo de la risa y con una voz perentoria y amenazante, «clavaba los ojos en nosotros como si nos estuviese viendo, y siempre, también en los días que siguieron, lo vi moverse y hablar como si aún poseyese el don de la vista. Pero el tono de la voz, en cambio, era el de alguien que solo estuviese dotado del don de la profecía».

Estados Unidos, país de tradición liberal, ha tropezado en cada momento con agelastas adaptados a la época. En los años sesenta temieron las palabrotas y en los años setenta se obsesionaron con las frases obscenas que se escuchaban en los discos de música. En los años ochenta sembraron de pitidos y etiquetas de «aviso a los padres» toda la producción de la industria discográfica tras una serie de procesos judiciales ridículos descritos por Frank Zappa en sus memorias.[32] Entonces se lanzaron también contra la pornografía y el arte moderno, disciplinas (o indisciplinas) donde encontraban las más claras señales del fin de la civilización occidental. En la década siguiente ese fin no había llegado, pero descubrieron los videojuegos y el *rock* duro: vaticinaron que la ultraviolencia y el satanismo destruiría la sociedad después de que los muchachos se convirtieran en salvajes por efecto osmótico de sus entretenimientos. Pero sus predicciones fallaron una tras otra: los tabúes fundamentales que se rompían en la ficción no destruían los de la sociedad, y avanzábamos entre ficciones violentas y obscenas por la época más pacífica y segura que había conocido la historia de la humanidad. Sin embargo, abierto el nuevo milenio, los agelastas de derechas dejaron de estar solos en su batalla contra la libertad creativa. Hallaron una compañía inusual en los sacerdotes laicos de la corrección política, fenómeno que trataré más adelante.

Detengámonos ahora un momento y dejemos aquí escrita una defensa breve y contundente de las monstruosidades de la ficción. Hemos visto que los tabúes del incesto o del asesinato son necesarios para el orden social y la armonía. Pues bien, sostengo que por ese mismo motivo son los más proclives a fascinarnos cuando aparecen en cuentos y películas. En los años noventa la violencia callejera y la inseguridad sexual tocaba mínimos en casi todos los países desarrollados, mientras el cine de acción, el terror *gore* o la pornografía vivían sus años de gloria. Con esto no pretendo decir que la ficción violenta sea la garantía de la paz social, pero sí insinúo que sus efectos de imitación son más bien dudosos. Da la impresión de que cuanto más fuerte es la paz que nos rodea, cuanto más sólida es la seguridad y más profundo es el aburrimiento existencial que produce vivir sin temor a los depredadores, más nos hubiera apetecido experimentar el peligro a través de la cultura. ¿Por qué, si no, tendría tanto éxito una serie como *Juego de tronos*, donde la violación y la matanza son la moneda corriente de casi cada capítulo, en una época donde algunas universidades se llenan de «espacios seguros» en los que cualquier palabra malsonante se considera una agresión? Y una cuestión todavía más sutil y divertida: ¿por qué en *Regreso al futuro*, que narra una perturbadora historia incestuosa, lo que más nos llama la atención son los viajes en el tiempo en un DeLorean que deja tras de sí dos estelas de fuego? ¿Por qué una película como esa, donde una madre se enamora de su propio hijo y trata de seducirlo, se considera un entretenimiento familiar e inocente?

Porque, creo, nuestra seguridad en el respeto de los tabúes de la violencia y el incesto no se conmueve ante las ficciones. Los agelastas y demás neuróticos convencidos de que el arte o el entretenimiento incitan a cometer pecados deberían leer a Freud, en particular las reflexiones que ya hemos mencionado en el capítulo anterior. Si el objeto tabú despierta impulsos contradictorios de repulsión y de atracción en cada uno de nosotros, las películas, novelas, canciones y videojuegos violentos u obscenos son artefactos que nos permiten tocar esta ambigüedad sin mancharnos las manos. El pacto de ficción desactiva el horror y entrega al espectador una transgresión manejable que le permite disfrutar del mal sin peligro de ser malo. Desde el punto de vista simbólico, los asesinatos sádicos de *Saw* me recuerdan al sacramento de la comunión, que suspende el tabú que prohíbe beber vino a los niños y convierte esa sustancia en sangre simbólica. En este sentido, creo que la ficción es un mecanismo de transubstanciación donde lo más horrible se vuelve inocente, de la misma forma que el vino deja de ser vino tras la bendición. De ahí, por ejemplo, que tantos millones de mujeres hayan encontrado entretenida y excitante una novela como *Cincuenta sombras de Grey*, al mismo tiempo que el feminismo de cuarta ola persuadía a tantas otras de que su seguridad sexual ha estado siempre en peligro y de que cualquier actitud dominante del hombre es algo tóxico de lo que deben alejarse. En mi opinión, es perfectamente compatible detestar el abuso y la humillación y disfrutar del sadismo de la novela de E. L. James.

Nos gusta ver cómo se destruyen nuestros tabúes más sagrados en la ficción, algo que explica la eterna fascinación que produce *Lolita* y también el éxito de la saga *Saw*. Con tabúes más pequeños no nos pasa lo mismo. La quema de una bandera estadounidense puede excitar a un iraní, herir a un norteamericano y ser del todo indiferente para un sueco, pero Áyax y Edipo conmocionan a cualquiera. En este sentido, fue una sabia intuición la que popularizó los cuentos infantiles repletos de abandono, crueldad y actitudes intolerables.[33] Estos mensajes horrendos preparaban a los niños para soportar los sinsabores del mundo y al mismo tiempo los familiarizaban con sus deseos oscuros e inconfesables. Cuando Hansel y Gretel consiguen empujar a la bruja al interior del horno encendido, todos los niños pueden experimentar la satisfacción de matar a su propia madre sin quedar traumatizados por ello. La colección de asesinatos, vejaciones e incesto de los cuentos tradicionales no ha servido a generaciones enteras de ejemplo, como dicen los moralistas de hoy, sino como vacuna. Después de todo, la vacuna también inyecta el virus del que quiere defenderte tu organismo.

Los actos que muestran nuestras historias favoritas, donde el héroe puede ser un psicópata cruel como Walter White o un mafioso como Tony Soprano, nos revolverían las tripas si los sufriéramos en nuestras carnes o los presenciáramos en el mundo real. ¿Significa esto que somos hipócritas? No lo creo. Significa que somos complejos y menos integristas de lo que proclamamos cuando alguien nos pregunta por nuestros principios. El gusto por el morbo no implica enfermedad, y el consumo de historias obscenas o violentas simplemente pone de relieve la ambigüedad del tabú y la de nuestros sentimientos ante él. Quizá el asesinato y el incesto de ficción nos tranquilizan porque nos permiten tomar posición ante hechos infames mientras experimentamos la fantasía gozosa de pulverizar el límite junto a los protagonistas. Sin estas simulaciones, tal vez liberaríamos la tensión de formas menos pacíficas, como ya ha ocurrido en otros momentos de la historia, donde, por cierto, la ficción estaba sometida casi siempre a la censura. Quizá los cuentos mantienen en estado latente el virus, lo hacen cercano y manejable. Quizá sin cuentos perderíamos una importante válvula de escape.

No ofrezco sobre ello una certeza, sino suposiciones y dudas. Todo lo contrario que los moralistas que intentan castrar la ficción y sembrar la creatividad de tabúes. Sobre ellos habrá tiempo de escribir largo y tendido en las próximas páginas.

SEGUNDA PARTE

Herejía

5

James Damore, un hereje del siglo XXI

Donde un ingeniero es despedido por hereje
al dar su opinión en un debate
al que la empresa le había invitado

El medievalista Emilio Mitre ha espigado de los textos canónicos la definición precisa de herejía: la «separación producida por un error doctrinal grave y obstinado» y también la «negación pertinaz, una vez recibido el bautismo, de una verdad que ha de creerse con fe divina y católica, o la duda pertinaz sobre la misma».[1] Es decir, en la herejía, es la duda o la negación del dogma lo que se ha convertido en un tabú. Según nos explica Mitre, esta «no supone oposición entre creyentes y no creyentes, sino entre cristianos. El acto del hereje [...] se produce desde el interior de su fe, no por eliminación de la fe, una circunstancia que le hubiera convertido en un infiel o un apóstata». Es decir, la herejía sucede bajo una misma fe, bajo una ideología, en un grupo. Y, dado que el tabú es contagioso, los ortodoxos saben muy bien que esta rebeldía debe ser controlada. Su presencia supone un peligro de ruptura y algo más grave para la ortodoxia: una pérdida de terreno de su ámbito de poder. Esto es algo que la historia se ha encargado de mostrarnos con las aventuras de la Inquisición, el Consistorio calvinista de Ginebra, las guerras de religión o las purgas chinas y soviéticas. Sin embargo, como veremos a lo largo de este capítulo, las herejías han sabido sobrevivir a la teocracia y el totalitarismo de los tiempos pasados y se deslizan en las democracias con historias como la de un joven ingeniero llamado James Damore.

En 2008, mientras la crisis económica transformaba el mundo laboral en un páramo apocalíptico, una empresa sacaba pecho y presumía de ser el paraíso terrenal para sus empleados. La revista *Fortune* señaló Google como el mejor sitio del mundo para trabajar durante dos de los cuatro peores años de la crisis en Estados Unidos, y en ningún momento la rebajó del cuarto puesto.[2] En esa época, mientras el pavor al despido se convertía en el compañero inseparable de la clase trabajadora, la empresa creada por dos empollones de Stanford duplicó su plantilla de 8.134 a 18.500 empleados, y alcanzaría más de 60.000 antes de terminar la década. Quien lograba entrar, tarea nada sencilla, quería quedarse. Es fácil entenderlo, pues, mientras grandes masas de trabajadores caían por el tobogán de los empleos infernales o el paro hasta alcanzar cifras de subsistencia, los de Google no solo cobraban más que dignamente, sino que, según la prensa tecnológica, desayunaban, almorzaban y cenaban gratis los mejores productos *gourmet* y podían desplazarse entre las oficinas de Mountain View y sus viviendas sin coste. En vacaciones tenían retiros de ensueño costeados por la empresa. Si se estresaban, disponían de caballos de peluche, una zona agrícola para recoger productos frescos y llevárselos a casa, y hasta clases de baile para gente tímida.

Google no daba todo esto por nada, sino que quería que ningún trabajador respirase aliviado cuando terminase la jornada laboral, es decir, quería establecer un fuerte compromiso. Durante las horas de trabajo podían utilizar instalaciones deportivas dignas de atletas olímpicos, donde, además de pistas de atletismo, tenis y hockey, disponían de rocódromo, mesas de billar, futbolines y un servicio de masajistas profesionales. La empresa alardeaba de tratar a sus empleados «democráticamente». Les invitaba a compartir sus críticas y organizaba talleres y convivencias continuas para que se conocieran. En una tesitura económica en la que caer enfermo o quedarse embarazada podía ser sinónimo de catástrofe laboral en Estados Unidos, Google garantizaba bajas de paternidad y maternidad superiores a lo estipulado en la mayoría de los estados y ofrecía a los padres guardería, niñeras, salas de lactancia y trabajo de baja intensidad cuando volvieran a sus puestos. Pero el compromiso iba más allá de la vida: si un trabajador fallecía, su pareja recibiría una paga del 50 por ciento del salario durante

126

la década siguiente. Esta filosofía empresarial era muy llamativa para una prensa rendida a los encantos del monstruo que se había propuesto devorarla, y se bombardeó a la opinión pública con noticias sobre un paraíso terrenal para los trabajadores en el epicentro del capitalismo tecnológico global.

El carácter de Google no era sino la traducción de la filosofía del empresario paternalista modelo del siglo XX al lenguaje moderno de las *startups*, es decir, una buena práctica corporativa pasada por el filtro de la emancipación y la autoayuda. La empresa no se conformaba con tener a los trabajadores más competentes, sino que aspiraba a que transformaran sus mentes para parecerse a Google. Sus directivos lo repetían a lo largo y ancho del mundo en grandes eventos dirigidos a empresarios tecnológicos en ciernes, y el público aplaudía con un entusiasmo que me atrevería a tildar de «maoísta». Bajo la inspiración de Google, brotaron aquí y allá pequeñas empresas destinadas a desaparecer como el rocío, cuyos directivos instalaban carritos de gofres, máquinas de billar y cafeteras Nespresso en las oficinas como si el éxito del gigante se apoyara en decisiones decorativas.

Por descontado, los motivos de la empresa matriz del buscador (Alphabet) para crear una presunta arcadia socialista en el corazón del capitalismo digital no eran filantrópicos. Si ellos te ofrecían una vida laboral modélica y llena de ventajas era porque suponían, acertadamente, que de ese ambiente de trabajo surgen las ideas que marcan la diferencia con la competencia. Así, mientras sus trabajadores participaban del entusiasmo de la vanguardia, Alphabet esparcía por todo el mundo sus tentáculos y aplastaba a la competencia mediante la asfixia territorial o la compra millonaria. El sector de la publicidad y de los medios de comunicación fue una de sus conquistas. En cuestión de diez años, el grueso del negocio publicitario occidental pasó por la caja de caudales de Google. La empresa no era, por tanto, una familia feliz, sino un ejército disciplinado y agresivo, capaz de acometer las maniobras más ambiciosas en los plazos de tiempo más fulminantes. Para lograrlo era necesario que cada pieza de la compañía, cada individuo, fuera como la célula de un organismo. Lo cual implicaba, claro está, cierto grado de despersonalización.

Las anécdotas sobre la creación de algunas aplicaciones, promocionadas en la página corporativa, son una buena muestra de ello.[3] Por ejemplo, Google Docs trajo la novedad de las modificaciones colaborativas y simultáneas de documentos, y su desarrollo estaba repartido entre las oficinas centrales de Mountain View, Nueva York y Sídney. Los ingenieros se toparon rápidamente con el problema principal: ¿cómo se aclararían los usuarios en un mismo documento si varias manos introducían n cambios a la vez? Un tal John (a Google le gustan más los nombres de pila que los derechos de autor) tuvo la idea de que el cursor de cada usuario fuera visible para los demás en distintos colores, y se puso a hacer pruebas de inmediato. «Recuerdo la primera vez que el director y el jefe técnico estaban probándolo y editando el mismo documento al mismo tiempo. Empezaron a burlarse el uno del otro en el documento, borrando los cambios que hacía cada uno de ellos, escribiendo insultos y chistes... y yo ahí sudando la gota gorda pensando que algo se podía romper.»[4] Je, je, je...

Este ambiente de compenetración, jerarquía laxa y desenfado corporativo no era solamente fruto del talento, la estabilidad laboral y los estómagos llenos de comida *gourmet* gratis. Era el resultado de aplicar una filosofía empresarial que, vista desde fuera, podría recordarnos a una parroquia neocatecumenal en la que los creyentes cantan la misa y tocan la guitarra. Sonrisas y desenfado, sí, pero siempre sobre una estructura soportada por la fe, la entrega y la norma. De hecho, la compañía era famosa también por cumplir y hacer cumplir a rajatabla un código de buena conducta que, con el paso de los años, fue adquiriendo la categoría de catecismo para sus trabajadores. El mantra era «Don't be evil», y estuvo colocado en forma de serigrafía en puntos estratégicos de la compañía. En 2019 lo sustituyeron por el descafeinado «Do the right thing»,[5] después de que Alphabet hubiera proporcionado el *software* para los drones que Donald Trump usa para vigilar las fronteras.[6]

En el credo que estuvo vigente hasta 2017 podían leerse cosas como estas: «El Código [...] se basa en el reconocimiento de que todo lo que hacemos en relación con nuestro trabajo en Google se medirá y debería medirse con los más altos estándares posibles de conducta comercial ética. [...] Esperamos que todos nuestros empleados y miembros de la Junta conozcan y sigan el Código. De lo contrario, puede dar lugar a medidas disciplinarias, incluido el despido. [...] Se espera que los *googlers* hagan todo lo posible para crear una cultura laboral libre de hostigamiento, intimidación, prejuicios y discriminación. Lea el Manual del empleado correspondiente a su localidad, ubicado en la sección de Recursos Humanos de nuestro sitio corporativo interno [...]: cubre con el mayor detalle cómo debemos comportarnos en el trabajo».[7]

Es decir: el Código —así es como los trabajadores se referían al texto, mayúscula incluida— pretendía ser mucho más que un puñado de indicaciones eticojurídicas para garantizar la seguridad y el buen ambiente en la oficina, y se convertía en una suerte de ley mormona que le decía al trabajador cómo comportarse y cómo pensar en ámbitos que iban desde la cortesía más elemental hasta las relaciones de pareja: «Las relaciones románticas entre compañeros de trabajo pueden [...] crear un conflicto de intereses real o aparente. Si una relación romántica crea un conflicto [...], puede requerir cambios [...] o incluso el fin del empleo de una o ambas personas involucradas». Eso sí, «el afecto de Google por nuestros amigos caninos es una faceta integral de nuestra cultura corporativa. Nos gustan los gatos, pero somos una compañía de perros, por lo que, como regla general, creemos que los gatos que visitaran nuestras oficinas acabarían estresados». Je, je, je.

Sin embargo, no todo eran palabras bonitas y bromas inocuas para prohibir la entrada de gatos en el paraíso laboral. En julio de 2017, la empresa estaba inmersa en un proceso de introspección fruto de preocupaciones que trascendían la vida entre sus muros. El debate sobre el papel de las mujeres en el siglo XXI había impactado en todos los ámbitos de la sociedad estadounidense y en los departamentos técnicos de Google los números estaban muy descompensados. Sí, había multitud de hombres brillantes trabajando para ellos, pero ¿dónde estaban las mujeres brillantes? Los datos de diversidad de Google indicaban aquel año que las mujeres representaban el 31 por ciento de su plantilla global, pero en los departamentos técnicos, los mejor remunerados, el porcentaje era menor. Además, según esa vulgar manía estadounidense de contar gente según su color de piel o su origen étnico, habían descubierto que solo el 2 por ciento de los empleados eran negros y el 3 por ciento, latinos. Y en abril, el Ministerio de

Trabajo del Gobierno de Estados Unidos había presentado una acusación formal contra Google por «discriminar a las mujeres».[8]

La empresa desmintió esta discriminación de puertas para fuera y presentó un informe al Gobierno, pero la inquietud no dejaba de ser clara de puertas para dentro. El problema estaba sobre la mesa y la presión social era considerable, así que se afrontó de la manera típica en Google, es decir, fomentando un debate interno y sugiriendo a su brillante plantilla que aportara ideas para solucionar el problema. Enseguida aparecieron listas de correo corporativas llenas de mensajes con propuestas de mejora, debates y grupos de trabajo dedicados a buscar soluciones imaginativas. La contradicción entre lo que Google respondió al Gobierno y lo que empezó a pasar en Mountain View fue palmaria. Era urgente actualizarse si querían convertirse en un ejemplo mundial de paridad, diversidad y progresismo. En este sentido, el verdadero carácter de la empresa estaba a punto de salir a relucir con una historia que pondría a la prensa mundial patas arriba. Una historia que demostraría que los debates, pese a las buenas intenciones de Google, no estaban bien vistos. No, al menos, si tu opinión se consideraba herética.

UN INGENIERO SE AUTODESTRUIRÁ EN 3, 2, 1...

James Damore era desconocido para la opinión pública hasta el día en que decidió participar en el debate interno de Google para encontrar una explicación y ofrecer soluciones a la alarmante ausencia de mujeres en los departamentos técnicos. Su trayectoria profesional había sido tan corta como fulgurante: estudió Biología en la Universidad de Illinois, pasó un año por el MIT, se matriculó en un posgrado de biología de sistemas en Harvard y, mientras intentaba sacarse el doctorado, empezó a interesarse por los algoritmos. En una olimpiada matemática, su capacidad para trabajar con problemas complejos llamó la atención de los cazatalentos de Google y la compañía le ofreció trabajo. Para James Damore era un sueño hecho realidad, así que abandonó el doctorado. Tenía veinticuatro años y acababa de entrar en la mayor compañía tecnológica del mundo.

Era 2015 y Google llevaba algún tiempo sometiendo a su plantilla a talleres de diversidad,[9] en los que intentaba sensibilizar a sus empleados con las vivencias de opresión experimentadas por las minorías étnicas, las identidades sexuales «no normativas» y las mujeres, siempre según la óptica de las teorías interseccionales de la izquierda. Eran, por tanto, talleres ideológicos a cargo de la empresa. La justificada preocupación de Google por su brecha entre ingenieros e ingenieras, o por las etnias o razas desigualmente representadas, se manifestaba en estos talleres. La idea era que los trabajadores estuvieran atentos a sí mismos y no contribuyeran a causar microagresiones a sus compañeros con identidades entendidas como vulnerables; pero a algunos trabajadores no se les escapaba que esos supuestos debates tenían límites muy definidos. James Damore era uno de ellos. Notaba que el clima de opinión de los talleres de diversidad siempre encontraba las mismas causas a la desigualdad: discriminación, racismo inconsciente y reflujos de la cultura patriarcal insertados en el *software* de todos los hombres. Damore percibía los talleres de diversidad como una forma de adoctrinamiento que politizaba el funcionamiento de la empresa.

Pero bueno, pagaban muy bien, ¿verdad? Y, además, estaban abiertos a todas las opiniones, a todas las sensibilidades. Todo se podía discutir y la compañía insistía en sus invitaciones a un debate franco y democrático. Así, mientras promovían charlas con un contenido marcadamente ideológico sobre microagresiones, privilegios de hombre blanco y homofobia inconsciente, los responsables de diversidad pedían a los asistentes que participaran en la conversación y aportasen sus ideas para solucionar el grave problema de la brecha sexual. Así que en el verano de 2017, tras asistir a algunos talleres, James Damore obedeció a las peticiones de respuesta. Durante un vuelo de doce horas a China, sacó su portátil y se puso a redactar un documento sin saber que estaba redactando su propio despido.[10]

El resultado fue un memorando de diez páginas con forma y estilo sintéticos en el que James Damore exponía su opinión sobre dos asuntos que encontraba muy relacionados: el primero, el sesgo progresista que había detectado en la compañía; el segundo, consecuencia del primero, el hecho de que las verdaderas causas de la desigualdad en la plantilla podían estar escondiéndose a los ojos del departamento de Recursos Humanos detrás de su propio sesgo. El ingeniero afirmaba que todo cuanto había oído en los talleres de diversidad era que los prejuicios sexistas y el ambiente masculino eran las causas de la disparidad, pero que en ningún momento se habían planteado allí otros posibles motivos. Damore no estaba negando las causas sociales (uno de los terribles pecados de los que le acusarían más tarde) y admitía que podía ser necesaria la mejora en ese sentido para que las mujeres se sintieran más cómodas. Sin embargo, sugería que podía existir otro prejuicio, el ideológico, que impedía enfrentar el problema con juicio claro.

«En Google hablamos mucho de prejuicios inconscientes sobre la raza o el género, pero rara vez discutimos nuestros sesgos morales. La orientación política es el resultado de decisiones morales inconscientes, es decir, sesgos. Si tenemos en cuenta que las ciencias sociales, los medios de comunicación y Google se inclinan abrumadoramente hacia la izquierda, deberíamos examinar críticamente estos prejuicios», apuntaba. A continuación, hacía una lista con los sesgos que atribuía a los progresistas y otra con los sesgos típicos de los conservadores, para argumentar desde esa base que ninguna de las dos visiones del mundo es totalmente lúcida ante los grandes problemas: «Solo los hechos y la razón pueden arrojar luz por encima de estos sesgos, pero cuando se trata de diversidad e inclusión, el sesgo de izquierda de Google ha creado un monocultivo políticamente correcto que mantiene su dominio marginando a los disidentes».

Un «monocultivo políticamente correcto», «marginando a los disidentes»... Como vamos a ver en las próximas páginas, la herejía está muy relacionada con el ambiente descrito por Damore. Brota allá donde hay una ortodoxia y un dogma asumidos por la mayoría, es decir, un «monocultivo ideológico» bajo el control de una poderosa autoridad que limita el territorio del pensamiento aceptable con una muralla de tabúes. La herejía la decide siempre una forma de gobierno o un poder alternativo, desde el Gobierno hasta la muchedumbre de Twitter o el *lobby*. Los católicos del siglo XVI consideraban herético que se animase a leer la Biblia en lenguas vernáculas y sin las notas de interpretación canónica, puesto que las explicaciones de los teólogos limitaban el alcance del evangelio y les ayudaban a conservar el poder sobre la palabra. De ahí que, cuando Martín Lutero abrió la puerta a otras lecturas y denunció las contradicciones del papado, la curia lo interpretase como un ataque con consecuencias de sobra conocidas.

Después de las guerras de religión, la herejía ha reaparecido en sociedades laicas como un mecanismo de defensa de las estructuras de poder y de las ortodoxias ideológicas. Es un fenómeno de orden más político que religioso, más relacionado con la estructura de poder que con la propia fe trascendental. Así lo prueban las páginas de los libros de historia del siglo XX: cuando las ideologías totalitarias desplazaron la fe del plano sobrenatural al de la utopía política, la herejía volvió a presentarse en forma de purgas y gulags. Pero muchas veces las herejías no provocan efectos tan terribles, no conducen a la violencia, sino a la simple marginación. Y esto es lo que le esperaba a James Damore cuando aludió al sesgo progresista que había detectado en la compañía. Con esa observación había abierto un sendero prohibido, y cuando dedicó los párrafos siguientes de su memorando a ofrecer una explicación fue de cabeza a la herejía.

El ingeniero habló de una «cámara de eco», pero fue una politóloga alemana, Elisabeth Noelle-Neumann, quien había bautizado casi cuarenta años antes este fenómeno como «espiral del silencio». Según ella, los individuos son extraordinariamente sensibles al pensamiento dominante y, cuando sienten que sus opiniones se oponen a él, deciden quedarse callados por miedo al oprobio y a la marginación. Si «los demás le están dando la espalda, [cualquier individuo] sufre tanto que se le puede guiar o manipular fácilmente por medio de su propia sensibilidad».[11] ¿Cuántos pensaban como James Damore en la compañía? ¿Cuántas personas más habían detectado que las opiniones ajenas al progresismo políticamente correcto brillaban por su ausencia? Levantar la voz para decir aquello que otros piensan y callan puede tener dos consecuencias: la primera es abrir la puerta a un debate (al romper la espiral del silencio pueden aparecer aliados, personas que pensaban lo mismo y que solo esperaban a que alguien más valiente abriera la veda) y la segunda es el silencio (puede ocurrir que todos callen, incluidos los que piensan lo mismo, y que el hereje reciba toda la carga en sus espaldas).

James Damore no había sido el primero en detectar el sesgo progresista dentro de Google, aunque puede que sí lo denunciara antes que cualquier otro trabajador de la compañía. La empresa se estaba enfrentando en aquel momento a los republicanos, azuzados por el presidente Trump, que habían empezado a denunciar un supuesto «sesgo progresista» que marginaba contenidos de tendencia conservadora. Después de que empezaran a activarse los cambios introducidos por Google en un intento por limitar el alcance del «discurso de odio», muchos *youtubers* de todo el mundo empezaron a quejarse de que la plataforma desmonetizaba sus vídeos y los marginaba en las listas de reproducción si había algún contenido políticamente incorrecto. También proliferaban las sospechas de que los resultados de búsqueda y el filtrado de noticias de Google pudieran delatar dicho sesgo. Aunque en 2017 todavía no había comenzado la comisión de investigación del senador republicano Ted Cruz para demostrar si Google, Facebook y Twitter estaban adulterando su funcionamiento,[12] el runrún de que la compañía traicionaba el principio básico de neutralidad en favor de la izquierda estaba ya en el ambiente. Este era el tenso clima de puertas para fuera cuando Damore lanzó su crítica, en principio, de puertas para dentro.

Sobre la existencia de la cámara de eco ideológica señalada por Damore quedaron muy pocas dudas cuando *Breitbart*, el medio de *agitprop* derechista fundado por Steve Bannon, difundió un vídeo de 2016 en el que podían verse las arengas de la plana mayor de Google tras la derrota de Hilary Clinton.[13] Serguéi Brin, cofundador de la compañía, decía que, «como inmigrante, como refugiado, encuentro estas elecciones profundamente ofensivas. Son tiempos muy angustiosos. Esto choca con muchos de nuestros valores». Ruth Porat, la máxima ejecutiva financiera, rompió a llorar mientras decía a sus empleados: «Sentí esta espantosa patada en el estómago de que íbamos a perder. Y era muy doloroso». Dicho esto, pidió con la voz quebrada que todos los presentes se dieran un abrazo colectivo con una grotesca falta de decoro. Y los empleados, claro, lo hicieron.

Si la directora financiera de tu compañía se permite llorar en público por la derrota de una candidata a la que considera líder de «los nuestros», y si a su vez pide a los trabajadores que se abracen para consolarse, el sesgo ideológico que describía Damore resulta indiscutible. De hecho, que el vídeo de aquella homilía politicoempresarial llegase a un periódico de tendencia cercana a la ultraderecha es la prueba de que en Google no todo el mundo estaba cómodo, pues alguien tuvo que filtrarlo y enviarlo a *Breitbart* en lugar de a cualquier otro medio aficionado a lo viral por una razón evidente. En *Breitbart* ese vídeo podía hacer más daño. De manera que no todo el mundo fue tan valiente como Damore, pero es seguro que algunos otros percibían, como él, la cámara de eco.

El memorando y la reacción

¿Podía ser el sesgo ideológico lo bastante opaco como para que la compañía no fuera capaz de identificar las causas del desigual número de hombres y mujeres en los departamentos técnicos? Y, en caso de que así fuese, ¿qué era eso que no estaba sabiendo mirar Google? Estas eran las preguntas sobre las que se desarrollaba el meollo del memorando de Damore.

Su hipótesis no es sorprendente en un joven biólogo. El ingeniero sugería que, más allá de los prejuicios, del machismo sistémico y de cómo esto afectase al ambiente de trabajo de la empresa, podía estar pasando algo mucho más elemental. Quizá las diferencias biológicas entre hombres y mujeres, que afectan a nuestras preferencias, se estaban revelando en las cifras. Es decir, tal vez simplemente ocurría que muchas mujeres no estaban interesadas en desempeñar esos trabajos. Para justificarlo, Damore se refería a un estudio de psicología evolutiva sobre preferencias laborales en hombres y mujeres y sacaba sus conclusiones. Así, pese a que admitía que la opresión o la discriminación social pudieran estar afectando en términos globales, señalaba que también podía ser que pocas mujeres decidían trabajar como ingenieras.

Este es un extracto de su memorando:

> Es cierto que tanto hombres como mujeres experimentan los prejuicios, la tecnología y el centro de trabajo de manera distinta, y deberíamos ser conscientes de esto; sin embargo, el problema va más

allá. De media, hombres y mujeres difieren biológicamente de muchas maneras. Estas diferencias no son solo construcciones sociales, porque están presentes en todas las culturas. [...] Solo sostengo que la distribución de las preferencias y habilidades de los hombres y las mujeres se distingue, en parte, debido a causas biológicas. [...] Muchas de sus diferencias son mínimas y hay coincidencias significativas entre hombres y mujeres. [...] Siempre nos preguntamos por qué no hay mujeres en posiciones de liderazgo, pero nunca nos preguntamos por qué hay tantos hombres en esos puestos. A menudo requieren horas largas y estresantes que pueden no merecer la pena si lo que se desea es una vida plena y equilibrada. El estatus es la primera métrica en la que a menudo se juzga a los hombres, empujando a muchos a esos trabajos mejor pagados pero menos satisfactorios. Nótese que las mismas fuerzas [...] los motivan a aceptar responsabilidades como mineros, recogedores de basura, bomberos... y sufren un 93 por ciento de las muertes relacionadas con el trabajo.[14]

No eran argumentos irrebatibles, pero Google había pedido un debate y estos sirven para poner en tela de juicio todas las opiniones. El espíritu del documento de Damore no era declarar que las cosas estaban bien como están, sino aportar un punto de vista diferente que jamás se había expresado en la compañía debido al sesgo progresista. El joven ingeniero repetía una y otra vez a lo largo de las diez páginas que ninguna de sus afirmaciones pretendía sentar cátedra, sino combatir la ausencia de opiniones como la suya. Consciente de que el problema de la desigualdad de sexos era indiscutible, proponía soluciones nuevas, como estas:

> Las mujeres, en promedio, muestran un mayor interés en las personas y los hombres, en las cosas. Podemos hacer que la ingeniería de *software* esté más orientada a las personas, con programación por pares y más colaboración.
>
> Las mujeres, en promedio, son más cooperativas. Que Google permita exhibir el comportamiento cooperativo para prosperar. [...] Esto no significa que debamos eliminar toda la competitividad de Google. La competitividad y la autosuficiencia pueden ser rasgos valiosos y no debemos necesariamente perjudicar a los que los tienen, como se ha hecho en la educación.

Las mujeres, en promedio, son más propensas a la ansiedad. Por ello, debemos intentar que el liderazgo en el ámbito tecnológico resulte menos estresante.

Las mujeres, en promedio, buscan más equilibrio entre su trabajo y su vida, mientras que los hombres muestran, en promedio, un mayor impulso para luchar por su estatus. Dado que la tecnología sigue proporcionando un alto estatus, los hombres prefieren este sector. Permitir y apoyar el trabajo a tiempo parcial puede mantener a más mujeres en la tecnología.

[...] El feminismo ha hecho grandes avances en la liberación de las mujeres de sus roles de género, pero los hombres aún están muy anclados en los suyos. Si nosotros, como sociedad, permitimos que los hombres sean más «femeninos», la brecha de género se reducirá, aunque probablemente se deba al hecho de que los hombres se desinteresan por la tecnología y el liderazgo, y empiezan a desempeñar roles tradicionalmente femeninos.[15]

Creo que con estos párrafos Damore se estaba alejando del determinismo biológico que, a modo de sambenito, le colgarían después. Subrayaba que las causas sociales influyen y defendía la feminización de la empresa y hasta del hombre para contrarrestar esta desigualdad. Hablaba de conseguir que Google se adaptara mejor a las mujeres, pero con esto, paradójicamente, estaba transgrediendo un gravísimo tabú cultural. Este implica respetar siempre cuatro límites: cualquier problema de las mujeres tiene causa cultural y es producto del patriarcado; todas las diferencias entre hombres y mujeres son también de origen cultural y producto del patriarcado; no hay ninguna diferencia biológica que haga de la mujer menos apta para ningún trabajo; y todos los ámbitos lucrativos en los que las mujeres no están bastante representadas han de llenarse de mujeres, porque ellas siempre quieren estar allí. En diez páginas llenas de voluntad constructiva, Damore hizo saltar este tabú por los aires. En vez de plantear modos de forzar la entrada de mujeres en esos trabajos suponiendo que ellas querían desempeñarlos y el patriarcado se lo impedía, el ingeniero planteó que ellas tal vez prefieren hacer otra cosa, y propuso adecuar el ambiente de trabajo a algunas de sus flaquezas biológicas.

Introducir en un debate dominado por el feminismo posestructuralista de izquierdas un argumento biológico típico de la psicología evolutiva fue su herejía, esto es, romper el «todo es cultural». Pese a que Damore explicitaba que «en términos de sesgos políticos, me considero un liberal clásico y valoro el individualismo y la razón», su carta de diez páginas iba a desencadenar un juicio sumarísimo en el que sería considerado uno de los machistas más nauseabundos que jamás han trabajado en una empresa. «Estaría muy feliz de discutir cualquier documento más y proporcionar más citas», dejó escrito en su memorando, sin saber que ningún hereje ha logrado nunca empezar jamás algo parecido a una discusión civilizada. Desde el punto de vista de la ortodoxia, el hereje simplemente declara la guerra.

Con el documento redactado, Damore se lo envió a las personas que le habían pedido que participase en el debate. Según explicaría más tarde en una entrevista,[16] lo difundió en listas de correo internas de talleres de diversidad, como «Re-thinking race», y se encontró con el silencio como respuesta. Entonces empezó a hacerlo circular en privado entre algunos de sus compañeros de ambos sexos que, en general, le dieron impresiones positivas: «La mitad respondió que estaba de acuerdo, y la otra mitad me discutió algunos puntos». Pero, de pronto, uno de los grupos que habían recibido su memorando reaccionó de otra forma. En un giro paradójico de esta historia, la lista de correo que estalló se llamaba «Escépticos». Damore había pensado que allí habría gente capaz de encontrar los agujeros de sus argumentos, «porque, francamente, todo el tiempo quería estar equivocado». ¿Agujeros, dices? Y empezaron a dispararle con un cañón.

Las respuestas de «Escépticos» oscilaron entre «esto es basura» y «qué coño dices». Mensajes ofendidos empezaron a correr por los cauces internos de Google y aplastaron como los ejércitos de Atila lo que hubiera podido ser un debate. Los «escépticos» declararon la guerra a Damore de forma unilateral. En caso de que la espiral del silencio hubiera mantenido callados a los que pensaban como él, las reacciones que suscitó su mensaje hicieron imposible que nadie más abriera la boca. Los «escépticos» abolieron el debate con su reacción histérica y sumarísima. Escribieron a Recursos Humanos para pedir que despidieran al autor del documento que, mientras tanto, estaba estupefacto. Como le diría más tarde a Joe Rogan en una entrevista, «desde Recursos Humanos y las cuentas de algunos altos directivos respondían que conocían el documento y sabían que era perjudicial. Decían: "No lo miréis, no es así como Google piensa"». No lo miréis, es tabú.

Los responsables de las oficinas le dijeron a Damore que trabajara desde casa. El ambiente en la empresa se había enrarecido por completo y discretamente se culpaba al ingeniero de haber creado un mal ambiente entre la plantilla. Sin embargo, el auto de fe ya estaba en marcha y los ortodoxos emprendieron la humillación ritual. Damore contaría más tarde que empezaron a circular memes en los que se burlaban de su aspecto físico, que corrió la voz de que era un misógino, pese a no haber tenido nunca problemas con sus compañeras de trabajo, y que nadie se atrevía a defenderlo. Muchos trabajadores que habían tenido buena relación con él en el pasado se lanzaron al postureo ético mediante el señalamiento. Damore había dejado de ser, *de facto*, parte de aquella comunidad. Ya no era un individuo real, sino un chivo expiatorio. En este ritual, Damore hacía de culpable de toda la discriminación contra la mujer.

El lunes siguiente, Recursos Humanos lo llamó por teléfono y le comunicó su despido. El motivo, según explicaría a la prensa, era «perpetuar estereotipos de género». Sin embargo, el despido no sería el único castigo del hereje. Uno de los miembros de la empresa filtró el documento a la web de noticias tecnológicas *Gizmodo*. Y lo más asombroso, desasosegante y estúpido de esta historia estaba a punto de suceder.

NADIE PIENSA COMO JAMES DAMORE

La espiral del silencio que Damore había notado en el interior de Google no se limitaba a la compañía, sino que estaba activada en la sociedad estadounidense, sumida aquel año en los efectos del movimiento #MeToo. La persona que filtró el memorando interno sabía muy bien que el escándalo que se había desencadenado en Google podía esparcirse, crecer y convertirse en una absoluta condena social. Desatar linchamientos mediáticos por asuntos relacionados con el feminismo era muy fácil en 2017, bastaba con presentar un mensaje, por más inocuo o bienintencionado que fuera, con mucho escándalo y unas cuantas etiquetas. Quien filtró el documento quería que la reputación de Damore fuera destruida por completo; pero detengámonos un momento en la teoría, volvamos al motivo por el cual todo aquel que pensaba como Damore se quedó callado.

La idea de la existencia de una espiral del silencio empezó como respuesta a un problema misterioso cuando Noelle-Neumann detectó una anomalía recurrente en las encuestas políticas que realizaba en los años sesenta para el Institut für Demoskopie Allensbach de Alemania, del que era cofundadora. Allí había algo que no cuadraba: los estudios de intención de voto se desviaban de los resultados electorales en algunos casos, pero acertaban en otros. Ante preguntas espinosas o polémicas, la diferencia entre el resultado de la encuesta y el de la votación definitiva (anónima) era tremenda. Era evidente que la gente no respondía con sinceridad en las encuestas sobre determinadas cuestiones, pero la metodología, los equipos de trabajo y los cuestionarios no influían. Si cambiaban la forma de enfocar las entrevistas, la discrepancia se repetía. El método demoscópico parecía eficaz en algunos terrenos, pero en otros no era así. Noelle-Neumann quería pulir el método tanto como fuera posible, así que se devanó los sesos para detectar el problema.

Lo que descubrió marcaría un antes y un después en nuestra forma de entender cómo funciona la opinión pública. Noelle-Neumann lo explicaba con un caso real de su investigación: en la Alemania democrática de los años sesenta, «los que estaban convencidos de que la nueva *ostpolitik* era adecuada pensaban que sus ideas acabarían siendo aceptadas por todos. Así, estas personas se expresaban abiertamente y defendían confiadamente sus puntos de vista. Los que rechazaban la *ostpolitik* se sentían marginados. Se retiraron y se callaron. [...] La inhibición hizo que la opinión que recibía apoyo explícito pareciera más fuerte de lo que era realmente, y la otra opinión más débil. [Esto llevó a] la gente a proclamar sus opiniones o a tragárselas y mantenerse en silencio hasta que, en un proceso en espiral, un punto de vista llegó a dominar la escena pública y el otro desapareció de la conciencia pública al enmudecer sus partidarios. Este es el proceso que podemos calificar como de espiral del silencio».[17]

La teoría de Noelle-Neumann nos explica el mecanismo mediante el cual se marginan las opiniones impopulares en los grupos y la sociedad. Quien intuye que su pensamiento molestará a su comunidad se callará muchas veces por prudencia. Así, ese punto de vista tiende a desaparecer en un proceso en espiral que induce a la mayoría a sentirse en posesión de la verdad absoluta, es más, a creerse dueña del sentido común. En un ambiente dominado por la espiral del silencio, las salidas de tono pueden disgustar y acarrear castigos sociales. Imaginemos, por ejemplo, una casa okupa poblada por veganos ecofeministas donde una chica acepta, al fin, que el tofu es un engrudo entre insulso y asqueroso. ¿Cómo podría comunicárselo a sus camaradas sin verse reducida a un montón de carne picada agonizante? Allá donde las espirales del silencio son estrechas y cerradas, donde la ortodoxia es fuerte y compacta, la gente tiende a volverse más y más hostil a las opiniones divergentes.

Es fácil aplicar esta teoría al ambiente descrito por Damore en las oficinas de Google. Si la directora financiera anima a que tus compañeros se abracen y lloren tras la derrota de Hilary Clinton, si la unanimidad demócrata es tan aplastante y emana de la autoridad, será mejor que te quedes callado en caso de que hayas votado por Trump. No es difícil suponer que en una empresa que contaba entonces con unos sesenta mil empleados hubiera, como mínimo, unos cuantos miles con ideas conservadoras y al menos una buena cantidad de ellos con ideas reaccionarias. ¿Estaba prohibido en Google tener ideas conservadoras? No, que se sepa. ¿Estaba prohibido manifestarlas? Nada en el Código lo daba a entender. En teoría, ninguna empresa debe inmiscuirse en las opiniones políticas de sus empleados, pero es evidente que Google sí lo hacía. Y si bien no se prohibía ser conservador, el caso Damore demostró que existía la prohibición tácita de «parecerlo».

La censura explícita solo es necesaria, reflexiona J. M. Coetzee, cuando el poder es débil y se siente amenazado.[18] En caso contrario, es la espiral del silencio la que insinúa a la gente dónde están los límites. Noelle-Neumann detectó que somos muy buenos «notando» las opiniones dominantes y que nos basta la intuición para percibir el dibujo de la espiral. Por este motivo el anonimato siempre ha sido una ventana abierta a la libertad de expresión total, a la sinceridad y la crudeza. Durante cientos de años, el libelo o la pintada anónima en una pared han sido válvulas de escape para lo prohibido y lo escandaloso. De ahí que el anonimato de internet haya destruido tantos pactos tácitos de silencio que imperaban en la sociedad. Como ya he sugerido, considero que internet es en parte responsable de la inmensa polarización social, porque allí el bombardeo de opiniones esquiva los márgenes de las espirales del silencio y nadie está salvo de recibir mensajes que le vayan a resultar hirientes. Sin embargo, la red también ha terminado creando de manera orgánica su propia versión de la espiral del silencio, en este caso confeccionada con alambre de espino digital. Cuando millones de usuarios dan su opinión sobre los demás y establecen un sistema orgánico de premios y castigos a base de insultos y *likes*, el fenómeno de la espiral desemboca en otro que he llamado «poscensura». En mi anterior ensayo desarrollé esta teoría a partir de los linchamientos digitales.[19]

Mientras la censura clásica es vertical y se ejerce desde el poder, la poscensura es una amenaza horizontal —las «multas» vienen de todas partes en la comunidad— y no requiere autoridad para activarse. Normalmente, los usuarios, en función de sus emociones, repudian en masa a individuos que han transgredido un tabú. Es una forma de censura posmoderna, líquida y anárquica, que provoca miedo a expresar posiciones contrarias a las de tu propio grupo, puesto que no quieres ser expulsado. Mientras la censura clásica tiene los límites reflejados en leyes y los castigos programados, la poscensura es arbitraria (uno no sabe qué consecuencias tendrán sus palabras para su reputación). La poscensura castiga a base de etiquetas infamantes cuyo sentido e interpretación cambian según el segmento ideológico. Así, el progresista teme ser considerado machista, fascista o racista por otros progresistas, y tiene cuidado de no expresar opiniones que puedan acarrearle esas etiquetas. El conservador, por su parte, se esfuerza por no parecer ante otros conservadores un progre, un mal patriota o un buenista.

El efecto de la poscensura, como el de la espiral del silencio, es que los puntos de vista disonantes ceden ante la presión del grupo y desaparecen. La trinchera ideológica se cava más profundamente y las cámaras de eco se refuerzan. De esta manera los grupos se tribalizan y el espacio intermedio entre ellos, propicio para el consenso, la disputa teórica y la discusión civilizada, queda en un estado lamentable. En un contexto de guerras culturales como el de hoy, donde hasta nuestros gustos musicales pueden delatar nuestra perfidia en las mentes paranoicas y vigilantes que nos rodean, la endogamia que James Damore había detectado en las oficinas de Google trascendía las fronteras de la empresa y empapaba a toda la sociedad. La prueba fue la resonancia de su caso: una vez que Google despidió a Damore y su memorando se filtró a la prensa, el mundo entero pareció una prolongación de aquellas oficinas.

Estos son algunos de los titulares de la prensa española, exactamente iguales que los de la anglosajona, que recopilo porque dan fe del cariz endogámico, falaz y abusivo que adquirió el tratamiento mediático internacional (las cursivas son mías): «James Damore, Google y la *radicalización de hombres blancos enfurecidos* [?]», eldiario.es;[20] «Google despide al empleado de la *carta machista contra las mujeres en la empresa* [??]», *La Vanguardia*;[21] «Google fulmina al ingeniero del *manifiesto machista* [???]», *El Periódico*;[22] etcétera. El «manifiesto machista» se convirtió en la forma de presentar un documento interno cuyo «machismo» era más que discutible. La respuesta de un trabajador a la invitación de su empresa a debatir se había convertido en un atentado contra las mujeres por obra y gracia de la nula capacidad de interpretar textos y lo que Jonathan Haidt denomina «lectura no piadosa». La etiqueta «machismo» no aparecía entre comillas en los titulares como valoración, sino que se presentaba como un hecho. Así se vendió el pescado a la opinión pública mundial.

Quien oyera hablar de Damore por primera vez en la prensa (todo el mundo) se encontraba con un estigma en lugar de con un personaje. El memorando de diez páginas, que mostraba preocupación por la desigualdad y contenía propuestas de mejora como la «feminización» de los liderazgos, se había convertido por arte de magia en un manifiesto machista. La mentira, el menosprecio y la difamación de aquella campaña mediática me dejaron estupefacto. Tuve que volver a leer el memorando varias veces para constatar que la prensa realmente se refería a ese texto y no a otro. Pero eran los meses del movimiento #MeToo y estas histerias mediáticas eran habituales. Cualquier desafío a los postulados del feminismo cultural, cualquier discusión, se consideraba un «ataque a todas las mujeres». El tratamiento de la prensa fue la prueba de que la espiral del silencio que dominaba en las oficinas de Google iba mucho más allá. Mientras duró el auto de fe, escasas voces se atrevieron a decir la verdad, y muy pocos sintieron la necesidad de leer el texto con sus propios ojos. Los medios de tendencia progresista fueron casi unánimes.

Para analizar esta abrumadora manipulación utilizaré el artículo de Eduardo Arcos en *Hipertextual*, titulado: «El manifiesto machista de Google. Una historia de mentiras y manipulaciones perpetrada por James Damore».[23] Lo elijo porque reúne casi todas las falacias y distorsiones que se esgrimieron al unísono contra Damore (las cursivas son mías y me niego a corregir las erratas): «Esta es la historia de cómo un joven genio *contaminó la frágil discusión de la diversidad* en Silicon Valley, el lugar donde sucede la mayor cantidad de innovación en el planeta pero donde las mujeres y las minorías siguen sin tener participación o representación suficiente». Ya en la primera frase del artículo, cuando el autor dice que Damore «contaminó la frágil discusión de la diversidad», se desliza todo el asunto al infausto terreno de las herejías. La idea de que un punto de vista diferente «contamina» un debate es fanática y delata la presencia de una ortodoxia fuerte. Los debates no se contaminan con opiniones nuevas, sino que se enriquecen. Por otra parte, que el autor tilde la «discusión de la diversidad» en Silicon Valley como «frágil» es mentira. Ya hemos visto cuál era la postura de Google respecto a los discursos de la diversidad, apoyados con talleres. «Frágil» era James Damore.

Seguía Eduardo Arcos: «Damore reconoce la existencia de discriminación en el sector tecnológico pero también considera que culpar a la opresión como motivo por el cual hay menos mujeres que hombres en puestos técnicos o de dirección es incorrecto y que *decirlo es un posicionamiento extremista*». Nuevo deslizamiento hacia la peor interpretación posible: Damore admitía que la opresión cultural es un elemento válido para entender la discriminación, pero señalaba que otros elementos estaban escapándose al análisis debido a los sesgos. No tildaba de «extremista» la creencia de que la opresión es cultural, cosa que él también sostenía en parte, sino a los «PC-Authoritarians», es decir, a los fanáticos de la corrección política. Y la prueba de que esa gente es extremista la tenía el periodista de *Hipertextual* en las manos: habían logrado el despido de un trabajador por haber expresado su opinión en un debate.

Continuaba Arcos: «Asegura en *su manifiesto* que [la discriminación] se debe, al menos en parte, a supuestas diferencias biológicas entre hombres y mujeres [...]. Para sustentar tales argumentos el autor recurrió a datos y estudios. El problema es que lo hizo al revés: primero llegó a una conclusión y después buscó gráficos, supuesta evidencia y puntos de vista científicos que se acomodaban a sus *alegatos*». Es posible que Damore utilizara datos y estudios para reforzar su punto de vista. Todo el mundo lo hace, también los que buscan pruebas de que toda desigualdad es cultural y de que toda la cultura es opresiva para las mujeres y las minorías. Pero ¿justifica esto un despido? ¿Hacer triquiñuelas en un debate es tan grave? Qué más da. *Hipertextual*, como el resto de la prensa de izquierdas, pasaba de puntillas por el despido, que dejaba de ser el elemento central. Lo que se pretendía era demostrar que el contenido del memorando de Damore era herético y que opiniones como esas deben castigarse. En este sentido, me llamó la atención que el periodista emplease aquí la palabra «alegato». Uniéndola a «manifiesto», *Hipertextual* y buena parte de la prensa hacían pasar un documento interno por un ataque público. Los manifiestos y los alegatos se escriben para ser publicados, para crear escándalo y sacudir a la sociedad. Sin embargo, Damore no publicó su texto, sino que lo filtraron sus enemigos. Con esas palabras, la prensa nos contaba la mentira de que James Damore se había propuesto convencernos a todos de algo, cuando él se había limitado a enviar el texto a unas pocas personas. Si yo le confieso en secreto a un amigo que un conocido común me parece un imbécil, es mi amigo el que convierte mis palabras en una afrenta si se las transmite al imbécil en cuestión.

A continuación, Arcos se concentraba en la herejía y defendía la ortodoxia: «La realidad es que las personas somos sumamente distintas y nuestros comportamientos son influenciados por una cantidad de elementos internos y externos tan grande que agrupar e intentar diferenciar a grupos de población por en base a su género, *únicamente* desde un punto de vista biológico es injusto, inexacto y corto de vista. Pero Damore lo hace *una y otra vez* a lo largo del *manifiesto*». ¿Hace falta aclarar que eso también es falso? Lo que Damore hacía «una y otra vez» a lo largo del texto era repetir que su opinión no quería sentar cátedra, ni servir como justificación de las discriminaciones, sino enfocar el problema desde un ángulo diferente. Además, puesto que aceptaba la existencia de los elementos discriminatorios culturales, afirmar que «únicamente» usaba la perspectiva biológica es pura desfachatez. Pero este relato tenía una intención clara, esto es, presentar a Damore como un fanático y liberar así de la sospecha de fanatismo a quienes lo habían destruido, incluidos los periodistas que lo difamaban en la prensa mundial.

Después venían unas cuantas líneas imprecisas sobre el daño que Damore habría infligido a la vida de las mujeres con su «manifiesto», y Arcos cometía el mismo error que le había atribuido al ingeniero unos párrafos más arriba, es decir, usar datos para justificar una opinión, y no para ponerla a prueba. ¿Son ideas como las de Damore responsables de que pocas mujeres estudien física o matemáticas, como se decía a continuación? ¿En serio? Los enemigos de la libertad de expresión siempre repiten como una letanía la supuesta lista de efectos perversos de aquellos mensajes que les disgustan. Pueden sostener que la pornografía causa violaciones o que los videojuegos hacen violentos a los adolescentes, pero jamás presentan pruebas sólidas de ello. De cualquier forma, ninguno de los supuestos efectos nocivos que pudiera tener el documento de Damore sobre las niñas que se plantean estudiar matemáticas estaba en condiciones de activarse: dado que envió su documento a hombres y mujeres que ya estaban trabajando en Google, hubiera sido imposible disuadir a nadie de entrar en la compañía.

El artículo de *Hipertextual* terminaba con un clásico, y repito que me niego a corregir sus faltas de ortografía: «Hay un grupo de personas que está muy contento con el manifiesto *publicado por Damore* [!!!] y su posterior despido de Google: la *derecha extrema* estadounidense, a quienes les viene muy bien el discurso que los hombres son *superiores* a las mujeres en ciertos campos, ciertas actividades y puestos de poder». Con esto se cerraba el último círculo de la espiral del silencio: ¡la extrema derecha estaba contenta! Lo que decía el autor de esta basura (aunque repito que esta fue la pauta general en la prensa de izquierdas) es que, si defendías a Damore o criticabas el despido, quizá eras tú de extrema derecha. Después de presentarlo como un mentiroso, un fanático y un machista; después de distorsionar por completo tanto el tono como el contenido de su memorando hasta el punto de acusarlo de decir que las mujeres son inferiores a los hombres; después de tildar como una provocación ofensiva lo que no era más que un mensaje interno; después de emplear la falacia del hombre de paja... se recurría a la *reductio ad Hitlerum* para marcar una línea de batalla a la opinión pública. Y así, defender a Damore de tan inmensa y vomitiva calumnia era una actitud derechista.

En esta línea profundizó nada menos que Owen Jones, uno de los escritores británicos más influyentes para la izquierda. Jones publicó un artículo en *The Guardian* titulado, agárrate: «El memorando sexista de Google ha entregado a los ultraderechistas un nuevo mártir».[24] En el texto volvía a presentar la noticia con la misma falsificación palmaria de los hechos que se repetía en todas partes: «Google ha despedido a un trabajador que envió un memorando en el que *afirmaba que las empleadas de la compañía eran biológicamente inferiores y cómo esta característica las hacía menos aptas* para empleos tecnológicos». Sin embargo, tras la distorsión interpretativa venía el meollo del artículo, un utilitarismo de trinchera en el que Jones llevaba el debate al terreno de la polarización, donde los argumentos no son buenos o malos en función de su solidez, sino en función de quién pueda utilizarlos.

Según Jones: «Van a oír hablar de él en las próximas semanas; probablemente se convertirá en la estrella invitada de programas de la derecha alternativa y del circuito de conferencias de la extrema derecha; su rostro aparecerá en las portadas de las revistas más conservadoras y terminará ganando mucho dinero con la publicación de un libro en el que describirá su martirio y hablará de cómo los progresistas controlan a los blancos. De hecho, los internautas de derechas ya lo han convertido en un héroe. Estoy seguro de que muy pronto miles de hombres de extrema derecha expresarán su indignación en Twitter y reemplazarán su foto en la red social por la de Damore y sus nombres por la afirmación *Yo también soy James Damore*». Sí, la palabra «derecha» aparece cuatro veces en estas pocas líneas. Recalcaba así la idea con la que terminaba el texto de Arcos: defender a Damore es algo que solo alguien de derechas podría hacer; incluso su despido era algo que beneficiaba a la derecha, al crear un «mártir».

Leí fascinado cómo un ídolo de la izquierda, un apasionado defensor de la clase obrera (Jones es el autor de un libro muy interesante sobre esto: *Chavs*), enfocaba el despido de un trabajador de una multinacional de esta manera. Desde la primera línea, Jones disculpaba a la empresa y situaba el despido en términos de pugna política entre la izquierda y la derecha. A Jones no le interesaba ni lo más mínimo que alguien fuera despedido de Google por participar en un debate, sino cómo la extrema derecha podía aprovechar el hecho de que se le había despedido por motivos «de izquierdas», es decir, por cuestionar uno de los pilares del feminismo cultural de moda. Así, lo importante no era que Google despidiera a Damore, sino que la derecha podía cargar contra el feminismo y las políticas de la diversidad. Para que Jones razonase así, solo se me ocurren dos posibilidades: que bajo todas las capas de su discurso políticamente correcto no existe la ética laboral (cosa que dudo habiendo leído sus libros) o que la efervescencia colectiva le cegó el juicio (como a tantos otros prebostes de la izquierda durante el movimiento #MeToo).

Por supuesto, la profecía de Owen Jones era de las denominadas «autocumplidas». Gracias a analistas como él la izquierda internacional dio la espalda a Damore. La poscensura se encargó de que a casi ningún progresista se le ocurriera levantar la voz en su defensa por miedo a ser empaquetado con los fachas de la alt-right por escritores tan leídos como Owen Jones. Al designar a Damore como mascota de la ultraderecha, fueron esa clase de frentistas los que impidieron que la gente de izquierdas se sintiera libre de posicionarse contra un despido perpetrado por motivos ideológicos. La espiral del silencio, de nuevo. Y era cierto, pues con el paso de los días, muchos comunicadores de derechas invitaron a Damore a sus programas, canales de YouTube y *podcasts*. Se convirtió en un icono en comunidades como la de 4chan, dominada por el cinismo, la ironía y el burlón nihilismo de la Rana Pepe. Pero si Damore solo encontró apoyo en las celebridades de derechas no fue porque dijera cosas horribles, sino simplemente porque las izquierdas se lo negaron.

Lo que venía a decir la caterva de articulistas-activistas es que James Damore había sido despedido por atacar las ideas correctas y sostener las ideas equivocadas. Es decir, había sido despedido por hereje. Ni siquiera se le dio la oportunidad de discutir. Sencillamente, como pequeñas arañas, todos esos textos difamatorios tejieron una espiral en la izquierda, y la poscensura hizo de Damore un tabú contaminante. Tocarlo con algo que no fuera un palo podía ser sinónimo de terminar en la lista de demonios establecida por Jones y compañía. Como ya vimos, el tabú contagia su poder invisible y convierte en tabú a quien lo toca. Damore violó uno cuando habló de las diferencias biológicas entre hombres y mujeres en un ambiente ideológico posestructuralista, donde todo se explica con la discriminación, el poder y la cultura del hombre blanco heterosexual.

A las tribus ideológicas, a las ortodoxias, se les da de maravilla aislar personas y puntos de vista y colocarlos en el centro de espirales del silencio. Sueltan a los cuatro vientos que gente muy mala está defendiendo a esta persona o pensando estas cosas, y ello equivale a preguntarte a ti de qué lado estás incluso antes de que hayas podido pensar en ello. Pero profundicemos ahora un poco más en lo que decía el ingeniero; observemos de cerca la herejía.

LA BIOLOGÍA COMO TABÚ

James Damore no fue el primer estadounidense castigado por juguetear con la hipótesis de las diferencias sexuales humanas típicas de la psicología evolutiva, ni tampoco el último. Doce años antes, en 2005, Larry Summers, rector de la Universidad de Harvard, fue destituido por sostener públicamente que el cociente intelectual es, desde el plano de la estadística, diferente en hombres y en mujeres, y que esta podía ser la razón de que hubiera menos mujeres en ciencia.[25] Lo que dijo Summers podía ser cierto o no, afortunado o desafortunado, utilizable por tradicionalistas dispuestos a meter a la mujer en la cocina o simplemente informativo, pero lo cierto es que no estaba inventándose nada. Anne Campbell, psicóloga evolutiva, había publicado tres años antes *A Mind of Her Own*, que abordaba cuestiones como el gusto por los cuidados o el placer sexual femenino desde el mismo enfoque biológico y evolutivo. En su libro se refería a la fuerte corriente de estudios sobre las diferencias sexuales publicados desde 1970 y de cómo el posestructuralismo social de la izquierda había hecho lo imposible por cerrar esta puerta a la ciencia.[26]

En una entrevista, Campbell insistía: «Aquellas características que incrementen nuestra capacidad para dejar más descendencia tenderán a permanecer en nuestro código genético. Si las mujeres son las que dan a luz, amamantan y crían a los hijos, sería muy sorprendente que no hubiese algún mecanismo psicológico que les ayudase a cumplir esas tareas, haciendo que resultaran placenteras para ellas. Así, rasgos de la psicología femenina como la empatía o el evitar confrontaciones peligrosas, en las que pudiesen resultar heridas, o el evitar la exclusión social que podría alejarlas del grupo, son todas cualidades positivas que suponen que serán más capaces de sobrevivir, reproducirse y dejar hijos que a su vez puedan también reproducirse. Esto explica por qué las mujeres están más orientadas hacia los demás que los hombres, por qué eligen la enfermería, la medicina, el trabajo social, la enseñanza, todas esas áreas en las que existe intercambio cooperativo y donde las mujeres parecen sentirse más a gusto».[27]

La inclinación biológica de las mujeres hacia profesiones relacionadas con el trato personal y el cuidado, tan presente en los roles de género, es algo que Helena Cronin, profesora de la London School of Economics, también había explicado. Cronin incluso salió en defensa del rector Summers en 2005 con un apasionado artículo publicado en *The Guardian*, diario nada sospechoso de boicotear la emancipación femenina. Allí señalaba que «Summers hizo la modesta afirmación de que las diferencias de sexo evolucionadas, aunque no son la única razón de este predominio masculino, se encuentran entre las razones que deben considerarse. [...] Como demuestra la ciencia evolucionista, tenía razón».[28] De hecho, Cronin llevaba años escribiendo sobre la variabilidad sexual humana. Siempre insistía en que, para pensar en términos de psicología evolutiva, había que evitar en todo momento sentirse aludido. La variabilidad sexual a la que se refiere esta disciplina es estadística, esto es, útil para comparar grandes grupos y no para determinar cuál será el comportamiento o las limitaciones de los individuos. Así que nadie estaba diciendo que cada mujer estuviera predestinada a ser enfermera y cada hombre a ser astronauta, sino que pertenecen a grupos que sí están predispuestos estadísticamente para tomar decisiones diferentes. Es decir, existirían diferencias innatas, ajenas a la propaganda, la cultura y la educación, lo mismo en machos y en hembras de nuestra especie que en machos y en hembras del resto del reino animal.

Según Cronin, la clave para entenderlo todo es la evolución. En una conferencia, citaba un experimento en el que los investigadores ofrecieron a grupos mixtos de crías de mono juguetes estereotipados sexualmente (camiones y muñecas), y los monitos eligieron justo igual que lo harían un niño y una niña sometidos a la publicidad. Los machos agarraban los camiones y las hembras, las muñecas.[29] A continuación, Cronin citaba otro experimento realizado con recién nacidos que demostró que las niñas centraban su atención en los rostros humanos y los niños en móviles mecánicos. «Ni a los monos ni a los bebés les habían lavado el cerebro, ni estaban socializados, estereotipados o encerrados en guetos —explicaba Cronin—. Tampoco habían interaccionado con juguetes antes. Lo que captan estos pequeños experimentos es una diferencia sexual evolutiva de los intereses.» Sin embargo, esto, subrayaba la profesora, no significaba que las mujeres «debieran» cuidar ancianos, mientras los hombres inventan la máquina de vapor. La psicología evolutiva no invoca al «debe», sino al «haber», muestra los efectos del camino evolutivo en algunas de nuestras elecciones. Cuando Thomas Hobbes refiere la lacónica cita de Plauto y afirma que el hombre es un lobo para el hombre y que su estado natural es la lucha contra el prójimo,[30] nadie con dos dedos de frente supondría que el autor expresa su deseo de que esto continúe siendo así.

Cronin relacionaba la variabilidad de las preferencias innatas con la elección futura de las carreras profesionales. Recalcaba que los intereses son el «predictor más poderoso» de la carrera de un individuo. ¿Cambian los intereses de hombres y mujeres debido a la cultura en la que viven? Sin duda. Pero Cronin señalaba que, a lo largo de los últimos cien años, pese a los inmensos cambios que han sacudido la sociedad, las mujeres han seguido decantándose por profesiones «humanas» y los hombres por las «materiales». Es decir, estaba diciendo lo mismo que James Damore. Ofrecía datos del Reino Unido, donde, a pesar de que las mujeres británicas han superado el nivel académico de los varones, esto no ha alterado de forma notable sus preferencias laborales. Las británicas siguen eligiendo profesiones como la medicina, la enfermería, la psicología o la abogacía, mientras que sus compañeros se decantan por carreras técnicas y económicas. Y lo mismo ha ocurrido en los países nórdicos, donde los gobiernos llevan cuarenta años aplicando políticas activas de igualdad y fomentando que las mujeres desempeñen trabajos tradicionalmente ajenos a sus roles de género. Siguen prefiriendo, estadísticamente, igual que antes de estas políticas.

¿Podría ser efecto de la inercia cultural? ¿Es mucho más resistente el patriarcado de lo que pensaron los daneses cuando empezaron a aplicar sus políticas? Puede ser. Y también puede ser, como señalan Cronin y otros psicólogos evolutivos, que haya una inercia de otro orden. Lo cual no significa que se deba renunciar a las políticas de estímulo para la mujer en la ciencia, sino que se puede entender la desigualdad con más factores que la cultura y la política.

¿Y qué pienso de todo esto? La psicología evolutiva me parece una herramienta inútil para explicar relaciones políticas complejas o situaciones de discriminación social, pero sería muy atrevido sugerir que está ciega para observar diferencias estadísticas entre machos y hembras de nuestra especie. Es cierto, como argumentan los críticos de estos enfoques, que todo se complica si entran en la ecuación identidades sexuales fuera de la norma, como el transgénero, la disforia sexual o lo que algunos autores llaman «sexualidades periféricas»;[31] pero estas, pese a su relevancia individual y política, son marginales desde la estadística.[32] Los roles de género son masivos y sospechosamente parecidos en culturas muy distantes entre sí, y hasta entre especies. Desde los tiempos de Plinio el Viejo, sabemos que las especies divididas por sexos muestran variabilidad en su comportamiento y, desde Darwin, que estas diferencias se han transmitido a lo largo de la evolución en distintas especies. ¿Somos los humanos un caso aparte en toda la historia natural? ¿Una pizarra en blanco en la que es posible escribirlo todo, como pensaban los marxistas? Podría ser. Aunque también es posible que, como señala Steven Pinker, haya elementos de variabilidad sexual parecidos en especies diferentes y que esos puntos de unión sean las postas en el camino de la evolución.[33] Esto es, que haya ciertas inercias cuyo origen no es cultural.

Pero esto es lo que se había convertido en un tabú cuando Google despidió a James Damore. Mi impresión es que se acusa a quienes sostienen estos argumentos con una palabra que jamás aparece en las polémicas, pero que está en el centro del debate: «derrotismo». Parecen temer que, si las diferencias de género no son completamente culturales, la militancia tire la toalla y nos arrojemos a los brazos de la inercia naturalista. Por otra parte, está la ofensa. Cualquier mención a las diferencias sexuales que implique una inferioridad de las mujeres en cualquier campo se percibe como un insulto, aunque no lo sea. Un claro ejemplo sería la polémica suscitada en el deporte por la inclusión de mujeres transgénero, nacidas biológicamente hombres, en las competiciones. En el rugby, por ejemplo, la federación internacional tuvo que prohibir a las mujeres transgénero participar en la categoría femenina, puesto que quedaba patente que aquellas señoras eran objetivamente superiores en fuerza y potencia a sus compañeras y rivales nacidas mujeres, hasta el punto de ponerlas en peligro.[34] Otra prueba de que el asunto es espinoso en nuestra cultura es que, cuando ocurre lo contrario y las diferencias parecen apuntar a una inferioridad masculina, no hay escándalo. Por ejemplo, irrita que la nómina de los premios Nobel sea mayoritariamente masculina, pese a que las mujeres hayan empezado a incorporarse tarde a muchos de estos campos de excelencia. Sin embargo, ninguna irritación brota cuando los premios Darwin, que se entregan a las personas que han demostrado ser más idiotas al morir de las formas más ridículas, arrojan el dato de que el 90 por ciento de los ganadores son hombres, lo que se anuncia en la prensa con titulares como este: «Los premios Darwin demuestran que los hombres son más tontos que las mujeres».[35] Es fácil imaginar qué pasaría si lo redactasen al revés.

Dobles raseros como estos son parte de lo que otra hereje, Christina Hoff Sommers, ha criticado desde su propia corriente de feminismo disidente, el llamado «feminismo factual», donde se dedica a oponer algunos datos incómodos al discurso posestructuralista de la cultura occidental como cárcel de mujeres. Por ejemplo, Hoff Sommers señala que se problematiza que haya menos mujeres en cargos de dirección empresarial, pero que se pasa de puntillas sobre el hecho de que los hombres estén sobrerrepresentados en trabajos peligrosos o nauseabundos; que sean los más afectados por el alcoholismo o la drogadicción en todo el mundo; que supongan el 79 por ciento de las víctimas de homicidio, así como el 93 por ciento de la población reclusa; y que alcancen semejantes porcentajes en campos como las víctimas mortales por accidentes de trabajo, las personas sin hogar y los suicidios. Según Hoff Sommers, el feminismo de cuarta ola usa solamente los datos que interesan a su relato e ignora, y hasta censura, los que son más difíciles de encajar o contradicen su diagnóstico de la sociedad como cárcel patriarcal.

Bien. Todo esto no pasarían de ser trifulcas culturales o despidos —tal vez anecdóticos— como el de James Damore o la destitución de Summers, si no fuera porque la politización de la ciencia ha penetrado en el recinto de los investigadores y ha sembrado de censura algunos campos de investigación. Jonathan Haidt ha afirmado que, de la misma forma que la derecha promueve el negacionismo del calentamiento global o de la teoría de la evolución, la izquierda está fomentando un negacionismo en cuestiones referentes a la psicología evolutiva, como la importancia del coeficiente intelectual (CI), la herencia genética o las diferencias sexuales de origen biológico. En una investigación sobre la predisposición de los científicos a investigar o evitar estas cuestiones, Paul R. Gladden señaló que aquellos que se identifican con la izquierda tienden a tachar como «determinismo» cualquier aproximación de la psicología evolutiva al comportamiento humano.[36]

¿Son la psicología evolutiva o la sociobiología terrenos propicios al determinismo y el conservadurismo? Desde luego, algunas de sus hipótesis podrían ser utilizadas para torpedear la emancipación femenina. Sin embargo, por lo general, la militancia izquierdista ha puesto la venda antes que la herida y ha saltado al cuello de quien expone cualquier argumento de esta clase. Aquí volvemos a encontrarnos ante el tacticismo político, que valora los argumentos no por su peso o su validez, sino por la lista de enemigos que podrían utilizarlos. Pero lo cierto es que sobre estos asuntos se han interesado conservadores, como Jordan Peterson,[37] y también progresistas, como los citados Jonathan Haidt o Steven Pinker, que también han sido acusados de «determinismo». Todos ellos se han referido en distintos momentos a lo que Summers o Damore expresaron: la hipótesis que sugiere que hombres y mujeres tenemos intereses diferentes y que, para grandes masas de población, ellos alcanzan mayor puntuación en los extremos de la gráfica y ellas se agrupan en el centro, lo que implica que nos encontraremos más hombres brillantes e idiotas y, por tanto, que tropezaremos con ellos más a menudo en profesiones técnicas de alto nivel o en la cárcel. Algo que ha resuelto la demoniaca Camille Paglia con uno de sus dardos: «No hay ninguna mujer Mozart porque no hay ninguna mujer Jack el Destripador».[38]

MÁS HEREJES: CUANDO LA ORTODOXIA AMENAZA A LA CIENCIA

Poco antes de que el caso Damore estallara, el matemático Theodore P. Hill estaba preparando junto con Serguéi Tabáchnikov, profesor de Matemáticas de la Universidad Estatal de Pensilvania, un artículo sobre variabilidad sexual humana desde un punto de vista numérico. Llegaron, ay, a la misma conclusión sobre CI que le había costado la destitución a Summers. Enviaron su artículo a la revista *The Mathematical Intelligencer*, que tenía una sección especial para textos polémicos. A la editora jefa, Marjorie Winkler Senechal, el texto le pareció estupendo. «En principio —les dijo por correo electrónico—, estoy contenta de provocar debate, y pocos temas lo generan tanto como este.» Incluso les sugirió que mencionasen el caso de Summers para sacar más punta al asunto. Así que, tras mejorar el borrador con las sugerencias de la editora, lo sometieron a varias revisiones más hasta que el 3 de abril de 2017 *The Mathematical Intelligencer* lo aceptó de manera oficial para su publicación. El escándalo mediático de James Damore iba a estallar en agosto.

En esas mismas fechas, Tabáchnikov recibió el apoyo financiero de la National Science Foundation (NSF), que se dedica a promover la investigación científica en Estados Unidos y, aprovechando la buena nueva, *The Mathematical Intelligencer* publicó un adelanto del artículo en su web. El 16 de agosto, mientras despedían a Damore de Google y los medios condenaban la herejía casi al unísono, el adelanto del artículo llamó la atención de las mujeres de Women In Mathematics (WIM), organización feminista de la Universidad Estatal de Pensilvania, en la que daba clases Tabáchnikov. Las científicas de WIM contactaron con él y le indicaron, haciéndose eco del mensaje predominante en la prensa de izquierdas, que ese artículo era peligroso para las aspiraciones científicas de las mujeres. ¿Se trataba de una condena? No, ni mucho menos. Pudieron discutirlo brevemente por correo electrónico y, días más tarde, WIM invitó a su colega a un almuerzo «amistoso».

WIM es una organización dedicada al proselitismo de la mujer en la ciencia. En algunos campos, como las matemáticas, la mayoría masculina es apabullante. A primera vista, no daría la impresión de que fueran ellas quienes representasen la ortodoxia en el mundo de las publicaciones científicas. De hecho, eran Hill y Tabáchnikov quienes habían logrado apalabrar su artículo sobre variabilidad sexual en una revista importante y quienes habían recibido financiación gubernamental para seguir con el estudio. Sin embargo, si nos fijamos bien, en la invitación de WIM sí que se estaba expresando ya una forma de poder, que tenía que ver más con el ambiente de la opinión pública en torno al caso Damore que con el mundo científico. En su e-mail, invitaban a Tabáchnikov a «discutir» el texto y establecían las normas del encuentro: el matemático tendría quince minutos para explicar su artículo y después se produciría una discusión, con lo que la organización se había autoproclamado *de facto* como el tribunal que le daría o no validez a lo que Tabáchnikov y Hill habían escrito. Lograr esta validación, le advirtieron, no sería fácil: «Debes saber de antemano que muchas [¿la mayoría?] de nosotras tenemos desacuerdos muy fuertes con lo que has hecho».

Sin embargo, el científico respondió que cualquier aportación sería bienvenida. Ignoro si Tabáchnikov estaba en este momento al día de la polémica relacionada con Damore, pero accedió de buen grado al examen y afirmó que estaría encantado de discutir sus conclusiones. Al saber que la organización feminista había invitado a su colega, Hill les escribió un correo para explicarles que era coautor y que también estaría encantado de asistir. Dado que el artículo todavía no se había publicado, les decía que estaban dispuestos a aceptar sugerencias de mejora y a estudiar las enmiendas que las mujeres quisieran hacerles. Hill no recibió respuesta. Siglos atrás, también Martín Lutero había sido invitado a discutir sus ideas con el clero. De hecho, fue el hereje quien insistió a Carlos V para que organizase un encuentro, la Dieta de Worms, convencido de que el diálogo podía hacer entrar en razón a la Iglesia y abrir la Reforma en su seno, que era su principal deseo. La cosa, de nuevo, acabaría mal.[39]

Antes de que se produjera el encuentro entre Tabáchnikov y WIM, el ambiente de la Universidad Estatal de Pensilvania ya se había enrarecido. Hubo algunas protestas formales a modo de quejas escritas y, sobre todo, cotilleo. Como respuesta a este ruido, el jefe del departamento de Matemáticas avisó a Tabáchnikov de que se adentraba en terrenos pantanosos y le dijo una frase que al matemático le sonó asombrosa: «A veces, valores como la libertad académica y la libertad de expresión entran en conflicto con otros valores con los que Penn State está comprometida». Mientras tanto, algunos de sus compañeros intentaban persuadirlo para que retirara su nombre del artículo, puesto que era «prejuicioso», «malo» y «dañino». Algunos establecieron comparaciones entre el racismo y sus conclusiones, lo que a Tabáchnikov le sonó increíble. Durante estos días, el profesor se lamentó de la situación en un correo electrónico a su colega Hill, pero lo peor no había llegado.

El 8 de septiembre, la NSF retiró su apoyo financiero y exigió a los investigadores que eliminasen la referencia al organismo. El pretexto que les dieron era que el resultado de la investigación no estaba relacionado con la propuesta que había hecho Tabáchnikov, pero esto era falso, según se supo más tarde. Lo que había sucedido en realidad tenía una explicación mucho más pedestre: Diane Henderson y Nate Brown, dos profesoras de la organización WIM, habían enviado en secreto una carta a la NSF esa misma mañana. «Nuestra preocupación —escribieron— es que el artículo promueva ideas seudocientíficas, perjudiciales para el avance de las mujeres en la ciencia.» Pero, además, había mucho más movimiento entre bambalinas. Ese mismo día la editora Marjorie Winkler Senechal les notificó que la revista *The Mathematical Intelligencer* no iba a publicar el texto.

La misma persona que les había alentado a buscar la controversia y a fomentar el debate crítico reculaba. ¿Qué estaba pasando? Les dijo tener miedo de que la ultraderecha usara el artículo en su propio beneficio, y Hill escribiría más tarde: «Por segunda vez en un solo día me quedé estupefacto. A los matemáticos que publican su trabajo les basta con que cinco personas en todo el mundo lean su artículo para estar satisfechos. ¿Ahora una facción progresista estaba preocupada de que un argumento lógico sobre la variabilidad masculina pudiera alentar a la prensa conservadora a leer y citar un artículo científico?». Y tanto. Recuerde el lector lo que había escrito durante el verano de 2017 Owen Jones acerca del despido de Damore. El terreno de la variabilidad sexual ya no era científico, sino que había sido invadido por la política. Y el fantasma de la ultraderecha había penetrado hasta el fondo de la conversación.

En sus cuarenta años de experiencia, Hill nunca había tenido noticias de que una revista especializada rechazase, sin una refutación científica, un artículo después de haberlo aceptado. Molesto, escribió a la editora Senechal, quien admitió que los motivos para la retirada no eran científicos, sino políticos, y ofreció a los investigadores una alternativa: el artículo no se publicaría, pero podían organizar una mesa redonda para discutir su postura con algunas de las profesoras que se habían quejado. Por ejemplo, con Amie Wilkinson, de la Universidad de Chicago, quien había escrito una carta de protesta a la revista con el apoyo de su padre, un importante estadístico. Hill no solo aceptó el debate, sino que escribió a Wilkinson y a su padre para pedirles críticas concretas. Les informó de que agradecería mucho sus sugerencias, puesto que iba intentar la publicación en otro sitio.

Recordemos la definición de Emilio Mitre: «herejía» es la «separación producida por un error doctrinal grave y obstinado» y la «negación pertinaz, una vez recibido el bautismo, de una verdad que ha de creerse con fe divina y católica, o la duda pertinaz sobre la misma». Cuando Hill insistió en discutir y comunicó que intentaría la publicación en otra revista, ¿qué otra cosa sino una «negación pertinaz» o una «duda pertinaz» estaba demostrando? Wilkinson y su padre ni siquiera respondieron a su correo electrónico.

En este punto, temeroso de las represalias de sus compañeros de la Universidad Estatal de Pensilvania, Tabáchnikov retiró su firma del artículo. Hill, que estaba jubilado, comprendió el miedo de su colega, más joven, por su carrera, así que decidió seguir adelante en solitario. Reharía el artículo, lo firmaría él mismo y buscaría otra revista. Quizá Hill pensó que, una vez que pasara la tormenta, el tema de la variabilidad estadística volvería a ser irrelevante para la mayor parte de los seres humanos del planeta; pero estaba equivocado. Siguió moviendo su artículo de forma discreta y, en octubre de 2017, *The New York Journal of Mathematics* mostró interés. Hill volvió a someter el artículo a revisión, aceptó nuevas propuestas de mejora, trabajó con los responsables de la publicación y finalmente se lo aceptaron. Después de tantas penurias, el pequeño artículo sobre la variabilidad sexual humana por fin se publicaba. Era el día 6 de noviembre de 2017, y de inmediato Hill empezó a enviar el enlace a algunos colegas.

Pues bien, tres días después, el número entero de *The New York Journal of Mathematics* simplemente desapareció de la web. Reapareció más adelante, pero —¡oh, sorpresa!— con otro artículo en las páginas donde había estado el de Hill, y todo esto sin que nadie le dijera nada. ¿El motivo? Como Hill averiguó enseguida, Benson Farb, uno de los miembros del consejo editor de la revista, era el marido de Amie Wilkinson, la misma persona que había escrito la carta que logró que se retirara de *The Mathematical Intelligencer*. Farb había exigido a la nueva revista que borrase el artículo y lo describió como «a piece of crap», que no necesita traducción. El fundador de *The New York Journal of Mathematics* opuso resistencia, pero Farb convenció a la mitad del consejo editorial de su postura y amenazó a la revista: si no retiraban el artículo, no solo todos sus aliados en el consejo editorial renunciarían en bloque, sino que empezarían a hostigar a la revista «hasta acabar con ella». Así que la revista cedió, retiró el número y sustituyó el artículo. El fundador de la revista se lo explicó todo a Hill y le dijo una frase lacónica: «Una publicación en una revista muerta tampoco te ayudaría».

«Los colegas con los que hablé estaban horrorizados —explicaría

Hill con el tiempo—. Ninguno de ellos había oído hablar de un artículo, en ningún campo, que desapareciera después de su publicación formal. ¿Rechazado antes de la publicación? Por supuesto. ¿Retirado? Sí, pero solo después de una investigación, cuyos resultados se harían públicos a modo de explicación. Pero ¿evaporado sin más? Nunca. Si un artículo publicado y revisado formalmente se puede borrar más tarde del registro científico, y se puede reemplazar por otro completamente diferente, sin ninguna discusión con el autor o sin ningún anuncio en la revista, ¿qué significará esto para el futuro de las revistas electrónicas?» A nadie mínimamente leído se le escapará que la novela *1984* de George Orwell encierra la respuesta a esa pregunta.

Ya acorralado por completo, Hill decidió disparar su última bala. Escribió al rector de la Universidad de Chicago, el matemático Robert Zimmer, para quejarse de la conducta del matrimonio Farb-Wilkinson, que trabajaba allí. Sobre Zimmer se había escrito en la prensa que era un adalid de la libertad de cátedra y esto, unido a la circunstancia de que fuera matemático como Hill, hizo creer al hereje que encontraría comprensión; pero no fue así. Zimmer ni siquiera respondió a su correo electrónico, y fue el vicerrector quien lo hizo en su nombre meses después de que Hill hubiera enviado su e-mail. El vicerrector dijo que no había ningún motivo para molestar a Barb y Wilkinson, puesto que solo habían usado su «libertad para abogar contra la publicación de un artículo». Así que, tal y como se lamentaría Hill, «fui yo quien interfirió en su libertad académica y no al revés». Como todo hereje, se había quedado completamente solo.

Bien, yo no sé si el artículo de Hill y Tabáchnikov (y más tarde solo de Hill) era, como decían sus detractores, un «pedazo de basura», pero sí sé que el tipo de comentarios destructivos que recibieron no parecían en absoluto científicos. Ignoro si los investigadores cometían errores, si revelaban sesgos o si llegaban a conclusiones equivocadas, pero cosecharon opiniones favorables por parte de comités de revisión de dos revistas especializadas, así como comentarios fanáticamente destructivos y cargados de ideología de una organización feminista y de individuos que en todo momento hablaron en términos políticos, nunca científicos. De manera que, fueran correctos o erróneos los análisis de Hill y Tabáchnikov, lo que está claro es que se enfrentaron a una ortodoxia política. Y, además, si se trataba de un mal artículo y una revista lo publicaba, el recorrido lógico era la refutación pública, no la censura. El hecho de que el artículo se censurase dos veces me hace pensar que sus detractores no perseguían la verdad, sino evitar debatirlo. Y eso, por supuesto, me hace pensar que Hill y Tabáchnikov no habían escrito un mal artículo en absoluto. No suele ser la mentira lo que se censura, sino las verdades incómodas.

Solo Claire Lehmann, editora de *Quillette Magazine*, se alió con los herejes, ofreció a Hill un espacio para que contara la historia completa tal y como la habéis leído y el escándalo de la censura ideológica en las revistas científicas vio por fin la luz. Por cierto, esta misma mujer, psicóloga para más señas, fundaría en abril de 2019 otra web para agrupar a investigadores aplastados por motivos ideológicos como estos, la Intellectual Dark Web. Su presentación da una idea precisa del ambiente de caza de brujas en el que están moviéndose los investigadores anglosajones en ámbitos que rozan cualquiera de las intersecciones de la polarización política:

> Lo primero que notará en la lista de figuras destacadas de la Intellectual Dark Web (IDW) es que varían en género, orientación sexual, raza y afiliación política. No forman alianzas basadas en sus identidades o afiliación tribal. Pero todos comparten dos cualidades distintas y (ahora) poco comunes. Primero, están dispuestos a estar en desacuerdo de forma feroz, pero hablan civilizadamente sobre casi todos los temas significativos dignos de discusión pública: religión, aborto, identidad de género, raza, inmigración, la naturaleza de la conciencia. Muchas de las opiniones que sostienen sobre estos temas a veces pueden contrastar con la opinión ortodoxa de su tribu respectiva. Segundo, son intelectualmente íntegros y, por tanto, se resisten a decir lo que es políticamente conveniente o políticamente correcto. Si bien la mayoría de estos *idwers* han sido asados en la hoguera por su tribu, han podido encontrar una audiencia amplia que resuena con lo que tienen que decir. Parte de esto es que están dispuestos a expresar lo que los demás piensan, pero no se atreven a decir públicamente.

En este sentido, G. K. Chesterton escribió que «cuando los viejos liberales quitaron las mordazas a las herejías, la idea que los guiaba era abrir paso a los descubrimientos religiosos y científicos», pero hoy las cosas han cambiado. La Intelectual Dark Web ha sido una respuesta a este ambiente de ortodoxias y politización de la ciencia, y se ha convertido en un refugio para las mentes libres y heterodoxas de la ciencia y la cultura en el ámbito anglosajón. Como me dijo el escritor Juan Manuel de Prada en una entrevista, cuando la ciudad queda dominada por fanáticos y expulsa a suficientes herejes al desierto, con el tiempo se ven hogueras a lo lejos —puntos de luz—, a las que el solitario hereje termina acercándose. Y allí se encuentra a muchos otros desterrados, y brota una nueva comunidad, con lo que se acaba estando mucho mejor a la intemperie que protegido por los altos muros de la polis.

6

Bulos, átomos y conocimiento prohibido

Donde dejamos en suspenso la herejía
para indagar en el conocimiento prohibido,
que no es lo mismo, aunque pueda parecerlo

Quienes se oponen a que la psicología evolutiva o las matemáticas investiguen las diferencias sexuales participan —en general de forma fanática y nada constructiva— en un debate que en realidad es muy antiguo, el de los límites morales del conocimiento científico, donde han florecido terribles acusaciones, pero también conversaciones fructíferas para que el desarrollo de la ciencia no atropellase a la ética o los derechos humanos. ¿Hay territorios que deberían estar vedados a la indagación, ámbitos que han de quedar restringidos incluso para la curiosidad científica? A lo largo de la historia, el convencimiento de que es así ha llevado a toda clase de instituciones religiosas y políticas a colocar cepos a la investigación y trampas a la curiosidad. Diferentes ortodoxias se han defendido con toda clase de persecuciones como las que tuvieron que sufrir Damore, Tabáchnikov y Hill, pero mucho más expeditivas en sus métodos (recordad a Galileo).

Volveremos a las herejías en el próximo capítulo, pero ahora nos vamos a detener en algo que no es herejía, aunque a primera vista pueda parecerlo. Porque sí, siempre hubo un pavor fanático que quiso frenar la curiosidad, pero esta ignorancia arrogante no es lo único que ha impuesto límites al conocimiento científico. Me parece esencial abordar el otro límite a la ciencia antes de seguir adelante, porque a veces es la verdad y no la ceguera, la razón y no la pasión, lo que conduce a la humanidad por caminos peligrosos. A lo largo de la historia hemos tropezado con muchos descubrimientos que ponían en peligro nuestra salud, nuestra estabilidad mental y nuestra seguridad. Es un lugar común que los premios Nobel vienen del arrepentimiento de Alfred Nobel, inventor de la dinamita, y de su preocupación por el legado que su figura dejaría al mundo. Y esto es lo que Robert Shattuck llamó «conocimiento prohibido». No se refería a información confidencial que el poder quiere apartar de los ojos del vulgo, ni a las listas de libros prohibidos de la Inquisición o de la corrección política, sino a conocimientos tan intrínsecamente peligrosos que nadie, ni el más sabio ni el más necio, debería tener acceso a ellos.

El interés por el conocimiento prohibido hizo de Shattuck un verdadero disidente. Observó que, «como la pobreza, la curiosidad siempre ha estado entre nosotros», pero al contrario que la mayor parte de los pensadores y eruditos no le dedicó a esta su idolatría, sino la más aguda suspicacia. Explicaba su insólita postura respecto al conocimiento prohibido con una historia de aviación de su propia vida. Shattuck había sido piloto durante la Segunda Guerra Mundial. Días después de la destrucción de Hiroshima, la curiosidad le llevó a prestarse voluntario para sobrevolar las ruinas de la ciudad en una misión de reconocimiento. En agosto de 1945, lo único que sabían los soldados era que dos detonaciones de unas nuevas armas estadounidenses habían borrado de la faz de la tierra dos ciudades japonesas, y que el emperador había aceptado una rendición incondicional que parecía imposible incluso después de la derrota de todos sus aliados. Si la guerra de Europa la había terminado el hombre, que se dejó en los campos de batalla millones de vidas entre ciudades arrasadas por la aviación, la del Pacífico la había cerrado la ciencia con dos bombas de nuevo diseño.

La desolación que Shattuck observaba desde la cabina de su avión era efecto de un fruto del ingenio humano. Esta experiencia lo convirtió en un intelectual cauto. Sobre las tierras cubiertas de ceniza radiactiva que una décima de segundo antes habían sido una ciudad, el piloto se preguntó si estábamos autorizados para saberlo todo o si, por el contrario, hay regiones del conocimiento que deberían ser tabú. Hannah Arendt había señalado que la fisión nuclear del átomo y las armas resultantes introducían en nuestro planeta un nuevo tipo de proceso destructivo e incontrolable, como los terremotos o la caída de los asteroides, pero esta vez de creación humana.[1] Shattuck se preguntaba: ¿tenemos derecho a abrir esas puertas o deberíamos dejarlas cerradas?

Cada noche, David Broncano entregaba en su programa de televisión La Resistencia una caja negra a los invitados. Ellos firmaban un contrato por el que se comprometían a pagar cincuenta mil euros a la productora si contaban a alguien lo que había dentro. El público se divertía con las reacciones espeluznadas, escandalizadas, asqueadas y divertidas de los testigos del secreto de la caja sin tener la más remota idea de lo que había dentro, y casi ningún invitado, pese a las caras de asco horripiladas del resto, dejó la caja sin abrir. ¿Cómo evitar echar un vistazo, por más horrible que pudiera ser el secreto? Sin proponérselo, el humorista estaba aludiendo a Hesíodo, quien reunió las historias de los dioses griegos y nos entregó la versión más antigua que conservamos del mito de Prometeo, Epimeteo y Pandora. Prometeo robó a Zeus el fuego sagrado de la curiosidad para entregárselo a sus amigos, los hombres. En represalia, Zeus lo encadenó a una roca y mandó que un buitre se comiera su hígado, que se regeneraría una y otra vez para someter al ladrón a una tortura eterna y brindar al buitre un banquete sin fin. Pero si había en el Olimpo algo más insaciable que este buitre era la ira de los dioses, así que Zeus envió a Epimeteo, hermano de Prometeo, un regalo envenenado. Era Pandora, la primera mujer en esta tradición mítica y, según Hesíodo, una dama recatada «con alma de perra».

Pandora traía consigo una caja que guardaba todos los males. Precisamente porque el fuego de Prometeo seguía brillando, la venganza de Zeus culminó de forma perfecta: Pandora no tardó en abrir la caja y las desgracias se esparcieron por el mundo. Estos dos mitos se separaron más adelante en dos narraciones distintas, pero Shattuck señala que la escisión adultera en parte la moraleja del cuento: sin la fogosa curiosidad que Prometeo había entregado a los hombres, ellos no hubieran abierto la caja. Por seguir tirando del hilo, Shattuck tampoco hubiera sentido la necesidad de sobrevolar las ruinas de Hiroshima, ni esta ciudad habría desaparecido, porque los científicos no habrían forzado la cerradura del átomo.

En el siglo XXI, la mera idea del conocimiento prohibido nos remitirá a la censura ejercida interesadamente por el poder, que tiende a defenderse con el fomento de la ignorancia. Sin el fuego de Prometeo, los humanos seguiríamos habitando en las cavernas. Historias como la que contó Hesíodo no nos dicen que la curiosidad sea peligrosa de por sí o que toda verdad deba ocultarse, sino que nos advierten de la existencia de cajas de Pandora ante las que lo sensato es imponer límites a nuestra sed permanente de saber más, como pasaba con la caja del programa de Broncano. En este sentido, el refranero está lleno de advertencias sobre los peligros de la curiosidad, y en todas las películas de terror el espectador murmura para sus adentros que subir esas escaleras para averiguar qué ha provocado el ruido en el piso de arriba es una gilipollez. Son ejemplos para andar por casa, cercanos, del riesgo que entraña la curiosidad.

La curiosidad nos ha guiado a grandes logros y a tremendos fracasos. Es la madre de la penicilina, la cicuta, el preservativo, los zoos humanos de negros de Bélgica, la *Ilíada* y el LSD. En este sentido, la lectura de Shattuck es un estímulo para los que consideramos que toda ignorancia debe ser combatida en una guerra sin cuartel y que nadie tiene autoridad para imponer límites a la indagación o la expresión ajenas. La opinión de este intelectual es que sí hay regiones demasiado peligrosas para la imaginación y la investigación. La bomba atómica, cuyos efectos pudo contemplar desde el aire, me parece el ejemplo idóneo para reflexionar un poco sobre esta cuestión antes de penetrar en el terreno nauseabundo de las herejías. ¿Existe realmente una región del conocimiento que debería quedarnos vetada o tenemos la responsabilidad necesaria para manejar el fuego prometeico sin riesgo de quedar reducidos a cenizas?

El tabú más pequeño del mundo

La tabla periódica de elementos es la biblioteca de Alejandría de la existencia material. Hoy sabemos que toda la materia está compuesta por átomos y que estos pueden romperse liberando inmensas cantidades de energía. Durante milenios, solo algunos hombres extraordinariamente curiosos, como Demócrito de Abdera, se han preguntado cuál podía ser la pizca mínima de las cosas. Fue él, que vivió entre los años 480-370 a.C., quien sugirió que teóricamente debía de existir una partícula invisible al ojo llamada «átomo», tan mínima que ya no se podría seguir rompiendo. Tuvieron que pasar dos mil doscientos años para que alguien volviera a sentir el impulso serio y sistemático de perseverar en esta suposición. En 1803, John Dalton lanzó la primera teoría atómica y coincidió con Demócrito en que la partícula era indivisible. Un siglo más tarde, Joseph Thomson descubrió una subdivisión todavía más pequeña, que denominó «electrón», y a partir de aquí, con Ernest Rutherford y después con Niels Bohr, la velocidad del aprendizaje fue vertiginosa; en los primeros años del siglo XX se pasó de no saber casi nada sobre el átomo a esbozar una teoría para romper los siete sellos de la última caja de Pandora. Con la teoría de la fisión nuclear, el átomo dejó de ser un territorio tabú y los humanos pudimos penetrar en su recinto.

La historia de la humanidad cambió con una siesta interrumpida. Poco antes del estallido de la Segunda Guerra Mundial, en agosto de 1939, dos físicos huidos de Hungría molestaron a Albert Einstein durante sus vacaciones; eran Leó Szilárd y Edward Teller, que querían convencerlo a toda costa para enviar una carta a Franklin D. Roosevelt. El motivo eran los avances en la investigación sobre la fisión nuclear que se estaban produciendo en Europa. Szilárd y Teller lo sabían porque habían trabajado en ello y estaban convencidos de que Hitler pretendía usar esta nueva ciencia para el desarrollo de un arma superior a cuantas se habían detonado jamás sobre la faz de la tierra. Asustado ante la perspectiva de una bomba atómica nazi, Einstein accedió a firmar esa carta y a utilizar su influencia para hacérsela llegar al presidente estadounidense. La dictó junto con Szilárd y Teller, quien no solo acabaría convirtiéndose en uno de los padres de la bomba atómica, sino en el promotor de la horrible escalada termonuclear. En la carta, Einstein eludía su proverbial pacifismo y lanzaba una llamada urgente a la acción. Había que abrir las puertas del átomo antes de que lo hiciera el Tercer Reich.

Einstein avisaba: «Los trabajos realizados hace poco por Enrico Fermi y Leó Szilárd, de los que tengo la transcripción, me hacen pensar que el uranio puede convertirse en una importante fuente de energía en un futuro próximo. [...] Algunos aspectos de este asunto merecen atención y, quizá, una intervención rápida por parte de su Administración». Consciente de que la jerga era nueva y desconocida, el físico trataba de instruir al presidente en un lenguaje sencillo: «En el transcurso de los últimos cuatro meses se ha hecho posible [...] crear una reacción en cadena en una gran masa de uranio, por cuyo vasto poder serán generadas grandes cantidades de elementos radiactivos». Dado que la parte teórica estaba lista, solo faltaba idear un mecanismo que transfigurase la reacción en cadena del uranio en una devastadora explosión. Si el Tercer Reich lo lograba, sería invencible. ¿Cuánto tiempo tenían los enemigos del nazismo? Según la información de Szilárd, en 1939 Alemania ya había «interrumpido la venta de uranio de las minas de Checoslovaquia que ahora están en sus manos. [...] La explicación puede ser que el hijo del subsecretario de Estado alemán, Von Weizsäcker, trabaja en el Instituto Kaiser Wilhelm, donde ya se realizan pruebas con el uranio».[2] De modo que el reloj se había puesto en marcha.

Después de despedirse de Einstein, Leó Szilárd entregó en mano la carta a Alexander Sachs, asesor financiero de Roosevelt, y le avisó de que el contenido de ese trozo de papel podía cambiar el destino del mundo. Sachs entendió el mensaje y le leyó la carta en voz alta a Roosevelt en el despacho oval, pero el presidente no mostró ni el más mínimo interés por la jerigonza científica, ni por unas suposiciones teóricas sobre una tecnología hipotética. La guerra había empezado en Europa y, pese a que todavía quedaba mucho para que Japón atacara Pearl Harbor, el presidente tenía cosas más urgentes en las que pensar. Sin embargo, a la mañana siguiente, después de pasar la noche en vela ingeniando nuevas estrategias para convencer a Roosevelt, el asesor volvió a intentarlo.

Sachs le recordó al presidente, mientras tomaban café, que Robert Fulton había hablado a Napoleón sobre un nuevo ingenio capaz de inclinar a su favor la balanza de la guerra: el barco de vapor. Con esa máquina, Napoleón hubiera podido cruzar por sorpresa el canal de la Mancha, transportando grandes contingentes, para destruir Inglaterra. El emperador despachó la idea con desprecio, aburrido por aquellas explicaciones técnicas incomprensibles, y el resto de la historia es bien conocido. El argumento de Sachs dio resultado y Roosevelt picó el anzuelo. «¿Dices que estás intentando impedir que los nazis nos hagan volar en pedazos?», preguntó este. «Precisamente», respondió aquel.[3] El presidente y su asesor tomaron una copita de brandy de la marca Napoleón, y este brindis matinal fue la primera semilla política de la era nuclear.

Ahora solo tenían que abrir la caja de Pandora, pero la cerradura demostraría ser muy tenaz. Se bautizó el plan con el nombre en clave de Proyecto Manhattan para eludir en lo posible a los espías soviéticos diseminados por el país, y un secarral del desierto de Nuevo México se transformó en un campamento estable que daría alojamiento a los científicos más ingeniosos y brillantes del mundo. Los Álamos, la primera ciudad secreta de las muchas que levantaría en todo el globo la era atómica, se convirtió entre 1942 y 1945 en el útero donde se gestaría una criatura innombrable y ultrasecreta, un objeto tabú alimentado por un combustible igualmente tabú, al que los físicos se referían como «el artefacto». El general Leslie R. Groves fue el encargado de liderar la parte política y económica del proyecto, y el físico Robert Oppenheimer, el responsable de coordinar y dirigir a los científicos. Mientras la primera planta nuclear a gran escala, construida en Oak Ridge, separaba lentamente el uranio necesario para construir una bomba atómica, el equipo de Oppenheimer desarrolló un proyecto paralelo para una bomba de plutonio, un combustible más barato que se producía rápidamente en los primeros reactores nucleares.

Oppenheimer y la pléyade de científicos pacifistas que poblaban Los Álamos participaron en la construcción de un arma apocalíptica porque les convencieron de que Hitler podía conseguirla antes. En el transcurso de sus trabajos, no solo descubrieron que el dictador alemán despreciaba la fisión del átomo porque la consideraba una quimera judía, sino que vieron cómo se derrumbaba el Tercer Reich bajo el ataque de los aliados. Hubo entonces científicos decididos a parar todo el proyecto. En una carta conjunta, suplicaron a los líderes políticos y militares que clausuraran Los Álamos y abortaran el desarrollo del artefacto. Consideraban que construir la bomba era intrínsecamente peligroso y que el mundo estaría mejor sin ella; pero Groves aplastó los brotes de pacifismo con una apisonadora patriótica: dado que Japón se negaba a rendirse y sus ejércitos estaban dispuestos a la inmolación, la bomba podría salvar millones de vidas de jóvenes soldados. Es decir, en las manos de aquellos científicos asustados por su propio descubrimiento estaba salvar un montón de vidas estadounidenses. ¿Serían buenos patriotas o unos irresponsables pacifistas?

En Los Álamos vivía gente lo bastante inteligente como para no caer en la trampa de una falsa disyuntiva demagógica. Sin embargo, había una razón más poderosa que empujaba a aquellos ingenios tenaces a continuar con el desarrollo de la bomba: el propio reto de resolver el problema con éxito, una trampa especial para las mentes geniales, tan atrayente como el dulce de la planta carnívora para las moscas o la luz para las polillas. Los trabajos continuaron y el artefacto empezó a tomar sus propias decisiones. A lo largo de la historia de la tecnología, el fenómeno se repite con inusitada frecuencia. Una idea se convierte en proyecto, recibe millones de dólares de financiación, da trabajo a grandes equipos obsesionados con llevarla a cabo, y las consideraciones éticas sobre el uso de esta tecnología pasan a segundo plano, a una región de sombra. En Los Álamos, la labor intelectual era apasionante. Abandonar la partida a medias hubiera sido como perder.

La bomba de uranio era relativamente sencilla: un cañón en el interior del fuselaje disparaba una parte del uranio contra la otra hasta alcanzar la masa crítica que desencadenaba la explosión nuclear; pero la planta de Oak Ridge era muy lenta enviando el uranio enriquecido necesario para ello. El mecanismo de la bomba de plutonio, cuyo combustible abundaba mucho más, era en cambio extremadamente sofisticado. Para conseguir la reacción en cadena del plutonio era necesaria una implosión. Una pelota de combustible nuclear del tamaño de una naranja, situada en el centro de la bomba, debía ser oprimida en todas las direcciones al mismo tiempo con la detonación de explosivos convencionales que se colocaban rodeando el núcleo. Lograr que este mecanismo funcionara con precisión constituía un desafío apasionante para los científicos de Los Álamos, y la complejidad del reto hizo que muchos pusieran en suspenso sus escrúpulos morales.[4]

Shattuck reflexionaría años después de sobrevolar Hiroshima sobre *El extraño caso del Dr. Jekyll y Mr. Hyde*, de Robert Louis Stevenson, que se anticipa a la ciencia ficción porque imagina los peligros de una indagación técnica insensata. La novela cuenta la historia del doctor Jekyll, un médico londinense aficionado a los experimentos, que aloja en una vivienda aneja a su apartamento a un hombre misterioso llamado Hyde. Un buen día, este comete un crimen abominable y desaparece, y meses más tarde los amigos de Jekyll, que también ha desaparecido, se encuentran el cadáver de Hyde en el apartamento. Junto a él hay una carta donde Jekyll explica lo ocurrido.

Descubren así que Hyde y Jekyll son la misma persona, las dos caras de la moneda, el producto de una disociación de la personalidad provocada por un fármaco ideado por el médico. El doctor Jekyll ha creado esta sustancia para experimentar los placeres prohibidos sin inhibiciones morales de ningún tipo. Se trata de una droga que proporciona acceso a regiones prohibidas. Para frenar el ímpetu enloquecido de Hyde, tiene que ingerir otro fármaco, pero con el paso del tiempo esta segunda droga no es capaz de contrarrestar el poder de la primera, y el malvado Hyde se adueña por completo de la personalidad de Jekyll. Según Shattuck, «el doctor Jekyll descubre el mal al sucumbir a la seducción de su propia genialidad».

Es una frase que nos remite de nuevo a Robert Oppenheimer, el director del Proyecto Manhattan, cuyo reverso maligno será Edward Teller, al principio un genio al servicio de Oppenheimer y más adelante, cuando este se arrepienta, el nuevo jefe de Los Álamos. El dilema abordado por Stevenson en su novela es el mismo que dividió en dos a los científicos del Proyecto Manhattan tras la detonación de las primeras bombas atómicas. El descubrimiento nos puede destruir, pero su atracción es irresistible para la mente curiosa; ocurre lo mismo que con el tabú, ese oscuro objeto de deseo, como vimos en el capítulo 3 sobre Freud. En este sentido, como apunta Shattuck, «el talento de Jekyll en la búsqueda de la verdad destroza su carácter moral».

Para Oppenheimer, una vez abierta la caja de Pandora era urgente cerrarla a toda prisa; para otros, como Teller y los que continuaron fabricando bombas cada vez más poderosas, una mezcla entre la búsqueda curiosa y el lucro económico terminó suprimiendo totalmente la moral. Después de un reto, cobraban el cheque y emprendían otro más complicado. Tras un problema resuelto iban a por el siguiente. Es lo que el filósofo Gilbert Hottois llama «imperativo técnico», que se expresa con un retruécano digno de los hermanos Marx: lo que se puede hacer debe hacerse, y es necesario hacer todo lo que es posible hacer.

Es una máxima que arrincona el imperativo categórico kantiano y sus derivaciones en la ética contemporánea. El mismo Teller lo expresó sin tapujos: «El hombre tecnológico debe producir todo lo que es posible y ha de aplicar los conocimientos adquiridos sin límite alguno». Cuando este se convirtió en Ícaro y propuso imitar las reacciones nucleares del sol en una bomba de hidrógeno, el enfrentamiento entre Jekyll-Oppenheimer y Hyde-Teller había alcanzado su apogeo. Como en la novela de Stevenson, el espíritu desencadenado venció al prudente.

En 1952 Oppenheimer se había convertido, a ojos de la Administración del presidente Truman, en un agitador pacifista y comunistoide. Sus ideas pacifistas, su llamamiento tajante a abolir la producción de bombas nucleares, lo convirtieron en un hereje de la Guerra Fría. Teller logró que lo expulsaran de la Junta de Energía Nuclear tras tacharlo de rojo: la caza de brujas macartista se había desatado después de que dos científicos del Proyecto Manhattan resultaran ser espías soviéticos. Gracias a ellos, los comunistas detonaron su primera bomba atómica mucho antes de lo que calcularon los estadounidenses, y pronto probaron también su primera bomba de hidrógeno. A partir de este momento, la carrera entre las dos superpotencias de la posguerra mundial marcó el curso de los acontecimientos. La máquina tomaba sus propias decisiones, como siempre. Shattuck observó que, «una vez iniciado el proceso de fabricación, el uso militar de las bombas se decidió por sí mismo en virtud de una especie de impulso tecnológico».

Así, mientras se construían centrales para uso civil y las ciudades atómicas brotaban al ritmo de los hongos nucleares a ambos lados del telón de acero, se detonó sobre la faz de la tierra el equivalente a veintinueve mil bombas de Hiroshima.[5] Los isótopos radiactivos cubrieron inmensas extensiones, contaminaron el aire y el agua en todo el planeta y pasaron a la cadena trófica de los animales y, de ahí, a los humanos. Todo esto sin contar con la amenaza constante de la autodestrucción, un hecho insólito en la historia del mundo y de tal importancia que la filósofa Hannah Arendt lo colocaría en el prólogo de su obra *La condición humana*. Liberados de la caja de Pandora, los átomos parecieron cobrar conciencia de sí mismos, como le ocurre a la computadora de *2001. Una odisea del espacio*.

La mistificación de la tecnología

En asuntos como la fisión nuclear es bueno huir del blanco y el negro y olvidarse de maniqueísmos. Las consecuencias negativas y positivas del brindis entre Roosevelt y su asesor financiero se entremezclan hasta volverse indisociables. El armamento nuclear segó de un plumazo las vidas de, aproximadamente, ciento cincuenta mil personas en Japón y envenenó a otras tantas, pero no sabemos cuántas salvó el hecho de poner fin al espíritu kamikaze del ejército nipón. Las detonaciones atmosféricas y marítimas de las pruebas nucleares emprendidas en las décadas siguientes por Estados Unidos, la URSS, China, Francia y Reino Unido liberaron inmensas cantidades de curios en el aire y los océanos, pero esta arrogante escalada explosiva evitó quizá el estallido de una Tercera Guerra Mundial abierta en unas cuantas ocasiones. Accidentes en centrales nucleares como los de Chernóbil en Ucrania, Fukushima en Japón o Three Mile Island en Estados Unidos nos han colocado ante el terror de las malformaciones infantiles, los residuos intratables y el cáncer de tiroides, pero la energía que proporcionan estas plantas es barata, abundante y estratégicamente positiva en la lucha contra el calentamiento global.

Pese a que el debate está regido por sus polos, es decir, el pánico de los antinucleares y la trivialización del peligro de algunos de sus adversarios, la apertura de la caja de Pandora no solo dispersó isótopos radiactivos sino también, en cierto modo, algo de la paz y la prosperidad de la que se han beneficiado varias generaciones. No podemos saber qué habría pasado si Einstein no hubiera enviado aquella carta. Quizá las bombas atómicas se habrían desarrollado de todas formas, o seguiríamos produciendo demasiada energía con la quema de carbón, o tal vez el contrapeso ecológico de las renovables habría tenido estímulos menos poderosos. La historia ficción es una pérdida de tiempo tan estéril como tentadora. De cualquier manera, con las bombas atómicas en sus silos, la posibilidad de una catástrofe que arrase para siempre la especie humana nos devuelve a la cuestión principal de este capítulo: ¿hay un conocimiento que debe estar prohibido, vetado a la indagación humana?

En este punto hay que remarcar la diferencia más importante entre el tabú y el conocimiento prohibido. Mientras que el primer límite es oscuro y emocional, el segundo queda establecido con argumentos científicos, éticos o políticos. No, no debe ser la Iglesia la que ponga límites al conocimiento sobre la teoría de la evolución, ni un puñado de activistas pirados los que pongan límites a la experimentación científica con animales, sino la sociedad civil, la filosofía ética y los propios científicos. ¿Hasta dónde nos permitimos seguir? ¿Cuáles son las señales de que deberíamos parar? Un ejemplo culminado con éxito de conocimiento prohibido fue el resultado del congreso de Asilomar de 1975, convocado por Paul Berg, donde los genetistas se marcaron límites para experimentos de ADN reconfigurante.[6] Durante aquellas jornadas se puso sobre la mesa una distinción esencial entre el conocimiento científico puro y el conocimiento científico aplicado, y se estableció que la indagación teórica no debía tener límites, pero sí sus aplicaciones tecnológicas. Según Shattuck, los investigadores entendieron muy bien que «las sagradas libertades de indagación, pensamiento y palabra en que se fundamenta la investigación científica no incluyen la libertad para perjudicar, físicamente o de otro modo, a los seres humanos».

El congreso de Asilomar dio pie a que el Instituto Nacional de Salud aplicara limitaciones a los laboratorios de ingeniería genética y una moratoria sobre más de cien experimentos relacionados con virus y bacterias infecciosas. Del mismo modo, Oppenheimer y otros físicos nucleares arrepentidos del Proyecto Manhattan habían ofrecido razones y argumentos válidos, no fanáticos, para clausurar las factorías de armas atómicas. Sus valoraciones sobre las consecuencias de la escalada tecnológica nuclear resonaron en boca de filósofos y empaparon la literatura, la cultura popular y la opinión pública.

Que los genetistas reunidos en Asilomar o los iniciadores de la era atómica se echaran para atrás es interesante porque nos demuestra que, muchas veces, solo seremos conscientes de que pisamos un terreno prohibido cuando nos hayamos adentrado demasiado. Pero la tecnología, como la revolución, se caracteriza por tomar sus propias decisiones, algo que se hace más evidente cuando en la ecuación interviene el dinero. ¿Qué pasa cuando los campos mejor financiados por empresas y gobiernos son precisamente los de aplicaciones más dudosas desde el punto de vista de la ética? Hoy, científicos e ingenieros están aplicando las teorías más avanzadas y mejor financiadas en campos de investigación cuyos resultados son moralmente dudosos. Ejemplos de ello son la robotización de más y más trabajos, incluido el de los jueces, mediante la inteligencia artificial,[7] las tecnologías de cibervigilancia que gobiernos de todo cariz podrán usar contra sus ciudadanos[8] o las tácticas de modificación genética capaces de mejorar selectivamente la especie (para quien pueda pagárselo).[9]

Estos impulsos tecnológicos colocan a las democracias ante atolladeros parecidos al que tuvo que hacer frente el Proyecto Manhattan, y esta vez sin la coartada de la carrera contra los nazis o los comunistas. Pese a que las listas de pros y contras son difíciles de establecer *a priori*, lo cierto es que muchas veces ni siquiera se están redactando. No siempre hay un debate público en profundidad sobre las aplicaciones de las tecnologías que se investigan a toda velocidad, espoleadas por la libre competencia y el ansia de enriquecimiento. En su libro *Tecnópolis*, Neil Postman lanza cinco advertencias sobre esta última. La primera es que cada invención tiene un precio y que este siempre se paga de una forma o de otra; la segunda, que para cada nueva tecnología siempre hay ganadores y perdedores, aunque los primeros intenten convencer a los segundos de que han ganado también; la tercera, que toda tecnología tiene incrustado un prejuicio epistemológico que no siempre nos favorecerá; la cuarta, que todo cambio tecnológico es ecológico, lo transforma todo a su paso; y la quinta, que la tecnología tiende a hacerse mística.

El precio de la tecnología es algo de lo que se habla muy poco, porque esta suele ser cara o barata en función de lo que cuesta el aparato; pero este no es el precio real. Félix de Azúa mencionaba una idea de Rafael Sánchez Ferlosio sobre los accidentes de tráfico, en los que entonces morían miles de personas cada año en España. Los llamaba «sacrificios tecnológicos» porque indicaban el precio real que estamos dispuestos a pagar por circular en coche.[10] Ese precio no es el del último modelo de Seat, sino el de vidas humanas sacrificadas. En este sentido, el precio de la tecnología digital podría ser la entrega incondicional de nuestra vida privada, el sometimiento voluntario a vigilancias y publicidades, la quiebra de las democracias liberales..., no se sabe. Y no se sabe porque aquí entra en juego otro de los puntos de Postman: la mistificación.

La mistificación de la tecnología se ha convertido en la ideología dominante de nuestro tiempo. Nada puede oponerse a ella, y el mero hecho de someterla a crítica se convertirá en un motivo de suspicacia. No hay más que presenciar las misas de presentación de los nuevos productos de Apple durante las que el público alcanza el nirvana ante una pantalla donde se ve un teléfono, o las películas y documentales dedicados a los fundadores de empresas tecnológicas en que acompañamos a un héroe sin otro objetivo que enriquecerse, de personalidad complicada y atractiva a un tiempo, siempre ambicioso, solitario hasta la psicopatía, incomprendido y genial, como apareció Steve Jobs en ese par de elegías babosas que se filmaron después de su muerte. (Murió, por cierto, de un cáncer de páncreas que se negó a tratar a tiempo con «medicina convencional».)

La mística tecnológica es lo que lleva a los políticos a repetir conceptos que desconocen, vacíos cuando no amenazantes, como «economía digital», «aprendizaje *online*» o *startup*; palabras que adormecen a un público ya previamente seducido por la tecnolatría, y que ellos venden sin haber catado el producto, convencidos de que están cargadas de una energía positiva, optimista, *friendly*, que lleva a las sociedades hacia el progreso. Una bonita forma de convertir la inercia en algo que hace suponer que eres tú quien está empujando. Sobre la fascinación tecnológica en el campo de la política Alberto Olmos observa con agudeza: «Hoy encontramos televisiones por todas partes, hasta en los vagones de metro han puesto televisiones, y las pantallas están sustituyendo a la cartelería tradicional en las calles de las grandes ciudades, por no hablar de todos esos móviles, *tablets* y ordenadores portátiles que se miran a todas horas. Vagamente, cuando no hay otra cosa de la que hablar, se señala que debería alejarse a los niños de las pantallas. El propio Ayuntamiento de Madrid, que llena la ciudad de pantallas, seguramente ha hecho también una campaña contra las pantallas».[11] Así es, incluso la crítica al exceso de la tecnología se experimenta dentro de la tecnología. Yo mismo escribo esto en un ordenador Apple, leo el artículo de Olmos en una pantalla y me divierto pensando que quizá tú acabes leyendo en un Kindle. ¿Nada que hacer? No de forma individual, pero sí de manera colectiva. Si logramos romper la mistificación tecnológica, podremos conquistar con la ética el territorio que la tecnología ha invadido previamente; recuperar el control y establecer límites.

Es algo urgente si pensamos en el calentamiento global, una crisis ecológica provocada por la tecnología. La premisa de que amplias zonas del planeta puedan ser inhabitables en un futuro no muy lejano a consecuencia de nuestro crecimiento económico y tecnológico está todavía en discusión. Se desconoce la velocidad de la destrucción y cuál será su punto culminante, pero nadie con dos dedos de frente puede seguir repitiendo que es un invento. Pues bien, ante el desafío de frenarlo, hay ciudadanos que deciden irse a vivir al campo a plantar tomates y prescindir de la electricidad, un grupo más numeroso y sensato que se pregunta cómo limitar el impacto con decisiones individuales y políticas, y un tercer sector, entre los que se cuentan algunos exitosos autores de best sellers científicos, que dicen que los genios de Silicon Valley son los que acabarán salvándonos el culo. ¡Ja! Parece un truco de guion barato de las películas de Hollywood: el chico listo hace acto de presencia cuando todo parecía perdido y salva el mundo.

Confiar en que el impulso tecnológico es lo que solucionará los problemas derivados de este es un absurdo epistémico y una huida hacia delante. Requiere contemplar la ciencia con una reverencia anticientífica, con los ojos implorantes de un fanático religioso. Requiere no haber entendido cuáles son las causas del problema. Me parece el equivalente a rezar para que se ponga a llover.

EL SÍNDROME DE *PARQUE JURÁSICO*

Os diré por qué no confío en los genios de Silicon Valley para solucionar un entuerto: ellos son mejores provocándolos. Muchos de los saltos tecnológicos insensatos, mucho de este misticismo científico y mucha de esa ciencia aplicada para ganar dinero sin contacto con la ética son los que parieron las redes sociales y los teléfonos más inteligentes que sus usuarios. Hasta bien entrado el nuevo milenio, apenas había unas cuantas voces dentro de aquel monocultivo capitalista que cuestionasen los avances. La prensa, la política y parte de la filosofía estaban asombradas, alucinadas, entregadas al misticismo del futuro. Nuevas herramientas provocaron el nacimiento de una nueva fe. Hoy las cosas han empeorado lo bastante como para que algunos de los creadores de esta tecnología lloren, como Oppenheimer arrepentido, por la amenaza de la que son culpables. Chris Hughes, cofundador de Facebook, afirmó en una columna que era hora de destruirlo todo, porque la red social representaba un peligro para la democracia.[12] Guillaume Chaslot, exingeniero de Google, admitió que el algoritmo estaba canalizando el extremismo con tal de mantenernos pegados a la pantalla.[13] En la actualidad son muchos los que admiten que los efectos de esta tecnología «social» son la polarización y el fanatismo que dividen a la sociedad.

¿Por qué no lo pensaron antes? Bien, esa pregunta tiene respuesta. Siempre que pienso en Facebook, Google y demás me viene a la mente *Parque Jurásico*. Esta película de Steven Spielberg se distingue de la morralla con la que Hollywood estiró la saga porque encierra una aguda reflexión sobre la capacidad de la tecnología para emanciparse de la voluntad de sus creadores. Podríamos tirar de *Frankenstein*, pero *Parque Jurásico* es una brillante actualización. El magnate John Hammond (Richard Attenborough) financia una investigación para clonar dinosaurios a partir de la sangre conservada en el abdomen de mosquitos atrapados en resina fosilizada, y construye con estas criaturas resucitadas un parque zoológico en una isla de Costa Rica. Con las obras casi a punto, los abogados de la empresa exigen que un grupo de expertos visite el parque para dar su visto bueno y avalar el negocio. Hammond invita a la paleobotánica Ellie Sattler (Laura

Dern) y al paleontólogo Alan Grant (Sam Neill), mientras que el abogado de la compañía trae a un matemático de éxito, el *playboy* Ian Malcolm (Jeff Goldblum). Al principio, los tres ilustres invitados caen rendidos ante el misticismo de la fuerza del parque y la majestuosidad de los grandes herbívoros prehistóricos, pero rápidamente empiezan a poner pegas. Superado el impacto emocional de ver dinosaurios resucitados, los tres científicos ponen en duda la validez moral del descubrimiento de Hammond y sus genetistas a sueldo.

Durante la primera comida en el parque, el matemático Malcolm pregunta a Hammond:

> ¿No ve el problema inherente a lo que está haciendo aquí? El poder genético es la fuerza más increíble del planeta y usted la maneja como un niño que ha encontrado el revólver de su padre. Le diré cuál es problema con el poder científico que usa aquí. No le costó ninguna disciplina adquirirlo. Leyeron lo que hicieron otros y dieron el paso siguiente. No lograron el conocimiento por sí mismos, de modo que no se hacen responsables de lo que pueda ocurrir. Imitaron a los genios para conseguir algo lo más rápidamente posible. Antes de saber lo que tenían, lo patentaron, lo metieron en una caja y lo vendieron.

Es algo que podrían decirle a cualquiera de los genios mercenarios de las *startups* de Silicon Valley.

> —Creo que no está reconociendo nuestro valor —responde Hammond—. Nuestros científicos han hecho cosas que nadie había conseguido antes.
> —Sí, pero a sus científicos les preocupaba tanto si podrían hacerlo que no se pararon a pensar si debían hacerlo.

Después de discutir sobre la posibilidad de resucitar especies extinguidas por el ser humano, como el cóndor, Hammond se pregunta cómo puede un científico ser tan ludita como Malcolm:

> ¿Cómo vamos a permanecer ante un descubrimiento y no actuar?

Poco después de esta comida, cuando los sistemas de seguridad del parque empiezan a caer y los dinosaurios rompen las alambradas para comerse a todo bicho viviente, la predicción del matemático se cumple y el mito de Prometo queda representado en esta película de entretenimiento. La consecuencia de una tecnología para la que no se ha hecho una reflexión ética puede ser el caos, la pérdida de control. Lo que llamo «síndrome de *Parque Jurásico*» se explica con esa escena: dedicar todos tus recursos mentales a comprobar si puedes hacer algo que te reporte buenas ganancias económicas y ninguno a reflexionar si debes hacerlo. Obedecer al impulso tecnológico sin reparar en las posibles consecuencias morales.

Un famoso aquejado de este síndrome era el estudiante introvertido y algo misántropo que escribió en la soledad de su cuarto de una residencia de Harvard unas líneas de código que iban a transformar por completo la política, el mercado de la información y las relaciones humanas. Como los genetistas de la película, en ningún momento se preguntó si debía hacerlo, sino que agarró lo que sabía, encendió su creatividad y empezó de inmediato a vender el producto. Su impulso tecnológico comenzó de manera irresponsable, casi como un juego; quería comprobar si la gente de su universidad, que en el mundo real apenas le dirigía la palabra, se apuntaría a una página suya sin saber de dónde venía. Esas primeras líneas del código de Facebook quizá no fueron tan trascendentales como las que escribió Einstein en la carta a Roosevelt, pero lo que Mark Zuckerberg estaba a punto de construir iba mucho más allá de una simple web.

El estudiante se convertiría en millonario antes de terminar sus estudios, y su empresa crecería vertiginosamente en los años siguientes hasta absorber a otras. Hoy, el imperio Facebook es una de las cinco cabezas de la hidra digital. Comparte con Google, Amazon, Apple y Microsoft el dominio occidental de la tecnología. Los efectos que la actividad de estas cinco empresas han provocado en la sociedad son todavía difíciles de cuantificar, pero el debate sobre su necesidad solo se ha puesto en marcha una vez que los conejillos de indias voluntarios han empezado a votar cosas raras. Suponemos que el auge de los populismos nacionalistas tiene mucho que ver con aquellas líneas de código garrapateadas en la habitación de una residencia de estudiantes, pero no hemos llegado a saber hasta qué punto. Suponemos también que toda esta tecnología ha inaugurado un nuevo ciclo económico, el capitalismo de la atención, y ha transformado los hábitos sociales de la mayor parte de los habitantes del planeta sin alterar la máxima del consumo como estandarte del progreso sin fin. El continuo consumo de contenido a cambio de los datos personales ha generado mercados multimillonarios de la nada. ¿Alguien se lo planteó? ¿Alguien hizo preguntas éticas en el inicio del impulso tecnológico? La respuesta es: Jaron Lanier y unos pocos heterodoxos silenciados por el entusiasmo general. Casi nadie.

Internet es el ejemplo perfecto para poner de manifiesto cómo un impulso creativo del conocimiento aplicado puede provocar efectos adversos imprevistos. Se ideó para poner en contacto universidades remotas, pero ha terminado contribuyendo al atrincheramiento neurótico en espacios seguros. Se promocionó como una biblioteca con toda la cultura del mundo al alcance de tu mano, pero ha dado lugar a un *Zeitgeist* en el que la mera idea de sentarte a leer un libro sin interrupciones ni despistes casi parece una utopía. Se aventuró que democratizaría el conocimiento, pero ha acentuado el fenómeno *mainstream* y la estandarización de las mentiras hasta límites alucinantes. Ofrecía profundidad sin límites por medio del hipertexto, pero ha convertido muchas vidas en una pose permanente. Sería la base de operaciones de una política estrechamente unida a las necesidades del ciudadano, pero ha sido aprovechada por populistas y movimientos sociales histéricos y destructivos. Además, nos prometieron que con las redes sociales tendríamos más cerca a nuestros amigos, pero basta con apartar un instante la mirada del teléfono y levantar la cabeza en una cafetería para constatar que parecemos más solos y aislados que nunca.

Tenemos también la paradoja de que las empresas nacidas de aquel impulso ofrecen transparencia, pero son opacas como el granito, y hablan de democratización, pero tratan a sus usuarios como ganado. Google se rige por un algoritmo secreto que nos gobierna con impunidad, sin que los usuarios podamos votar en contra para elegir otro. Casi todo nuestro consumo de información pasa por ahí, pero Google no nos proporciona información del modo en que nos la dosifica. Como señaló Eli Pariser, la personalización, que no solo aplica el buscador, sino todas las grandes tecnológicas, ha convertido nuestros dispositivos en filtros que nos envuelven en realidades a medida y nos ocultan cualquier acceso a lo universal. Comparada con Google, hasta la televisión parece transparente.[14] Al menos todos los espectadores pueden ver el mismo programa a la misma hora, al menos todos saben lo que está viendo su vecino, sin que la máquina trate de ocultar la imagen de conjunto. La filosofía de Google, sobre la que profundizaremos más adelante, toma elementos de las causas progresistas de moda, pero gira en torno a la individualización radical. Individualiza su lente y nos impide verla.

El «filtro burbuja» que detectó Pariser ha convertido el mundo de la información en un falso amigo que nos dice aquello que queremos oír y esto nos hace hostiles a visiones diferentes. ¿Qué clase de transparencia pueden ofrecer unas empresas cuya tecnología ni siquiera nos permite ver lo que están viendo los otros? Los efectos secundarios en la sociedad son complicados, y aun así son mucho más fáciles de analizar que el propio algoritmo. Este es secreto y cambia cada poco tiempo. Los investigadores que pretenden averiguar cómo funciona el sistema se ven obligados a analizar sus fallos como pistas; por ejemplo, averiguan cuánto sabe de ti un altavoz inteligente de Amazon cuando, de pronto, envía por error a un usuario información personal de otro que ni siquiera sabía que la máquina le estaba escuchando.[15]

En la era de la supuesta transparencia, mientras nos enteramos de la vida privada de todos como en la novela *Nosotros*, de Evgueni Zamiátin, donde las casas eran de cristal, no existe ningún arcano tan oscuro, ningún conocimiento tan prohibido, ningún tabú tan irrompible como el algoritmo que rige nuestro acceso a la información. Las grandes tecnológicas abren todas las puertas menos la que conduce a sus regiones interiores. Como en la escena del *Paraíso* en la que Dante pregunta por los designios de Dios, la respuesta de Google sería de orden trascendental: «penetra tan profundamente en el abismo del decreto eterno que está muy apartado de toda la vida creada».[16]

Autores como Marta Peirano o Andrew Keen han señalado con acierto que internet se ha convertido en lo contrario de lo que quisieron sus pioneros. Hace más fáciles operaciones que antes eran engorrosas, permite comunicarse de forma sencilla, deja que la gente cree nuevos formatos y, hasta que las nuevas industrias como Netflix se adueñaron del mercado, liberaba al talento del corsé empresarial. Sin embargo, a cada beneficio de internet ha sido sencillo encontrarle un reverso. La doctora Anna Lembke, de Stanford, coloca la adicción al teléfono móvil en el mismo espacio que la que producen las drogas.[17] Y Yuval Noah Harari proponía una de sus elocuentes paradojas con el correo electrónico.[18] Antes de su popularización, entre el envío de una carta y su respuesta podían transcurrir de una semana a un par de meses. La correspondencia era, por tanto, un ejercicio que requería paciencia y que tenía una eficacia limitada para los asuntos urgentes. Cuando la mayor parte de la población mundial tuvo por fin una cuenta de correo electrónico disponible, lo lógico hubiera sido pensar que la correspondencia se agilizaría y que nos haría perder menos tiempo; pero ocurrió todo lo contrario. El tiempo que empleamos hoy en atender mensajes, tanto por correo como por mensajería instantánea, se ha multiplicado por una cifra de magnitud difícil de precisar.

¿Quiero decir con esto que hubiera sido mejor que no abriéramos esa caja de Pandora? ¿Que preferiría seguir lamiendo sellos y pagando conferencias costosas para contactar por teléfono con una amiga que vive en Canadá? No. Sin embargo, subrayo que se sabe dónde empieza un impulso tecnológico, pero no adónde te lleva. ¿Ha importado eso en la escalada digital? No. Sabemos que subir al tren sin consultar antes su recorrido es una estupidez, pero parece que la cosa cambia si nos dicen que se trata de un tren bala que levita sobre los raíles. Así, mediante la fascinación, la tecnología ha encandilado a la humanidad desde los tiempos de la noria árabe, la rueca y el arado de tiro con mulas. Nuestra ambición por saber más, por avanzar, por pulir la técnica y darle la vuelta nos coloca ante una sucesión de imprevistos. Como en el final de *La balada de Cable Hogue*, de Sam Peckinpah, el primer coche que aparece en el Oeste americano resulta ser más traicionero que los bandoleros de los que Cable esperaba vengarse.

La advertencia del matemático de *Parque Jurásico* encierra la clave.

Lo que Malcolm le critica a Hammond es que la tecnología creada por su empresa no le costó ninguna disciplina. No censura, por tanto, su curiosidad, sino su ausencia de responsabilidad ante su propio descubrimiento, ante su creación. En mi opinión, esto es lo que diferencia la crítica a la ciencia de la cerrazón fanática, igual que distingue el conocimiento prohibido del tabú. Habrá que alejar, pues, la tecnología del terreno religioso al que la ha conducido la utopía y arrebatarle su mística, pero esto será imposible mientras no se haya expulsado a los mercaderes del templo. A los dioses les ha disgustado siempre que los hombres duden, que quieran comprobarlo todo. Sin embargo, el ser humano no siempre se percata de la aparición de un nuevo dios. ¿Se puede hoy dudar de la tecnología sin que sus sacerdotes te llamen hereje?

EL EXCESO DE VERDAD

Sospecho que un erudito como Roger Shattuck ampliaría su definición del conocimiento prohibido si pudiera conectarse dos horas a Twitter un martes cualquiera de 2020. Internet nos dio justo lo que pedíamos, muchísimo conocimiento al alcance de la mano, y aun así nos pilló por sorpresa. Un chiste deliciosamente vulgar de la humorista Carmen Romero sirve para pensar en este imprevisto: «Se me apareció un genio y me concedió un deseo, le pedí comer sin engordar. Me estoy hartando a hacer mamadas».[19] Esto mismo es lo que nos pasó con internet. Si pensamos otra vez en los negacionistas del coronavirus, podemos verlos de dos formas: como un grupo adicto a la mentira en grupos de WhatsApp o como una masa de ciudadanos confundidos por la sobrecarga de verdades que la prensa ha disparado sin ton ni son con datos ciertos pero parciales. ¿Acaso no se dijo que las mascarillas no servían para nada? ¿No se exigió después a toda la población que las usara? Aceptar que las máximas autoridades mundiales en salud se contradicen puede llevar a humanizarlas o cargarlas de sospecha e incluso a desautorizarlas. Dado que los medios de comunicación tropiezan a la velocidad de internet con sus propios pies y lanzan como noticia cualquier resultado provisional, podemos entender, por tanto, el negacionismo como una mentira afianzada en la irracionalidad, pero también como el exilio provocado por un estado de estupor y confusión debido a la sobrecarga y a las contradicciones de la verdad.

Sin embargo, nuestra época está siendo asombrosa, demasiado asombrosa, en cuanto a su capacidad para la negación irracional de lo más evidente. La revista *Forbes* publicaba un estudio en 2018 que indicaba que un tercio de los estadounidenses no creía que la tierra fuera redonda. Una cifra que escalaba a una cota medieval en el segmento de los *millennials*, de los que solo el 66 por ciento «creía» que la tierra no era plana.[20] El hecho de que algo tan evidente como la forma de nuestro planeta se ponga en duda y genere un clima de opinión, en el que los hechos pueden relativizarse frente a los caprichos, en el que lo indiscutible puede ser discutido, es una de las consecuencias de lo que denomino «exceso de verdad»: el estupor.

Su sobrecarga de estímulos de internet recuerda al mito de la torre de Babel, que nos cuenta cómo el pueblo de los descendientes de Adán se asentó y decidió construir la primera gran ciudad. En aquel momento, todos hablaban la misma lengua y el consenso reinaba entre ellos, así que cocieron ladrillos para edificar una torre que llegase hasta las puertas del cielo. Yavé, ofendido por la industriosa arrogancia humana, dispersó a los hombres por el mundo y confundió su lengua en muchas distintas «a fin de que nadie entienda el habla de su compañero». La analogía con la historia de internet es sublime. Más todavía si pensamos que Babel viene de la voz hebrea בלל (*babal*), que significa «confusión».

Pensemos en el conocimiento prohibido, pues, desde otro ángulo, el del exceso. Desde hace más de cincuenta años hay cierto consenso teórico en que los medios de comunicación son una ventana que distorsiona la realidad. El agitador ultrarracionalista Anónimo García apuntó que basta con un repaso al telediario vespertino para intuir que Paul F. Lazarsfeld y Robert K. Merton tenían razón cuando sentenciaron que la influencia de los medios de masas tiene más que ver con lo que callan que con lo que cuentan. Cualquier noticiario expele para empezar un caldo pastoso de propaganda política y declaraciones de ministros; después, un alegre chorro de noticias escabrosas sobre asesinatos, violaciones y descuartizamientos; luego una tonelada de deportes y, para finalizar, hectómetros cúbicos de información meteorológica con entrevistas a ciudadanos que valoran ante la cámara lo único de lo que se sienten absolutamente seguros, esto es, que hace sol y aprieta el calor, o que está lloviendo y hace fresco. Es habitual que la vomitona venga salpicada con unas refrescantes gotas de cultura, siempre entendida como premios que se conceden a artistas, estrenos de cine, ocurrencias de *influencers* y gárgaras de cantantes inofensivos (superestrellas, viejas glorias desactivadas o carne fresca proporcionada por los concursos de talentos de la cadena). A veces, en la emesis diaria, se les escapa una noticia.

Bien. En el otro terreno del telediario, llamado «lo que callan», hay cuatro motivos distintos para la ocultación: está lo que los periodistas ignoran, que no es poco; está lo que se les impide contar, que no es menos; está el tabú, que se evita porque despertaría emociones violentas en una audiencia que quiere dormir la siesta; y está el secreto, un tipo de información que la autoridad ha reservado solo para ciertas personas ungidas, porque difundirla resulta peligroso para la sociedad o para unos intereses privados. Ahora bien, tenemos internet y, durante unos cuantos años, esta herramienta nos dio más información de la que hubiera gustado al poder. Las filtraciones masivas de Snowden o Wikileaks fueron una revelación de secretos que la prensa censuró de forma pasiva. Hasta el bloqueo de Wikileaks, buena parte de los archivos estuvieron disponibles para quien quisiera leerlos. Sin embargo, había un problema: eran tan abundantes y complicados que los medios fueron la única puerta de acceso para el ciudadano estándar. Esto obligó a muchas empresas a tomar una decisión: ¿qué archivos se ampliarían con la gran lupa? ¿Cuáles se despreciarían? Si tenemos en cuenta que algunas filtraciones atacaban la reputación de grandes conglomerados mediáticos, es fácil entender que anduviesen con pies de plomo.

A primera vista, los archivos de Wikileaks o Snowden parecían poner en graves aprietos a no pocas instituciones y autoridades políticas de todo el mundo. En malas manos, algunos hilos amenazaban algo tan protegido como la seguridad nacional. Sin embargo, mientras se sucedían los «cables» a ritmo vertiginoso, quedó claro que aquello no era un nuevo Watergate. El fuego de una chimenea se puede apagar echando demasiados troncos, y las filtraciones de Wikileaks tuvieron un efecto de ahogamiento sobre su propia revelación. Los poderes que pretendían destruir quedaron indemnes en una sociedad sobreexpuesta a la información. En este sentido, Wikileaks fue corresponsable de que sus daños a un sistema corrupto resultaran homeopáticos. Quizá los historiadores serán los más beneficiados del volcado masivo de archivos. A cuentagotas, ya aparecen libros que explican de manera concisa qué es hoy la corrupción y cómo abusa el poder de sus ciudadanos en las democracias tirando de esa maraña. Sin embargo, la explosión mediática solo sirvió para refutar el tópico de que la información es poder. Cuando hay demasiada, el ojo no sabe adónde mirar ni comprende qué está viendo, y el poder se desvanece.

Wikileaks es un buen ejemplo para pensar en los efectos imprevistos de la escalada tecnológica y en el conocimiento prohibido. La inteligencia artificial está haciendo ahora mismo uso de los datos de millones de personas para crear redes de predicción de la conducta y el consumo. Los datos son el alimento de Silicon Valley, donde los genios tratan de encontrar más resortes en nuestra psicología primaria para explotarlos con nuevas aplicaciones. Sin embargo, para un cerebro humano, los datos no significan nada hasta que se incluyen en contextos y en historias. Sin *gatekeepers*, profesionales de la comunicación que ordenan y hacen masticable el potaje inmenso de archivos, el resultado de una filtración masiva es un mejunje insoportable para el común de los mortales. Una epifanía malograda, como si un ángel le comunicase por error el sentido de la vida a un dromedario. El efecto homeopático de Wikileaks señaló la debilidad de los dogmas del tecnoutopismo digital. Sí, toda la cultura y el saber humano podrían meterse en un dispositivo que cabe en la palma de tu mano, pero esto no significa que quepa en tu cabeza.

Yo presté atención a los «cables» de Wikileaks porque escribo en la prensa. Tiempo después, me pregunté si entendía mejor el mundo gracias a las filtraciones y tuve que admitir que no. Empecé a preguntar a otra gente y descubrí que les ocurría exactamente lo mismo. Ignoro si hay estudios cuantitativos sobre la retención de la opinión pública sobre las revelaciones de Wikileaks, pero podemos preguntárnoslo en la intimidad de este libro. ¿Recuerda mi lector cinco noticias de aquellos interminables escándalos? ¿Cuatro? ¿Tres? ¿Dos? ¿Algo sobre el ejército estadounidense en las guerras de Irak y Afganistán?, ¿o aquello vino por las filtraciones de Edward Snowden? La memoria y la atención pueden soportar un bombardeo de noticias de alta intensidad durante un tiempo muy limitado. Después, la metralla informativa solo contribuye a esa desapacible confusión que ha pasado a ser, con internet, el clima emocional típico del consumidor de noticias del siglo XXI. Hemos constatado, a un precio muy alto de angustia, que en las gloriosas «autopistas de la información» el internauta tiene el papel de liebre deslumbrada.

Con esto no quiero decir que Wikileaks fuera una mala idea. Sin embargo, creo que la ausencia de información no es lo único que conculca hoy el derecho a la información, sino también su exceso. Tenemos demasiado que procesar como para racionalizarlo y asimilarlo. El bombardeo de noticias se convierte de esta forma en la más paradójica forma de censura que ha conocido la humanidad. En su desfile giratorio y continuo, las noticias impactan un segundo en la esfera emocional y el público reacciona con gruñidos o gritos de júbilo que dejan poca marca en su memoria. Haga mi lector la prueba de pasar diez días desconectado, infórmese leyendo libros y periódicos de papel, escuchando la radio mientras hace la colada, y terminará con la sensación de comprender el mundo un poco mejor que conectado ocho horas diarias a internet, aunque conozca menos temas y no sepa de qué coño están hablando en Twitter.

El método más rápido para que alguien olvide un secreto es ponerle una pantalla delante de la cara y contarle diez mil más, todos muy sabrosos y jugosos. ¿Por qué entonces se persiguió de esa forma a Julian Assange? ¿Qué les llevó a asediarlo en la embajada de Ecuador hasta que este país levantó la protección y pudieron sacarlo como a un perro? Creo que el contenido de sus filtraciones le importaba más a los afectados que a la opinión pública. Mi intuición es que Assange les hizo sentir vergüenza y que por este motivo buscaron venganza. Comparadas con las consecuencias del Watergate, que forzaron la dimisión de Richard Nixon, las de Wikileaks casi parecen una broma. Se abrieron y cerraron investigaciones en el ejército de Estados Unidos, cayó algún cargo disperso, hubo difamaciones rituales, pero la sangre rara vez llegó al río. La montaña de documentos dejó una imagen residual en las retinas de la opinión pública tan confusa que daba la razón tanto a gente informada como a conspiranoicos.

Wikileaks también demostró que el poder del mundo capitalista es endiabladamente complicado, laberíntico, con estamentos tan numerosos e interconectados que, aun con toda la información en la mano, se resiste a ser comprendido. Parece algo propio de un relato de Borges. En las altas esferas el poder conspira, pero la conspiración es tan enrevesada que nadie puede comprenderla. La teoría de Assange era que, si todos los secretos quedaban expuestos, la conspiración acabaría por desactivarse, pero se equivocó. Para que esta quede expuesta no hay que mostrar sus archivos, hay que digerir la revelación. Sin simplificaciones, metáforas, estereotipos ni sobreentendidos, sin historias bien contadas, es imposible que nos hagamos a la idea de cómo funciona el mundo.

Ante una verdad tan compleja, el más inteligente de los mortales tiene dos opciones: la especialización, que siempre es una renuncia, o un cinismo autodefensivo que le llevará a descreer de todo y a considerar que su opinión es la maqueta a escala perfecta de la realidad. Entre especialistas y cínicos, el sueño renacentista de saberlo todo se antoja ingenuo y provinciano. Por eso me sorprende tanto que, siempre que se habla de la posverdad en los medios de comunicación, casi todos los analistas se refieran a la mentira, a la insidia, a la conspiración, a la propaganda, así como que casi ninguno mencione el hecho de que la verdad es hoy algo ontológicamente inaprensible.

Mientras que en tiempos de Montaigne se podía ser un sabio habiendo leído los libros que cabían en un torreón, hoy una persona docta en literatura suele ignorar los aspectos más elementales de la ciencia, mientras que buena parte de los científicos tuerce la cabeza si alguien les pregunta quién fue Jean Cocteau. Hoy se puede saber mucho de un campo muy limitado, asumir con franqueza que no se sabe nada del resto y seguir considerándose un experto. Eruditos en villas de pulgas, el intento de una visión panorámica te lleva a la confusión. El profesor Joan García del Muro ha reflexionado con acierto sobre esto en su libro *Good bye, veritat*, donde ha señalado la caída en desgracia de Heidegger como el punto de inflexión de nuestros problemas con los hechos. Desde el momento en que el rey de la metafísica apoyó al nazismo, la filosofía europea y anglosajona entró en crisis, repudió la búsqueda de las verdades absolutas y penetró en el peligroso reino del relativismo. Nuestros problemas con la posverdad comienzan, por tanto, con la traición de un metafísico y los cerebros de sus sucesores posmodernos. Así pues, de la crisis de la verdad son responsables los populistas, los propagandistas, los envenenadores mediáticos que se benefician de la confusión y la población que contribuye a la expansión viral de la mentira, sí, pero, como señala García del Muro, había una base filosófica necesaria. Si, como señalaron tantos filósofos de la segunda mitad del siglo xx, la verdad no existe y la historia es un compuesto político de relatos interesados y opiniones distorsionadas por la experiencia, si el autor es también un «texto», como afirmaba Foucault, si no hay relato objetivo, sino siempre sujeto, entonces el relativismo es lo único que nos queda por delante. ¿Hubiera sido internet diferente si Heidegger no hubiera traicionado la verdad? ¿Estaríamos hablando de otra cosa sin cincuenta años de distorsión posmoderna? De nuevo, historia ficción.

Mientras escribo estas líneas, la revista *MIT Technology Review* admitía en su editorial que las predicciones sobre la arcadia de información ilimitada que esa misma publicación había lanzado no eran más que meras ilusiones. Citándose a sí misma para refutarse, la revista nos ofrecía otra versión actualizada. Dice así: «"El *big data* salvará la política". Cuando estas palabras ocuparon nuestra portada en 2013, Obama había ganado la reelección con un equipo de genios de la ingeniería. [...] Hoy, tras Cambridge Analytica, las noticias falsas, el hackeo electoral y la cacofonía estridente de las redes sociales, la tecnología parece tan capaz de salvar la política como de hundirla. Las firmas tecnológicas y sus gurús, o bien no se imaginaban que las tecnologías democratizantes serían también usadas por antidemocráticas, o bien creyeron que la verdad y la libertad vencerían inevitablemente a la desinformación y la represión».[21] Tengo una enmienda: creo que las firmas tecnológicas y sus gurús fueron todavía más irresponsables. Ignoraban los rudimentos más elementales de la condición humana, no habían leído filosofía ni psicología, y además no se hicieron las preguntas pertinentes porque se hallaban fascinados por la mistificación tecnológica. Se dejaron cegar por la promesa fáustica de que no hay límites y de que el poder del monolito de *2001. Una odisea del espacio* es algo que los monos lograrán controlar. Pero la historia ya ha demostrado que se equivocaban.

¿Es entonces preferible la ignorancia? En absoluto. Sin embargo, llama la atención cómo el conocimiento prohibido del que nos hablaba Robert Shattuck al principio de este capítulo parece haberse dado la vuelta en medio de la sobreexposición a la información. Por ejemplo, durante la pandemia de coronavirus se produjeron manifestaciones alucinadas de gente que no creía en el virus y que consideraba la inocente mascarilla quirúrgica un peligro para su salud. ¿De dónde venía esta desconfianza hacia la autoridad científica, esta negación de las verdades más empíricas y sólidas? Algunos estaban convencidos de que era el 5G lo que provocaba la enfermedad; otros acusaban a masones, a judíos y a Bill Gates de planear un genocidio con el apoyo de todos los médicos del mundo; y, por último, otros protestaban «por la libertad» y pensaban que los confinamientos eran una clara señal del advenimiento del comunismo y de la victoria de George Soros.

Esta suerte de pavor cerval, tan parecido al del nativo americano que creía que una cámara de fotos le iba a robar el espíritu, era ridícula y preocupante, pero hay que pensar en las causas: ¿qué llevaba a toda esa gente a creer que se hallaban en posesión de un conocimiento prohibido tan terrible como ese? ¿Eran simples lunáticos? En los movimientos conspiranoicos hay una extraña mezcolanza de señoras desnortadas que creen en los chakras, fascistas psicóticos, *hippies* con bongos y gente adicta a internet, extraordinariamente leída e informada, que bebe siempre de fuentes erróneas. Todos comparten un sentimiento de desconfianza hacia la verdad y una angustia constante, una sensación de amenaza que se cierne sobre la humanidad, que me parece el producto de la confusión informativa. Por un lado, sospechan que todo lo que les cuenta el poder es mentira y, por otro, son incapaces de separar la autoridad científica o intelectual de esa gran conspiración. Todo se mezcla y se confunde.

Demuestran un horrible oscurantismo cuando repudian las vacunas o la ciencia, pero tocan algunos palos interesantes para nosotros. Si lo pensamos, son el resultado del impulso tecnológico. Dado que todo el mundo se ve obligado a discernir en medio de la sobrecarga de información entre la morralla y el grano, entre la mentira y la verdad, al final cada individuo termina siendo la medida de todas las cosas. Puesto que las autoridades han mentido y han ocultado sus errores, puesto que las grandes empresas y estamentos políticos actúan con opacidad, puesto que la sombra de la corrupción sobrevuela incluso la ciencia, estas personas terminaron poniendo en duda hasta lo más elemental. No pude evitar pensar, viendo sus manifestaciones, que había algo de verdad en su movimiento absurdo. Protestaban contra las ondas de telefonía móvil y unos microchips que supuestamente querían inyectarnos con las vacunas, es decir, contra el propio impulso tecnológico que les ha vuelto tan descreídos, tan angustiados y tan neuróticos.

Eran víctimas, por tanto, del exceso de verdad, y ahora la verdad científica más sencilla y comprobable era para ellos conocimiento prohibido. Eran herejes para la comunidad científica y al mismo tiempo convirtieron en herejes a los científicos. ¡Si Shattuck los hubiera visto!

7

Cazas de brujas e invasores de otro planeta

*Donde los extraterrestres intentan copiar
la apariencia de los humanos
y Calvino demuestra que los herejes
también pueden ser inquisidores*

La caza de brujas se desata cuando el pavor a la herejía se contagia entre la comunidad. Si todos sospechan que algunos miembros se han desviado definitivamente y, bajo su apariencia de buenos ciudadanos, esconden el peligro de corrosión social, la paranoia hará el resto. Los vecinos se convertirán en vigilantes y darán rienda suelta a su sed de seguridad, así como a sus deseos de venganza. Se acusará de hereje al que tenga libros prohibidos, al que demuestre manías extrañas, modales extravagantes, y también al que se creó una mala reputación por un romance o un asunto relacionado con la propiedad privada. Quien tiene mucho o tiene suficiente será acusado por quien quiere más. Quien lee, por quien no sabe. Quien habla claro, por el que murmura. El miedo y la envidia tendrán la misma vacuna (la denuncia pública) y toda acusación será equivalente a una condena. Porque en la ordalía, como nos recuerda Eugenio Fuentes, siempre es la bruja la que ha de probar su inocencia. A veces el jurado espera que sea Dios quien haga justicia en el último momento. Por ejemplo, haciendo a la víctima invulnerable a las llamas donde se asa.[1]

Estos procesos siempre causan horror a toro pasado, pero lo que me interesa es que mientras están activos mucha gente parece convencida de hacer lo correcto. Durante la caza, el furor apaga el sentido crítico y la noción de «justicia». Se produce lo que el historiador Richard Overy ha llamado la «inversión moral», en la que ciertos crímenes se entienden como buenos por parecer medios adecuados para evitar crímenes supuestamente mayores. Solo cuando la hoguera se apaga, en el empacho social, empiezan a proliferar con timidez los remordimientos o la vergüenza, y los críticos levantan la voz para condenar los hechos. En este sentido, muchos cineastas han relatado cazas de brujas, pero siempre desde el punto de vista de las víctimas, con el inquisidor y la horda fanática en el papel de malos de la película. Desde el documental danés *Häxan*, que ya en 1922 proponía un recorrido cruento y obsceno a través de los tratos de las brujas con el diablo y las monstruosidades de su persecución, las turbias cacerías fanáticas han aparecido representadas siempre de la misma forma. Desde el triángulo amoroso en tiempos de hogueras puritanas de *Vredens dag* (1943) hasta la recreación de los hechos de Salem de *El crisol* (1996), los actos de la Inquisición, los consistorios calvinistas y también las cazas de brujas políticas contemporáneas han dado lugar a un sinfín de historias maniqueas y sencillas.

A veces la razón vencía, como en la optimista *Doce hombres sin piedad* (1957), donde un hombre justo y razonable lograba desactivar las pulsiones ordálicas de un jurado popular, y otras, como en *La caza* (2013), el espectador era testigo impotente de la destrucción de un inocente. Tanto en películas sobre la persecución llevada a cabo por el senador McCarthy, como *La tapadera* (1976), *Caza de brujas* (1991) o *Trumbo* (2007), como en las que jugueteaban con el pavor a lo gregario, como *El pueblo de los malditos* (1960), *El hombre de mimbre* (1973) o *Los chicos del maíz* (1984), el espectador siempre se encontraba en una posición cómoda. Así, hemos visto reencarnarse el mito del Gran Inquisidor en abyectos comisarios mafiosos, en jueces trogloditas y en fiscales crueles, pero ninguna de estas películas nos ha puesto de su parte. Todas nos han dejado claro que el demonio no existía o que, si estaba presente, era en la maquinaria social que juzgaba y condenaba. Siempre era un inocente quien se encaminaba al tormento por culpa del pueblo cateto, de los fanáticos o de los zombis. La horda cinematográfica nunca se nos parecía. Siempre se estaba de parte de Juana de Arco y contra el populacho que la cubrió de insultos al pie de la hoguera.

Sin embargo, la restauración de las cazas de brujas, provocadas hoy por lo que algunos entienden como «justicia social», exige que las observemos desde otro punto de vista más incómodo. Para entender el mecanismo, es necesario ponerse en el lugar de la horda, ver cómo piensa, qué sentimientos la animan y por qué, ante una amenaza intangible y sutil, las buenas gentes se convierten en muchedumbres implacables. En este capítulo veremos algunas historias reales, pero antes quiero analizar el fenómeno desde la ficción. Hay un género cinematográfico que se atrevió a jugar con las cartas cambiadas y situó al espectador en la posición insólita de simpatía hacia la Inquisición: el cine de terror de serie B. En *La invasión de los ladrones de cuerpos* (1956) habíamos visto ya a una raza alienígena que creaba copias exactas de los humanos para sustituirlos, lo que funcionaba como una alegoría del pavor a los herejes, pero ninguna película, creo, refleja tan bien esta paranoia como la versión de *La cosa* que dirigió John Carpenter en 1982.

La película es una adaptación del cuento de John W. Campbell *Who Goes There?* y toma elementos de la adaptación de Christian Nyby y Howard Hawks (*El enigma de otro mundo* [1951]), que funcionaba como una metáfora del «peligro rojo» típica de la Guerra Fría. Sin embargo, *La cosa* de Carpenter va mucho más allá. Libre de cualquier referencia política fácil, trata de sumergirnos en una atmósfera de paranoia social en la que un grupo de hombres aislados ha de enfrentarse al terrible dilema ontológico que explica todas las cacerías humanas: averiguar quién es quién. Bajo su apariencia de película sobre extraterrestres y mutaciones abominables, *La cosa* ofrece al espectador la posibilidad insólita de «sentir con la masa». Como los protagonistas, querremos saber cuál de nosotros ha dejado de ser uno de nosotros, y la hoguera nos parecerá el método más aceptable para la purificación.

Tras un prólogo en el que un platillo volante penetra en la atmósfera terrestre, la primera escena nos lleva a la Antártida, donde un hermoso husky siberiano galopa por la nieve camino de una base polar estadounidense perseguido por dos noruegos en helicóptero que tratan de matarlo a tiros. Carpenter tiene la astucia de colocarnos en estos primeros minutos de parte del perrito, que sigue corriendo y esquivando las balas. Cuando el helicóptero sobrevuela la base norteamericana, los protagonistas salen a ver qué pasa. Hay una escena ridícula en la que los noruegos vuelan el helicóptero por error después de aterrizar y siguen disparando al perro, que ha llegado junto a los americanos. «Están locos», murmuran estos, y creen haberlo confirmado cuando un noruego alcanza de un tiro en la pierna a uno de los estadounidenses. Ante esta violencia irrefrenable, los americanos abaten al hombre, apagan las llamas del helicóptero y deciden ir a la base noruega a comprobar qué ha pasado. Si esos dos se han vuelto locos, ¿qué habrán hecho con el resto? Pero en la base descubrirán que todos han muerto y que un engendro de carne, una especie de siamés desmesurado y horrendo, humea muerto en el hielo frente al edificio.

Carpenter no esconde al monstruo, como suele ocurrir en estas películas, sino que nos deja verlo con nuestros propios ojos y recrearnos en su nauseabundo aspecto. La quimera tiene elementos humanos, pero todos están fuera de sitio. Un par de rostros se anudan en una especie de grito sobre un revoltijo de manos y piernas. Al verlo, los estadounidenses mantendrán un diálogo mínimo:

—¿Es un hombre o algo parecido lo que hay ahí?
—Sea lo que sea, lo quemaron apresuradamente.

Bien. ¿Ves cómo *La cosa* habla de herejías? Los protagonistas no tardarán en descubrir que el perro que han salvado ya no es un perro, sino el anfitrión de una forma de vida extraterrestre que, liberada de su prisión de hielo, se comporta como un parásito. Penetra en el cuerpo de los seres vivos y empieza un proceso de mímesis para pasar desapercibido. Su objetivo es el mismo que el de todos los organismos y el de todos los herejes: reproducirse, transformarnos, expandirse y sobrevivir a las amenazas. No aspira a cazarnos para alimentar sus nidos como el xenomorfo de *Alien*, no es un asesino eficaz que cae vencido enseguida en el enfrentamiento directo. Su potencial destructivo y su peligro radican en la sutileza. Al principio, la cosa permanece latente en el cuerpo, pero si durante el proceso de mímesis se siente amenazada, libera todo su potencial mutante; el anfitrión se transformará en un monstruo con las más abigarradas formas y tratará de defenderse usando la violencia. Entonces las cabezas se desprenderán del cuerpo y les saldrán patas de araña, las cajas torácicas se convertirán en mandíbulas. El espectáculo será abominable, pero desde el momento en que la cosa haya sido descubierta habrá fracasado en su propósito. Su misión es parecerse a nosotros sin ser uno de nosotros.

Esta es una alegoría perfecta de lo que los ortodoxos ven en el hereje, que seduce al hombre, lo transforma y lo convierte en un enemigo por una cuestión de matiz. Como el organismo invasor de la película, las ideas heréticas tienden a la réplica y el contagio, y esto es algo que los ortodoxos saben muy bien. Por eso, ante la sospecha, sienten que hay que quemar y destruir, detectar al invasor y purgarlo. Los miembros de cualquier iglesia, política o religiosa, encuentran en la herejía la amenaza de la desnaturalización. Si «eso» escapa del aislamiento, si alcanza la libertad haciéndose pasar por uno de nosotros, ya nadie podrá frenarlo. De un hombre saltará a otro, de una mente irá a la siguiente, hasta haberlas colonizado todas. No habrá entonces más humanos —no habrá entonces más cristianos—, sino «cosas». Hombres en apariencia, pero podridos por dentro hasta los huesos. Así que su presencia plantea el terrible dilema: ¿quién es de los nuestros y quién nos ha abandonado?

En este sentido, la película refleja dos miedos que se superponen. El primero es el horror a la propia cosa, al engendro que se infiltra en los hombres y que al ser descubierto los quiebra en formas grotescas que intentan pasar por hombres, pero que son bocetos, híbridos, tan parecidos a un ser humano como la pesadilla al recuerdo de un mal día. El segundo es un pavor de orden social: cuando la desconfianza se inyecta entre los habitantes de la base, la histeria colectiva impone su tiranía. Comienza el estado de excepción que siempre lleva al totalitarismo. Hay que encontrar al hereje que se esconde entre nosotros, a la cosa que se oculta entre hombres, y esto implica que se trate a todo el mundo como culpable. Los derechos y las libertades quedan en suspenso.

Sé que soy humano —dice R. J. MacReady (Kurt Russell)—. Si todos fuerais una de estas cosas me habríais atacado ahora mismo, así que algunos de vosotros todavía sois humanos. Esta cosa no quiere mostrarse. Se esconde dentro de una imitación. Peleará si tiene que hacerlo. Pero es vulnerable cuando está al descubierto. Si se apodera de nosotros, ya no tendrá más enemigos. No quedará nadie para matarla. Y habrá ganado. Habrá una tormenta dentro de seis horas. Y vamos a averiguar quién es quién.

La primera epístola de san Juan señala a los «que han salido de entre nosotros pero no eran de los nuestros, porque si hubieran sido de los nuestros hubieran permanecido con nosotros». La frase «vamos a averiguar quién es quién» viene a decir lo mismo y es la pauta que guía todas las cacerías de brujas. Los interrogatorios y exámenes de conciencia serán duros, quedará justificada la prisión preventiva y la tortura, y no habrá intimidad, sino vigilancia. Esta es la frase que se adivina en cada página de los juicios de la Inquisición. La voz latina *inquisitio* significa «inquerir», «preguntar», «perseguir» la verdad escondida tras la hipócrita pose de buen cristiano del hereje.

La vida democrática de la base antártica queda desarticulada por la psicosis, y esta solo se alivia con el castigo ritual y las llamas. La película termina con la base polar devorada por un incendio y el alienígena ardiendo en el centro, y así la alegoría se completa. La caza de brujas ha neutralizado la amenaza y ha destruido la sociedad. Los miembros de la base sacrificaron sus derechos para descubrir y aniquilar al invasor, pero al final los dos últimos supervivientes, los únicos que han conservado su entidad —su ortodoxia humana— contemplan la hoguera donde desaparece la cosa y el refugio. Beben whisky, esperan la muerte por congelación y, por primera vez desde que sufrieron el ataque, se les ve en paz y en amistad. Liberados de la angustia.

La película se estrenó en paralelo con otra historia de extraterrestres mucho más amable, *E.T.*, donde los malos vuelven a estar encarnados por los perseguidores y el espectador es invitado a simpatizar con un adorable monstruo que huye y se esconde junto a un niño. Mientras *E.T.* se convertía en un clásico instantáneo, *La cosa* fue un fracaso de taquilla. Se criticó el *gore* explícito y la violencia, lo macabro y lo desasosegante. Pero mi sospecha es que, por encima de algunas sensibilidades heridas por cajas torácicas que amputan brazos y cabezas humanas convertidas en arañas, lo que hace de *La cosa* una película tan desagradable es su insólito pacto con el espectador. Situar a alguien que quiere comer palomitas en el bando de los inquisidores, hacerle partícipe de su paranoia, era una apuesta tan arriesgada en 1982 como lo es hoy.

Sin embargo, la película nos transmite un mensaje importante. Nos dice que cualquiera de nosotros puede dejarse arrastrar por la masa y participar de la destrucción de la democracia a cambio de clarificación y seguridad, las dos promesas del totalitarismo. A su manera macabra y fantasiosa, John Carpenter nos decía que basta una amenaza mínimamente sutil y penetrante para que justifiquemos estados de excepción en los que, como explicó Hannah Arendt, se producen las «tormentas de ideología». Y ahora acudiremos a la historia para corroborarlo.

HEREJES QUE CAZAN BRUJAS

La línea inamovible y maniquea que divide el mundo entre perseguidos y perseguidores es útil para una película de Disney, una campaña electoral populista o el juego del pilla-pilla, pero estéril para casi todos los fenómenos sociales. La opresión es más dinámica de lo que los victimistas profesionales nos han hecho creer, y es algo muy común en la historia que los herejes, tras haber sorteado la amenaza de sus inquisidores, terminen formando gobiernos tan dados a la caza de brujas y el señalamiento como los de sus enemigos. Hoy en algunos campus universitarios está pasando con las minorías lo que ayer ocurrió en Rusia, en Cuba o en China y antes había sucedido en la Francia jacobina. El furor represivo de los oprimidos allá donde consiguen imponerse demuestra que la herejía no es una condición absoluta, sino relativa. Se es hereje con respecto a una ortodoxia, es decir, lo señalan a uno como hereje, y esta peligrosa circunstancia solo tiene dos explicaciones: o bien uno es de temperamento irremediablemente heterodoxo y lo fusilarían todos los bandos, o bien uno es tan ortodoxo como sus enemigos, pero se empecinó en defender unas ideas monolíticas en el sitio y en el momento donde se habían impuesto otras.

El reformador Juan Calvino pertenece al segundo grupo, y su historia desbarata ese otro lugar común odioso que sugiere que el buen intelecto, la personalidad bien armada y la cultura profunda son la salvaguarda contra el fanatismo. Ante semejante bobada, la calavera de Calvino se ríe: su erudición e inteligencia eran tan indiscutibles como su rigidez moral y su intransigencia. Frente al carácter más bien liberal de otros herejes de la Reforma, Calvino era un integrista duro como el pedernal. ¿Significa esto que era corto de entendederas? ¿Que estaba loco? En absoluto. Algunos de los grandes tiranos han sido personas muy cuerdas. En este sentido Vladimir Tismăneanu opuso la figura de Lenin a la de Stalin: el primero era un cerebro prodigioso, aunque acosado por el resentimiento, y su sucesor un perro de presa astuto, paranoico y de una apabullante simpleza intelectual.[2] Pues bien, lo mismo que con Lenin pasa con Calvino. Pese a que se comportó como un inquisidor, desbarata la caricatura de Torquemada. Fue uno de los pensadores más audaces y articulados del cristianismo, pese ser también uno de sus más fulminantes censores. Su doctrina ascética y esforzada sigue estando hoy muy presente en el mundo. Según Max Weber, produjo el cambio ideológico que impulsó el sistema capitalista.[3]

Es interesante encontrar las rimas, que no equivalencias, entre épocas muy distantes. La Europa donde Calvino hizo fortuna estaba en guerra por las insaciables ambiciones de Carlos V y Francisco I, y también se enfrentaba a una amenaza exterior: los turcos avanzaban desde Hungría, Jerusalén se encontraba en disputa como tierra propicia a nuevas cruzadas y el salto tecnológico de la imprenta hacía de los libros y pasquines una amenaza insoportable para los católicos, que habían convertido la Inquisición en un pulpo burocrático de tentáculos increíblemente prolongados para una época anterior al telégrafo. La vigilancia sobre las conciencias expandía su reino a las costumbres, la vestimenta o las aficiones, y los sistemas de gobierno se encontraban bajo asedio con revueltas revolucionarias como la de los comuneros de Castilla, en la que Marx y Engels encontraron un asidero para su teoría del materialismo histórico.[4] Nos creemos superiores a los habitantes de épocas remotas, pero este es un error típico de la arrogancia del presente sobre el pasado, como dice el escritor místico Manuel Astur. Como el mundo de nuestros días, aquel siglo XVI estaba dominado por guerras culturales en las que asuntos de apariencia abstrusa y teórica como la Santísima Trinidad podían desembocar en reyertas, abusos y «cancelaciones» por la vía —algo más severa que el linchamiento tuitero— de la mazmorra, de la tortura y del fuego.

La Ginebra en la que Calvino impuso su teocracia era entonces una ciudad Estado, dependiente del duque de Saboya y del obispo romano, pero gobernada por el pequeño Consejo, un órgano de poder civil que se componía de veinticinco magistrados elegidos por la gente pudiente de la ciudad. El pequeño Consejo dictaba las órdenes, solventaba los problemas judiciales y tenía poder para hacer de la Reforma o del catolicismo el *modus vivendi* en la comunidad, así que Calvino se dirigió a ellos para proponer un cambio profundo. Quería erigir una comunidad cristiana ideal que se regiría por su doctrina, pero para expulsar al diablo era necesario acabar con los corruptos papistas romanos. A fin de averiguar cuántos había en Ginebra, Calvino y su compañero Farel redactaron una confesión en francés y se la remitieron al pequeño Consejo. Insistieron en que la firmasen todos los habitantes de Ginebra para, en sus propias palabras, «determinar quién quiere profesar el evangelio y quién prefiere pertenecer al reinado del Papa, en vez del reinado de Cristo».[5] Este violento «conmigo o contra mí», tan típico por otra parte de los temperamentos totalitarios, molestó a muchos ginebrinos. Hubo incluso disturbios sociales, así que Calvino, dos años después de su llegada a Ginebra, era desterrado junto a Farel y el evangelista ciego Couraud. Se dirigieron a Estrasburgo, pero las semillas ya estaban plantadas y en 1541 la ciudad suiza, desequilibrada por los conflictos religiosos, le pidió que regresara para restaurar el orden. Calvino aceptó a cambio de poder, y se lo dieron.

En sus sermones exclamaba que había que recuperar la esencia bíblica y convertir Ginebra en una nueva Jerusalén, el núcleo influyente para otra cristiandad de la que había que arrancar el boato vaticano, combatir el exceso de latín y establecer una relación directa con el texto sagrado. Él se ofrecería como siervo de Dios para usar el látigo y la espada si era necesario; como tantos otros tiranos, se veía a sí mismo como un servidor humilde y esforzado del bien superior. En la práctica, se las ingenió para hacer obligatoria la disciplina de la moral en toda la ciudad y, de esta forma, desde 1541, toda Ginebra pasó a estar bajo la continua y minuciosa supervisión del Consistorio calvinista. En este momento ya se comportaba como sus perseguidores. El Consistorio organizó equipos de policía religiosa que se adentraban hasta la intimidad de los hogares. Se hacían redadas de inspección sorpresa casa por casa, se interrogaba a cada habitante sobre el alcance de su fervor evangélico y se preguntaba al resto de la familia en busca de contradicciones en las declaraciones de los sospechosos. Se prohibieron la música y el teatro, y pronto estuvo muy mal visto reír a carcajadas en lugares públicos. Había que tomar dos platos, uno de verduras y otro de carne sin postres, puesto que el dulce era también una tentación diabólica.

La amargura y la mezquindad desatadas por Calvino, así como la persecución, ha fomentado muchas burdas comparaciones entre la Inquisición y los Consistorios. Conviene dejar claras las diferencias sin renunciar por completo a la analogía, puesto que estas dos instituciones nunca tuvieron el mismo poder, ni siquiera en Ginebra. La historiadora Sara Beam ha señalado que, mientras que el Santo Oficio era un tribunal con la prerrogativa de detener, aplicar el tormento y ejecutar a los infelices, los Consistorios calvinistas dependían casi siempre (salvo en Escocia) de tribunales civiles.[6] Es decir, el Consistorio no podía ordenar que se apresara a nadie, ni tampoco llevarlo a la hoguera, sino que debía convencer de ello a la autoridad civil. Sí que tenían poder para desatar campañas de espionaje y juzgar con severidad las costumbres y el pensamiento de la comunidad, pero, a la hora del destierro, de la tortura y de la muerte, todo dependía de cuán estrecha era la influencia del Consistorio sobre los laicos. Esta es la circunstancia más interesante para establecer comparaciones entre el poder de la izquierda cultural de hoy y el calvinismo: la excomunión, ajena a los procesos judiciales o civiles, que cubría a los díscolos de oprobio y los expulsaba de la comunidad sin necesidad de hacerles pagar con la vida o la libertad.

Con la excomunión calvinista se perdía el derecho a asistir a la cena y participar en la vida comunitaria. Los vínculos sociales del excomulgado se rompían, y nadie quería relacionarse con él. Así, pese a que los miembros del pequeño Consejo podían ostentar un poder ejecutivo más grande que el de Calvino, no tardaron en hincarse de rodillas ante su autoridad, pues también corrían el peligro de ser excomulgados. Como ha explicado Raymond Mentzer, desde 1555 las decisiones del pequeño Consejo sobre los sospechosos de conductas pecaminosas las dictaría el Consistorio.[7] Beam informa, además, de que a lo largo de la década de 1550 el 43 por ciento de todos los casos penales supervisados por el poder civil parten de la iniciativa consistorial, y que muchas decisiones del pequeño Consejo se refieren a supuestos crímenes religiosos. Esto seguiría siendo así un siglo después de la muerte de Calvino: en 1662, cuando Nicolas Burmod fue «juzgado, torturado, azotado y finalmente desterrado de Ginebra por haber cometido varios robos, la sentencia final del pequeño Consejo explicitó que sus actos habían contravenido los mandamientos de Dios y de sus santos».[8]

La diferente manera de afrontar el pecado que tiene Calvino con respecto a los inquisidores católicos es también interesante en la juguetona analogía entre el Consistorio y las trifulcas moralistas del presente. En el calvinismo, el perdón mediante la confesión se sustituye por pecados sobre los que Dios es el único que puede juzgar, algo que hará con severidad, lo que conduce al clima de vigilancia sobre uno mismo y a la hipocresía social. En este sentido, y aplicando la óptica del sociólogo Daniel Chirot, vemos que la tiranía de Calvino es un fenómeno adelantado a su tiempo, puesto que el sociólogo distingue entre las tiranías tradicionales, que se caracterizaban por la corrupción, y las típicas del siglo XX, que él llamó «de certidumbre», cuyo puntal era la arrogancia ideológica.[9] El régimen que Calvino impuso en Ginebra estaba caracterizado por la certidumbre y la arrogancia. Chesterton le dedicó estas palabras: «No sentía ningún orgullo por haberse rebelado contra ellos; eran ellos los que se habían rebelado contra él. Los ejércitos, con su seguridad cruel; los reyes, con su gélida faz; los decorosos procesos del Estado; los razonables procesos de la ley; todos ellos, como ovejas, habían perdido el rumbo. Él, repito, estaba orgulloso de ser ortodoxo, orgulloso de estar en lo correcto».[10]

De cualquier forma, la fama de Ginebra como una Jerusalén protestante empezó a expandirse entre los luteranos y reformados que malvivían escondidos y maltratados en todas las tierras católicas. Las obras de Calvino corrían bajo mano y se escondían detrás de ladrillos en los muros, mientras la estricta y puritana Ginebra irradiaba desde la lejanía una imagen de una ciudad refugio para los que huían de las hogueras. El escritor Miguel Delibes cuenta en su novela *El hereje* cómo hasta en la remota y católica España los protestantes veían en Calvino una suerte de libertador espiritual.[11] Sin embargo, muchos descubrirían tras el arriesgado periplo hacia la Jerusalén protestante que alcanzar la meta no significaba liberarse, sino cambiar una persecución por otra, de una intensidad más baja y adecuada a la sensibilidad protestante, pero tan enemiga del pensamiento individual como aquella. Un concienzudo trabajo de presión social habría erosionado ya entonces el respeto que los ginebrinos hubieran podido tener por su libertad, y en este momento fue cuando un hereje díscolo y heterodoxo llamado Miguel Servet llegó a la ciudad.

Servet era un zaragozano cuyas teorías extravagantes, unidas a su legendaria cabezonería, lo habían expulsado del seno del catolicismo y lo habían convertido también en un paria para los reformistas, que veían en él a un chiflado. Además de teólogo, Servet era científico y astrólogo, y aventuró una primera teoría sobre la circulación menor de la sangre un siglo antes de que el inglés William Harvey la descubriera oficialmente. En el plano teológico, se caracterizaba por la obcecada negación de la Santísima Trinidad sobre la base de sus propias lecturas de la Biblia y de los textos de los padres de la Iglesia. Según algunos de sus fascinados biógrafos, Servet fue «uno de los primeros pensadores cristianos de los tiempos modernos que abogó por el derecho de cada individuo a seguir su propia conciencia y expresar sus propias convicciones. Fue el primero en expresar la idea de que era un crimen perseguir y matar por la ideas».[12]

Sus problemas con la Inquisición española habían arrancado en 1531 con la publicación de un libro breve contra la Trinidad en Alemania, pero la tensión entre la Inquisición española y la francesa, así como la amenaza del luteranismo, animaron a los jueces del Santo Oficio a ser prudentes y mesurados, incluso piadosos. Ordenaron su captura, pero no para quemarlo, sino para persuadirlo de su error. Sin embargo, no fueron capaces de conseguir que regresara a Zaragoza, y en 1538 se pierde su rastro en los informes de la Inquisición. Lo cierto es que, en 1532, Servet se había refugiado en París, asistió a la Sorbona y allí conoció a un teólogo prometedor que se hacía llamar Juan Calvino. Poco después tuvo que marcharse de la capital francesa, pero el recuerdo de esta relación juvenil sería de una importancia capital en su triste destino.

Durante unos años, Servet se comportó como un católico intachable y se cambió el nombre por Michel de Villeneuve. Vivió en Lyon y en Vienne del Delfinado bajo la protección de un obispo y se dedicó a la medicina y a la astronomía, pero sus intereses teológicos no hacían más que aumentar debido a la censura y a la persecución, dos cosas que suelen alimentar el deseo de hablar de los herejes. En 1546 reanudó el contacto con Calvino y le envió el manuscrito de la obra magna de más de setecientas páginas que había escrito a escondidas: la *Restitución del cristianismo*. Se estableció entre ambos una correspondencia hosca y cada vez más agria, en la que Servet trataba a Calvino como a un igual, y todo terminó de torcerse cuando el zaragozano se atrevió a enviar a Calvino correcciones y tachaduras ¡a sus obras! Cuando Servet publicó por fin su *Restitución* con el seudónimo de M. S. V. en 1553, cometió la imprudencia de añadir en la edición las cartas que le había escrito Calvino y sus respuestas. El escándalo que provocó su renovado ataque al dogma de la Trinidad fue tan inmenso que empezó un sorprendente proceso en el que la Inquisición católica y el Consistorio de Calvino, enemigos mortales, colaboraron. En marzo de 1553, y a instancias del propio Calvino, que había entregado la correspondencia a la Inquisición para probar que Michel de Villeneuve era Miguel Servet, este fue denunciado ante el cardenal arzobispo de Lyon y el gran inquisidor de Francia. Apresado por fin y encerrado en la prisión de Vienne del Delfinado, a Servet se le presentaron las cartas que había escrito a Calvino firmadas con su nombre, y el pobre diablo admitió la autoría.[13]

Se desconoce por qué Servet disculpó a Calvino su traición, pero el zaragozano debía de tener buen carácter, como demuestra el hecho de que todavía por entonces tuviera amigos y de que estos le ayudaran a escapar de la prisión. Algo habitual en aquella época: el proceso continuó sin su presencia, lo condenaron a la hoguera y quemaron una figura suya en una pira hecha con sus propios libros, mientras el autor se dirigía a Nápoles para empezar una nueva vida con una nueva identidad. Sin embargo, Servet tomó la que sería su decisión más insólita: ir a Ginebra. Quizá se negaba a creer que un hereje fuera capaz de ajusticiar a otro, pero ignoraba que Calvino había escrito una carta a Farel en la que le decía: «Si él viene, prevalecerá mi autoridad y no permitiré que vuelva a casa con vida». Eran tiempos difíciles para el Consistorio de Calvino, que se enfrentaba a la rebeldía del libertino Ami Perrin, harto como tantos otros de su moralismo y de su estricta vigilancia. Había que dar un golpe de autoridad, pensaba Calvino, y el domingo 13 de agosto de 1553, cuando el zaragozano se atrevió a asistir a un servicio religioso, fue reconocido y apresado. La paranoia de la caza de brujas siempre se desata con crudeza en los momentos de amenaza, cuando la hoguera parece, como en *La cosa*, el único remedio contra la ansiedad del poder. El proceso contra Servet y su condena servirían a Calvino para conjurar la amenaza libertina de Ami Perrin.[14]

Recordemos que el Consistorio no tenía autoridad para juzgar y condenar, así que el juicio de Servet se llevó por la vía del pequeño Consejo. Las jornadas de interrogatorios trataban de probar sus herejías, pero los magistrados carecían de los conocimientos necesarios sobre teología. Tras muchos días de discusión, pidieron ayuda al hombre que había ordenado la captura, Calvino, en calidad de asesor. El reformador mantuvo con Servet una nueva correspondencia en la que este intentaba convencer a Calvino del valor de sus ideas, mientras este trataba de incriminarlo. No le costó demostrar la gravísima herejía de Servet ante el pequeño Consejo, y este, por unanimidad, dictó sentencia. Bajo la recomendación de Calvino, que pasaría el resto de su vida intentando demostrar que él no había sido responsable, condenaron a Miguel Servet a morir en la hoguera. Esta vez no ardió una figura de madera. Servet murió en octubre de 1553 encadenado a los ejemplares de su obra.

Servet no fue el primer hereje ajusticiado por otros herejes, puesto que, como indica el historiador Fermín Mayorga, las ejecuciones de monjes católicos habían arrancado en Reino Unido en la década de 1530, pero sí fue la más infame por la implicación directa de un teólogo reformador de la talla de Calvino. Con el paso de los años, cuando la doctrina calvinista se impuso en Alemania y en los países escandinavos, muchos otros inocentes irían al martirio a manos de los puritanos que supuestamente iban a liberar al mundo de la Inquisición. Como ocurrió en la Revolución rusa, en la francesa y en tantos otros episodios históricos de cambio de tornas en el poder, los propios herejes iban a demostrar una extraordinaria capacidad para cazar brujas.

Caza de brujas en la Universidad de Evergreen

Mucho después de las guerras de religión, cuando los estados protestantes quedaron configurados en torno a sus iglesias nacionales y la paz volvió a reinar —con excepciones como la irlandesa— entre las doctrinas cristianas, la huella puritana del calvinismo evolucionó en un proceso tan largo como complejo. El giro que Juan Calvino da al pecado y a la expiación, que convierten la autovigilancia y la hipocresía en la pauta dominante de las culturas reformadas, puede leerse como una estela diáfana que se sostiene en el tiempo y los cambios sociales. El puritanismo alcanzará su cota más alta en el siglo XVIII con los pioneros estadounidenses y, en el XIX, con la moral victoriana británica. En la Inglaterra victoriana, la represión sexual extrema convive con la prostitución; los castigos ejemplarizantes, con la mistificación morbosa de asesinos como Jack el Destripador; y los códigos de cortesía, con la más abyecta depravación íntima. Es entonces cuando se forja la caricatura del protestante, tan fecunda para el humor británico, como un frígido enloquecido por sus contradicciones o, como se preguntan en *Asesinato en el Orient-Express*: «¿Por qué los ingleses ocultan hasta sus más impecables emociones?». Sin embargo, el hilo de recelo calvinista no se corta tras la muerte de la reina Victoria. Durante el siglo XX reaparecerá bajo distintos disfraces, a veces como una moral reaccionaria y otras, en especial desde los años ochenta hasta el presente, en el seno de movimientos supuestamente progresistas.

Nos ocuparemos de esos movimientos en el último tramo del libro, que ya está a la vuelta de la esquina, donde el tabú y la herejía van a converger como síntomas de lo que denomino «narcisismo tribal». Pero antes vamos a cerrar este recorrido por las cazas de brujas con un caso reciente que nos permitirá constatar cómo, mediante la corrección política y la fiebre identitaria, la ortodoxia calvinista se ha dejado notar en ambientes intelectuales y académicos progresistas anglosajones. La historia sucede, de hecho, en uno de los jardines del Edén de la izquierda cultural de Estados Unidos, la Universidad de Evergreen de Washington, especializada en artes y humanidades y fundada en 1967 al calor de las luchas por la emancipación racial de los negros.

Allí, desde los años setenta, los estudiantes de las minorías se han ausentado voluntariamente del campus para celebrar el «día de la ausencia», que sirve para que los estudiantes blancos sientan lo que sería la desaparición de sus compañeros negros si las leyes Jim Crow volvieran a activarse. Tras el día de la ausencia, los estudiantes celebran el «día de la presencia», en el que todo el campus está invitado a actividades en las que se recuerda la lucha por los derechos civiles y la enorme riqueza intelectual, artística y humanística que las minorías han aportado a este país multicultural. Este doble ritual siempre había sido instructivo e inspirador. Recordaba a los chicos de hoy que los frutos de la pelea por los derechos de las minorías son frágiles y ensalzaba a los dignos representantes de la emancipación de las minorías.

Sin embargo, las cosas han cambiado mucho en estos cincuenta años. Hoy aparece una generación de activistas radicales menos proclive a valorar lo que lograron sus padres que a las enmiendas a la totalidad. Como ha estudiado Greg Lukianoff, la generación de estudiantes que empezó a entrar en las universidades durante la última década no solo piensa que vive acosada por las injusticias del sistema —esto ocurre siempre—, sino que padece niveles de estrés y de depresión más propios de un escenario bélico que de una sociedad pujante. En el ámbito de la emancipación racial y la igualdad, estos jóvenes activistas han extendido la sospecha que tienen hacia los blancos a las tácticas de resistencia pacífica de Martin Luther King, mientras glorifican la vía violenta. Las protestas del Black Lives Matter de 2020, tristemente célebres en todo el planeta e inspiradoras para jóvenes izquierdistas de todo el mundo, fueron la condensación de este giro generacional. Sin embargo, había un precedente en el campus de Evergreen que permitía intuir que el enfrentamiento violento estaba a la vuelta de la esquina.

En 2012, cuando Barack Obama era presidente de Estados Unidos, las comunidades étnicas minoritarias empezaron a experimentar lo que les parecía un retroceso a raíz de algunos episodios de violencia que implicaban a la justicia. George Zimmerman, coordinador de vigilantes de seguridad privada de una urbanización pudiente de Sanford (Florida), fue exonerado en los tribunales por el homicidio a tiros de Trayvon Martin, un chico de diecisiete años que en el momento de los hechos iba desarmado y se disponía a visitar a su familia. A Zimmerman le pareció «sospechoso» porque era negro.[15] Cuando la justicia lo exoneró, tres activistas, Alicia Garza, Patrisse Cullors y Opal Tometi, lanzaron en las redes sociales la etiqueta #BlackLivesMatter (BLM), que aglutinó a su alrededor un movimiento de protesta con dos ejes principales: condenar la brutalidad policial y el sesgo en los procesos judiciales contra los negros. En 2014 los asesinatos a tiros de los jovencísimos Michael Brown y Eric Gamer, cometidos sin justificación alguna por parte de la policía, provocaron que la ciudad de Ferguson (Missouri) ardiera en protestas que se extendieron en internet. Estas colocaron al movimiento BLM en el centro del debate nacional, que se haría definitivamente internacional durante la pandemia de coronavirus de 2020 con un nuevo asesinato viral, por ahogamiento, de la policía a otro negro desarmado: George Floyd.

Trataré a fondo el movimiento BLM en la tercera parte de este libro, porque lejos de ser una respuesta nacional se ha convertido en un estandarte de la izquierda identitaria en todo Occidente; pero unos breves apuntes previos serán necesarios para entender la caza de brujas que se desató en el campus de Evergreen. En Estados Unidos y Canadá, en 2017 el movimiento BLM se había afianzado, pero su retórica se había endurecido hasta límites más bien siniestros. El sentimiento de las minorías étnicas, particularmente entre los jóvenes, había empeorado desde que Donald Trump había ganado las elecciones. Trump había apoyado verbalmente a miembros del supremacismo blanco, había evitado la condena moral a un atropellamiento en una manifestación y promovía una visión orgullosa de la Gran América WASP (blanca, anglosajona y protestante, por sus siglas en inglés). Para entonces, BLM ya no era una respuesta a la brutalidad policial, sino una plataforma política en la que el orgullo racial había desembocado muchas veces en algo abiertamente racista, pese a que sus integrantes insisten en que el «racismo inverso» (la repugnancia y discriminación de la minoría negra hacia la mayoría blanca) es imposible. ¿A qué me refiero con «abiertamente racista»? Yusra Khogali, líder de #BLM en Toronto, se había expresado en estos términos en una publicación de Facebook:

> La blancura no es humana. De hecho, la piel blanca es infrahumana. Todos los fenotipos existen dentro de la familia negra. Los blancos son defectos genéticos de los negros. La gente blanca tiene una mayor concentración de enzimas inhibidoras que suprimen la producción de melanina. Son por tanto genéticamente deficientes, porque la melanina está relacionada con la creación de la vida. [Los negros] somos los mejores y más fuertes de todos los humanos. Nuestra genética es la fundación de toda humanidad [...] La gente blanca necesita el supremacismo blanco para protegerse y sobrevivir. [...] La gente negra [...] podría erradicar a la blanca si tuviéramos el poder. Esta es la razón por la que el supremacismo blanco impera.[16]

Esta publicación, como algunos tuits donde la activista pedía a Alá fuerzas para no empezar a matar blancos —«Plz Allah give me strength not to cuss/kill these men and white folks out here today. Plz plz plz»—, causó revuelo, pero ¿fue tachado de racista por la prensa con la misma unanimidad furiosa que demostraron para condenar a James Damore por machista o al presentador de *Late Show*, el progresista Bill Maher, que había pronunciado de forma irónica la palabra *nigger* en su programa?[17] No, había críticas dirigidas contra el tono «demasiado apasionado» de la activista, pero también defensas. En *The Huffington Post*, Stephanie Hinds no solo disculpaba a la activista canadiense por su retórica, sino que la apoyaba.[18] En rabble.ca llegaron a decir que la gente blanca no tenía derecho a condenar la rabia de la activista por el simple hecho de que era negra.[19] La vieja cantinela de «brutos, pero nuestros brutos», resonaba en una encarnizada guerra cultural. Algo impensable, por fortuna, si un blanco hubiera soltado esa sarta de barbaridades sobre la gente de otras razas. Sin embargo, la tibia condena progresista al *post* de Khogali, cuando no su defensa, era un síntoma de ese narcisismo tribal que para entonces había penetrado ya, en medio de las tensiones de la era Trump, en el siempre nauseabundo territorio de la raza.

Ya entonces el ambiente se había enrarecido en la Universidad de Evergreen, pero no era el único centro educativo que tenía problemas de esta clase. A lo largo de todo el país, los choques entre estudiantes de minorías étnicas con compañeros favorables a Donald Trump o simplemente críticos con la corrección política dominante se habían convertido en una cantinela habitual. La histeria del choque ideológico proporcionaba noticias tanto para los portales progresistas, dedicados a una denuncia rápida de las agresiones verbales o físicas protagonizadas por blancos, como para las webs donde la derecha alternativa se burlaba de la histeria demócrata o se hacía eco de las agresiones contra blancos de ideología conservadora por parte de activistas BLM y asociados. En estas circunstancias, la organización First Peoples Multicultural Advising Services de Evergreen, encargada de organizar el día de la ausencia, tomó una decisión controvertida. En consonancia con el endurecimiento de la retórica negra en todo el país, propuso que los estudiantes de minorías no se marcharan ese día de la ausencia, sino que se «invitara» a abandonar el campus a profesores y a estudiantes blancos.

Bret Weinstein, un profesor progresista de Biología, seguidor de Bernie Sanders y que había participado en Occupy Wall Street (el 15M estadounidense), es decir, alguien con muchos puntos en el carnet de progresista, envió entonces un correo a Rashida Love, directora de la organización First Peoples, con copia a todo el personal docente de la universidad. Bret Weinstein no estaba conforme con el nuevo enfoque:

Cuando describió por primera vez la nueva estructura para el «día de la ausencia/día de la presencia» en una reunión de la facultad (donde no hubo espacio para preguntas), pensé que debía de haber entendido mal lo que dijo. [...] Ahora veo [...] que sí había entendido sus palabras. Hay una gran diferencia entre un grupo o coalición que decide ausentarse voluntariamente de un espacio compartido para resaltar sus roles vitales y poco apreciados [...], y un grupo o coalición que empuja a otro grupo a marcharse. Lo primero es un llamamiento contundente a la conciencia [...], lo segundo una demostración de fuerza y un acto de opresión en sí mismo. Puede tomar esta carta como una protesta formal por la organización del evento de este año, y puede asumir que estaré en el campus el «día de la ausencia». Animaría a otros a dejar a un lado el fenotipo y rechazar esta nueva fórmula [...]. En un campus universitario, el derecho a hablar, o a quedarse, nunca debe basarse en el color de la piel.[20]

Repito la última frase: «El derecho a hablar, o a quedarse, nunca debe basarse en el color de piel», porque la respuesta colectiva de los estudiantes y profesores de Evergreen a Bret Weinstein fue esta: «Mierda racista». Su e-mail desencadenó una caza de brujas que enturbió por completo la convivencia en el campus y que incluso degeneró en violencia. Desde el primer momento empezaron a circular en internet los vídeos grabados con móviles en que se veía cómo a gritos, en los pasillos, estudiantes furiosos exigían a Weinstein que pidiera perdón por su gravísima ofensa y dimitiera de inmediato. La efervescencia colectiva descrita por Durkheim se desató al grito de «Ho, ho, hey, hey, estos profesores racistas se tienen que ir», y la espiral del silencio tejió a toda prisa un ambiente en el que defender a Weinstein dentro de Evergreen era, sencillamente, suicida. Hadley, una estudiante blanca y líder de la caza de brujas, ponía palabras a la posición de los manifestantes en un reportaje de la revista *Vice* (las cursivas son mías):[21] «*No puedes* enseñar a los estudiantes de Evergreen, *no puedes* esparcir esa retórica *problemática* e instalarla en los estudiantes. [...] Queremos que Bret sea despedido, pero no está pasando, la administración se niega a actuar. Están eligiendo *proteger a este hombre blanco cis y no a sus estudiantes*».

Después de haber examinado el fanatismo de Juan Calvino, ¿no parecen estas palabras las de una aprendiz laica y de izquierdas de su doctrina intransigente? Lo que convierte los sucesos de Evergreen en algo insólito es que los estudiantes habían tomado el poder y nadie se atrevía a reconducirlos. Otros alumnos expresaron sin tapujos ante las cámaras de Vice News la postura autoritaria; dijeron que la libertad de expresión no es válida cuando la vida de los estudiantes negros y transgénero está en peligro. Pero ¿estaban sus vidas en peligro en la progresista, hiperprotectora y elitista Universidad de Evergreen? No. Cuando las protestas se viralizaron en las redes, la universidad recibió amenazas de usuarios anónimos de la red, pero la violencia real estaba siendo ejercida por grupos de estudiantes de izquierdas contra Bret Weinstein y contra cualquiera que osara discutirles, por lo que los mismos que decían sentirse amenazados suponían la mayor amenaza para la vida en el campus. El profesor Weinstein, que insistía en identificarse como «profundamente progresista», tenía que marcharse por haber pasado a ser, según los estudiantes, una herramienta de la extrema derecha y un peligro para la comunidad. Era el mismo razonamiento tribal que se empleó para tachar de herejes a James Damore o a los profesores Hill y Tabáchnikov. Y era el mismo temperamento represivo que sirvió a Calvino para justificar la quema de Miguel Servet.

Sin llegar a casos como el de Evergreen, la retórica de «si no estás con nosotros, eres diabólico», típica de las cazas de brujas, se ha popularizado y suprime muchos de los debates políticos en otros países desarrollados. En España, por ejemplo, es habitual que alguien sea acusado de estar a favor de la muerte de las mujeres si critica algún punto de nuestra ley de protección de las víctimas de la violencia de género, o que sea tildado de monstruoso racista cualquiera que ponga en duda los alegatos de activistas chifladas como los de la organización Afroféminas. La retórica del estigma, en la que todo comportamiento o idea puede transformar a cualquiera en el enemigo mortal de una causa noble, ha permitido que los elementos más extremistas y autoritarios de los movimientos sociales tomen el control. Como en el caso de Damore, Hill y Tabáchnikov, los líderes de opinión de izquierdas suelen ponerse de inmediato de parte de quienes protestan, lanzan acusaciones tan vagas como categóricas y rehúyen en todo momento el debate. En uno de los vídeos de los enfrentamientos entre Weinstein y los escuadrones de alumnos furiosos de Evergreen, el profesor pedía ser escuchado y le respondieron: «Esto no es una discusión y tú ya has perdido». Como ya hemos dejado claro, en las cazas de brujas no hay absolutamente nada que discutir.

El estigma no solo destruye al hereje, sino también el diálogo. Fuerza a quien lo sufre a defenderse, lo cual es una trampa que obliga a jugar el juego de los inquisidores e induce al resto a posicionarse en favor o en contra de un individuo y no a discutir las causas del escándalo. Esto se vio muy claro en la caza de brujas de Evergreen: si la intención de Bret Weinstein era discutir la pertinencia de una medida como «invitar a marcharse» a los blancos, una vez que los extremistas lanzaron el estigma contra él todos los términos se desplazaron. Desde ese momento, la conversación, convertida en polémica estéril, estribaba en si la libertad de expresión era amenazante para las minorías, si Weinstein era un supremacista o si los beneficiaba con su discurso, y si el profesor debía dimitir o la administración tenía que despedirlo. Así es como un grupo de fanáticos puede abolir un debate y sustituirlo por otro mediante la caza de brujas. A lo largo de la historia de las herejías, las ortodoxias han empleado estas tácticas sin parar, pero mientras discutimos si Galileo trabaja o no para el demonio lo cierto es que la Tierra sigue orbitando alrededor del sol.

La caza de brujas fue subiendo de temperatura hasta poner Evergreen patas arriba. Se había desatado en mayo y el curso académico ni siquiera pudo concluir: la graduación se celebraría a cuarenta kilómetros de distancia, en otras instalaciones. En internet hay vídeos que recuerdan la Revolución Cultural de la China maoísta. Los estudiantes exigieron la capitulación de las fuerzas de seguridad del campus y que todo el personal pasara inmediatamente por cursos de «sensibilización», al estilo de los que se estaban impartiendo entre los trabajadores de Google. Sin embargo, lo más insólito de todo, lo más descorazonador, lo más equivalente a la Revolución Cultural, fue la postura del rector de la universidad, George Bridges, un tipo tremendamente pusilánime. El rector se doblegó ante la caza de brujas con estas palabras: «Creo que sus preocupaciones son legítimas. Articulan ideas sobre la raza, la etnia, el poder y el privilegio y estamos tomando nota de ellas».[22] Durante las protestas, los estudiantes lo encerraron en su despacho y bloquearon puertas y ventanas. No se rebeló, no defendió al profesor Weinstein, ni impuso su autoridad, sino que entregó esta envuelta con un lazo. Los estudiantes se negaban a dejarlo salir hasta que despidiera a Weinstein. En una escena maravillosa, perturbadora, grabada y difundida por los propios estudiantes, el rector de Evergreen suplica a los alumnos que le permitan ir al baño, pero estos se niegan. «Aguántate.» Finalmente le dejan ir a orinar, eso sí, acompañado por dos guardianes que le vigilarán en todo momento.

«¿Es eso verdad?», le preguntaría más tarde a Bridges el reportero de Vice News. «Eso es lo que los estudiantes sintieron que era verdad», responde. «¿Qué quiere decir?» «Eso es lo que dijeron, que si quería ir al baño tenían que acompañarme dos estudiantes. Me hicieron sentir seguro.» El periodista estaba estupefacto: «¿Por qué tenían que escoltarle para ir al baño?». «No lo sé.» «¿Les preguntó?» «No. Por supuesto que no». Claro. Por supuesto que no. ¿Cómo atreverse? Era un adulto impotente en la isla de *El señor de las moscas*.

La sumisión de los profesores y del equipo directivo a la caza de brujas emprendida contra Bret Weinstein fue histórica. Entre los alumnos de este surgieron algunas voces que se atrevieron a defender públicamente a su profesor, mientras que otros se lamentaban, sin dar sus nombres, de un clima de censura y ortodoxia digno de una secta religiosa. Los estudiantes negros de Weinstein, por ejemplo, declararon ante los manifestantes que el hombre de ningún modo era un racista, pero la respuesta furibunda hizo que, con el paso de los días, estos defensores negros terminasen encadenados a la espiral del silencio. Mientras tanto, el rector Bridges cedía más y más ante los líderes de la protesta, que grababan y emitían en las redes sociales cada uno de estos encierros a los que lo sometían. Se comprometió a pedir a sus profesores que les liberasen de la obligación de entregar los deberes[23] (Mao también había reclamado en el *Diario del Pueblo* suprimir los exámenes durante la Revolución Cultural) y dijo comprender las insensatas estupideces de los activistas, que señalaban toda autoridad académica como un signo inequívoco de colonialismo blanco y de esclavitud. Hay un momento de aquel encierro viralizado que tengo clavado en la memoria: Bridges levanta las manos para explicarse y estos le amenazan, le exigen que no haga ese gesto (levantar las manos), porque les hace sentir en peligro. Más adelante, cuando Bridges les pide espacio porque dice padecer claustrofobia, ellos le responden que los negros tienen que trabajar en ambientes cerrados todo el día y no se quejan.

En fin. La caza de brujas de Evergreen hubiera sido una rareza digna de ser inmortalizada en una película de no ser porque la retórica y la actitud de los estudiantes casan con las de la prensa de izquierdas, y nadie en su sano juicio se atrevería a grabar la película crítica con aquella ordalía en el momento en que escribo estas líneas. Como en los casos de Damore, Tabáchnikov y Hill, no se juzgaba a un individuo ni se discutían sus ideas, sino que se utilizaban siniestros arquetipos identitarios (la raza ahora, el género en los otros casos) para inhabilitar el derecho de ciudadanía de unas personas que habían transgredido un tabú. «No estamos haciendo campaña de guerra contra personas individuales, estamos exterminando a la burguesía como clase. Durante la investigación, no buscamos pruebas de que los acusados hayan actuado, ya sea con palabras o hechos, en contra del poder soviético; las preguntas iniciales que uno debe hacerse son: ¿a qué clase pertenecen? ¿Cuáles son sus orígenes? ¿Qué educación y profesión tienen? Estas son las preguntas que deberán determinar el destino de los acusados.» Las palabras las escribió Martin Tatsis, bolchevique y líder de la Checa, en 1918.

El hecho de que Bret Weinstein fuera además un hombre de ciencias lo hacía doblemente sospechoso para ese movimiento de purga. En uno de los vídeos emitidos por los manifestantes, se escucha decir al rector de la universidad que los científicos son gente muy proclive a los prejuicios raciales y sexuales (nuevamente, una acusación típica de la China de Mao, que llegó a juzgar como derechistas a quienes se interesaban por las «matemáticas occidentales»). La Guardia Roja de estudiantes ordenó a Bridges que tomase medidas para eliminar cualquier signo del viejo orden racista en la universidad y que presentase sus reivindicaciones ante el Congreso, y este les prometió que lo haría.[24] En ningún momento osó discutir a esa multitud fanatizada de niños de clase alta ni uno solo de sus delirios victimistas. De hecho, Bridges dijo tener un plan para aquellos profesores que se resistieran al «nuevo orden»: «Hacerles frente, prepararlos y, si esto no funcionaba, sancionarlos». Es decir, institucionalizar las cazas de brujas.

Finalmente, ante la amenaza de que las protestas continuaran después del parón veraniego, Bret Weinstein decidió dimitir de su puesto y abandonó la universidad. El episodio de la Universidad de Evergreen fue quizá el más escandaloso e impactante de cuantos ha ido dejando la era de Trump, pero, como han recogido Jonathan Haidt y Greg Lukianoff en su libro, la mordaza lleva años expandiéndose por otras universidades estadounidenses, donde la autoridad intelectual de los profesores y los temarios está puesta en entredicho por las vagas y psicóticas teorías de la izquierda interseccional. Según explican Haidt y Lukianoff: «La combinación de la política identitaria del enemigo común y la enseñanza sobre las microagresiones crea un entorno altamente propicio para desarrollar la cultura de la acusación pública en la que los estudiantes adquieren su prestigio al identificar pequeñas ofensas cometidas por miembros de su propia comunidad y después acusar públicamente a sus ofensores».

Ya entre los años ochenta y los noventa, durante la primera oleada de la corrección política, se plantaron las semillas de esta reacción. La Universidad de Connecticut prohibió en sus códigos de conducta las «risas dirigidas de manera inapropiada» —¿se os ocurre algo más calvinista que esto?—; la Universidad Estatal de Jacksonville estipulaba algo tan vago como que «ningún estudiante puede ofender a nadie en las instalaciones universitarias», y la Universidad del Oeste de Alabama prohibía «mensajes de texto o correos electrónicos "duros"». En 2005, la Universidad de Florida Central sancionó por «acoso» a un estudiante que llamó «patán y bobo» a otro durante una discusión. Este clima de sobreprotección que siempre toma partido por quien se declara una víctima de misteriosas opresiones invisibles ha sido el caldo de cultivo de lo que hoy se llama «cultura de la cancelación». El ambiente de caza de brujas se ha instalado y, desde Estados Unidos y Canadá, ha viajado ya a países como el nuestro, ajenos por completo al calvinismo moral. Recientemente, grupos de estudiantes «cancelaron» en España dos seminarios sobre prostitución antes de que se celebrasen, y lograron que el profesor Pablo de Lora abandonara un congreso sobre transgénero por considerar heréticas algunas de sus opiniones. Sin duda, en los próximos años veremos muchos casos más, y quién sabe si un Evergreen español.

Tras el triunfo de su caza de brujas, Bret Weinstein se unió junto con su hermano Eric a la Intellectual Dark Web, el refugio para los herejes del que ya hemos hablado en el capítulo 5. Allí se encontrarían con Ayaan Hirsi Ali, la somalí que huyó de su país con el clítoris amputado y que terminó instalándose en los Países Bajos, donde tuvo que enfrentarse a la misma ortodoxia izquierdista cuando condenó el islam y su brutalidad con las mujeres. Pero sobre esta mujer singular hablaremos un poco más adelante.

TERCERA PARTE

Narcisismo tribal

8

La seducción de la tribu

Donde descubrimos que las tribus
no son una cosa del pasado,
sino que nos llaman en el presente
desde el fondo de nuestro cerebro

La tribu nos llama desde la parte reptil de nuestro cerebro y basta con una leve señal para que empecemos a comportarnos como el pueblo elegido... En 1954, el psicólogo social Muzafer Sherif se llevó al bosque de Robber's Cave, Oklahoma, a veintidós niños blancos pertenecientes a familias protestantes de clase media. Tenían entre once y doce años y su coeficiente intelectual era ligeramente superior al de la media. Eran, a grandes rasgos, parecidos entre sí. Ninguno de los niños se conocía, y Sherif los dividió en dos grupos que envió a distintos lugares del bosque sin que unos conocieran la existencia de los otros. Su experimento tenía tres fases: en la primera, observaría cómo se cohesionaba cada grupo para investigar el nacimiento de la identidad colectiva y en qué medida es fija o flexible; en la segunda, permitiría que cada grupo descubriera la existencia del otro para investigar cómo se desarrolla la hostilidad o la colaboración en un entorno competitivo; y, finalmente, en la tercera fase, comprobaría si tras un conflicto de naturaleza tribal es posible restaurar la paz. Los resultados de su trabajo, publicados en la revista *Scientific American*, fueron desalentadores para quien sueñe con un futuro de armonía y fraternidad al estilo de los anuncios de Benetton.[1]

Durante la primera semana, cada grupo de niños estableció dinámicas de liderazgo y marginación en un ambiente de campamento normal. Las jerarquías sociales germinaron con previsible naturalidad: unos niños se convirtieron en jefes y otros, en seguidores (en la distinción clásica de abejas reinas y zánganos). Los mecanismos de identificación se expresaron con claridad: un grupo se autodenominó «Águilas», y el otro, «Serpientes de cascabel». Sherif y su equipo constataron que cada grupo presentaba una leve diferencia en sus códigos de comportamiento. Mientras los Águilas eran elitistas y refinados, los Serpientes mostraban actitudes más beligerantes y populacheras. Sin embargo, estas diferencias se exacerbaron cuando, en la segunda fase del experimento, los investigadores permitieron que un grupo conociera la existencia del otro. La rivalidad fue inmediata. Cuando se organizaron competiciones deportivas de béisbol y rugby y ofrecieron premios a los ganadores, descubrieron que los Águilas exageraban su refinamiento verbal, mientras los Serpientes se volvían tremendamente malhablados. Cada tribu creó entonces insignias y banderas y el carácter de la tribu rival se convirtió en el pretexto para el desprecio: cuando los Serpientes hablaban de los Águilas los retrataban como «maricas», y estos se referían a sus adversarios como «paletos».

La guerra abierta entre las tribus estalló enseguida. Los del grupo Serpientes de cascabel colocaron su bandera en el campo de béisbol y proclamaron que era suyo. Los del grupo Águilas penetraron en el campamento enemigo en mitad de la noche y provocaron destrozos, que los Serpientes vengaron con redoblada brutalidad. En todo momento, un grupo elegía guardias para defender su territorio y espías para vigilar a sus adversarios y esperaban el momento propicio para atacar. Cuando los enfrentamientos se tornaron violentos, los investigadores pasaron a la tercera fase o, más bien, lo intentaron, pues era dificilísimo establecer un clima de cooperación una vez que la hostilidad se había desatado. La culpa del conflicto era siempre del otro: ellos habían empezado, ellos se negaban a colaborar. En ese momento, cada grupo había creado una cultura antagónica a la otra, con códigos de comunicación diferentes. Las expresiones típicas de unos exasperaban a los miembros del otro. Habían bastado unos pocos días para que dos identidades fuertes y excluyentes aparecieran en el bosque de Robber's Cave, pese a que la elección de los niños había sido arbitraria y todos eran, en esencia, iguales. El experimento muestra, al desnudo, nuestra poderosa inclinación al nacionalismo.

En los últimos tiempos vivimos muchos episodios que recuerdan a lo ocurrido en Robber's Cave. Por ejemplo, Rocío de Meer, diputada de Vox por Almería en el Congreso de los Diputados, bostezó enseñando sus largos colmillos, subió a una piedra desde la que podía ver a toda la manada y tuiteó este llamamiento a la tribu un domingo cualquiera del apático de verano de 2020, no sé si a la hora de comer o a la de hacer la digestión:

O invasión o fronteras seguras.
O multiculturalismo o identidad.
O barbarie o civilización.
O su agenda o nuestra libertad.
O ellos o nosotros.[2]

A la ristra de falsos dilemas añadía un vídeo, editado por el grupo neonazi Amanecer Europa, en el que multitudes de negros y magrebíes saltaban vallas, provocaban destrozos y gritaban «Money, money, money», en medio de reyertas callejeras. El vídeo creaba un contexto artificial para todas esas imágenes dispersas: la invasión de los bárbaros. Se intercalaba el testimonio de una mujer rubia e histérica, no se sabe de dónde —europea seguro: uno de los nuestros—, que gritaba y lloraba en inglés que los inmigrantes están destruyendo la sociedad, quemando las casas y que ella tenía mucho miedo. Después, sobre más imágenes de violencia y negros sin camiseta se superponían los discursos de un imán exhortando a los refugiados a follarse a las europeas para crear un califato islámico con su descendencia. La manipulación del vídeo era tan obvia como su intención. Pretendía inyectar en el córtex del espectador la idea estrella de los movimientos identitarios de extrema derecha de Europa: nos invaden.

La derecha identitaria ha respondido a la guerra santa de los talibanes con un arsenal de propaganda y ha elaborado un relato donde las personas más vulnerables de Occidente, los emigrantes de países pobres y sus hijos, son un grupo opresor que corroe nuestra cultura. Esta corriente xenófoba convierte al musulmán en un ser tabú, y en herejes (buenistas, progres, equidistantes, malos patriotas) a quienes creen que la convivencia sí es posible. De entrada, habría que poner muchas comillas a eso de que defienden «nuestra cultura», porque la mía no se parece en nada a la que celebra gente como Santiago Abascal o Marine Le Pen. Ellos quieren una Europa regida por el «identitarismo» y dividida en patrias fuertes y orgullosas; la misma que una y otra vez ha llevado al continente a la guerra. No proponen la autodeterminación de las naciones como alternativa al globalismo con el fin de corregir las desigualdades económicas que este ha provocado, sino para protegernos de la contaminación cultural. En su idea tribal de Europa unas culturas no pueden convivir con otras si no es ordenadas, estratificadas y segregadas, y tampoco encajan valores tan nuestros —tan europeos— como la tolerancia, la fraternidad, el cosmopolitismo o la igualdad. Para acusar a los inmigrantes de parásitos no les importa verlos trabajando en el campo, en las obras o recogiendo chatarra por la calle. Bajo esa apariencia inofensiva se esconde, según ellos, el soldado invasor.

Así lo asegura la teoría de moda entre las derechas identitarias, la del gran reemplazo. Con ella han actualizado el viejo cuento de *Los protocolos de los sabios de Sion*, obra que inspiró a Hitler y Franco,[3] que está detrás de la presuposición de una improbable alianza entre el comunismo, la masonería y el sionismo, y que sigue fascinando a los fundamentalistas islámicos en su pugna contra los judíos y el Estado de Israel.[4] El libelo desvelaba las actas secretas de un congreso de poderosos sionistas sin identificar. Era falso, todo lo había inventado el teólogo, agente de la policía del zar y tremendo antisemita Serguéi Nilus, quien decía ser un simple traductor. Los sabios de Sion relataban sus planes de dominio mundial con este nivel de desparpajo: «La necesidad del pan cotidiano acalla a los cristianos y los convierte en nuestros más humildes siervos»; «es menester no cejar en nuestro empeño y que pongamos mucho más cuidado en aquello que es necesario y aprovechable que en lo que es bueno y moral»; «nuestra divisa debe ser "fuerza e hipocresía". Solo la fuerza es la que da la victoria en política, sobre todo cuando se encubre con talento por los hombres que gobiernan un estado. La violencia debe ser un principio, y el engaño y la hipocresía una regla para los gobiernos que quieran entregar su corona a los pies de los agentes de un nuevo poder»; «no nos detengamos ante la corrupción, la compra de conciencias, la impostura y la traición, pues con ellas servimos a nuestra causa», etcétera, etcétera.[5] En pocas palabras, el panfleto fabricaba un «ellos» judío dominante para que el lector europeo y cristiano se sintiera parte de un «nosotros» amenazado. Y funcionó.

La teoría del gran reemplazo ha disfrazado la vieja xenofobia con un traje que la hace parecer menos burda y clara. Sortean el ominoso concepto de la «raza», tan cargado por los horrores genocidas del siglo XX, pero usan el vocablo «cultura» de la misma manera. De la «cuestión judía» se pasa a la «cuestión musulmana» en Europa y a la «cuestión hispana» en Estados Unidos, y esta vez no son zafias falsificaciones de actas secretas lo que se desvela, sino simples opiniones en apariencia bien razonadas, basadas en estadísticas de inmigración, presión demográfica y la denuncia de problemas tan ciertos como silenciados por la corrección política; aquellos derivados de unas políticas de integración desganadas que, con demasiada frecuencia, se rigieron por la máxima de barrer debajo de la alfombra. Así, la teoría del gran reemplazo puede leerse de dos formas al mismo tiempo: como una paranoia xenófoba y esencialista, si atendemos a su contenido, y como una voz que llena un vacío, si atendemos a la falta de contenido crítico de la socialdemocracia en el terreno de la inmigración. En este sentido, el miedo a encarar los problemas les ha regalado a las derechas xenófobas el privilegio de la exclusiva.

La teoría del gran reemplazo ha recibido aportaciones de insignes perturbados como Patrick Crusius, el asesino de El Paso,[6] o Brenton Tarrant, el asesino de Nueva Zelanda,[7] pero es obra de un intelectual francés que nada tiene que ver con matanzas: Renaud Camus, icono de la izquierda radical francesa de los años setenta.[8] Camus es la condensación perfecta del progresista rebotado. El filósofo Roland Barthes prologó sus memorias de 1979, lo elogiaron idiotas de la talla de Andy Warhol y abanderó las luchas del movimiento gay, pues es homosexual. Sin embargo, como si todo aquello que quedaba fuera de sus identidades le causara rechazo, ya en 1994 había empezado a destilar ideas relacionadas con la vieja paranoia de los *Protocolos...* cuando señaló que había demasiados periodistas judíos escribiendo de cosas judías en Francia.[9] La teoría del gran reemplazo, con la que culmina su viaje a la paranoia, traslada el foco a los musulmanes y declara que existe una agenda cuyo objetivo es suprimir a los blancos y a los cristianos con una inyección por goteo islamista. Según Camus, dado que los inmigrantes se reproducen más rápido que los franceses, estos últimos serán minoría en algún momento y tendrán que aceptar ser gobernados por cortes islámicas y leyes coránicas. Es decir, eleva al rango de cosa cierta la fantasía que el escritor Michel Houellebecq utilizó para escribir su novela *Sumisión*, aunque lo cierto es que Houellebecq se inspiró en las ideas de Camus para escribir su libro.

Los temores paranoicos de este autor se han convertido hoy en un problema democrático para Francia y Europa. En 2011 Camus, que todavía no había sido devorado por la repercusión política de sus opiniones, participó en un debate con Manuel Valls, político francés de origen español que ha acabado como concejal del Ayuntamiento de Barcelona (desde 2019). Sin embargo, tras la resurrección del Front National de Marine Le Pen hacia 2014, el ambiente se fue enrareciendo a toda velocidad en Francia y la teoría de Camus amenazó con convertirse en un ideario político con opciones de éxito. El Movimiento Identitario, un grupo de jóvenes de extrema derecha presente en Francia y Alemania, acogió las ideas de Camus y les dio carta de naturaleza internacional. El partido de Marine Le Pen ha invitado a Camus a sus congresos y, pese a que oficialmente se han distanciado de una teoría que consideran algo «complotista» (como si esta fuera su mayor falla), la han dotado de un altavoz y la han exportado por toda Europa. Hoy se habla del gran reemplazo como una posibilidad en tantos países occidentales que casi costaría menos hacer la lista de los que se han mantenido ajenos a ella.

Desde el punto de vista de los ¿reemplacistas?, quienes tienen apellidos musulmanes quedan descartados *de facto* como parte de la sociedad europea. No son los únicos que lo ven así entre las nuevas y pujantes derechas. Alain de Benoist, padre del «etnopluralismo», ha dado a estos enfoques un aire algo menos paranoico, pero ha abundado en el desplazamiento semántico del concepto de «raza» al de «cultura». La conclusión es la misma, y recuerda a la de otra obra de pérfida influencia: *La decadencia de Occidente*, de Oswald Spengler. La integración puede darse solo en ciertos individuos que repudien completamente su cultura de origen, y en este sentido Vox tiene entre sus filas, al menos, a un camerunés que simpatiza con ellos, Bertrand Ndongo,[10] y a un cargo del partido en Cataluña, Ignacio Garriga, que es hijo de madre ecuatoguineana.[11] Sin embargo, el líder Santiago Abascal expresó a las claras su repudio automático hacia quien no tenga los apellidos correctos en un discurso donde enumeraba una lista de beneficiarios de ayudas sociales para el alquiler por orden alfabético. Pronunció nombres magrebíes y el público aullaba.[12] Pese a que en 2020 no es raro encontrar compatriotas cuyos padres emigraron desde países extranjeros (no hay más que pasar lista en cualquier aula de un centro público en determinados barrios para darse cuenta), y pese al hecho todavía más palmario para Vox de que uno de los colaboradores directos de Abascal se apellida Smith, o que Ndongo posiblemente hubiera aparecido en la lista de Abascal si este hubiera llegado a la «n», el mensaje era claro: «ellos» están entre nosotros pero no son parte de nosotros. Y, además, viven de ayudas públicas. Es decir, son parásitos. Y, por tanto, son peligrosos.

La joven escritora española de origen ucraniano Margaryta Yakovenko, autora de *Desencajada*, una de las pocas novelas testimoniales escritas en España por hijos de la inmigración en lo que va de siglo, expresaba muy bien lo que supone vivir bajo esa sospecha en una entrevista de Alberto Olmos: «La realidad de los migrantes no es el cuento de hadas que algunos partidos xenófobos intentan meternos en el cerebro con calzador. Ser migrante es duro. Llegar a un país sin nada es duro. Si encima no conoces el idioma, la dificultad aumenta por mil. [...] Decir que las personas que se juegan la vida lo hacen porque quieren "la paguita" del Estado es vil y despreciable. Desde luego, no es ser un buen cristiano, y mira que a los conservadores les encanta ir a misa. Y además es mentira: sin papeles no tienes acceso a ninguna ayuda de la Seguridad Social, y sin trabajo no tienes papeles. Es una regla de tres tan básica que no sé cómo hay gente que aún no lo entiende. Yo he estado en comidas familiares de españoles en los que se ha llegado a decir en mi cara que los inmigrantes vienen a vivir de las subvenciones y viven mejor que ellos. Por supuesto, a mí no me consideraban migrante porque soy blanca, hablo sin acento, tengo estudios y un buen trabajo [...]. Ahora soy española, pero nunca dejaré de ser una migrante».[13]

Mary Douglas, la antropóloga con quien vimos que el tabú es, en parte, una reacción de defensa ante el pavor a lo fronterizo, no se habría sorprendido con este repudio ultraderechista de los inmigrantes. Un niño de Teruel, sumergido en una piscina pública, expresó este dilema entre la tranquilidad y la frontera con infantil simpleza ante el micrófono de una reportera que le preguntó qué era lo mejor de la piscina: «Pues la tranquilidad, la tranquilidad es lo que más se busca. Llegas a otras piscinas de aquí de Teruel y hay un montón de panchitos, cubanos y todo eso...».[14] Que gente generalmente más pobre que los europeos pase por ser una amenaza contra la tranquilidad para tantos millones de privilegiados se entiende si pensamos que lo marginal, lo desviado y lo ambiguo es percibido como fuente de contaminación, y que esta fuerza simbólica trastoca por completo la percepción de la realidad. ¿Recordáis a los lele, que temían al feto de la mujer embarazada? Pues bien, gracias a este mecanismo tribal, el que vive sometido a la desigualdad económica y la discriminación puede convertirse en una amenaza. Ante ese temor, de nada servirán los datos o las comparaciones. Por ejemplo, el mes anterior a que Rocío de Meer tuitease su llamada a la tribu, en el extraño y catastrófico verano de 2020, varios campos de temporeros inmigrantes que recogen la fruta y la verdura en España a cambio de sueldos míseros se habían incendiado deliberadamente en Córdoba; un brote de coronavirus se propagó en otros asentamientos de trabajadores extranjeros en Albacete; y en septiembre el campo de refugiados de Moria, en la isla griega de Lesbos, donde llevan cerca de una década malviviendo miles de víctimas de las guerras de Siria y Afganistán, se incendiaba también. España, gobernada por el socialista Pedro Sánchez, denegó entonces la acogida a quienes se habían quedado durmiendo en las carreteras de Lesbos. Sin embargo, la mujer del vídeo que tuiteó De Meer decía: «Nosotros somos las víctimas». «O ellos o nosotros», remataba la diputada. ¿Cómo arrojar frialdad analítica sobre la pasión tribal?

La llamada a la tribu de la ultraderecha nos habla de una taimada guerra por hacerse con el dominio de Europa que ya está en marcha. El propio Camus lo expresó así: «La reemigración o la guerra: he ahí los términos del debate. Habría incluso un tercer término, pero es más aterrador que aquellos: la sumisión, la aceptación de la conquista por los conquistados, del reemplazo por los reemplazados, de la colonización por los colonizados; la conversión, ¿quién sabe? A falta de consentimiento al estatus de *dhimmí*, la guerra es inevitable».[15] ¿Y cómo impedirla? ¿Cómo defenderse? Por supuesto, aboliendo los tratados internacionales que obligan a las naciones a comportarse con cierta generosidad: «Hay que volverse lo bastante fuertes para cambiar las leyes, denunciar los tratados, retirar oficialmente a Francia de convenciones que la atan de pies y manos —lo mismo que a todos los países de Europa— a la sustitución demográfica y al cambio de civilización. Revisión del derecho de asilo, cierre de fronteras, defensa del territorio, vuelta a una concepción de Francia y de Europa como potencias y no como derechos del hombre».[16] Las convenciones de derechos humanos siempre han sido molestas para los delirios de la pureza identitaria.

Pero el nacionalpopulismo ha crecido tanto en la década de 2010 porque había ciertas condiciones de partida. Han penetrado por la puerta, abierta por la izquierda, de las guerras culturales y las políticas de la identidad, y en esos términos han planteado con éxito una batalla de pobres contra todavía más pobres similar a la de los negros y la basura blanca en Estados Unidos. Así, pese a que solo en los últimos seis años han muerto ahogados en el Mediterráneo más de quince mil «invasores»,[17] la llamada a la tribu te dice que eres tú quien está en peligro si ellos consiguen desembarcar. Las imágenes de subsaharianos tratando de encaramarse a las vallas de Melilla, rematadas en concertinas y cuchillas, ha quedado libre de toda compasión en una analogía de los zombis que tratan de penetrar en el refugio donde a Brad Pitt se le están acabando las balas. El hecho de que el 90 por ciento de la inmigración que arriba a nuestros países lo haga en avión, de que la inmensa mayoría de los inmigrantes trabajen y paguen impuestos, así como el de que sus hijos se eduquen en los mismos centros que los hijos de los europeos de toda la vida, ni de lejos los libera de su estigma. Unos cuantos vídeos de «moros» montando escándalo o unos malos vecinos son suficiente para inhabilitar toda la información disponible sobre la compleja realidad de la inmigración.

Con esta colección de trampas para la lógica el nacionalpopulismo ha logrado convertir la solidaridad en un tabú para, al menos, unos cuantos millones de europeos. No es que la solidaridad necesite muchos puñales para caer rendida, puesto que es un sentimiento civilizado que siempre precisa algo de voluntad y un acorazado sentido de la responsabilidad. La ultraderecha se ha limitado a aprovechar la inclinación humana al egoísmo de grupo, y hoy nos encontramos con muchos ciudadanos que tienen la impresión de que hay ya demasiados «moros», demasiados «negros» y demasiados «chinos»; que aquí cabe quien cabe y ni uno más. Dicen que el trabajo que desempeñan los extranjeros debería hacerlo el nativo, aunque este, con mucha frecuencia ellos mismos, se niega a hacerlo. Recelan de los idiomas que no conocen y creen saberlo todo sobre religiones de las que no saben más que el nombre del profeta. Sí, hay algo absolutamente zafio y vulgar en la xenofobia; pero también hay algo zafio y vulgar en quien resume todo este proceso con ideas tan simples como las que caben en una pancarta o en un hilo de Twitter.

A toda velocidad, desde 2018, Vox ha dejado de ser irrelevante en España y ha creado feudos electorales en poblaciones y barrios de élite y también en otros humildes, llenos de inmigración. En el Ayuntamiento de El Ejido, ciudad en la que el 29 por ciento de la población son extranjeros de países pobres, Vox pasó entre 2015 y 2019 del 0,42 por ciento de los votos al 24,76 por ciento, y quedó en segundo lugar tras el PP y a las puertas de la alcaldía. En esta ciudad almeriense miles de subsaharianos y magrebíes malviven en chabolas cerca de los invernaderos en los que son empleados por unos sueldos muy bajos. Este ascenso no debería sorprender a nadie mínimamente informado sobre la situación en Francia. El Ejido es una maqueta a escala de lo que pasa en el sur francés, donde el partido de Marine Le Pen ha logrado resultados históricos allá donde los programas de integración estatales han sido más desastrosos, como Marsella. Pues bien: ¿cuál ha sido la respuesta de la izquierda española al caso de El Ejido? ¿Se ha sometido a examen el discurso sobre la inmigración? ¿Se han estudiado los problemas a los que la izquierda debería dar una respuesta humanitaria y solidaria, pero antes que todo realista e inteligente? No. La respuesta ha sido ver El Ejido como un caso perdido, una aberración. Activar el legendario don del menosprecio y exclamar que esos resultados se explican porque en la ciudad no hay librerías (cosa que, además, es falsa).[18]

Pues bien, ¿cómo restituir la fraternidad y la igualdad del Estado de derecho, cómo afianzar un concepto amplio de «ciudadanía» en que el origen o la religión sean irrelevantes al lado de los deberes y obligaciones, si la izquierda participa del mismo juego de las identidades desde mucho antes de que brotase esta derecha populista y radical? ¿Cómo afrontar con honestidad problemas derivados de la inmigración si se dibuja al inmigrante como una criatura ingenua y sonriente, desprovista de agencia, al estilo del mito del buen salvaje? ¿Cómo vencer en el debate sobre la coexistencia con el islam, si tantas papanatas de izquierdas deciden celebrar el día del velo porque les han dicho en Instagram que eso empodera a las mujeres? Son solo algunos ejemplos de la gran marejada de fondo. Hoy buena parte de la izquierda habla el mismo idioma que la ultraderecha, el de la identidad.

A la teoría del gran reemplazo, el etnopluralismo y demás tácticas de seducción xenófobas, la izquierda no ha opuesto ni un cambio de lógica ni de parámetros, sino lo peor que pudo encontrar, esto es, más identidad. Proclaman que ahora hay que decir «migrante» en vez de «inmigrante» y «racializado» en vez de «negro», escriben infinitos artículos en los que abroncan a la gente por decir «Bajo a comprar al "chino"» y «Oro del que cagó el "moro"», y mientras ignoran al senegalés que malvive en su barrio empujando un carro de supermercado lleno de chatarra montan una manifestación porque en Estados Unidos un policía mató a George Floyd. Es decir, participan pornográficamente de las políticas de la identidad sin darse cuenta de que el nacionalismo siempre ha vencido en esta batalla, y volverá a vencer esta vez. La reverencia a quien tiene otra cultura nunca desplazará la «autofelación» de las enseñas nacionales. El único espacio donde podemos ser iguales (la ciudadanía del Estado de derecho) ha sido abandonado por unos y otros, y se mira con desconfianza. Y ahora, ante la amenaza de un ascenso ultraderechista, lo que hace la izquierda es entregarse, con mucho gusto, a la trasnochada épica antifascista. «¡No pasarán!» Pero sí, están pasando.

La base de esta derrota anunciada es la ceguera. La izquierda identitaria sigue creyendo que el manto de superioridad moral sirve para tapar los problemas que sufren quienes viven en los barrios depauperados en los que termina instalándose la inmigración más pobre. Cometen un terrible error cuando demonizan a quienes se han visto seducidos por el discurso derechista y cuando producen esa moralina barata, de aires pedagógicos y cenutrios, que solo ellos consumen. No se dan cuenta de que, si participan en la batalla identitaria eligiendo otras identidades como «favoritas», colaboran con el nacionalpopulismo en la tarea de dejar la sociedad abierta sin espacio ni principios comunes. Así, mientras Vox ensalza el mito patriótico de la Reconquista y abomina del «ellos» musulmán, la izquierda se lamenta por el descubrimiento de América y exhibe en todo momento su virtud culpable abominando de «nosotros».

Pero ¿cómo hemos llegado hasta aquí?

La identidad en un mundo sin fronteras

Las civilizaciones que no pueden responder con éxito a la pregunta de la identidad se van al cuerno, y en este sentido conviene sacar un viejo cacharro del baúl histórico: la voz latina *religio*, origen de nuestra palabra «religión», que no equivale ni a «dogma», ni a «superstición», ni a «fanatismo», pese a que el destino de la palabra haya ido en esa dirección, sino a «ligar», «atar»; «religión» es «nudo», «ligazón». En la Antigua Roma, *religio* era una noción política que consistía en ceremonias y creencias, pero estaba separada de lo esotérico, que llamaban *superstitio*. La *religio* es lo que «religa» a individuos diferentes, incluso a culturas distintas dentro del imperio, a una misma civilización.[19] Son *religantes* las jaculatorias alrededor de los mismos altares, sí, pero también compras en los mismos mercados, aplausos en los mismos teatros, votos en las mismas urnas, condenas y absoluciones en el mismo tribunal, aprobados y suspensos en la misma aula y pícnics a los pies de la misma estatua. A lo largo de la historia del Imperio romano los cambios en la *superstitio* desplazaron los templos dedicados a Júpiter de Julio César y colocaron las iglesias cristianas de Constantino, pero el sentido cohesionador de la púrpura se mantuvo. Y, cuando esa capa solemne se deshilachó, el imperio ya se había derrumbado. Al último emperador se le apodó Rómulo Augústulo, seudónimo despectivo y carcajada final ante las ruinas, puesto que ya no había imperio en el que reinar.[20]

Arrastrando el término en el tiempo veremos que la *religio* ofrece en cada momento una respuesta a la pregunta ontológica que todas las civilizaciones se hacen: ¿qué somos? Antonio Machado dice en *Juan de Mairena* que las sociedades no cambian mientras no cambian de dioses; no se refiere, claro, al dios trascendente, sino al pedestre y social. Ante la pregunta ontológica de la civilización, la religión simplifica las cosas y su ausencia las complica. Si no somos católicos, apostólicos y romanos; si no somos budistas, ni musulmanes; si no somos comunistas ni fascistas, sino un poco de todo; si las naciones tampoco tienen ni el peso ni el poder de antaño en un mercado multinacional; si no somos capaces de encontrar a nadie en el trono normalmente atribuido a dios... ¿qué nos «religa», qué somos? Pues bien, cuando no hay respuesta satisfactoria, la sociedad se atomiza, se polariza, pierde su esqueleto. Según un sondeo del Pew Research Center, solo el 62 por ciento de los estadounidenses cree que el «sistema de libre mercado» es la mejor opción. Entre los adultos jóvenes, la cifra desciende al 42 por ciento. Y cerca del 45 por ciento tiene una visión positiva del comunismo.[21] Sí, del comunismo, en Estados Unidos.

La democracia ha servido para alternar visiones del mundo opuestas y hacer compatible lo que en principio no lo parecía bajo una *religio* laica, pero, cuando leo en la prensa que derriban estatuas de George Washington y Thomas Jefferson en Estados Unidos, pienso que esta ligazón se está soltando. Como cuando Renaud Camus dice que habría que romper los tratados internacionales de asilo, o como cuando los independentistas catalanes abominan de la Constitución que les ha dado la libertad para tener sus propias instituciones y para fomentar el uso de su idioma en la escuela. Las identidades de grupo reactivas me parecen señales de que la *religio* de los estados de derecho se ha empezado a desenredar. Esto es lo que pasó entre Reino Unido y la Unión Europea con el Brexit: un lazo *religante* roto. La canción de fondo era: «No somos lo mismo, ni podemos serlo».

El proceso es imposible de entender sin tener en cuenta la huella de los totalitarismos del siglo XX y su consecuencia filosófica, el pensamiento posterior a Heidegger. El movimiento existencialista negó el sentido de la vida mientras la filosofía posmoderna no solo descuartizaba (deconstruía) los mitos, sino las verdades asumidas y el concepto mismo de «verdad». Mientras avanzábamos por el pantano de la posmodernidad, ¿qué nos religaba? Pues bien, nos mirábamos en el espejo del Muro de Berlín para decir que éramos «el mundo libre». La condición esencial del «mundo libre» presuponía que aquí, a diferencia de los regímenes del otro lado del muro, podíamos abjurar públicamente de nuestro sistema político y económico sin ser castigados por ello. Y la verdad es que esta respuesta no era de poca monta. Nos pareció satisfactoria durante un tiempo: éramos demócratas. Negándonos a ser monolíticos, habíamos encontrado una identidad ecléctica y flexible.

Sabíamos que el sistema no era perfecto. Durante décadas, los movimientos de emancipación de grupos discriminados llamaron a las puertas de la sociedad democrática. Exigían su derecho a ser incluidos y declararon con toda razón que ninguna sociedad es una verdadera democracia si discrimina a las personas por cuestiones de nacimiento. Era un movimiento en dirección contraria a lo que hoy se entiende por «diversidad», era la inclusión. A lo largo de los años, todas estas batallas culminaron en victorias. Penetraron en la democracia de pleno derecho las mujeres, las minorías raciales y, finalmente, en los últimos veinte años, los homosexuales y transexuales. En aquellos tiempos la Sudáfrica del *apartheid* simbolizaba la última frontera del Viejo Mundo, una falsa democracia, pero allí también acabó venciendo la virtud: el triunfo de Nelson Mandela y el hecho de que los negros no se vengasen de la minoría blanca que los había aplastado, aunque les sobrasen motivos, hizo creer que el proceso de democratización era mundial e imparable. Quedaba poco para que las guerras de Oriente Próximo demostraran lo falsa que era esta moneda.

Había ya otros procesos corrosivos en marcha. Mark Lilla ha separado el mundo del New Deal, en el que las escaleras sociales se construyeron con medidas de control estatal y redistribución económica, del tiempo posterior a la revolución neoliberal, donde esas escaleras empezaron a ser demolidas. Sin embargo, la disolución había empezado antes. La oposición al colectivismo soviético había puesto tanto énfasis en la realización personal que hacia finales de los años ochenta la ideología se había desplazado a ese terreno. Aspirábamos a ser hombres y mujeres autónomos por medio del consumo, de la productividad y del disfrute, y el neoliberalismo no hizo otra cosa que aprovechar esta percepción y añadir una veta de ambición económica sin límites. Las clases sociales habían desaparecido del imaginario colectivo y había voces que aseguraban que «izquierda» y «derecha» eran términos obsoletos. Todo aquel hedonismo individualista no hacía más que eclipsar una crisis de valores que solo denunciaban algunos pensadores malhumorados —demasiado conservadores o demasiado rojos—, sin que nadie les hiciera mucho caso. La fiesta no debía interrumpirse con monsergas. Todo el mundo estaba seguro de que los hijos viven mejor que sus padres. Era un axioma. Otra moneda falsa.

Ocurrió algo importante con las élites en este proceso. Sin culto a la personalidad ni totalitarismo personalista, nuestros políticos eran gestores, más o menos carismáticos, más o menos torpes, más o menos liberales, conservadores o progresistas, pero con el paso de los años esta élite dejó de ejercer el liderazgo y se distanció de la clase popular. Pasaba lo mismo con las autoridades intelectuales: hablaban de libros que leían entre ellos, loaban películas *pour la minorie* y despreciaban la cultura popular, se burlaban del fanatismo del fútbol, de lo chabacano; se encerraban en su propio mundo y progresivamente caían en la corrupción, el amiguismo y el descrédito. El distanciamiento, la sociedad partida en dos velocidades, la diferencia de los intereses vitales y de los puntos de vista entre la cúpula de la sociedad y la base se agigantó en un proceso discreto, lento y nunca lo bastante presente; solo se me ocurre definirlo como un «divorcio espiritual». Cuando las crisis económicas del siglo XXI se hicieron realidad y los estados tuvieron que ponerse de rodillas ante el mundo financiero, a costa de los colchones sociales y las escaleras entre clases, esta distancia era ya oceánica y los populismos tenían una ventaja absoluta.[22] Mientras tanto, otros pilares del Estado liberal estaban siendo demolidos detrás del escenario.

En esas circunstancias tuvimos tiempo para saborear la angustia de la libre elección y también el aburrimiento de quien tiene el estómago lleno y supone, en la tregua, que la batalla ha concluido. ¿Os acordáis de cuando la política era aburrida y burocrática? Era un tiempo muy poco trascendente, hedonista y sujeto a los placeres inmediatos, lo contrario del caldo de cultivo para las grandes utopías. Pero, como advirtió el filósofo Kenneth Minogue, estaba a la vuelta de la esquina el «síndrome de san Jorge jubilado», en el que este, tras haber matado al dragón, necesita más dragones que abatir y, si no los halla, acaba por inventárselos.[23] Pues bien, las políticas de la identidad iban a ser el lenitivo para este malestar.

Durante los años de bonanza y de aburrimiento político, África y Oriente sedujeron con su mensaje publicitario de felicidad sencilla, mientras Occidente, el eurocentrismo, la democracia de partidos y la sociedad de mercado iban cargándose de desconfianza. Es muy interesante que un sistema basado en la exaltación de la libertad individual fuera visto como algo represivo y alienante, mientras el budismo en California, el zen o la ciudad mágica de Rajnishpuram parecieran métodos para la realización personal; la tribu ya estaba llamando, todavía con una voz minoritaria y sutil. En esa época jóvenes adinerados y progresistas salieron a conocer el mundo empujados por el agobio de su propia comodidad. El convencimiento de que lo auténtico, lo puro y lo bondadoso está siempre más allá de las fronteras de Occidente reforzaron el mito del «buen salvaje» y colocaron una lente que distorsionaba la realidad en casa. Los conservadores habían estado muy ocupados ganando dinero, pero con el tiempo la nostalgia de la bandera se hizo poderosa. Y entretanto los inmigrantes no dejaban de llegar tentados por nuestra promesa de libertad y prosperidad.

Mucha gente empezó a proyectar en el sistema democrático sus frustraciones personales. Esta forma de organizarnos nos proporcionaba una libertad envidiada por los habitantes de las dictaduras periféricas, pero lo cierto es que nos sentíamos nulos y perdidos, insignificantes. Sin embargo, las instituciones no son inocentes. La corrupción política y económica había podrido muchas de ellas, a veces hasta la raíz, y la distancia entre las clases dirigentes y la ciudadanía se había convertido en insalvable. Los desajustes institucionales, ante la pasividad general, se agravaron desde los años ochenta en muchos países importantes. Muchas leyes eran redactadas atendiendo a los intereses de los *lobbies*, o eran directamente redactadas por ellos, y las puertas giratorias premiaban a los políticos más leales. No era extraño que ministros y presidentes triplicasen sus sueldos al terminar sus mandatos. Las medidas neoliberales habían intervenido la democracia y habían dejado el poder real en manos de una complicada colusión de corporaciones.

La pregunta «¿qué somos?» carecía de sentido, como el punk se había encargado de chillar. Pese a que miles de hijos de obreros se habían convertido en licenciados universitarios durante las buenas décadas, pese a que las minorías iban integrándose y los colectivos discriminados recibían sus derechos, la insatisfacción de una generación criada entre algodones y dada a un disfrute despolitizado, que con tanta agudeza ha descrito Víctor Lenore, estaba latente. La mezcla de neoliberalismo y pensamiento posmoderno había disuelto vínculos esenciales. La familia era un lastre para las aspiraciones y se atomizaba; las amistades eran pasajeras e intercambiables; la pareja no suponía más compromiso que el que se tiene con un electrodoméstico, que, si se estropea, no se lleva a reparar, sino que se sustituye. En estas circunstancias, controlar el consumo de drogas y «alcanzar el desarrollo personal» parecían los mayores retos de un habitante del Primer Mundo. Así lo mostraron películas solo aparentemente contestatarias como *Trainspotting* o *American beauty*. El mercado de la autoayuda, el *coach* o la visita al psicólogo habían terciarizado los vínculos sociales. Pero esta idea del individuo autónomo, libre para elegir y, al mismo tiempo, esclavo de la elección permanente llevaba a la angustia y a la insatisfacción.

Hubo en esa época placebos de colectivismo y excepciones, como unos dinosaurios que cobrasen vida en el museo de historia natural. Mientras el poder de los estados palidecía en los versos asonantes de la globalización, ETA y el IRA seguían matando en Europa. Mezquinas comunidades vivían ensimismadas y se volcaban en ese «identitarismo» asesino, pero los actos de los terroristas y la filosofía de sus defensores eran rémoras; anacronismos. También teníamos estadios abarrotados, conciertos multitudinarios, manifestaciones contra guerras lejanas y el primero de mayo para sentir el calor de la multitud, y aparecieron y se disolvieron unas tribus urbanas que daban la impresión de estar en una fiesta de disfraces. Su rebeldía era un terreno más para la explotación comercial, como analizaron Joseph Heath y Andrew Potter.[24] No se nacía punk, *rocker*, neonazi o *heavy*, sino que se iba a unas tiendas específicas para acabar pareciéndolo. Además, uno podía dejar de serlo, como en efecto ocurría cuando la oficina obligaba a todos esos rebeldes a acicalarse. El sistema estaba más que preparado para la existencia de apasionados antisistema y las escasas revueltas juveniles fueron juguetes comparados con los choques habituales de las décadas anteriores.

Para los occidentales de las décadas de los años ochenta, de los años noventa y de la primera década del siglo XXI, la felicidad no aguardaba al otro lado de peligrosas aventuras revolucionarias, pero intuíamos que tampoco estaba disponible veinticuatro horas al día y siete días a la semana en el centro comercial, en el cine, en los libros sin censura o en los viajes al Tíbet. Sospecho que fue todo esto, esta mezcla de factores, unida a la prosperidad económica, lo que mantuvo a unas cuantas generaciones occidentales alejadas de la tentación del atrincheramiento autorreferencial. Sin embargo, algo se estaba fraguando en el horizonte. El grupo granadino 091 lo expresó así:

> Hemos aprendido la lección,
> hemos rellenado formularios,
> y nos limitamos a pensar lo que antes gritábamos:
> las ideas que el sistema ha devorado.
> Hemos superado la adicción,
> hemos despertado del letargo,
> y nos limitamos a comer lo que otros han guisado.
> No sé si estamos preparados
> para todo lo que vendrá después.

El día en que los aviones impactaron contra las Torres Gemelas supimos lo que venía después y quedó desmentida la predicción conformista de Fukuyama: la historia no había terminado. El propio autor lo admitiría en 2020 y señaló las políticas de la identidad como el nuevo impulso destructivo de la historia,[25] pero su análisis volvía a estar sesgado. Hubo, sin embargo, un pequeño lapso de esperanza en el que movimientos cívicos como Occupy Wall Street y el 15M hubieran podido ser un punto de inflexión, pero el idealismo enfrentado de los activistas condujo las iniciativas más acertadas a la impotencia, y la desesperanza no tardó en volver a asentarse. Podemos, partido surgido de las plazas y de la iniciativa popular, no tardaría en convertirse en una organización política más, sometida a las ambiciones chabacanas de sus líderes y dominada por los caprichos lunáticos de las tribus.

Lo cierto es que, ya desde finales del siglo xx, Occidente había ido deslizándose de vuelta al punto de partida; las guerras nacionalistas de Yugoslavia no fueron una señal del pasado que se niega a desaparecer, sino del futuro que amenaza a la vuelta de la esquina. Si hoy surgen por todas partes nuevos «nosotros» furiosos que señalan a los «otros» con dedo acusador, tanto en la izquierda como en la derecha, es porque, mientras Fukuyama anunciaba el fin de la historia, el sistema económico y político que nos había mantenido en paz estaba siendo corroído. Como ha explicado Esteban Hernández, cuando la clase media descubrió que la democracia representativa estaba intervenida y que nadie solucionaba sus problemas, cuando vio que no llegaba a fin de mes, pese a que trabajaba más horas, y constató cuán frágil era el suelo que lo sustentaba todo, tuvimos que volver a preguntarnos quiénes éramos en realidad.[26] El fin de la clase media fue la caída del último mito «religante», y allí estaban personajes tan dispares como Abu Bakr al-Baghdadi, Judith Butler, Donald Trump, Shaun King, Santiago Abascal, Carles Puigdemont o Marine Le Pen para ofrecer respuestas convincentes.

El proceso de repliegue identitario tras la crisis de 2008 ha sido vertiginoso. En 2010, Viktor Orbán ganó las elecciones de Hungría; en 2012 resucitó el maltrecho Frente Nacional de Francia, mientras Artur Mas viraba del nacionalismo moderado al independentismo frontal en Cataluña; en 2013 se fundaron Alternativa para Alemania y Vox; en 2014, apareció en Italia el partido Noi con Salvini; en 2015, en Dinamarca, surgió el partido ultraderechista Nye Borgerlige y, en Polonia, el partido ultraconservador Ley y Justicia se asentó de nuevo en el poder; en 2016 Donald Trump ganó las elecciones, y al año siguiente empezó el movimiento #MeToo y, justo después, el movimiento #BlackLivesMatter, que cobraría una fuerza peligrosa al final del mandato de Trump con los disturbios de 2020, que eran una enmienda a la totalidad de la democracia estadounidense. ¿Cuál es la situación hoy? Los nacionalpopulismos quieren levantar fronteras físicas, mientras los movimientos esencialistas de la izquierda identitaria trazan divisorias frenéticas entre los ciudadanos y amplifican el resentimiento. Creo que este tuit de una feminista argentina expresa con claridad hasta qué punto se ha deshecho la ligazón de la sociedad: «No puedo creer la cantidad de VARONES que había hoy en una marcha feminista. No me siento incluida».[27]

Lo que antes hubiera sido un triunfo para el movimiento feminista (muchos hombres en una marcha de mujeres) hoy se interpreta como una invasión. Lo que nos dice este tuit es que la noción suave de «identidad» sobre la que se construyó el Estado liberal, la «ciudadanía», ha sido aplastada por las tribus. Estas evitan aquellos grupos con los que no se sienten identificadas. No ofrecen propuestas, sino que plantean exigencias. No negocian, sino que expresan sus deseos urgentes y presentan batalla. Son maximalistas y no les importa la posición de sus adversarios. No buscan el equilibrio, sino la restitución, y, cuando levantan la voz, quieren hacer la ley. Además, el alzamiento de una tribu guerrillera siempre produce que otras tribus se conformen. Así, ante las reclamaciones imparables de las feministas, los hombres empiezan a exigir ya la devolución de lo que les han arrebatado y forman sus propios movimientos identitarios. Y el blanco pide para el blanco, el gitano para el gitano y el negro para el negro, como hacen el español, el andaluz o el catalán. Distintos vectores tribales, distintas identidades pequeñas y autorreferenciales, quiebran la gran sociedad por sus costuras. Es el concepto de «ciudadanía» lo que está siendo destruido. El valor de cada «nosotros» siempre se calcula a partir de una lista de agravios producidos por los demás. Creo que esta es la situación actual.

¿Cuál era, pues, nuestra *religio*? ¿Qué es lo que se ha deshilvanado? La noción de «ciudadanía» se sostenía sobre la confianza en el progreso. Esta era nuestra *religio* y servía de cimiento para las democracias liberales. Esto es lo que terminó de quebrarse definitivamente en 2008 y quizá sea destruido del todo en los próximos años (escribo durante la pandemia de coronavirus de 2020). Sin confianza en que las cosas siempre terminan saliendo bien, en que las instituciones funcionan, en que la sociedad tiende a la justicia y no a la injusticia, nada de lo que está roto se puede restaurar. La gente inventa a toda velocidad nuevos mitos «religantes», y de ahí que algunos de los movimientos sociales más pujantes de los últimos años, desde los que aseguran que vivimos controlados por un estado secreto de pedófilos (como la disparatada «teoría QAnon») hasta la inclasificable protesta de los chalecos amarillos en Francia, sean transversales y congreguen a esotéricos, a ultraderechistas y a anarquistas. Aceptar que los hijos no vivirán mejor que los padres ha sumido a Occidente en el cinismo más abyecto, en la desconfianza, en la confusión, en el recelo y en la recriminación. Todo el mundo busca, agrupándose, a los culpables de su ansiedad. El vacío que dejó la evaporación de la confianza se ha llenado de certezas fanáticas, de mitos cortados a medida y de identidades *prêt-à-porter*. En este solar, la hipnosis de las banderas repta desde el sepulcro y los grupos marginales que lucharon por la inclusión hacen el camino inverso, piden segregación porque, dicen, no se sienten seguros. Al oponente político se le ve como una mala persona y al diferente, como una amenaza. Nadie confía ya en nadie.

9

Solos y furiosos

Donde el vanidoso Narciso cambia de estanque,
y en lugar de reflejarse a sí mismo
se regodea en el reflejo de su identidad tribal

En el vagón del tren, una chica oye las notas de voz de WhatsApp sin ponerse los auriculares y las contesta gritando a su pequeño teléfono. Estamos sentados uno enfrente del otro a menos de un metro y medio de distancia. Sus intimidades y las de su amiga son arrojadas a mi cara. La chica del tren dice que Rubén le pondrá los cuernos a la otra en cuanto se descuide y le pide que recuerde que ella ya «tuvo *match*» con Rubén y lo conoce. A los pocos segundos llega la voz de la amiga en otra nota de voz: asegura que no le hace ni puto caso y que pasa de él. Dejo el libro sobre la pierna y miro directamente a mi compañera de viaje. Ella contesta a su amiga que así es mejor, que no le haga caso. Trato de incomodarla con la mirada, pero ni siquiera repara en mi presencia. «Tú pasa de él», dice, e interpreto que lo que pasa aquí es que a la chica todavía le gusta Rubén o que es territorial y no quiere que su amiga «tenga *match*» con él. La amiga responde algo que empieza con «Ya tía» y sigue con «Por cierto». Cambio de tema. Me quedo pensando. Siguen hablando. Sé que estoy asistiendo a algo tan normal hoy como insólito hace solo quince años. Una conducta, airear en público las intimidades por teléfono sin el más mínimo pudor, que es parte del paisaje y dice algo de nosotros. Un síntoma.

Antes de que las redes sociales y los teléfonos móviles nos invadieran, la intimidad era un recinto cerrado. La esfera pública y la privada eran territorios separados por una alambrada rematada en prudencias y silencios. La vida interior de las personas estaba protegida por un tabú antiguo y resistente. Casi todo el mundo se sentía incómodo si un extraño fisgoneaba en su conversación, y los álbumes de fotos familiares eran un objeto que se atesoraba en un armario del salón y se mostraba solo a algunas visitas. Hace solo quince o veinte años la simple idea de ir por la calle manteniendo una conversación como esa por teléfono nos hubiera hecho torcer la cabeza, al igual que pensar que nuestras fotos íntimas o las de nuestros hijos no estarían almacenadas en el armario, sino en servidores remotos a miles de kilómetros de casa. En este sentido, lo que me alucina de las páginas porno es la cantidad de gente normal que sube allí sus vídeos. A veces voy por la calle y me pregunto si la gente con que me cruzo lo habrá hecho.

Cuando la *religio* se suelta y la gente se deshilvana, actitudes propias de los locos empiezan a normalizarse. Hace poco tiempo dejé de pensar «Es un loco» cuando me cruzaba con alguien que hablaba solo por la calle. Integré en mi cabeza la idea de que «Habla con el manos libres», es decir, no está hablando consigo mismo, sino con alguien, aunque esté solo. En este sentido, todavía recuerdo cómo se caricaturizaba en las películas de los años noventa a los primeros usuarios de los móviles: *yuppies* engominados y trajeados que chillaban órdenes de compra-venta de acciones ante el pasmo general. Hay una escena en alguna película de Woody Allen donde esto sucede en un restaurante y el personaje interpretado por Allen pierde la cabeza. Puede que sea una de las pocas ideas del cineasta que ha envejecido rápido, digan lo que digan algunos moralistas.

Para observar los cambios hay que hacer comparaciones sencillas. Pensemos un momento en cuál era la topografía del teléfono hace veinte años. Las cabinas poblaban el paisaje urbano y estaban diseñadas para proporcionar intimidad a quienes necesitaban hacer una llamada imprevista. En los bares, el teléfono siempre se encontraba en un rincón, cerca de los cuartos de baño y embebido de su privacidad. Y lo mismo pasaba en las casas. El teléfono eran un aparato instalado en los márgenes de un pasillo o en la entrada, en el despacho o en la salita. Si la familia lo había puesto en el salón, los hijos exigían intimidad ante cualquier llamada idiota o murmuraban por el auricular, dándoles la espalda a sus padres, que ahora no podían hablar. Los teléfonos inalámbricos triunfaron precisamente por esto. No dieron al «telefoneador» libertad de movimientos, sino libertad para recluirse donde estuviera solo. Sin cable, el teléfono permitía colocarse lejos de los oídos indiscretos. Hubiera podido creerse que los móviles marcharían en esa dirección, pero, como siempre, la tecnología tomó sus propias decisiones.

Pienso que el desprecio por la privacidad ha sido el cambio sociológico más rápido, drástico e importante del siglo XXI, y que sus consecuencias son todavía difíciles de concretar. Lo que guardábamos con celo ahora lo derramamos, aunque la transformación no afecta igual a todo el mundo. Estamos los inadaptados, incapaces de algo tan aceptable como hablar por teléfono en el tren, y los que parlotean como si tal cosa en cualquier parte. Los segundos son, en general, los que más fotos suben a plataformas como Instagram, y proliferan más entre la generación más joven. En este sentido, los adolescentes a los que llaman pomposamente «nativos digitales» son una subespecie exótica. Saben cuáles son sus mejores ángulos para el selfi antes de haber aprendido quién fue Miguel de Cervantes. Carecen del más mínimo pudor cuando están mirando sus teléfonos, como si estos crearan una burbuja de intimidad a su alrededor en vez de pincharla. Cualquier sitio les parece bueno para estirar el brazo, alejar el móvil de la cara y fotografiarse en posturas patéticas (con muecas calculadas para quedar bien solo ante la cámara), que además se desvanecen tras el clic. Mientras la cámara del móvil los mira, olvidan que los demás les vemos: sacan morritos, escenifican sonrisas y les importa un pimiento qué esté pasando alrededor. Sé que mi pudor es un anacronismo. Pienso que los que empezamos a ser viejos, aunque solo sea por nuestra incongruencia con el presente, somos algo así como inmigrantes en un tiempo extranjero. Mi país perdido será, por tanto, el del fotomatón, y los fotomatones tenían cortinas porque a los dinosaurios no nos gustaba ser vistos mientras posábamos ante una cámara.

La costumbre de conversar por teléfono en cualquier parte sin pudor, de fotografiarnos posando en todas partes en las posturas más inverosímiles, de subir toda nuestra vida falsa a internet a cambio de una validación igualmente falsa nos están hablando de la supresión del tabú de la intimidad. Habíamos empezado a habituarnos a la pornografía del yo con la prensa rosa y programas como *Gran Hermano*, y la sociedad se fue desplazando paulatinamente hacia una psicología de plató y de cotilleo a la que solo le faltaban las cámaras y la emisión en directo proporcionadas por la telefonía para demoler los límites de la privacidad. Los efectos de esta revolución han ido mucho más allá de la simple pornografía de la vida íntima. La mirada ajena, por más que insensibilice el pudor, produce una profunda y agresiva inseguridad, y también un deseo sádico de vigilancia. Si no hay dentro ni hay fuera, si no hay privado ni público, si las esferas se confunden, nada impide que los demás se crean con derecho a fiscalizar nuestra vida. Saben que nosotros también los estamos fiscalizando. Todo el mundo habla de todo el mundo, como siempre, pero ahora dejamos rastro.

Peter Sloterdijk denomina «uterotopo» al ámbito de la delicadeza y la intimidad y llama «erotopo» a la competición ritual y las tensiones de poder; hoy ambas se mezclan y confunden. La moralización sobre las conductas ajenas, sobre los deseos y pensamientos que han emprendido las tribus ideológicas, no debería sorprender a nadie. Que los moralistas quieran cortar a todas las personas por un mismo patrón es lógico; la gente necesita orden y categorías. En estas circunstancias hemos terminado agrupándonos y hemos dedicado un esfuerzo ímprobo a calcular cuál será la reacción de los demás ante nuestras expresiones, a la vez que adaptábamos nuestra noción de verdad a lo que fuera recomendable. En esto ha querido ver el psiquiatra Pablo Malo señales del camino evolutivo.[1]

Que en las redes la gente hable como si los estuvieran grabando no es extraño, pues realmente los están grabando. Que necesiten recibir valoraciones positivas y prevean la reacción a sus palabras tampoco es raro. A medida que la confianza en uno mismo dependió más y más de la simpatía de sus vigilantes, empezamos a proyectar cada vez más solo aquello que suponíamos que les parecería aceptable a los demás. La catarata de fotos iguales y de poses estandarizadas de Instagram se parece, por tanto, a las consignas ideológicas de Twitter. Todo el mundo sabe cómo tiene que ponerse ante la cámara para no ser destruido por la reacción. Esto es, básicamente, la semilla de lo que llamo «narcisismo tribal».

Narciso cambia de estanque

Para poner a prueba mi hipótesis vamos a repasar los pensamientos anotados en el diario de juventud de un hombre frágil y mezquino que vivió un tiempo desordenado, con la *religio* rota, y que encontró en la tribu la medicina para su insatisfacción. «Mi vida carece de sentido. Estoy divagando sin rumbo, perdido en el universo. Qué terrible destino. ¿Por qué leo estos estúpidos periódicos? Nada tiene sentido. La política me está matando.» Podrían ser las palabras de cualquier joven hastiado del siglo XXI, pero están escritas en julio de 1924 por Joseph Goebbels, destinado a convertirse en el cerebro de la propaganda nazi. Quien idearía el mecanismo de identificación espiritual para transformar a millones de alemanes en fanáticos era por aquel entonces un fantoche sin horizontes ni esperanzas, un espíritu quebradizo que buscaba denodadamente la validación ajena.

Durante su infancia, provinciana y deprimente, marginada, la neumonía y la cojera lo convirtieron en un tullido físico y emocional. Pero en aquel cuerpo enclenque y feo cabía un deseo megalomaniaco de ensalzamiento total. ¿Por qué no le querían? ¿Se examinaba Goebbels con objetividad? No. Estaba convencido de que fuerzas poderosas y oscuras de la sociedad se conjuraban para poner obstáculos a la gente como él. Ardía en deseos de venganza, pero estaba lastrado por la impotencia: «La revolución está dentro de mí, pero sigo pesimista respecto a todo».[2] Sometida a la angustia del vacío y a la insatisfacción permanente, desorientada y agobiada, su mente busca fuera de sí, en los márgenes, a los responsables de su desasosiego. A renglón seguido de sus lamentos, Goebbels escribía: «Expulsemos a los judíos que se niegan a convertirse en alemanes, démosles también una buena paliza».

Debo decir que no estoy estableciendo una comparación cruel entre los nazis y los movimientos identitarios de hoy, pero sí veo un hilo que enlaza los espíritus quebrados de ambas épocas, el mismo vacío interior que espera la llamada de la tribu para colmarse. Tener una vida mediocre y culpar a los judíos de ella no es muy diferente de tener una vida mediocre y culpar a cualquiera de las tribus rivales de hoy, a los hombres, a las mujeres, a los musulmanes o a los ciclistas.

Perdidos, sin rumbo, despersonalizados, muchos habitantes de la república de Weimar buscaban una energía superior que los galvanizase; una *religio* por encima del mortecino Estado burocrático de posguerra, algo grande a lo que entregarse en cuerpo y alma. Quienes habían vivido la infancia y la juventud en la Alemania de la Gran Guerra —«1917, un año lleno de hambruna, de alguna forma lo superamos»— crecieron en un país castrado, sin ejército, sin espina dorsal, sin fuerzas en plena ofensiva imperialista. Obsesionado con la identidad colectiva, con la decadencia y la muerte, Goebbels cursó Filología alemana en la Universidad de Heidelberg y se doctoró con una tesis titulada «Reflejos de muerte». El espejo, que le devolvía una imagen mezquina de sí mismo, había empezado a mostrar resplandores dorados cuando lo colocaba frente al rostro quimérico de su tribu. Si lo reflejaba a él, encontraba angustia y desazón; si reflejaba lo que él era, grandeza reprimida y resentimiento, deseos de empoderamiento personal mediante el empoderamiento colectivo.

Goebbels llevó una vida anodina mientras la sociedad se venía abajo. Trabajó en un banco cuando la recesión y la inflación quebraban vínculos familiares por todas partes. El soniquete de la vida pública era una ópera trágica desfigurada en los cabarets. La falta de horizontes prósperos hizo de aquellos tiempos, como ha hecho de los nuestros, un huerto fecundo para la polarización y la posverdad. Panfletos como los *Protocolos...*, sobre los que ya nos extendimos, proporcionaban explicaciones sencillas a problemas complejos, mientras los «mesías seculares», como los llamó George Steiner, ocupaban el trono vacante de la religión en retroceso.[3] «Necesitamos mano dura en Alemania —escribió Goebbels—. Pongamos fin a todos los experimentos y palabras vacías para empezar a trabajar en serio.» Anhelaba reconocimiento, éxito y orden.

Los nazis fueron rápidos hipnotizando a los jóvenes sin horizontes con la idea de un Reich resucitado desde sus cenizas que acabaría con todo lo viejo. En realidad, estaban aprovechándose de la encarnizada lucha generacional en la que los vínculos familiares se habían volatilizado. Los chicos nacidos durante la segunda década del siglo XX reprochaban a sus padres que hubieran fracasado en la guerra, mientras los malogrados excombatientes nacidos en la década anterior detestaban a los suyos por haberlos enviado al sacrificio insensato de las trincheras. Goebbels, algo mayor que un chico, demostraba en cada línea de su diario la insatisfacción permanente de un adolescente. Empleaba el lenguaje solemne y trascendental típico del veinteañero engreído: «Mi búsqueda es por el nuevo Reich y el nuevo hombre, y solo podré encontrarlos en la nueva fe. La fe en nosotros mismos nos guiará a la victoria final».

Las peores páginas de la historia empiezan con odas al hombre nuevo (esta es la forma del siglo xx de buscar un mesías) y sospecho que son también las típicas palabras de los jóvenes deseosos de canalizar su rebeldía: ellos, al fin y al cabo, siempre representan al hombre nuevo. En 1926 Goebbels se encontró durante un viaje a Múnich con la cúpula del partido nazi, al que ya se había afiliado. Allí creyó descubrir al modelo ideal de la nueva humanidad futura: «Una increíble arquitectura gótica. Fuimos al parque. Salchichas y cerveza. Vivir en Múnich. Burguesía con mucho encanto. Una ciudad preciosa, con el sol brillando sobre nosotros. A mi vuelta al hotel me enteré de que Hitler había llamado. Quería darnos la bienvenida. Se presentó en quince minutos. Alto, saludable y vigoroso. Me gusta. Nos puso en evidencia con su amabilidad. Nos conocimos, nos hicimos preguntas, me dio respuestas brillantes, lo adoro. El contrato social está lleno de nuevas perspectivas. Lo tiene todo ideado. Su ideal: una mezcla de colectivismo e individualismo. [...] Puedo aceptar esta brillante idea como guía, me inclino ante su superioridad. Reconozco su don político».

Hitler también vio algo en él. El ascenso de Goebbels fue rápido, pero convertirse en un dirigente nazi tampoco fue suficiente para llenar su alma vacía, y no deja de resultar muy interesante saber que las depresiones y los desvelos seguían salpicando sus cuadernos. Siempre quería más y todo cuanto le caía dentro se perdía en la oscuridad. La competencia interna en el partido nazi alimentaba su inseguridad y pasaba de verse como un dios a creer ser una basura, no existía término medio. En esta época ya había confundido por completo la política con la espiritualidad, la identidad colectiva con la propia, y el espejo se fue desplazando: «En un día no muy lejano, el nacionalsocialismo será la religión de todos los alemanes. Mi partido es mi iglesia, y yo creo que sirvo mejor al Señor si hago su voluntad y libero a la gente oprimida de los grilletes de la esclavitud. Ese es mi evangelio». Y ese mismo año: «No tengo ni amigos ni esposa, parece que estoy pasando por una gran crisis espiritual. Todavía tengo los mismos viejos problemas con mi pie, y luego están los rumores de que soy homosexual. Los agitadores intentan disolver nuestro movimiento, y yo estoy continuamente metido en pleitos menores. Es como para echarse a llorar».

Consiguió casarse en 1931. Su mujer, Magda Behrend, era una divorciada que hacía pequeños trabajos para el partido nazi. El romance, que llevó a Goebbels a escribir patéticas cursilerías, siempre estuvo, sin embargo, sometido al sentimiento superior de exaltación nacionalista, y más adelante se alternó con las continuas infidelidades del insaciable Joseph.[4] Pero aquí lo importante era la pertenencia, y los Goebbels eran un matrimonio nazi por encima del amor. Dominados por la ideología, establecerían un lazo más político que afectivo. A sus siete hijos les pusieron nombres que empezaban por H en homenaje a Hitler y la familia se convirtió en el modelo de estirpe de la propaganda del Reich. A través del cine, la radio y la fotografía, los niños Goebbels reflejaban las virtudes raciales de una familia aria. Cantaban y bailaban, recitaban poesía nacionalista y felicitaban a Hitler por su cumpleaños. En 1939, Goebbels utilizó una cámara oculta para grabar sus juegos y empleó las imágenes como contraste a las de los niños discapacitados que malvivían en los hospicios. Estaba promoviendo el plan Aktion T4, la eugenesia nazi.

Goebbels entregó su vida familiar a la propaganda porque era una forma de entregarse él mismo a la tribu, que le devolvía el amor propio del que carecía. En el clamor de las masas había descubierto un ruido que lograba entumecer su insatisfacción. Prueba de su temperamento tribal es que cuando alguien atacaba el nazismo se consideraba él mismo como una víctima: «Dicté un artículo muy duro contra los judíos y su campaña de difamación. Los judíos no reaccionan ante la generosidad, ni ante un gesto magnánimo. Tienes que enseñarles lo que estás dispuesto a hacer». Ese mismo año, 1933, mandó quemar libros judíos en la Opernplatz de Berlín en una hoguera purificadora. «Acercaos, disfrutad de esta medianoche, en la que podemos quemar los fantasmas de nuestro pasado en las llamas.» Estaba convencido de que los judíos contaminaban todo lo que tocaban: «Richard Strauss escribió una carta odiosa al judío Stefan Zweig. La policía la interceptó. La carta es insolente y, peor aún, estúpida. Ahora Strauss tendrá que marcharse. Todos estos artistas carecen de principios políticos. Fuera con ellos. ¡Strauss escribiendo a un judío! Es asqueroso».

A través de la conexión con las masas enardecidas, su identidad insegura quedó disuelta por completo. Él había contribuido a crear la ensoñación colectiva de la identidad aria y se sumergió en ella hasta desaparecer. Cuando los rusos penetraron en Berlín en 1945, su familia al completo se atrincheró en el búnker junto a Hitler. El matrimonio se negó a abandonar la ciudad, mientras el Ejército Rojo avanzaba palmo a palmo en la última gran batalla del frente occidental. La noche del 29 de abril la derrota era inminente, pero los Goebbels despreciaron la última oportunidad de escapar junto a sus hijos y le pidieron a un dentista, uno de los pocos médicos que quedaban en el refugio, que inyectase morfina a los pequeños para proporcionarles un sueño profundo. La versión más aceptada de aquella noche cuenta que Magda entró con el sigilo y la frialdad de una serpiente en el dormitorio mientras Joseph aguardaba en la puerta. Metió cápsulas de cianuro en la boca de los niños uno a uno, y cuando se aseguró de que todos estaban muertos se encontró con su marido y se suicidaron. Otras versiones, como la de Albert Speer, aseguran que fue Joseph quien los asesinó. De cualquier forma, el mensaje de fondo es el mismo. Tras el desplome de su identidad colectiva, ambos eran carcasas vacías. Machacada su tribu, creyeron que sus hijos no podrían vivir una vida plena.

Las comparaciones históricas siempre son peligrosas. El futuro siempre está por escribir y no sabemos adónde nos llevarán las tribus esta vez. Sin embargo, en la evolución de Goebbels desde el muchacho inestable y necesitado de atención hasta el fanático que mata a sus propios hijos antes de suicidarse porque su tribu ha sido desarticulada, hay, creo, un mensaje útil para la humanidad. Como decía más arriba, mi sospecha es que, cuando disminuye la autoestima individual, se intensifica la búsqueda de autoestima de las masas. El caso de Goebbels quizá sea, por extremo, el paradigma. Goebbels ofrecía a la tribu una quimera de gloria y autoestima que en realidad era lo que él necesitaba, y recibía a cambio, cuando pronunciaba sus discursos, un clamor que atenuaba su angustia de individuo fracasado. Es decir, había encontrado el alivio para su narcisismo desplazando el estanque, y, en vez de contemplar su propio rostro, miraba la fantasía estilizada del pueblo alemán de raza aria.

Autoestima de masas

El asesinato de los hijos de los Goebbels muestra hasta qué punto pueden volatilizarse los lazos más sagrados en una solución química de exaltación identitaria. Es una consecuencia extrema del poder de la masa, que libera al individuo de toda responsabilidad y del cuidado de los otros mediante la identificación. La masa siempre nos ampara si le hemos entregado nuestro criterio, si nos desprendemos de la moral universal y acogemos las consignas de la marcha. El filósofo José Ortega y Gasset describía la masa, de hecho, no como una multitud, sino como una condición psíquica: «Delante de una sola persona podemos saber si es masa o no. Masa es todo aquel que no se valora a sí mismo —en bien o en mal— por razones especiales, sino que se siente "como todo el mundo" y, sin embargo, no se angustia, se siente a salvo al sentirse idéntico a los demás». La oponía a la minoría, y con esto trazaba una distinción elitista entre la mediocridad y la excelencia. «Para formar una minoría, sea la que sea —decía Ortega—, es preciso que antes cada cual se separe de la muchedumbre por razones especiales, relativamente individuales.»[5]

Ortega explica, en sintonía con Nietzsche, que siempre ha existido una aristocracia intelectual cuyos individuos, cargados de voluntad y criterio, se niegan a entregar su voz al ruido de los tiempos y se oponen con furia disidente. Esto es cierto solo en parte, pues la historia del siglo xx ha demostrado que cualquier élite es capaz de convertirse en un burdo ariete de la masa y que la voluntad de los «grandes hombres» no tiene por qué ser un atributo elevado. Por otra parte, hoy sabemos que todo el mundo, incluso quienes se declaran más abiertamente disidentes, necesita cierto grado de validación externa. ¿Cómo quererse a uno mismo sin la admiración de nadie? ¿Cómo lograrlo sin ser un psicópata? Sobre este dilema vamos a extendernos ahora.

Creo que Mark Leary demostró en la década de 1990, con su famoso experimento sobre la rebeldía, que la autoestima no existe como aptitud individual, separada de los otros.[6] Este eligió a personas según dos criterios: por un lado, las que se consideraban inmunes a las opiniones de los demás; por otro, las que admitían que les afectaban «bastante». Los participantes tenían que sentarse a solas en una habitación y hablar de sí mismos a un micrófono, venderse. En la pared había un marcador en el que las cobayas veían una serie de números que creían que indicaban la calificación que un puñado de desconocidos les ponía según hablaban; pero el marcador era falso. Manejado a voluntad por el equipo de Leary, bajaba del 7 al 1 en un desplome simulado de la popularidad. Como era previsible, la autoestima de quienes admitían que les importaban bastante las opiniones ajenas se venía abajo con los números. La sorpresa, o no tanto, fue que los autoproclamados rebeldes individualistas sufrían un impacto anímico similar.

No somos dueños de nuestra autoestima, por mucho que lo repita la basura de los libros de *coach*, que parecen la forja perfecta para maniacodepresivos. Los números del marcador los llevamos dentro, los percibimos en todo momento. Estamos provistos de finas antenas para detectar cuál es el efecto que causamos en los otros. En esto quiso ver Leary una marca evolutiva: la supervivencia de nuestros ancestros ha dependido de la valoración ajena durante millones de años. No la tienen las vacas, que ignoran que son vacas, ni los murciélagos, ni las mangostas. El perro salchicha no se identifica como nada diferente al pastor alemán, ni critica con ladridos su religión, ni su indumentaria. Al tigre no le preocupa que lo consideren tigre, ni envidia a los leones por ser otros grandes felinos. Pero el hecho de que nosotros seamos tan vulnerables a la opinión ajena es quizá el secreto de nuestro éxito: cuando se trata de organizar un ejército o una batida de caza nadie nos supera. Hemos inventado medallas y trofeos, hemos creado la gloria para convertir el peligro mortal en algo deseable y hemos ideado el mérito para transformar las dificultades en retos apasionantes.

En el sentido evolutivo, que una manada te acepte significa que dejas de estar indefenso en un mundo hostil y que tus posibilidades de alimentarte y reproducirte aumentan. Leary sugirió, pues, que la autoestima no es un atributo individual, un amor propio, sino que funciona como una suerte de «sociómetro» que nos permite detectar problemas en el estado de nuestra integración social. Un «amor de todos» que, ya en el siglo XVIII, el filósofo Johann Gottfried von Herder señaló como una necesidad tan poderosa como la de comer, beber o respirar. Pues bien, volviendo desde aquí a la distinción entre «grupo» y «masa», creo que en el tipo de autoestima que nos ofrece la masa y el grupo radica una importantísima diferencia. Mientras que el grupo cifra la autoestima que proporcionará a sus miembros en la calidad de sus relaciones personales, la que ofrece la masa depende de un factor mucho más simple y superficial: la adhesión.

Ahora nos relacionamos con los demás en un medio que se parece mucho al marcador aleatorio de Leary: los *likes* e insultos en la red social. Si Ortega y Gasset hubiera podido ver las redes sociales, se habría sentido feliz al constatar hasta qué punto era cierta su intuición de que la masa es un estado psíquico que puede detectarse en individuos separados. En las redes asistimos a un acaloramiento permanente del ánimo, a una alerta que no se apaga, a un clima de camaradería e indigencia intelectual que enlaza con la definición de Ortega y Gasset y, al mismo tiempo, mientras bramamos juntos, lo cierto es que todos estamos solos, sin vínculos, aislados de los demás. En una cafetería donde hay tres personas sentadas en tres mesas distintas, embebidas en sus teléfonos móviles, podemos observar tres masas furiosas en el silencio más denso, en la tranquilidad más imperturbable. La masa digital es una extraña muchedumbre de individuos ajenos. En su estallido, sin calor ni compañía, un sucedáneo de camaradería enhebra a personas que ni se conocen, ni se acompañan, ni se aprecian. Pueden estar a pocos metros en el mundo real, o muy lejos unas de otras, sin rozarse ni conocerse. Sin mirarse a los ojos, sin sentir la voz de los demás.

La expresión típica de la masa en el entorno digital es el *hype*, es decir, el entusiasmo superficial en torno a cualquier cosa nueva, y el linchamiento, esto es, el odio superficial en torno a cualquier cosa ofensiva. En cada caso nos encontramos con el mismo paisanaje: gente que busca reforzar su autoestima con la validación externa disparando su admiración o su odio contra cualquier objetivo. Esto es lo que le pasó a Justine Sacco,[7] vapuleada por cientos de miles de usuarios desde varios países hasta que su vida quedó totalmente arrasada, y todo por un tuit que se interpretó como racista sin serlo realmente. En aquel caso, cientos de miles de personas conformaron una masa sin otro lazo que el odio y se colocaron una máscara de virtud que se sostenía con el clamor popular. Observados uno a uno, cada individuo obraba de forma cruel y deplorable, pero la masa les proporcionaba protección. El linchamiento de Sacco era al mismo tiempo una queja, un cuchicheo y una fiesta. Como dice Byung-Chul Han: «Los individuos digitales se configuran a veces como colectivos [...], pero sus modelos colectivos de movimiento son muy fugaces e inestables, como en los rebaños constituidos por animales. Además, con frecuencia actúan de manera carnavalesca, lúdica y no vinculante».[8] Exacto. Los internautas tiran piedras a una bruja en la fiesta alegre del linchamiento popular sin ver una gota de sangre. Su actitud es exactamente igual que la de quienes reaccionan con gritos histéricos porque han visto un tráiler de *Star Wars*.

Lo vimos durante el movimiento #MeToo. En torno a esa hoguera virtual, millones de mujeres y hombres se convirtieron en una masa compacta e indistinguible. El #MeToo era una respuesta a una situación dolorosa y la masa reaccionaba a un sistema que ha permitido abusos y ha silenciado a las víctimas. El punto de partida era la ansiedad, pero el destino fue la ira. Atacaron sin cuestionarse qué castigo merecía cada acusado y, por supuesto, sin esperar a valorar pruebas. Se cortaban cabezas leyendo titulares y se pasó por la picadora la reputación de culpables e inocentes. Como en *Las brujas de Salem*, bastaba la palabra de una persona para desencadenar juicios sin defensa posible. ¿A quién se le podían pedir cuentas cuando tocó restaurar la reputación de, por ejemplo, Morgan Freeman, acusado en falso por una periodista? A nadie, porque la masa diluye la responsabilidad hasta volverla homeopática. No se la puede juzgar si comete un atropello porque entonces ya no queda nadie que pueda responder. La periodista que mintió sobre él sigue trabajando en el mismo sitio.

El marcador arbitrario de popularidad de Leary fue un truco de laboratorio en su día, pero hoy vivimos conectados a uno las veinticuatro horas del día. En el móvil, las redes sociales nos proporcionan cifras de popularidad que suben y bajan fuera de nuestro control, como las gráficas de la bolsa. Es fácil suponer que quienes se muestran más agresivos en un linchamiento recibirán mejores calificaciones que los que matizan la opinión mayoritaria o se atreven a cometer la herejía de defender al acusado. En cualquier masa, el matiz es un tabú. Y si, como sospecho, es la falta de autoestima individual lo que nos inclina a buscar la autoestima gregaria, las redes sociales serán responsables, al menos en buena parte, de la polarización social y del auge de las identidades colectivas. Más todavía, si cabe, cuando ya se ha estudiado que el abuso de redes sociales provoca estados de agitación, de estrés e incluso de depresión, esto es, el caldo de cultivo emocional idóneo para el advenimiento de la masa, para nuestra disolución en ella, como nos enseña el desgraciado caso de Joseph Goebbels.

SOLOS Y FURIOSOS

La masa saca su energía de la insatisfacción y del miedo gregario ante unas amenazas intangibles que no siempre son reales y que no siempre afectan a cada uno de sus miembros. Allí los privilegiados pueden compartir viaje con las víctimas y beneficiarse de su dolor con impunidad. Allí se confunde la justicia y la venganza, el ruido y el mensaje, el prestigio y la popularidad. Y allí es donde florece, como un intrincado sistema orgánico de premios y castigos, el narcisismo tribal. Su expresión más habitual es esta: cualquier ofensa genérica a cualquier colectivo es tomada como un ataque personal por millones de individuos que se sienten identificados. Es decir, alguien hace un inocente chiste de andaluces y cientos de andaluces lo toman como si estuviera dirigido a ellos, personalmente. Es un desplazamiento típico del espejo de Narciso, que también se adivina en esa sofisticada forma de vampirizar a las víctimas cuando una mujer acomodada que se atreve a decir «Nos están matando» si han matado a otra. Como veremos después, los populistas siempre ponen en práctica esta trampa: el ataque a un presidente despótico se disfraza, en su respuesta, de insulto a todos los habitantes del país. De nuevo es un desplazamiento del espejo de Narciso, con grandes beneficios para el manipulador: «Si me tocan a mí, os tocan a todos».

Esto explica que tantos farsantes oportunistas se hayan proclamado defensores de los que no tienen voz en los últimos años, algo que han hecho, por supuesto, sin pedirles permiso. Hemos visto, así, levantarse de la nada a portavoces deslenguados y egocéntricos a los que pocos grupos permitirían actuar si hubieran deliberado sobre ello. Logran su prestigio haciendo creer que hablan por otros, cuando lo hacen por sí mismos. Vistos desde fuera y fríamente resultan hasta divertidos: muchachitos blancos de veinte años insultando a la gente en la calle porque no levantan el puño y gritan «Black Lives Matter», aliados feministas con barba que acusan a todos los de su sexo de ser violadores en potencia para colgarse una medalla, lunáticos embebidos de narcisismo tribal que se benefician de esto y de aquello y que serán los más comprometidos con una causa mientras esta reporte beneficios.

¿Serán esos portavoces sobrevenidos, tal vez, quienes se sienten más deprimidos y miserables cuando se quedan solos, sin el calor de la masa? Erich Fromm llamó a este mal «separatidad» (la cursiva es mía): «La vivencia de la separatidad provoca angustia; es, por cierto, la fuente de toda angustia. Estar separado significa estar aislado, sin posibilidad alguna para utilizar mis poderes humanos. De ahí que estar separado signifique estar desvalido, ser incapaz de aferrar el mundo —las cosas y las personas— activamente; significa que *el mundo puede invadirme sin que yo pueda reaccionar*. Así, pues, la separatidad es la fuente de una intensa angustia. Por otra parte, produce vergüenza y un sentimiento de culpa».[9] Fromm elige el mito de Adán y Eva para ilustrar que el hombre y la mujer, al saberse diferentes viendo sus cuerpos distintos, hallan en esta diferencia, en esta separación esencial, una fuente de angustia que solo podrán calmar uniéndose. Esta metáfora es aplicable a muchos casos presentes. Cuando muchos de los canales vinculantes clásicos para vencer esta separatidad (la familia, los amigos, el amor) están bloqueados como ocurre hoy, es la masa la que nos ofrece su placebo.

Durante la investigación para mi libro *Arden las redes* pude constatar que esto estaba funcionando en nuestra sociedad. Conversé con participantes de linchamientos y hasta con los promotores de algunos. Recuerdo muy bien al *youtuber* que capitaneó los ataques contra la escritora María Frisa: bajo el seudónimo de Haplo Schaffer se escondía una persona resentida y lábil que halló en el clamor popular un calmante para su ansiedad. Mientras duró el linchamiento de Frisa, injustamente acusada de promover el machismo con sus libros infantiles, el *youtuber* logró que se recogieran más de treinta mil firmas para retirar sus libros de las librerías y azuzó sin descanso a la masa. En todo momento, Schaffer se vendía como el espejo de todas las virtudes de la humanidad. Dos años después, en pleno movimiento #MeToo, lo acusaron de pederastia en un linchamiento similar al que él había promovido contra Frisa, impulsado por otros virtuosos, y desapareció por completo de las redes.[10] Sus vídeos, hasta el momento, habían sido una mezcla de ataques contra otros *youtubers* y quejas lastimeras por su precaria situación emocional. Tan pronto narraba sus experiencias de acoso en la escuela como promovía el acoso digital contra otros. Me ha sido imposible contactar ahora con él, pero que haya desaparecido de las redes quizá es un síntoma de recuperación.

Mi opinión es que el narcisismo tribal, cuyas causas ya he apuntado, está muy relacionado con el uso y abuso de las redes sociales. En los últimos años se ha publicado una catarata de artículos académicos serios que relacionan el uso de las redes con la ansiedad,[11] la autoestima volátil,[12] la falta de sueño[13] o la depresión,[14] entre otros trastornos. Estas consecuencias adversas son especialmente graves entre los jóvenes, en los que los tratamientos químicos por los «males del alma» se han multiplicado al mismo ritmo que las patologizaciones y el sobrediagnóstico psiquiátrico. Hoy los antidepresivos son uno de los medicamentos recetados con más frecuencia en los adolescentes de Estados Unidos y Europa, sobre todo entre las chicas. Se calcula que entre un 13 por ciento y un 20 por ciento de los menores de dieciocho años toman estas drogas para corregir nuevas patologías como el trastorno obsesivo-compulsivo o el trastorno de atención.[15] Sin embargo, es sabido que los usuarios acuden a las redes para calmar su desasosiego y que las usan más cuanto peor se sienten. Como pasa con las drogas, las redes ofrecen un alivio momentáneo para el mismo mal que ellas mismas están causando. La placentera descarga de dopamina colma de gozo al cerebro ansioso cuando las notificaciones y actualizaciones se despliegan, pero el efecto dura muy poco. Como ha explicado Marta Peirano, no podemos obviar el hecho de que los mayores genios de Silicon Valley se dedican, a cambio de grandes sumas de dinero, a crear aplicaciones adictivas cuya finalidad es cosechar la máxima cantidad de datos posible de nuestros hábitos de consumo.[16]

En Instagram podemos ver un incesante desfile de vidas aparentemente perfectas y rostros bellos y felices que oculta dramas personales. Entre las consecuencias del abuso de Instagram o de TikTok por parte de los adolescentes hay verdaderos daños en la autoestima. La exposición continua a falsas vidas perfectas provoca frustración y pavor a no proyectar una imagen de éxito y autonomía. Los filtros embellecedores, que te hacen parecer espectacular en las fotos, están agravando problemas de imagen en los adolescentes. Algunas chicas jóvenes, según se ha constatado, cuando se miran al espejo del cuarto de baño sin filtros tecnológicos, se ven como unos adefesios. Me lo cuenta la socióloga Liliana Arroyo, autora de un libro sobre el impacto de las redes en los adolescentes,[17] que señala otros síntomas de alienación: «Recientemente he observado un fenómeno entre los jóvenes en relación con su capacidad de decidir. Es todavía una hipótesis, no he hallado datos y no sé si es un fenómeno más habitual entre los nacidos a partir del 2000 o simplemente es más visible, o me fijo más en ellos por el proceso etnográfico para mi libro, pero mi percepción, basada en conversaciones informales con jóvenes universitarios de alrededor de dieciocho años, es que en el momento de tomar decisiones (vitales o banales) se exponen a una sensación abrumadora que en algunos casos puede llegar a ser paralizante». Si la intuición de Arroyo es cierta, tendríamos otra prueba de que la mía también lo es. La tribu decide por ellos.

Como hemos visto más arriba, partimos de la base de que las

familias se atomizaron en el mundo globalizado. Los jóvenes de la generación anterior abandonaron pueblos y provincias para buscar fortuna en las grandes ciudades, en los polos económicos y de prestigio, y allí terminaron echando raíces lejos de sus padres. Si antaño todos los miembros de una familia pululaban en torno a cuatro calles, hoy se comunican por Skype desde puntos remotos. Además, dado que un padre y una madre cualesquiera se ven obligados a trabajar hasta tarde fuera de casa en un ambiente laboral inseguro y competitivo, el niño del siglo XXI se ha criado solo con demasiada frecuencia. Andreu Navarra, profesor de secundaria y escritor, ha explicado que hoy pasa por las aulas una generación sometida a un cóctel peligroso: abandono, exigencia académica y sobreprotección sentimental. Los padres se culpan por no pasar suficiente tiempo con sus hijos y tratan de remediarlo ejerciendo una protección que, a la postre, desarma a los chicos para afrontar situaciones frustrantes o traumáticas. Cuando los exámenes aprietan, muchos se vienen abajo.[18] Conéctese esto con las observaciones de Jonathan Haidt y Greg Lukianoff sobre los campus estadounidenses. La línea me parece muy clara.

La psicóloga Eva Millet ha centrado buena parte de su obra en los efectos de esa sobreprotección sobre la autonomía y la autoestima de los individuos. Explica que la cantidad de preguntas que los niños de esta generación reciben al día para los asuntos más triviales (¿quieres ponerte esta camiseta o esta otra?, ¿nos vamos a dormir?, ¿quieres comer espárragos o prefieres tortilla?) produce «hiponiños», personas sin capacidad de decisión y con una autoestima sometida en un grado extremo a la validación externa.[19] Esto, unido al miedo de unos padres sin tiempo a que algo horrible ocurra a sus hijos en su ausencia, ha limitado los espacios de libertad infantil para el juego o para la lectura, de manera que los niños viven sometidos a la tiranía de la elección en el ámbito de la casa, pero limitados en la experiencia íntima de la libertad en el mundo exterior.

Sin embargo, pese a todo esto, no sería prudente cargar a los más jóvenes con un problema transversal como el narcisismo tribal, que está manifestándose con igual potencia entre los adultos y en todas partes. Posiblemente ellos estén más desarmados ante los «identitarismos» que vienen a hipnotizarlos, más indefensos ante el pensamiento gregario por la educación deficiente tan de moda, pero la generación de los mayores no tiene motivos para presumir. El fenómeno de la «muerte por desesperación», que afecta especialmente a hombres de más de cincuenta años, es, según *The Economist*, la punta de un iceberg de soledad y vínculos destruidos propio de la sociedad contemporánea.[20] Los datos sobre el voto xenófobo demuestran, en todos los países donde ya ha estallado el fenómeno, que los mayores se decantan por discursos populistas y nacionalistas en una proporción superior a los jóvenes. Hay una brecha generacional en la que los chicos se ensimisman en las identidades de género fluido, mientras sus padres agitan banderas.

Es posible que el poder de las masas identitarias que hemos visto removerse hasta la fecha sea un aperitivo de lo que vendrá después, como cantaban los 091. Así lo han advertido Haidt y Lukianoff al observar las cazas de brujas y las exigencias de seguridad en los campus universitarios anglosajones,[21] Félix Ovejero en su examen de la deriva reaccionaria de las izquierdas,[22] Marlene Wind en sus indagaciones sobre el proceso de tribalización en Europa,[23] Angela Nagle en su estudio de los movimientos de extrema derecha en la esfera digital estadounidense,[24] Mark Lilla y Steven Pinker en sus aproximaciones a los nuevos dogmatismos gregarios, Camille Paglia en sus críticas al feminismo identitario,[25] o Fernando Broncano con su análisis de los agujeros del pensamiento político contemporáneo.[26] Personas con distintas ideologías y sensibilidades, con diferentes preocupaciones y puntos de vista, confluyen en su advertencia: el proceso de demolición de los cimientos del Estado liberal ha comenzado, y no es un invasor extranjero el que ataca las estructuras que sustentan la democracia, sino nuestro ensimismamiento. El narcisismo se ha desplazado del individuo a la tribu, y la tribu es capaz de desatar un poder devastador.

10

Corregir lo incorregible

Donde pasamos la corrección política,
las microagresiones y la helada cortesía
por la picadora del pensamiento crítico,
sin olvidar a sus feroces enemigos

En la primera parte del libro vimos que los tabúes no suelen brotar como las setas en el bosque ni como las ofensas en Twitter; que son el resultado de procesos de distinción y separación cuyo origen está sepultado bajo estratos de cultura. Incluso cuando parecen surgir de la nada por el capricho de unos activistas, responden en realidad a mecanismos profundos que se activan en presencia de amenazas simbólicas. Rara vez son la flor de un día. Podríamos decir entonces que el tabú se parece más al refrán que al meme denuncia de internet. Bajo una apariencia pedestre, ambos ocultan mecanismos sofisticados. Nos dan información de los saberes antiguos, alumbran etapas de la evolución cultural y permiten investigar tanto problemas acuciantes del presente como universos desaparecidos. También suelen ocultarnos su origen. Como los chistes de abuela, no tienen autor; incluso las órdenes rubricadas, como el veto al cerdo de Mahoma en el Corán, son réplicas. Esto los emparenta lejanamente, sí, con el meme o con el ruido del enjambre de una red social, pero asimismo existe una importante diferencia respecto a estos: el origen de estas píldoras del saber antiguo no suele responder a una agenda política concreta.

Ahora bien, la presencia de una agenda política —es decir, de la estrategia del poder o un contrapoder— no niega la existencia de un tabú. Se pueden fabricar, y en este sentido la historia de las revoluciones proporciona ejemplos, relacionados a su vez con el fenómeno que tratamos en la segunda parte del libro: la herejía. La rebelión de los ayatolás de Irán hizo del cabello femenino un objeto vetado (y velado) de la noche a la mañana en una sociedad cuyo aspecto anterior a la revolución recordaba más a París que a una teocracia islámica.[1] La Unión Soviética decretó el tabú para los elementos de la deferencia clasista, que se habían mantenido intactos durante siglos en Rusia, e implantó nuevas formas de saludo y cortesía.[2] La revolución calvinista en Ginebra no solo censuró libros heréticos, como hizo la Inquisición, sino que persiguió con celo puritano expresiones populares de contento y goce como la risa o el baile.[3] La energía social propia del tiempo de revolución deja tras de sí un reguero de restricciones para instaurar un nuevo orden tras el caos. Y toda ortodoxia se sostiene defendiéndose de las herejías.

Sin embargo, sin necesidad de revoluciones, las sociedades se transforman y evolucionan; las costumbres, los recelos colectivos y los dogmas se erosionan como las cordilleras y el curso de los ríos. En este sentido, las razones por las que unos tabúes se mantienen vigentes y otros desaparecen son erráticas y variadas. Vuelvo a compararlos con el refrán: todos los que conoce hoy un hablante español aparecen ya en boca de Sancho Panza en la segunda parte de *El ingenioso hidalgo don Quijote de la Mancha*, pero el personaje pronuncia otros refranes que han desaparecido, pese a que podemos deducir su sentido con facilidad. Igual pasa con los tabúes presentes en la novela: a ningún español contemporáneo le preocupa hoy la presencia de moriscos o de judaizantes en su árbol genealógico, pero sentirá la misma prevención que el personaje Diego de Miranda si sospecha que ha metido a un loco en su casa. Mientras que el tabú de la «sangre sucia» se ha desactivado (más bien se ha transformado), el de la locura sigue vigente. La sospecha de hallarnos ante un chiflado nos empuja a la misma discriminación que encontramos en el *Quijote*: querremos separarlo mentalmente de su locura, determinar si está loco o no y, en caso de que la locura y él sean inseparables, sentiremos el impulso de alejarlo de nosotros.

Pues bien, en este capítulo relacionaremos la herejía, el tabú y el narcisismo tribal a través de un fenómeno cada vez más extendido y que, a mi juicio, pone en juego los tres elementos al mismo tiempo: las correcciones políticas, es decir, las ortodoxias expresivas que funcionan hoy como test rápidos de identificación y como medio para purgar a los heterodoxos. Una suerte de señales de tráfico morales que, como veremos, no son solo patrimonio de la izquierda.

CAMINO DE IDA Y VUELTA CON CURVAS

Este viaje empieza, como la vida, en las curvas del cuerpo femenino. Todas las sociedades con base en las religiones abrahámicas (aunque no solo ellas) han entendido el cuerpo de la mujer como un elemento en conflicto entre lo sagrado y lo impuro, lo deseado y lo repulsivo, lo germinal y lo asesino; el cuerpo de la mujer y sus representaciones son, por tanto, propicios al tabú. Esto explica por qué en España la visión del cuerpo de la mujer estuvo restringida hasta que, en la década de los años sesenta, en plena dictadura franquista, sucedió algo insólito: aparecieron los primeros bikinis en las playas. Esos eran la onda expansiva de la revolución sexual que afloraba en países democráticos, y sus efectos llegaron a España, pese a la dictadura, gracias al capitalismo. Aquí no eran mujeres nativas las primeras en lucir bikinis, sino turistas adineradas, cuya libertad era consecuencia de nuestra necesidad de divisas extranjeras. El bikini era, pues, una invasión cultural. Así que aquella proliferación de cuerpos de mujer desnudos en la playa fue un momento de ruptura.

Álvaro Corazón Rural refiere una anécdota de la primera mujer en bañador de dos piezas con que se topó el entonces futuro presidente Adolfo Suárez en una playa de Peñíscola, en el año 1962.[4] La historia es interesante porque da cuenta del conflicto entre lo sagrado y lo impuro alrededor del inofensivo bikini. Así lo cuenta el periodista César Coca, citado por Corazón Rural: «Un día Suárez camina por el paseo de la playa cuando ve, a pocos metros, a una muchacha extranjera que toma el sol en bikini. Ni corto ni perezoso, se dirige a ella y comienza a hablarle. Ninguno de los testigos del hecho alcanza a oír nada de la conversación, pero un rato después ven cómo la chica se cubre y en un castellano muy primario anuncia su intención de convertirse al catolicismo». Es decir, a la manera de los misioneros de la cristiandad en las impías tierras americanas, Suárez quiso combatir el sacrilegio mediante la conversión.

Ignoro si la anécdota es del todo cierta. Mi sospecha es que la mujer simplemente aguantó el sermón del futuro presidente, fingió que aceptaba el cuerpo de Cristo y volvió a desvestirse en cuanto el pesado se dio la vuelta. Es lo que hubiera hecho yo. Sin embargo, no por ello la anécdota pierde su valor simbólico. Nos dice que el bikini no había que cubrirlo con ropa, sino con fe. Puesto que el cuerpo de la mujer se consideraba tabú, el bikini no suponía una simple prenda de moda, sino un sacrilegio, una afrenta a la cultura tribal. Las resistencias de la Iglesia católica se apoyaron en esta creencia y fueron tenaces. Hubo quienes viajaron cientos de kilómetros de rodillas para suplicar a la Virgen María que librase al mundo del descoque, intentos de exorcismos sobre la arena, agrios debates entre alcaldes de pueblos costeros y delegados del Gobierno, así como reprimendas vociferantes por parte de las mujeres españolas más tradicionales, que veían a aquellas extranjeras como furcias de Satán. Una pintada, aparecida en una playa canaria en 1970 y recogida por Luis Carandell, avisaba perentoria: «Destruiré la vida si no se usa más humildad en el vestir».[5]

La hostilidad de los católicos era del todo lógica si pensamos que, tal como ya vimos en el segundo y tercer capítulo del libro, el tabú existe para evitar que la inmoralidad se multiplique, y cuando se viola queda desatado su poder de contagio. Eso es lo que ocurrió con los bikinis en España a lo largo de la década de 1970. El escándalo solo contribuyó a la imitación. Para colmo, la hostilidad católica tropezaba con la economía, que es la mayor fuerza sacrílega, como ha señalado Marvin Harris. Dado que el régimen se había encaminado a la explotación turística de España como un paraíso de sol y playa, ni las reticencias personales de Franco ni la furia de los obispos frenaron esta transformación cultural tan conveniente para el negocio.

Fue cuestión de tiempo que el poder desatado por la ruptura del tabú contagiase a las españolas y las liberase del recato. En lo que dura una pugna generacional —quince años— también ellas empezaron a usar masivamente bañadores de dos piezas hasta que el tabú se esfumó por completo. Al término de la dictadura franquista era insólito que una muchacha fuera importunada por un imbécil armado con un crucifijo o que recibiera una multa por llevar bikini, y con la llegada de la democracia no solo se vio a las muchachas semidesnudas en las playas, sino también en el cine, en las revistas, en los escaparates de las tiendas y en la televisión convencional. El cuerpo revelado de la mujer se multiplicó, como una foto, hasta perder buena parte de su potencial erótico. Las representaciones eróticas tuvieron que hacerse, en consecuencia, cada vez más oscuras, imaginativas y sofisticadas... Pero no adelantemos acontecimientos.

Hoy no hay motivo de espanto para casi nadie ante la imagen de una mujer en bikini. Las autoridades municipales de los pueblos costeros se limitan a discutir, con discreción y cierto pudor, si hay que exigir alguna prenda más de ropa que la que tape las gónadas en los paseos marítimos y en los restaurantes de costa. Sin embargo, ¿ha dejado de ser el cuerpo de la mujer un espacio susceptible y propicio para el tabú? En absoluto. Ni siquiera la sobreexposición, los anticonceptivos, el aborto y el laicismo galopante han liberado a este conflictivo trozo de anatomía de su poder contradictorio, de su noción de peligro encerrado. Y el tabú volvería a cubrir el cuerpo femenino por los caminos más inesperados.

Así ocurrió, bien entrado el siglo XXI, en sociedades occidentales que llevaban años conviviendo con el islam tras las oleadas masivas de la inmigración. Cuando los procesos de narcisismo tribal del presente empezaron a ponerse en marcha, una inmensa polémica sacudió Europa tras la decisión de varios municipios de costa neerlandeses y franceses de prohibir a las musulmanas una prenda que no estaba pensada para mostrar su cuerpo, sino para exhibir el recato: el «burkini». La simple palabra «burkini» ya apela al tabú, puesto que se compone de «bikini», aceptada y deseable para los europeos, y «burka», del todo intolerable y ofensiva. La prenda consiste en un peto no demasiado ceñido para el torso, mangas hasta las muñecas, camales hasta los tobillos y una capucha elástica; podría pasar por un traje de submarinismo. Sin embargo, su propósito carga el burkini de un sentido distinto al del mono de un buzo cualquiera. Lo diseñó en 2004 una musulmana australiana, Aheda Zanetti, y pretende ser la alternativa islamista al traje de baño para las musulmanas que viven en países occidentales.

El burkini es, por tanto, mucho más que una prenda de baño, es un uniforme tribal; una seña de identidad cultural, arrogante como lo son todas las declaraciones y, al mismo tiempo, inocente como cualquier otro trozo de tela. Como ocurre con el *hiyab* o la toca de una monja, el burkini es mucho más que el resultado de un patrón de costura. Promocionado por las corrientes wahabistas afincadas en Europa, muchas musulmanas occidentales eligieron lucir (exhibir) la prenda o se vieron obligadas a vestirla a lo largo de la primera década del nuevo milenio. Desde el momento en que saltó la liebre, las polémicas se multiplicaron en distintos países europeos. Y no deja de resultar curioso, porque lo mismo había ocurrido en los pueblos costeros de la España católica tras la aparición de las primeras extranjeras ligeras de ropa. Tanto en un caso como en el otro, la tensión surgía de la fricción de dos tribus obligadas a convivir en un espacio cerrado. Bikini y burkini eran rasgos visibles de culturas diferentes, y también actitudes distintas ante el cuerpo de la mujer. Un tabú roto había dejado paso a un terreno sobre el que otro grupo construyó uno nuevo.

Todo esto es tremendamente importante para que sigamos aprendiendo a pensar en el tabú con toda su complejidad. Lo que el bikini muestra es tabú para las musulmanas; lo que muestra el burkini, tabú para las europeas. En un caso y otro, hay una exhibición alrededor del cuerpo de la mujer. Sin embargo, las ramificaciones del tabú tampoco se quedan ahí. En nuestro camino tropezamos enseguida con otra polémica reciente que nos introduce en la corrección política, el meollo del capítulo. Me refiero a la decisión de las empresas deportivas de alto nivel de prescindir de las azafatas en bikini y sucedáneos que entregaban trofeos o mostraban carteles informativos en las competiciones, desde las chicas del boxeo hasta las llamadas *grid girls* de la Fórmula 1 o el Tour de Francia. Fue en 2018 cuando los promotores de la Fórmula 1 pusieron fin a la tradición de las azafatas de parrilla, que desde los años setenta habían hecho el pasillo de la gloria a los campeones que se dirigían al podio, donde los rociaban con champán. Según dijeron los dueños de la Fórmula 1, obedecían al curso de los tiempos. Las mujeres ligeras de ropa ya no eran un símbolo de la liberación, sino de la esclavitud.

¡Qué interesante! Las azafatas habían empezado a desfilar mostrando sus encantos con un objetivo comercial en el contexto de la liberación sexual de los setenta y desaparecieron por motivos de relaciones públicas en el contexto del movimiento #MeToo. Los nuevos problemas relacionados con «enseñar demasiada carne» habían empezado a partir de los años ochenta, cuando la llamada «sexualización» y «cosificación» del cuerpo femenino con fines comerciales fue objeto de las denuncias de diversas corrientes feministas. En particular se quejaron las puritanas estadounidenses, que por aquel entonces andaban enzarzadas en su guerra contra el porno.[6] Con el paso del tiempo, la postura ideológica de este feminismo haría regresar el tabú por un camino inesperado. La idea de base es que toda mujer tiene derecho a mostrar su cuerpo siempre que ella quiera y de la forma que ella desee, pero que aparecen graves problemas si la sociedad patriarcal les ofrece algún dinero por ello.

Con este giro, el cuerpo de la mujer vuelve a ser un terreno sagrado y propicio al tabú por la vía del laicismo. El tabú feminista que hoy pesa sobre el cuerpo de la mujer se refiere a la explotación económica, y está especialmente activado para cuerpos torneados y apetecibles que se identifican con el canon de belleza occidental. En 2020, el Instituto de la Mujer español presentó un informe que condenaba el sexismo de series de televisión abiertamente feministas, como *Las chicas del cable*, porque ¡todas las actrices parecían demasiado guapas![7] Como ya vimos, portavoces autoelegidas de una tribu trataban de cortar las conductas aceptables por un patrón. Para estas feministas, cuando la mujer que gana dinero exhibiéndose es obesa, vieja o «poco normativa», el tabú queda desactivado y aplauden que una señora desnuda aparezca en una revista que le ha pagado por hacerle las fotos.

Fijaos qué intrincado es el viaje de este tabú sobre el cuerpo de las mujeres y cómo se relaciona con el surgimiento de las tribus identitarias, que deciden aquello que es aceptable y buscan en todo momento motivos para presentar batalla. Lo que en tiempos de la dictadura franquista se justificaba con elementos como el pudor, la honra, el recato o el pecado, en tiempos del feminismo institucionalizado se justifica con la alienación, la explotación, la incitación a la anorexia o la seguridad frente a los siempre voraces e insaciables instintos heterosexuales masculinos. Si sumamos a estas polémicas el tema del burkini, nos encontramos con que hay algo que parece resistirse a los cambios: la noción de que el cuerpo de la mujer no es igual que el del hombre.

Algo me dice que la decisión de las mujeres sobre la exposición y el uso de su propia anatomía seguirá siendo motivo de disputa —territorio sagrado e impuro, proclive al sacrilegio y la profanación— durante mucho tiempo. Es algo especial, distinto, peligroso y necesitado de un rango específico. Es decir, tabú. Pero ¿cuál es la óptica desde la que el Instituto de la Mujer está mirando las series? ¿Qué son esas «gafas moradas» que, opinan, todos deberíamos colocarnos?

LA CORRECCIÓN POLÍTICA

Este punto de partida, el del viaje de ida y vuelta de los recelos en torno a la exhibición del cuerpo de la mujer, capaz de manifestarse en posiciones ideológicas opuestas, es el que nos abre la puerta de la corrección política, que, según muchos comentaristas, se ha convertido en la mayor fábrica de tabúes de nuestro tiempo. Argumentos como que la mujer no es libre de utilizarse a sí misma con fines comerciales, que no deben permitirse en sociedad las representaciones hipersexualizadas o que hay que prescindir de escenas explícitas innecesarias para el desarrollo del guion de una película[8] son clásicos del pensamiento políticamente correcto con respecto al sexo, uno de sus terrenos de batalla, dado que la mujer es una de sus tribus favoritas.

Antes de seguir con esto debo hacer una confesión: mi postura frente a la corrección política es casi siempre el desprecio y la burla. Tengo motivos ideológicos, pragmáticos y viscerales: mi sensibilidad es liberal y detesto las emanaciones de las mentes autoritarias; no confío en que la presión de un grupo vociferante y victimista vaya a aliviar las tensiones que surgen en la sociedad plural (al contrario); y, además, detesto la santurronería. Ataco con toda la mordacidad que me permite mi estado de ánimo las monsergas de la corrección política en mis artículos para la prensa y redes sociales. Entiendo, como Roger Kimball, que la mejor forma de combatir algo ridículo es la burla. Sin embargo, esta es la actitud que evitaré en las próximas páginas. Hago la confesión porque obedezco a George Orwell, quien dijo que debemos evitar el disfraz de la neutralidad para abordar asuntos sobre los que hemos adoptado una posición fuerte como resultado de nuestras impresiones.[9] Léase lo que viene, pues, con la prevención necesaria. No soy una voz neutral, aunque en este asunto creo que no las hay.

Esta colección de titulares aparecidos en los últimos dos años en *El País*, el periódico más leído de España, servirá al lector más despistado para entender mi irritación, y le familiarizará con la semántica perentoria y con la abyecta sintaxis de la corrección política: «*Frozen 2*: Elsa no es lesbiana y Anna es un despropósito heterosexual. A estas alturas del partido, todos sabemos lo peligroso que puede resultar el mito del amor romántico».[10] «Trabajo de chinos, moros en la costa, vas hecho un gitano, lo ha escrito un negro literario... las consecuencias del racismo en el lenguaje cotidiano. Son frases del día a día pero ¿tienen sentido en una sociedad global y diversa?»[11] «Melania Trump insiste en prescindir del sujetador: ¿es un acto político de resistencia? En menos de una semana y a pesar del chaparrón de críticas tras el 4 de julio, la primera dama se mantiene firme. Y es posible que nos quiera decir algo.»[12] «Yo soy racista, tú eres racista, todos somos racistas. Es importante que se escuchen voces fuera de la mirada blanca cuando hablamos de racismo y es importante que nos revisemos íntimamente antes incluso de exigir revisiones sociales.»[13] «Por qué los profesores deberían usar menos el bolígrafo rojo. En el colegio, los tachones en rojo son sinónimo de error y fracaso. En vez de centrarse tanto en las carencias, la enseñanza debería reforzar las fortalezas de los niños. Es hora de utilizar más el verde para conseguir la excelencia.»[14] «El gusto por el pechopiedra y otras desgracias. La mayoría del porno heterosexual es sexista, agresivo, violento, y convierte a las mujeres en carne, un objeto despersonalizado que parece creado para el placer del hombre. Por no hablar además de que suele ser ridículo e imposible.»[15] «Los disfraces de Halloween más indignantes que circulan por internet. Hasta el vestido de novia de Meghan Markle o el Ralph Lauren que vistió Melania en la inauguración presidencial de su marido han encontrado ya su réplica hipersexualizada entre los modelos a la venta para disfrazarse este 31 de octubre.»[16] «Lo dice la ciencia: el aire acondicionado de tu oficina es una "conspiración" sexista. Un estudio concluye que los sistemas de refrigeración se ajustan a las necesidades de hombres de cuarenta años sin tener en cuenta que las mujeres generan menos calor y necesitan temperaturas más altas».[17]

Etcétera, etcétera, etcétera.

Todas las noticias tienen en común la vocación pastoral y moralizante tan fácil de detectar en las manifestaciones de la corrección política, y todas suponen llamadas a la tribu. Parecen regirse por una frase atribuida a Mao Zedong, pero que fue pronunciada por el general Cao Cao: «Prefiero ofender a cuantos viven bajo el cielo que permitir que nadie que viva bajo el cielo llegue a ofenderme a mí».[18] Todas las noticias señalan comportamientos supuestamente intolerables, tachan palabras y expresiones de uso común, insultan a quien no asuma las normas, proscriben costumbres, pintan molestias o inconveniencias de graves atentados contra la dignidad y anuncian en tono evangelista la buena nueva: «Es hora de cambiar». Son, por tanto, señales de una ortodoxia. Además, utilizan la falacia de que «ahora la gente piensa así», lo cual es mentira.

He seleccionado solo recortes de *El País*, pero suelen ser calcos de medios anglosajones como *The New York Times*, *The Guardian* o *BuzzFeed*, porque la corrección política es un fenómeno occidental que viene de Estados Unidos, Reino Unido y los países escandinavos, es decir, de las sociedades protestantes. Pese a que mucha gente de izquierdas le quita hierro al fenómeno a este lado del charco (es cierto que su intensidad no es comparable), cada vez es más frecuente que el modelo se replique, de ahí que haya elegido recortes de *El País*. Escarbando debajo de cada noticia encontramos que mucho de este horror proviene de las redes sociales y de los trabajos generados sin pausa en los microcultivos de estudios de género y poscoloniales de las universidades anglosajonas, es decir, de los centros de ensimismamiento tribal. A veces este ruido, canalizado por la prensa progresista, alcanza el rango de ley; aparecen entonces carteles en autobuses de Madrid contra la costumbre supuestamente abusiva de los hombres de separar las rodillas cuando están sentados,[19] o se legisla para dirigir el uso de los pronombres en Canadá hacia fórmulas nuevas, pensadas para que ninguna persona transgénero pueda sentirse discriminada, aunque sea en contra de la gramática.[20]

Todas estas partículas dispersas, desde el titular idiota hasta la densa ley, pasando por las broncas de los hijos a sus padres por decir palabras ahora ofensivas, han conformado la nube que llamamos «corrección política», cuyo corolario se está manifestando en estos años de forma agresiva con la «cultura de la cancelación». Pero en este capítulo no vamos a pensar en las correcciones políticas solo como un problema de la izquierda, sino como un rasgo antropológico relacionado con el tribalismo y la herejía. Mientras se multiplican las sogas que no deben ser mentadas en la casa del ahorcado y se sofistican los castigos para el transgresor, que van desde la trifulca en Twitter hasta la cancelación industrial de contenidos «sucios» o la excomunión de personajes incómodos, pretendo enfrentarme al fenómeno con los ojos de un observador curioso. Vamos a dejar de lado el aspecto exterior de la ofensa, casi siempre ridículo y exasperante para todo aquel que no la experimente,[21] y a conectar estos decálogos de buenos modales con el narcisismo tribal.

Resolvamos primero la cuestión más simple, parafraseando un título de Raymond Carver: ¿de qué hablamos cuando hablamos de corrección política?

DEFINICIÓN ENTRE CAÑONAZOS

Definir la corrección política no es fácil. Como el olor del pescado podrido, se detecta antes con la nariz que con el pensamiento consciente. Primero hay que volver a subrayar algo cierto y poco dicho: la corrección progresista no es la única, aunque otras reciban otros nombres. La corrección política es, por encima de todo, alérgica a los signos, una posición defensiva de base ante lo que se expresa. Hay que distinguir, por tanto, entre la mentalidad políticamente correcta, que ha existido desde que existen las ortodoxias, y el movimiento concreto por los buenos modales que ha emprendido la izquierda cultural desde los años ochenta en Estados Unidos y otros países protestantes, como los escandinavos. Centrémonos por el momento en la corrección política progresista, esto es, la expresión puritana que reacciona con eufemismos y normas de cortesía rígidas ante los desequilibrios provocados por la multiculturalidad.

Como ante un test de Rorschach, cada cual proyecta en ella filias y fobias. Al estar en el terreno ideológico, se quiebra el pacto y las definiciones se hacen barriendo para casa, minimizando unos lo grotesco, magnificando otros su amenaza. No se describe con conceptos objetivos, sino desde sensibilidades que utilizan lenguajes distintos. Quien busque definiciones neutras hallará miles de artículos fanáticamente elogiosos o furiosamente destructivos, libros a favor y en contra, debates en universidades y barras de bar, tuits, chistes y reproches. En general, se describe más desde la oposición, puesto que muchos izquierdistas han optado por la inteligente táctica de minimizarla y hasta ignorarla ampulosamente (a algunos me consta que les avergüenza). Veremos, sin embargo, que la corrección política progresista aparece en boca de políticos, activistas, humoristas y gente que pasaba por allí. Todo el mundo tiene una opinión formada y contundente, y es lógico; dado que tacha como agresiones los gestos y palabras más comunes e inconscientes, hasta el último estudiante de gramática del instituto se siente aludido y encuentra algo que decir. De manera que este es el primer elemento descriptivo de la corrección política, la controversia.

Tampoco hay un acuerdo sobre su tamaño: mientras gobernaba Estados Unidos un hombre llamado Donald Trump, que se vendía a sí mismo como el rey de la incorrección, en ambientes zurdos, como las facultades de Humanidades, la industria del entretenimiento, la prensa o las grandes tecnológicas, se producen sin cesar nuevos legajos de normas políticamente correctas. Estas se utilizan para decidir criterios editoriales, instruir a los trabajadores y castigar a los individuos disolventes. Por ejemplo, durante las protestas del Black Lives Matter de 2020, un sinfín de compañías multinacionales retiraron su publicidad de Facebook porque Mark Zuckerberg se había negado a censurar los comentarios políticamente incorrectos de Trump. Forzado por la caída del valor de sus acciones, Zuckerberg dio su brazo a torcer y prometió controlar los mensajes del siempre vaporoso «discurso de odio». Es decir, las grandes empresas lograron, con un discurso calcado de los activistas digitales de izquierdas, que Facebook censurase a Trump y su retórica incendiaria.[22] De manera que ¿cuál es la jurisdicción de la corrección política? ¿Dónde está situada en la escala del poder y cuál es su tamaño, si los intereses del hombre más poderoso del mundo chocan con la reputación de las grandes compañías que hacen tan poderoso a su país? Aquí tenemos uno de los senderos más interesantes. Volveremos a él más adelante.

Hay quienes equiparan la corrección política con la tiranía del pensamiento único al estilo del Socing de *1984* o con una «neoinquisición» —detesto que se compare algo anárquico con un tribunal tan bien estructurado como lo eran las inquisiciones—,[23] y hay quienes la entienden como la defensa de las minorías oprimidas frente a una hegemonía cultural blanca, masculina, capitalista y heterosexual.[24] Los que afirman que vivimos en la dictadura de lo políticamente correcto hablan de ello en programas de televisión de máxima audiencia, tienen éxito y no van a la cárcel por rebelarse contra lo que sienten como una tiranía; algo que invalida por sí mismo el uso de la palabra «dictadura», como apreció Ricardo Dudda.[25] Los que aseguran que es el último escudo de los oprimidos sin voz olvidan que una gran empresa puede presumir de sus criterios políticamente correctos mientras explota a su plantilla. Además, los máximos defensores de la corrección política suelen ser personas con educación superior universitaria, a veces cursada en centros de élite inaccesibles para la mayoría, con acceso a los grandes medios de comunicación de masas y, en todo caso, habitantes privilegiados del Primer Mundo a años luz de las desigualdades más horrendas del planeta; algo que invalida la tentación de definirla como una justicia emanada de los intereses de los débiles.

¿Está asumida por la mayoría de la gente civilizada del siglo XXI o es la imposición de una minoría con ambiciones tiránicas? ¿Es una nueva sensibilidad fomentada por lo más bajo y oprimido o una estirada cortesía al estilo «Todo por el pueblo, pero sin el pueblo»? Veamos una polémica estúpida para responder: en 2020 hubo una campaña en España para retirar del mercado los Conguitos, un dulce popular cuya imagen de marca representa la caricatura de un africano de rasgos estereotipados. Firmaron la petición en Change.org para retirar el logotipo menos de dos mil personas, lo que para los estándares de la plataforma es una nulidad, pero apareció en todos los medios de comunicación como si fuera una preocupación mayoritaria. En *El Comidista*, suplemento gastronómico de *El País*, el tratamiento de la noticia era así de categórico: «El mundo está cambiando a una gran velocidad y solo aquellas marcas que se adapten al nuevo ecosistema, ambiental, sexual y, por supuesto, racial, lograrán sobrevivir. Lo dice Darwin».[26] Repito: menos de dos mil firmas reclamaban este «cambio», mientras miles de ciudadanos manifestaban su cariño por la mascota de la marca y su aversión por los «ofendidos profesionales». Como se puede ver, la exageración progresista no solo sirve para reírse de los críticos más apocalípticos de la corrección política, sino para diagnosticar cuánta gente asume las tonterías.

Así que ¿es un reflejo del sentir mayoritario o un capricho de una izquierda intransigente y bien colocada en los grandes medios? ¿Combate al poder o se ejerce desde el poder? No hay una respuesta satisfactoria. En las guerras culturales, no todas las trincheras están excavadas en la misma franja del territorio. Las tribus tienen feudos, y el poder se ejerce con autoritarismo y con distinto signo en reinos de taifas alejados entre sí. Lo que pasa en la redacción de un periódico de izquierdas cuando un articulista comete el desliz de hacer una broma machista posiblemente no ocurra en un periódico de corte liberal o conservador. Así ahora, mientras grandes grupos editoriales están buscando desesperadamente autores negros o transgénero para ofrecer una pátina de diversidad en sus catálogos,[27] mientras Hollywood anuncia estándares de diversidad para valorar las películas que optarán a las estatuillas,[28] parece que los miembros de minorías se enfrentan a problemas impensables para un hombre blanco en la entrevista de trabajo de un restaurante de pueblo cualquiera.[29] Desde este punto de vista, ¿es poderosa la corrección política o no lo es en absoluto?

Esta es una pregunta trampa, porque la respuesta implica volar por encima del maniqueísmo dualista. La corrección política es poderosa en la oficina donde un progresista posmoderno alcanzó el poder e irrelevante en la puerta contigua. Las campañas de publicidad y relaciones públicas (como los productos culturales mayoritarios) están sometidas a una paranoica vigilancia por los guardianes de la corrección política, pero la vida diaria sigue su curso. Esta variabilidad ha supuesto una ventaja para sus defensores y para sus detractores. A los primeros les permite la queja por una sociedad que sigue llena de xenofobia en pleno siglo XXI, mientras repiten que la gente ya no tolera ciertas ofensas, lo cual es una contradicción del tamaño del doblepensar. A los segundos, los autoriza a hacer el vía crucis de la víctima de la tiranía políticamente correcta en un sinfín de escenarios donde lo más incorrecto sería decir que las cosas no son para tanto. Esta paradoja ayuda a nuestra definición: la corrección política es relativa. Posmoderna, cuántica, si se quiere ir por la pedantería vacua sobre la que se ha construido su aparato filosófico, el posestructuralismo social.[30]

Estoy de acuerdo con Roger Kimball, quien define el posestructuralismo como una «invasión» de la política en todos los ámbitos humanos. Kimball señala que la corrección política «opera mediante la transposición de la vida a una jurisdicción extranjera; este trasplante pretende juzgar nuestros designios de acuerdo con los dictados perentorios de una moral autoproclamada».[31] El posestructuralismo de Foucault, Marcuse, Derrida y compañía dio pábulo a las teorías que aseguran que cosas tan distintas como el sexo asignado a unos genitales, la idea del genio, la belleza o el goce son quimeras del poder político hegemónico, y que deben repensarse desde el plano del compromiso político. Este proceso se llama «deconstrucción», y toda deconstrucción empieza por negar la autoridad establecida. Así, toda verdad promocionada por esa autoridad, que puede ser intelectual, será producto del engaño e ilegítima, colonialista, patriarcal, etcétera, y por tanto se verá como sospechosa. Así, un cuadro del siglo XIX no será producto de las intenciones del pintor, sino del conglomerado de prejuicios y luchas de poder que nosotros, desde nuestra supuesta atalaya del siglo XXI, podemos denunciar en Twitter.

Bajo la égida de este pensamiento cultural culpable y paranoico, la corrección política desemboca en una actitud vigilante y desconfiada, muchas veces desabrida, hacia toda expresión pública. El filósofo australiano David Stove hablaba de «calvinismo cognitivo» para referirse a esa creencia en la total depravación, según la cual toda obra del genio humano ha de ser puesta bajo vigilancia. Ya paseamos por la Ginebra de Calvino en el capítulo de las herejías, así que supongo que el apelativo de Stove se entiende. Subrayemos ahora esto: la corrección política podría ser una síntesis entre el posestructuralismo y el calvinismo.

A partir de aquí la cosa se complica, porque ¿dónde consiguen ejercer los posestructuralistas de hoy su vigilancia? ¿Alguien es capaz de leer a Derrida y encontrar fuerzas para salir a deconstruir el Museo del Prado? Por supuesto. Y no faltan militantes. La corrección política ha conseguido hacerse muy poderosa en la industria del entretenimiento, la universidad y los grandes medios de comunicación, donde el narcisismo tribal es una de las modas del momento. Toda reivindicación que pase por ser la de una minoría, aunque se trate de una falsa moneda, encuentra acomodo en los grandes medios y funciona como reproche efectivo ante la industria cultural. Los grandes empresarios se toman muy en serio sus problemas de relaciones públicas y, en consecuencia, el fenómeno está sobrerrepresentado en la pantalla, los periódicos o las aulas sin relación con lo que ocurre en la vida diaria. Así, mientras la agenda políticamente correcta se hace evidente en refritos culturales como *Star Wars* o *Cazafantasmas* y producciones nuevas como *Capitana Marvel* o *Black Panther*, no será extraño que la vida de muchos de sus espectadores discurra por ambientes del todo ajenos al corsé.

De hecho, la agenda explícita de estas películas ha provocado reacciones desiguales. Unas han sido éxitos y otras han fracasado, pero siempre por sus virtudes o defectos cinematográficos, y no necesariamente por la aceptación o la hostilidad del público hacia su mensaje moralista. Podemos inferir de esto que la corrección política es una preocupación menos relevante para la mayoría de la gente que un mal guion o unos buenos efectos especiales. Así lo prueba, por ejemplo, la novela negra que publicó J. K. Rowling en 2020: el protagonista del libro es un transexual asesino y, dado que la autora había tenido grandes polémicas con los activistas trans por sus declaraciones sobre el sexo biológico (se limitó a decir que existe), se exigió desde las redes sociales con gran eco mediático que la novela no se publicase. Pues bien, no solo se publicó, sino que se colocó en el número uno de las listas de ventas el primer día. Lo que vuelve a probar que la corrección política puede hacer mucho ruido, pero, si las empresas culturales no se someten a ella, no pasa nada, y la polémica puede hasta favorecer las ventas.[32]

Sin embargo, he aquí un motivo de desasosiego. J. K. Rowling es una mujer poderosa por los libros que vende, pero este tipo de polémicas destrozan la carrera de escritores menores, profesores universitarios y cualquiera que no tenga un escudo a prueba de difamaciones. Esto es lo que ha provocado el surgimiento de una cultura de la cancelación cuyos excesos medievales no han evitado que el empeño de ciertas élites progresistas por endurecer los criterios de corrección política haya seguido creciendo. A esto ayuda la actitud colaboradora de las grandes multinacionales, encantadas de asimilar en sus mensajes algo de la izquierda que no les afecta en lo más mínimo y que a su vez les permite parecer muy «comprometidas» en su publicidad.

Los fanáticos de la corrección política dicen aspirar a que la sociedad cambie —otra vez el cuento del «hombre nuevo», que en este caso sería más bien una persona trans negra, etcétera— transformando nuestros códigos de comunicación e interpretación cultural. No se contentan con dejar de utilizar ellos una palabra, sino que quieren borrarla del discurso visible. En España, observatorios de género y diversidad examinan, como ya hemos visto, letras de canciones, anuncios y películas, y denuncian toneladas de supuestos contenidos «sucios». Hace poco, la Fiscalía General del Estado española llegó a denunciar por machistas y discriminatorias ¡las señales de tráfico![33]

¿Cuál es el motivo de este esfuerzo, de esta vigilancia? Por un lado, el tiempo libre; por otro, la impotencia intelectual, y finalmente está la creencia —jamás sometida a análisis por los fieles, como toda fe— de que todo es una construcción cultural y de que las representaciones cambiarán la sensibilidad de los xenófobos y machistas por arte de birlibirloque. Asumen que las canciones, películas, chistes, libros y hasta las señales de tráfico tienen un efecto directo y claro sobre la mentalidad de la gente y, por tanto, que se puede «curar» el racismo, el machismo o la homofobia, limpiar el pecado del mundo, aplicando una lejía moral a la comunicación. Con la victoria de Trump después de treinta años de experimento en Estados Unidos hubiera debido quedar claro para todo el mundo que la receta no funciona y que hasta produce el efecto contrario, exacerbar las diferencias y la mutua hostilidad.

Micropsicosis

Los defensores de la corrección política suelen apoyarse en diagnósticos distorsionados. Una de las intervenciones de Michelle Goldberg en el debate organizado sobre el tema por la fundación Peter Munk contenía, a mi juicio, las dos claves del error. Goldberg no es ninguna descerebrada ni una fanática de la corrección política, sobre cuyos excesos se ha mostrado crítica. Sin embargo, es una apasionada «quitadora de hierro», igual que muchos otros progresistas que consideran que el fin justifica los medios. Refiriéndose a la ola del fenómeno de los años ochenta y noventa, Goldberg dijo: «Lo que se consideraba insoportable de la corrección política era que, de pronto, ya no podías referirte a las personas indígenas como "indios" y no podías usar "retrasado" de forma peyorativa. Tampoco debías referirte a las mujeres adultas con las que trabajabas como "chicas". Y eso era lo que atragantaba a la gente. ¡No se podían hacer bromas sobre gais!».[34]

¿Es eso cierto? No, solo es un ejemplo de la distorsión típica. Primero, con sus ejemplos, Goldberg da a entender que la primera ola de corrección política solo molestaba a reaccionarios insensibles. Es la falacia del «hombre de paja» (o de la tribu de cartón), porque las órdenes de eufemismos y buenas maneras de los ochenta causaron no poco revuelo entre los progresistas, de la misma forma que esta segunda ola sigue provocando alergias en mucha gente sin carné del partido nazi. Uno de los libros más importantes sobre el tema, *La cultura de la queja*, venía firmado por un apasionado defensor del multiculturalismo, Robert Hughes. Segundo, Goldberg asume que es el efecto de un cambio en la sensibilidad de la sociedad. Esto también es falso. Pese a que señala lo que ella entiende por insultos discriminatorios, las ofensas denunciadas por la corrección política han ido mucho más allá. La lista de gestos y palabras sin intención ofensiva que se convierten en pecaminosas crece a diario con las «microagresiones».

Es esto, el concepto de microagresión, lo que diferencia la corrección política de otras listas de eufemismos y la emparenta con la censura religiosa. La microagresión es la más moderna y actual llamada de la tribu que existe en nuestra sociedad. Desplaza la ofensa de la experiencia individual a la colectiva y alecciona a la gente sobre las formas retorcidas e infinitas en que su identidad tribal está siendo sometida a ataques por las conductas más irrelevantes y sutiles. Es una teorización extrema que confunde el ser con el deber; animan a lamentarse de comportamientos en vez de describir aquello que objetivamente causa daño, como si alentasen la incomodidad. Por eso los estudios de la microagresión siempre suenan a acusaciones. Inventan los daños que describen y aseguran que no importa nada la intención del «microagresor». La colección de ejemplos es tan extensa que merece la pena detenerse en ella.

Serían microagresiones racistas: preguntar a una persona no blanca de dónde es; alabar el cabello rizado de una mujer negra; dar por hecho que alguien de otro color no habla tu idioma y preguntarle si te entiende; preguntar a alguien de apariencia hispana en Estados Unidos si habla español; que un actor blanco doble a un personaje de otra raza en una serie de dibujos animados; decir «No eres blanca» a una persona que no es blanca; suponer que alguien negro sabe bailar o cantar; hacerse pasar por no blanco siendo blanco; preguntar a alguien que parece oriental qué lengua se habla en Japón; hacer cualquier comentario sobre el aspecto étnico de alguien; confundir el apellido de un hispano; decir «Tu nombre es muy difícil de pronunciar»; pronunciar mal un nombre; preguntar a un asiático si sabe leer caracteres chinos; disfrazarse en carnaval o en Halloween de un personaje de otra etnia; pintarse la cara; imitar acentos; utilizar palabras como «africano», «chino», «japonés», «indio», «hindú» para designar a otros; atribuir una religión a alguien por su aspecto, etcétera.

Serían microagresiones sexistas y homófobas: alabar el aspecto femenino o masculino de una persona transgénero; preguntar a una persona transgénero si es hombre o mujer; utilizar adjetivos como «puta», aunque sea para describir objetos inanimados, como en la frase «La puta radio»; poner el aire acondicionado a una temperatura que moleste a alguna de las mujeres presentes en la oficina; decir «mi jefa está loca» o atribuir histeria a cualquier comportamiento femenino; confundir a una médica joven con una enfermera o una residente; interrumpir a una mujer que está hablando; explicar a una mujer lo que esta ya sabe; separar las rodillas sentado en el metro (si eres hombre); esperar que una mujer te hable de sus sentimientos de opresión de manera pedagógica o criticar su irritación; hablar de lo que lleva puesto una mujer; echar piropos a desconocidas y a conocidas que no han dado su consentimiento; tocar el hombro o la espalda a una mujer para cederle el paso; ceder el paso a una mujer; decir que en las tareas de casa «ayudas» a tu pareja de sexo femenino; esperar agradecimiento de tu pareja cuando haces la cena; esperar que tu pareja sepa dónde está guardado algo; asumir que tu pareja está disponible para ti; no salir con las amigas de tu pareja; contar, siendo hombre, la anécdota que ha contado una mujer como si fuera tuya; reírse de un chiste machista en presencia de una mujer, incluso en presencia de tus amigotes, etcétera.

Me he ahorrado el trabajo de poner notas al pie en todos los ejemplos —¡piedad!—, pero todos los he sacado de artículos de la prensa, trabajos universitarios y redes sociales, donde las noticias de nuevas microagresiones descubiertas se multiplican. Sirven de prueba de que la forma en la que Goldberg describe el fenómeno no es realista y que omite lo que resulta cansino, quedándose con la parte más liviana y apetecible. No, no se trata, como ella ha dicho, de insultar a un homosexual o de llamar «retrasado» a un discapacitado, sino de aceptar que la susceptibilidad ajena, fomentada por estudios paranoicos, sea lo que juzga y controla nuestras relaciones sociales. Las microagresiones dan por hecho que el racismo y el machismo están, como el pecado según Calvino, en todas partes. Si atendemos a ellas, la naturalidad es un campo de minas. Tras algunas puede haber prejuicios, pero otras proscriben descuidos, torpezas y hasta muestras de simpatía. Puede que en el peor de los casos produzcan molestias, pero los teóricos, tan preocupados por las palabras suaves y poco connotadas, han tildado todo esto con una palabra tan dura como «agresión».

La microagresión es una causa de hipocondría social. Cada tribu se palpa en busca de bultos y síntomas de una enfermedad grave. Primero asumen que vivimos en un heteropatriarcado racista y opresor, y luego examinan minuciosamente el mundo en busca de pruebas que jamás servirán para refutar o matizar la teoría de fondo. Cuantos más síntomas hallan, más sospechas tienen de que el cuerpo social está enfermo y con más ahínco siguen buscando otros. El análisis predispone a la susceptibilidad, la neurosis y la desconfianza, y la mera insinuación de que alguien exagera es otra microagresión; jamás se debe contradecir a quien manifiesta su daño, aunque, como el enfermo de Molière, muchas veces sea imaginario. Desde luego, algunas actitudes como las enumeradas más arriba pueden causar malestar y contribuir a situaciones incómodas, pero el pensamiento políticamente correcto nos habla de pruebas de una opresión estructural y nos sugiere que tenemos que examinar nuestra conciencia a fondo si caemos en cualquiera de estos pecados. Es decir, hemos de someternos al sentimiento de ofensa magnificado por ese sistema neurótico ante las reclamaciones de todas las tribus elevadas.

Sin embargo, Goldberg sigue diciendo: «Ahora, la mayoría de esas cosas se han asimilado perfectamente, hasta el punto de que ni siquiera pensamos en usar ese lenguaje. El hecho de no poder emplearlo "no se percibe" como una opresión, sino que esas palabras *nos* parecen desagradables y algo retrógradas». Llama la atención la primera persona del plural, que he puesto en cursiva. Me pregunto: ¿a *quiénes* les parecen hoy desagradables y algo retrógradas palabras como «retrasado» o «chica», que son las que citaba Goldberg? ¿Quiénes se han acostumbrado a usar otras distintas, quiénes han cambiado su comportamiento habitual según las órdenes de unos cuantos lunáticos cargados de retórica interseccional? ¿Habla la gente normal como Hillary Clinton? Además, si la corrección política estuviera tan asumida, ¿qué sentido tendría que se denunciasen sin cesar nuevos comportamientos vejatorios? ¿No debería haber disminuido la intensidad de la vigilancia? Desde luego, hoy no se llama «retrasado» al discapacitado intelectual, pero ¿quién ha dejado de usar esa palabra cuando necesita insultar la inteligencia de sus enemigos? ¿La gente ya no usa ese insulto? Por favor.

Pese a que Goldberg quiere referirse a la mayoría de la sociedad, lo cierto es que la gente habla como le da la gana desde que se inventó el lenguaje, y asumir la lista de tachaduras de la corrección política nos impediría comunicarnos y relacionarnos con espontaneidad. Caeríamos, como advirtió el filósofo Slavoj Žižek, en una fría cortesía artificial que haría imposible la empatía con quienes son diferentes a nosotros, que para colmo no siempre satisface a los miembros de las minorías. Žižek ha citado infinidad de veces el caso de los indios americanos: prefieren que los blancos les llamen «indios» a «nativos», porque con este error topográfico, al menos, el hombre blanco delata su estupidez.

En el diagnóstico equivocado de Goldberg hay otra cosa interesante: delata una distinción clasista. Puede que el insulto «retrasado» no se emplee ya en el entorno de esta comentarista de *The New York Times*, urbanita y de clase media-alta, pero esto solo demuestra una limitación en su trabajo de campo, porque sigue siendo una palabra de uso común en el cinturón de óxido, en los talleres mecánicos de Dakota del Norte o en los barrios de la periferia de los centros culturales habitados por progresistas. Lo mismo pasa en España con la palabra «subnormal»; podrá sonar mal en ciertos ambientes de la izquierda pija de Malasaña, pero no en barriadas populares como Vallecas, Usera o Carabanchel. Aun así, ¿queréis una prueba irrefutable, proporcionada en este caso por otra defensora de la corrección política? Ahí va: el mismo año en que Goldberg celebraba que nadie usase ya «retrasado», Melissa Willey escribía un exitoso artículo: «¡Es hora de dejar de usar "retrasado"!».[35] Ejem...

Esto nos lleva a otro elemento central de la corrección política. De alguna forma, ese lenguaje cosmético y esa actitud ostentosamente culpable se han convertido en un código propio de las élites culturales. Una marca de distinción ajena al habla del populacho, con la que los progresistas blancos de clase alta han logrado lo que parecía imposible, mostrarse ante los ojos de las minorías de las que se aprovechan simbólicamente como una tribu aliada. El objetivo a largo plazo de la corrección política podrá ser la reeducación de las masas, sí, pero en la práctica y en el presente funciona como un elemento de distinción de clase. De hecho, el control y la vigilancia son mucho más exhaustivos para los miembros de esta élite que para los «proles», en la terminología orwelliana. Mediante la corrección, un grupo privilegiado se adorna con elementos de opresión para proyectar una imagen de superioridad moral y acepta gustoso la vigilancia del activismo. Esto quedó muy claro cuando la actriz Leticia Dolera, entusiasta defensora de la corrección política, fue amonestada por un puñado de activistas en las redes por decir que la gala de los Goya de 2018 parecía un «campo de nabos». Aunque Dolera había querido hacer un chiste feminista, aquella expresión resultó ser «transfóbica», y la actriz acabó deshaciéndose en disculpas y prometió, tirada por el suelo, que no volvería a pronunciar tan humillante juego de palabras nunca más.[36]

Como en la sociedad puritana del siglo XIX, donde la gente de bien no usaba malas palabras ni tenía comportamientos obscenos, o entre la buena gente de Ginebra en el siglo XVI, donde nadie en su sano juicio dejaba de mostrarse en la cena, el buen ciudadano políticamente correcto jamás meterá el pecado en su boca y, si lo hace, se someterá a la reprimenda pública y hará algún acto de contrición. Al menos, mientras haya cámaras grabando.

LA TRIBU Y LA LENGUA

Según la *Enciclopedia Británica*, la «corrección política» es «un lenguaje que aspira a albergar la menor cantidad de ofensas, especialmente cuando se describen grupos identificados por marcadores externos como "raza", "género", "cultura" u "orientación sexual"», pero ya hemos visto que las microagresiones son su motor y que estas exceden en mucho las listas de palabras malsonantes. El fenómeno parece más bien la condensación de los tabúes dispersos del sinfín de grupúsculos tradicionalmente marginados en la sociedad occidental. Dado que no hay un «partido central» ni una autoridad general aceptada, dado que cada tribu impone sus normas de un modo arbitrario y sin consenso con las demás, la dinámica de la corrección política es desordenada y tentacular, y entra a menudo en contradicción. De todas formas, hay que subrayar que su aparato lingüístico es solamente la cara visible de una corriente mucho más profunda que interpreta la cultura como un territorio lleno de peligros.

Veámoslo con un ejemplo de la primera hornada de legajos políticamente correctos. En 1989, la facultad de Periodismo de la Universidad de Missouri publicó el *Dictionary of Cautionary Words and Phrases. An Excerpt from the Newspaper Content Analysis*. Era, pese a su largo título, poco más que un folleto: dieciocho páginas fotocopiadas que se vendían por correo, previo pago de diez dólares. Causó más perplejidad que preocupación. En *The New York Times*, donde no es raro leer en 2020 defensas apasionadas de la corrección política y donde algunos profesionales han tenido problemas por su «incorrección» —es decir, por su ideología impura—, Walter Goodman se mostró burlón y apocalíptico con el *Dictionary*: «La hipersensibilidad, síntoma de la enfermedad de la corrección política, estalla en el periodismo. [Este nuevo diccionario] es una guía de escritura profiláctica. Su propósito declarado es sensibilizar a los reporteros y editores sobre los usos que los miembros de los grupos minoritarios pueden encontrar ofensivos».[37]

Goodman remarcaba que algunas de las palabras tachadas por el *Dictionary* eran claramente insultos y no necesitaban ninguna aclaración, como *chink* o *nigger*, pero se asombraba ante otras. La guía ofrecía *jewish person* (persona judía) para sustituir a *jew* (judío), o *senior citizen* (ciudadano mayor) en lugar de *elderly* (anciano). En 1990 los progresistas no estaban tan acostumbrados como hoy a que palabras en apariencia inofensivas se considerasen malsonantes e inmorales. Como en los actuales compendios de lenguaje políticamente correcto, los autores del *Dictionary* dedicaban una atención obsesiva a cualquier signo lingüístico que pudiera sonar remotamente racista, sexista o discriminatorio. Llegaban a límites tan estrafalarios —pero tan habituales en las guías de nuestro tiempo— como este que glosaba un asombrado Goodman: «El diccionario aconseja, bajo la categoría "Belleza", que los escritores de periódicos eviten los términos descriptivos de belleza cuando no sean absolutamente necesarios. [...] Por ejemplo, no use "rubia y de ojos azules" a menos que también use "cabello castaño y ojos marrones" como una medida natural de atractivo».

Bien, esto ya está apuntando claramente en la dirección ya iniciada de nuestro análisis cuando nos referimos a la anécdota de los bikinis en España o cuando desgranamos el rosario potencialmente infinito de las microagresiones sexistas. En ese punto la guía no ofrecía eufemismos, no reaccionaba solo a lo que consideraba «malas palabras», sino a las «malas ideas» sobre la belleza, a los cánones estéticos, a la «cultura heteropatriarcal». No es la primera vez que la izquierda naufraga en estos recovecos sexuales y apuesta por el puritanismo. Según cuenta Carlos Fernández Liria, durante la Revolución Cultural «los chinos buscaron en el Libro Rojo de Mao cómo acabar con la sexualidad burguesa y acabaron por prohibir el sexo oral y anal, y por supuesto la homosexualidad».[38] Sin llegar a estos extremos, la asunción de que «los caballeros las prefieren rubias», signo visible en un sistema de validación presente en la cultura estadounidense, era parte de lo que la guía se había propuesto combatir. Así lo señaló Camille Paglia, quien dijo que este puritano «feísmo» embozado en la corrección política intentaba convertir la belleza y la excelencia en un tabú.[39]

Si asumiéramos los códigos de la corrección política, volvería a estar de actualidad el viejo chiste soviético en el que un tenor italiano viaja a Leningrado para interpretar al duque de Mantua y se encuentra con que quieren que cobre lo mismo que la portera. El divo responde con tranquilidad: «Pues que cante la portera y yo venderé las entradas». En este sentido, cómicos progresistas como Richard Pryor, Stephen Fry o George Carlin se burlaron con saña de lo que les parecía una desviación alucinada y autoritaria del igualitarismo. A partir de ahí, el escenario estaba preparado para el carnaval de la exageración.

Aquí va un ejemplo de lo que llamo «exageración», de 2020: en la Marshall School of Business de la Universidad Southern California, el profesor Greg Patton fue amonestado por utilizar una palabra china que se pronuncia *nigé* y que a algunos estudiantes les sonó como *nigger*, término tabú en Estados Unidos, por más que el profesor había dejado claro que se refería a un término chino. La proximidad fonética fue suficiente «crimen» para apartar a Patton de su clase: «El profesor Greg Patton repitió varias veces una palabra china que suena muy similar a un vil insulto racial —escribió Geoffrey Garrett, decano de la escuela—. Es comprensible que esto haya causado un gran dolor y malestar entre los estudiantes, y lo lamento muchísimo. Es simplemente inaceptable que los profesores usen palabras en clase que puedan marginar, herir y dañar la seguridad psicológica de nuestros estudiantes».[40]

Este episodio tiene un fuerte aroma tribal. En algunos pueblos de África central pasaba lo mismo con el nombre del jefe: si se llamaba como un animal, por ejemplo, «León», después de su muerte era obligatorio buscar una nueva palabra para esta fiera, puesto que pronunciarla quedaba totalmente prohibido. Los zulúes de Sudáfrica iban más allá y no solo tenían prohibido decir el nombre del jefe, sino que debían evitar cualquier sonido que pudiera recordar fonéticamente a él. Un veto de apariencia exagerado que se queda corto si lo comparamos con algunas tribus australianas en las que el nombre es tan tabú que cada cual guarda el suyo en secreto y utiliza otro, temeroso de que el contacto de su palabra con unos labios ajenos pueda poner en peligro al portador.[41] La corrección política funciona de la misma manera: hay palabras que, transformadas en tabú, pasan a convertirse en conjuros mágicos. Quien las pronuncia o dice algo que recuerda a ellas desata el poder mágico, sin que ninguna explicación racional pueda frenar la oleada de indignación.

Gloria Steinem diría más adelante que la corrección política había empezado como un mecanismo de autoparodia de la izquierda, pero esto, que se ha repetido mucho entre los progresistas que intentan quitar hierro al fenómeno cuando se retira un cuadro de un museo por lascivo, cuando se boicotea la libertad de cátedra de los profesores universitarios o cuando se produce cualquier otro de los momentos ridículos y aberrantes tan habituales, no es cierto. Sí, el término «políticamente correcto» se utilizaba en ambientes de izquierda de los años sesenta como autoparodia, pero la etiqueta era terrible en China, de donde la sacaron. En la República Popular maoísta, «políticamente correcto» servía para validar la ortodoxia de una idea, un individuo o una declaración. Alguien era políticamente correcto cuando no tenía, en principio, nada que temer del Estado totalitario. Lo mismo ocurría en la Unión Soviética, donde palabras como «trotskista», «derechista» o «burgués» eran formas de decir que algo era políticamente incorrecto y que una idea política —a veces un simple matiz— constituía una herejía. Y lo mismo pasaba en las sociedades derechistas totalitarias, como la España franquista o la Alemania nazi; el poder siempre ha cultivado sus campos de corrección política y ha impuesto sus límites al pensamiento y la expresión. De manera que la corrección política nunca fue una broma o, al menos, nunca lo fue para los ortodoxos.

La corrección política no empezó como una broma, empezó como un repliegue.

EL «SENTIDO COMÚN» O LA CORRECCIÓN CAPITALISTA

Antes de que esta corrección existiera hubo otras. Stephen Fry recordaba aquella «con la que crecí, que en aquel entonces era una especie de corrección política religiosa; la gente se quejaba de los programas de televisión porque había palabras malsonantes, violencia o desnudez». Su imperio, nunca del todo declinante, ha dejado en los países anglosajones el hipócrita pitido que cubre palabras malsonantes en la televisión y las pegatinas de aviso de «contenido explícito» en los discos de *hip-hop*. Su espíritu es similar al de la corrección progresista, puesto que entiende que la obscenidad representada en la cultura es una amenaza para el alma cristiana y para la sociedad en general, y que ciertas palabras activan mecanismos abominables en la gente. Así, igual que hoy un cómico puede tener problemas por un chiste que juegue con los estereotipos de la raza o el género, el nivel de histeria al que condujo la corrección política religiosa hizo la vida imposible a gente como Lenny Bruce, que en los años sesenta se enfrentó a varios juicios por emplear reiteradamente la palabra «fuck» en sus monólogos.

La cuestión es, por tanto, cómo pudo terminar la izquierda asimilando ese ridículo marco de pensamiento (por fortuna para mí, el proceso está estudiado de sobra y no tengo que desarrollarlo). En resumen, desde finales de los años setenta, con el derrumbe progresivo de los países del bloque soviético y el conocimiento público de los horrores del comunismo, las sociedades capitalistas estuvieron dominadas por la desconfianza hacia los experimentos económicos y se implantó una suerte de «sentido común» capitalista que conculcó las creencias de la era New Deal. El fenómeno eclosionó en los ochenta con la revolución neoconservadora de Reagan y Thatcher, que no tuvo más que una tibia oposición en unos partidos de la izquierda obrera incapaces de ganar elecciones. Pese a la crisis del petróleo, el cierre de las minas británicas o la desindustrialización, la voz de la izquierda no pudo convencer a los trabajadores de que seguían siendo una clase con intereses comunes. En paralelo, muchos activistas se preguntaban cómo seducir y dónde plantear las batallas si, con la globalización, el proletariado más miserable vivía en países lejanos, metido en fábricas invisibles, fuera de su jurisdicción. ¿Cómo seguir existiendo? Quienes perseveraron en los discursos de clase social fueron barridos de los parlamentos o marginados en el Partido Demócrata de Estados Unidos.

Félix Ovejero ha descrito muy bien cómo afectó esta derrota a la política, y en particular a la izquierda.[42] En los ochenta nadie votaba al tipo enfadado que reclamaba mejoras materiales, pero quizá sí a un profesor de clase media-alta bien acicalado que llamaba a extender los derechos civiles sobre las minorías tradicionalmente marginadas de la sociedad y a controlar la publicidad de la televisión, sin molestar demasiado a las estructuras del capital. Así, muchos de los miembros de la «nueva izquierda» que habían fracasado en los setenta dejaron la política, leyeron a Adorno, Horkheimer, Foucault, Laclau, Bourdieu, Gramsci y compañía y se refugiaron en la universidad para presentar la batalla, pero no en el presente, mediante las urnas, sino en el futuro, mediante la batalla cultural. De esta forma, el paso de los setenta a los ochenta fue la bisagra en que la izquierda radical abandonó el plano de lo material y lo práctico, donde el «realismo capitalista»[43] parecía imbatible, y se refugió en lo simbólico entregada a la teorización. En el camino, como explica Raymond Aron, endurecieron su posición con respecto al liberalismo, la razón ilustrada y la libertad.[44]

La óptica más profundamente arraigada por la izquierda actual, el posestructuralismo, funciona entre otras muchas cosas como una crítica frontal a la libre elección, que se relaciona con la sociedad de mercado y la jerarquía. Asumen que los individuos no tomamos decisiones porque nos apetezca o sea nuestro deseo natural, sino porque la cultura nos está forzando sutilmente a ello. En este sentido, para los posestructuralistas la libertad está tan intervenida por la cultura como la elección entre productos limitados por la oferta y la demanda en el mercado. De ahí que distintas versiones del posestructuralismo sean la base filosófica de la corrección política, las microagresiones y todo lo demás; si las palabras que elegimos y las conductas que manifestamos no forman parte de nuestro acervo personal, si no son espontáneas expresiones, sino que están intervenidas por la cultura, su legitimidad depende de cómo sea dicha cultura. Y, dado que esta está definida, según autores como Butler o Derrida, por el machismo, el racismo, el colonialismo y demás, casi todos somos parte del problema. No hay actitudes inocentes, y mucho menos mensajes limpios. Todo está bajo una permanente sospecha. Refugiada en las aulas, como ha descrito Mark Lilla, esa izquierda posestructuralista descubrió que el estudio de las conductas supuestamente dañinas y de los rastros de poder fálico de las obras literarias era bastante lucrativo y que la batalla no encontraba apenas oposición. De esta forma, mientras la televisión apartaba a los jóvenes en masa de la lectura, muchos profesores emprendieron la estrategia de tachar libros y desacralizar clásicos a martillazos. La izquierda radical planteó la batalla en el único terreno donde todavía era posible escurrirse, esto es, las bibliotecas, los cines y la música popular. Campos abiertos para la intervención debido a lo poco que le importaba al mercado lo que unos cuantos posmodernos pudieran hacer.

Sin embargo, he aquí lo más interesante de todo: el repliegue de los radicales en las aulas da cuenta de que fuera existía algo a lo que no pudieron vencer en las urnas y que predisponía a los electorados contra los experimentos económicos. Era lo que Antonio Gramsci llamó «hegemonía» y, bajo su imperio, plantear cualquier propuesta colectiva de control o de reforma al mercado, no digamos ya un cambio de sistema, era visto como un sacrilegio incluso por el trabajador. La izquierda radical de los setenta y los ochenta se enfrentó, por tanto, a algo más temible que las oligarquías o las cargas policiales, el sentido común. Y me pregunto: ¿qué es el sentido común sino una corrección política que ya está plenamente aceptada entre la población? ¿No es, después de todo, un nuevo sentido común —diverso, feminista y cuidadoso con las minorías— lo que pretenden imponer los defensores de la corrección política?

Žižek ha descrito muy bien el sentido común capitalista: «No es una visión positiva de algún futuro utópico, sino una cínica resignación, una aceptación de cómo es "el mundo en realidad", acompañada de la advertencia de que, si queremos cambiarlo (demasiado), lo único que nos espera es un horror totalitario. Cualquier idea de otro mundo se rechaza como ideología». Alain Badiou lo expresó de manera todavía más sucinta: «La función principal de la censura ideológica actual no es aplastar la resistencia [...], sino aplastar la esperanza, denunciar de inmediato que el final de cualquier proyecto crítico es algo parecido al gulag».[45]

De manera que la corrección capitalista deja un margen ancho para la libertad de expresión y uno muy estrecho para imaginar una prosperidad mejor distribuida. Cualquier reforma sensata, desde los impuestos altos para las grandes fortunas hasta las iniciativas para controlar los precios del alquiler, pervierte la discusión y la concluye. Las medidas de control al libre mercado se perciben como una grave amenaza o, en el mejor de los casos, como una ingenuidad. La corrección capitalista no emplea la censura como su hermana de izquierdas porque no la necesita. Basta la risotada cínica y la desilusión, y en este sentido toda rebeldía es permisible porque hasta eso puede comprarse en forma de camisetas o de discos. Al contrario que la colección de quejas y gruñidos de los posestructuralistas, empeñados en atacar los saludos afectuosos, los entretenimientos y las canciones de moda, la corrección capitalista ofrece un optimismo panglosiano.[46] Vivimos en el mejor de los mundos posibles y ya no hay más que cuatro dictaduras caribeñas y asiáticas para recordarnos cuán equivocado estaba el viejo Marx y cualquiera que se le parezca. O cualquiera a quien se acuse, en falso, de parecérsele.

En el repliegue de la izquierda en los despachos universitarios y en la impotencia para presentar batalla en el plano económico había nacido lo que Daniel Bernabé llamó, con agudo ingenio, «la trampa de la diversidad»,[47] es decir, una preferencia —entre oportunista y forzada— por las batallas simbólicas, destinadas a mejorar la representación de las mujeres o las minorías en las películas y cosas por el estilo, pero con un impacto mínimo en la forma de vida de la gente, al menos a corto plazo. El intento de ingeniería social, en vez del intento de ingeniería económica; el empoderamiento personal para acceder a la élite, en vez del control al poder de esas élites. Y, dado que la gente ya no creía en la existencia de las clases sociales, la izquierda radical promocionó nuevas etiquetas, identidades menos avejentadas, más carismáticas y difíciles de eludir: blancos, negros, mulatos, mujeres, hombres, homosexuales, etcétera. Como estrategia, este «divide y vencerás» ha sido suicida.

Entrampados en la tela de araña de la diversidad, enfrascados en batallas guiñolescas de privilegios y opresiones, perdieron una oportunidad de oro para regresar al plano materialista cuando la gran crisis de 2008 abrió un agujero en el debate económico. Los movimientos de las plazas y las calles en 2011 surgieron llenos de propuestas de control al capitalismo, pero no tardaron mucho en ser devorados por la inercia cultural. Al poco tiempo de surgir, ya se enfrentaban a sí mismos por sus costuras. Así, con la excepción de la aguerrida socialdemocracia de Portugal, ni un solo cambio de calado ha tenido éxito en la economía tras la crisis, ni siquiera en Grecia, donde la izquierda radical alcanzó el poder. Entretanto, leyes de diversidad y feminismo políticamente correcto se han aprobado sin que a los directores de banco les temblase la peluca. De ahí que personas tan poderosas como Ana Patricia Botín o Mark Zuckerberg estén encantadas y asuman los códigos de comunicación de la izquierda cultural, o que Melinda Gates diga que «las feministas jóvenes se interesan en empoderar a todas, no solamente a ellas mismas».[48] ¿Qué tipo de empoderamiento popular puede ser celebrado de esta manera por la élite? Solo uno simbólico. Si esta es la rebeldía, ellos están dispuestos a promocionarla como han hecho con Greta Thunberg. Ni un euro se mueve del bolsillo de un explotador al de su plantilla cuando el jefe se pone a decir «todes» o promete ser bueno con el medioambiente. Para el poder económico todo son ventajas y la izquierda tiene la sensación de seguir luchando. «Win, win.»

La prueba más clara de que la izquierda cultural es un engendro desactivado políticamente es el anuncio con el que Gillette cabreó a algunos miles de machos en 2018 y solazó a otros tantos «aliados». En pleno auge del movimiento #MeToo la marca lanzó un *spot* que, siguiendo al pie de la letra la lógica de *Mad men* en el último capítulo, utilizaba el discurso vacuo de las nuevas masculinidades para ofrecer sus productos.[49] La corrección política no ha cambiado otra cosa que la forma de vender productos. Nos ofrece un capitalismo inclusivo en el que, con un poco de suerte, tendremos el privilegio de ser explotados por una mujer negra transexual y paralítica. Es lo máximo a lo que podemos aspirar. Sin embargo, tampoco es algo diferente a lo que hizo ese mismo año la empresa de embutidos Campofrío con su anuncio disfrazado de crítica a la susceptibilidad.[50] Las guerras culturales son un terreno lucrativo para las marcas.

Y, hablando de Campofrío, no se me ocurre una prueba más elocuente del aparatoso error de perspectiva de la izquierda cultural que la familia de eufemismos brotados en los últimos años alrededor de la palabra «gordo»: «cuerpo diferente», «belleza no normativa», «gente de talla especial»... La obesidad es un grave problema de salud en Occidente y a la vez un síntoma visible de pobreza. En la tierra opulenta de la comida barata y ultraprocesada, el obeso suele ser alguien que vive en peor situación económica que el estilizado cliente del gimnasio y la dieta macrobiótica. Valga el ejemplo de España, donde la obesidad ha azotado a la comunidad gitana más que a ninguna otra,[51] o la evidente correlación entre nivel socioeconómico y obesidad mórbida estudiada ya en Estados Unidos, donde la gordura mata a más gente que las armas.[52] Pues bien, ¿qué ha ofrecido la izquierda políticamente correcta al problema de la obesidad? Una nueva tribu con motivos para sentirse orgullosos con sus «cuerpos diferentes» y la pegatina de una cara sonriente. El gordo ha de quererse a sí mismo tal como es, su cuerpo debe ser celebrado por todo el mundo y quien ose poner en duda la óptica recibirá una pegatina con una carita enfadada y la etiqueta de «gordofóbico».[53] Es grotesco.

La mala incorrección

Entonces, la llamada «incorrección» ¿es, como sugiere gente como Michelle Goldberg, romper a hacer chistes de gordos en la cara del primero que uno se cruce por la calle? ¿Humillar a los homosexuales imitando a una gallina, llamar «putas» a las mujeres? No, porque no es lo mismo ser políticamente incorrecto que gilipollas. La incorrección no está reñida con la insensibilidad ni con el deseo de hacer daño, está reñida con el estrecho marco impuesto por la corrección. Si eres tú quien se inventa más y más códigos de cortesía sobre una idea errónea de lo que significa la empatía, no puedes acusar a todo el mundo de malos modales cuando incumplen tus normas. Sin embargo, dado que la línea que separa el daño de la molestia se ha difuminado, toda clase de artistas, escritores y cómicos han sido acusados de incorrección y muchos profesores universitarios han llegado a tener problemas por ello. Si hasta una serie como *Friends* parece hoy demasiado ofensiva para las almas sensibles, si una vieja canción de Mecano provoca polémicas tremendas, ¿cómo podría ser la incorrección algo buscado? Son los límites los que te encuentran a ti.

La opción de muchos ha sido alejarse de los temas espinosos, evitar cualquier mención al género o a la raza o participar de los lugares comunes; aceptar las normas por conveniencia y no jugársela. En ambientes progresistas, que te acusen de políticamente incorrecto equivale a que te tilden de derechista, y esto ha sido clave para que la corrección se haya impuesto como modelo. La gente de izquierdas participa de una suerte de superstición ontológica y considera muy grave que alguien pueda pensar de ellos que son «fachas». El rojo siempre está preocupado por la percepción de su rojez que tengan otros rojos, temeroso de que alguien pueda decir que no es lo bastante colorado o incluso, ay, azul. La suya es una reputación frágil y sometida a los vaivenes de lo aceptable y los caprichos de la militancia. La superioridad moral es una pose muy cara para el pensamiento crítico; si mucha gente empieza a acusarte de mala persona por criticar lo que haya podido decir una feminista tronada en Twitter, muchos izquierdistas se callarán para no meterse en líos. Así, la izquierda políticamente correcta no ha tenido oposición interna. Triunfa por la omisión y la cobardía ante el «qué dirán» y por el oportunismo de santos de baratillo sobrevenidos, dispuestos a cualquier distorsión de la realidad con tal de ser populares, incluso al virtuoso y lucrativo masoquismo moral. Muchos se desahogan en privado, pero la oposición de izquierdas a la corrección política ha sido casi nula.

Sin embargo, con la incorrección política hay también algo de profecía autocumplida. En los últimos años ha surgido una corriente abiertamente ofensiva y faltona que lanza ataques contra las mujeres, los gais y la gente de otras razas para divertirse en internet. Asqueados de la estrecha mojigatería parecen decir: «¿Conque esas tenemos? Pues vais a ver». Es una legión de chicos cargados de cínica ironía, descreídos creadores de memes llenos de ganas de provocar a los santurrones. Angela Nagle ha estudiado muy bien el surgimiento de esta tribu políticamente incorrecta en sitios de internet como 4chan, algo parecido a lo que en España conocemos como Forocoches o Burbujainfo. Escribe Nagle: «Todos estos acontecimientos estrafalarios, identidades nuevas y comportamientos subculturales extraños que desconciertan al público general [...] pueden comprenderse como respuestas a una respuesta que responde a otra respuesta, cada una de las cuales responde de manera airada contra la existencia de la otra. Los creadores de memes trumpianos subieron el listón de su estilo contrario a la corrección política que busca romper tabúes como respuesta a los usuarios de Tumblr que desafían los roles de género, que a su vez se volvieron más sensibles y más convencidos del racismo, la misoginia y la opresión heteronormativa que existe fuera de las culturas de internet».[54]

Tenemos así al jovencísimo trol militante que nunca sabes si está hablando en serio o de broma cuando dice, riéndose, que es un fascista. En esa tribu se mezclan los descreídos, los marginados y los miembros del único grupo social que puede ser difamado sin peligro por parte de los sacerdotes de la corrección política: chicos blancos, heterosexuales y, con frecuencia, insatisfechos con el sexo opuesto. Creo que han encontrado en la irreverencia y el troleo una forma de supervivencia y un motivo de unión.

El problema, como siempre, es que estos heterodoxos se inclinan hacia una nueva forma de ortodoxia. Ser políticamente incorrecto no es nada de lo que enorgullecerse, es el resultado previsible de decir lo que piensas en un ambiente puritano y castrante. La incorrección no es, por tanto, un valor absoluto, sino relativo con respecto a las ortodoxias que te rodean. Sin embargo, esto tampoco es una garantía de que seas tú quien dice la verdad. No se me ocurre un grupo más políticamente incorrecto que los terraplanistas. En los últimos años han fundado sociedades multitudinarias, han colgado millones de vídeos en internet y se han hecho más fuertes con el oprobio científico y el desprecio de la gente común. La sensación de ser dueños de una verdad incómoda e incomprendida los ha atrincherado y ha hecho surgir una nueva tribu alrededor de la ridícula idea de que la tierra es plana. Han formado comunidades de creyentes, han hilado sus relaciones personales dentro de esa endogamia y saben que abandonar la fe sería perderlo todo, con lo que han terminado creando una nueva corrección. Bien, este es un fenómeno parecido al nacimiento de esa incorrección política militante y orgullosa de sí misma. Al igual que los terraplanistas niegan las evidencias de que el globo terráqueo es redondo, los militantes incorrectos tuercen la nariz ante cualquier prueba cierta de la discriminación, desconfían de la justicia social en bloque y niegan la validez de cualquier dato que ponga en riesgo su incómoda «zona de confort». La fina línea entre el escepticismo y la paranoia es sobrepasada. Hay muchas formas de convertirse en fanático, y una de ellas, muy sofisticada, empieza por oponerse al fanatismo de otros. De nuevo, el síndrome de Juan Calvino.

Al calor de esa incorrección reactiva y mal digerida han surgido teorías estadounidenses como QAnon o Pizzagate, cuyos defensores han caído en la trampa del dualismo maniqueo. Quizá fueron hábiles detectando las mentiras de la propaganda políticamente correcta, pero al aceptar la división del mundo en dos equipos antagónicos y tomar partido por uno han traicionado el valor supremo de la incorrección, que es la heterodoxia. El impulso de refugiarte con los que piensan como tú, con los otros rebeldes en minoría, ha llevado a estos «incorrectos» por el mismo camino que hizo de los correctos una tribu ciega y deprimente. La obligación de tomar partido entre contrarios desbarata la posibilidad misma de pensar. Cuando una identidad de grupo se levanta sobre un sistema de contrarios y oposiciones, la gente acaba comprando paquetes enteros de ideas. En el espejismo de que ellos son los «libres» han terminado convertidos en esclavos.

Pero ¿es la incorrección algo minoritario? ¿Son sus militantes un grupo perseguido? De nuevo, como al principio del capítulo, no hay respuestas satisfactorias y todo depende de quién esté al mando en cada isla tras el naufragio. En internet hay comunidades en las que sería suicida mostrarse favorable a cualquiera de las reivindicaciones típicas de la izquierda; la comunidad sería tan hostil como un grupo de jóvenes transgénero ante las palabras de J. K. Rowling. ¿Cuál es, por tanto, el tamaño de la incorrección? ¿Dónde está situada en la escala del poder? De nuevo, depende. Donald Trump ha repetido millones de veces que está orgulloso de ser políticamente incorrecto y lo mismo ha pasado en España con los miembros de Vox. Sin embargo, ¿lo son realmente o es un camelo para cooptar a esos jóvenes blancos descreídos y marginados? Creo que más bien es lo segundo. Los nacionalpopulistas ofrecen como incorrección política una falsa moneda, y la prueba está en la respuesta a esta sencilla pregunta: ¿qué les pasa a estos líderes «políticamente incorrectos» cuando un cómico se suena las narices con una bandera nacional, cuando alguien se caga en Dios o un ayuntamiento coloca en el balcón un pancarta en apoyo a la comunidad gay? Por arte de magia, despliegan la misma intransigencia que sus oponentes más histéricos y claman sobre el fin de la civilización occidental. Al final, solo cambian los motivos de ofensa y las amenazas simbólicas. El tribalismo persiste en los dos lados.

El hecho de definirse a uno mismo como «políticamente incorrecto» suele ser ya una mala señal. La incorrección debería huir de las etiquetas y ser una actitud flexible, abierta y heterodoxa, una irreverencia crítica ante los sistemas de pensamiento cerrados y los fanatismos, pero jamás un subterfugio para un fanatismo nuevo. Lo primero que alguien políticamente incorrecto debería poder criticar con libertad, sin temor a ofender a nadie, es la propia incorrección. Sin embargo, está pasando justo lo contrario.

En este sentido ha vuelto a activarse la pugna generacional. En las universidades y los institutos hay toda una generación de chicos blancos y heterosexuales cuya experiencia biográfica no ha sido tenida en cuenta. Han tenido que aguantar el discurso interseccional hasta en la sopa durante toda su vida, han puesto la televisión y se han encontrado con feministas condenando el deseo masculino a todas horas, han navegado por internet entre guerrillas de género y alegatos contra el privilegio blanco, y muchos han pasado, como James Damore, por cursillos ofrecidos por activistas que han intentado enajenarlos de sus deseos más simples y les han repetido que forman parte de un grupo opresor por naturaleza. A los más tímidos y feos se les ha llamado «fracasados» en los medios de comunicación con la etiqueta (nefasta) de *incels*, que viene a decirnos que los chicos blancos que no follan se convierten en monstruos machistas adictos al porno y asesinos-violadores en potencia. ¿Dónde está esa empatía que supuestamente deberíamos sentir por los marginados según los que siempre tienen la palabra *incel* en la boca? En su entrada a la vida adulta, muchos de esos chicos se han visto en el dilema de convertirse en «aliados», es decir, en comparsas silenciosas y desnaturalizadas, o bien en presentar batalla. ¿Quién podría extrañarse de que muchos hayan terminado viendo en la ultraderecha un medio con el que saborear la libertad?

Me parece alucinante que la izquierda no sienta ninguna responsabilidad ante la transformación de tantos chicos en personas reactivas y enfurruñadas. Ellos dicen que el machismo es sistémico y que este fenómeno les da la razón, que hace falta más feminismo, más discurso de la identidad y más perspectiva correcta, pero esto es apagar el fuego con gasolina. La legión de chicos frustrados que terminan en brazos de la ultraderecha me parece una consecuencia directa de la propaganda humillante y desabrida de la corrección política. Si planteas una guerra cultural, no puedes esperar que todo el mundo se coloque en tu bando. Esos chicos *incel* no intentan conservar sus privilegios, sino que perciben desde su experiencia que los privilegios son mentira, porque están hasta el gorro de tragar propaganda. ¿Significa esto que los *incels* tienen razón? No. En el viaje, muchos han perdido la capacidad de análisis. Niegan la existencia del machismo o del racismo como la hormiga podría negar la existencia de la luna. Han experimentado una humillación institucionalizada, han huido de lo que les parecía un dogma sistémico y han terminado embarrancando en otro. Alejándose del aburrido victimismo de sus compañeras de clase, han caído en otro más magnético, el suyo.

Lo que hoy se entiende como «incorrección» es, por tanto, en muchos casos, una corrección de signo contrario, esto es, un marco de pensamiento tribal, defensivo y ensimismado. No tiene nada que ver con lo que hacen Bill Burr, Ignatius Farray o Dave Chappelle; nada que ver con lo que escribía Oscar Wilde o con lo que filmaba Pasolini. No es más que simple autodefensa gregaria, simple trinchera ideológica, simple militancia; una tribu que, como todas las tribus, deja muy poco espacio al pensamiento crítico y la libertad. Señaló con acierto Ricardo Dudda que, «más que corrección política, existen correcciones políticas, espacios donde hay un discurso hegemónico incontestable»,[55] y tal como yo lo veo tiene toda la razón. Las hegemonías incontestables se han multiplicado en la sociedad y, como mostraremos a continuación, el peligro empieza ser muy grave.

11

La guerra de las tribus

Donde observamos cómo las identidades
rabiosas y resentidas
fracturan y torpedean la sociedad plural

En un capítulo de la cuarta temporada de *Los Soprano* (2002), el obeso Bobby Baccalieri lee en voz alta, escandalizado, una noticia del periódico al resto de los integrantes de la banda mafiosa. Pocas ficciones han tratado el tema de la tensión identitaria estadounidense con la gracia, la sutileza y la acidez de la serie de David Chase. Según lee Baccalieri en el periódico mientras toman café, resulta que los indios americanos van a protestar contra las fiestas del día Colón ante la estatua del descubridor, y además pretenden boicotear el desfile con el que tradicionalmente conmemoran los italianos al genovés. Furio Giunta, recién llegado de Italia, no lo comprende: «Pensaba que Colón era el héroe de América».

    —Son los indios y los putos comunistas —responde Ralph Cifaretto—. Quieren pintar a Colón como un tratante de esclavos y no como un conquistador.
    —Debes admitir que masacró a los indios —tercia Christopher Moltisanti.
    —Como si no se lo hubiéramos compensado —responde Silvio Dante—. Tierras, reservas, y ahora tienen los casinos. ¿Nos han dado algo a nosotros sin rompernos los cojones a trabajar? ¿Sabéis lo que pasa? Yo os diré lo que pasa: discriminación de los italianos. El día de

Colón era un día de orgullo italiano. Es nuestra fiesta y quieren quitárnosla.

—¡Que les follen! —exclama el recién llegado Furio Giunta. Y, tras pensar un momento, añade—: Pero nunca me cayó bien Colón. En Nápoles muchos no están tan contentos con él, porque era de Génova.

—¿Y qué pasa con Génova?

—El norte de Italia siempre tiene el dinero y el poder. Castiga al sur desde hace cientos de años. Incluso hoy nos miran por encima del hombro como si fuéramos campesinos. Odio el norte.

Me parece que en este diálogo, sarcástico y fabuloso, como toda la serie, está el meollo del narcisismo tribal; la búsqueda de una «autoestima de masas» y la tensión entre ortodoxias culturales en el seno de una sociedad plural. Pero, además, empieza a delatarse otro elemento preocupante de esta tendencia. La caricatura de la serie muestra cómo, en un ambiente social cruzado de identidades, cada una quiere defender su bienestar atacando los símbolos que le parecen ofensivos, que por supuesto son sagrados para otros grupos que conviven en la misma sociedad. Y asimismo nos enseña que las subdivisiones de la identidad son potencialmente infinitas con el comentario de Furio, que separa Nápoles de Génova para sorpresa de los italoamericanos de la banda.

Más adelante, la televisión de casa de Tony Soprano está encendida y oímos un programa de debate. Un indio americano critica a Colón ante el enfado de un italiano y un negro. Los dos, de entrada, parecen de acuerdo en su defensa del descubridor, pero terminan enzarzados discutiendo sobre qué grupo sufrió más explotación. Después hay otra escena parecida: el judío Hesh Rabkin y un ayudante cubano de su criadero de caballos escuchan a Tony Soprano, que se queja porque el libro de historia del instituto de su hijo dice que Colón fue un genocida. Hesh le da la razón y se pone de parte de los italianos: «Como judío, siempre simpatizo con los oprimidos». Pero el cubano no está de acuerdo y afirma que Colón fue como Hitler. Hesh se ofende al oír tal comparación, y Silvio le explica: «No es el único que lo piensa. Ese indio que protesta llamó Hitler a Colón en la televisión». El judío no puede soportarlo: «Hablas con el culo. ¿Colón como Hitler? Trivializas el Holocausto. Francamente, si tienes antisemitismo encubierto, vete de mi casa». Las interrelaciones entre la cultura y la etnia son estrechas y rara vez conducen a otro sitio que a la mutua hostilidad.

Los mafiosos se proponen hablar con un gran jefe indio para convencerle de que frene la protesta de los activistas. Cuando dan con uno, resulta ser un apuesto empresario rubio, jefe de la tribu mohawk y «CEO de Mohawk Enterprises». Los mafiosos y él se entienden hablando de dinero. Dado que los casinos tienen muchos clientes italoamericanos, al jefe no le importa intentar convencer a los activistas para que paren. «Disculpe, jefe, pero usted no parece muy indio», le dice Silvio. «Descubrí que tenía sangre india muy tarde, casi siempre pensé que era blanco. La abuela de mi madre tenía un cuarto de sangre india.» Soprano pregunta: «¿Descubrió eso cuando aprobaron la ley de los casinos?». Y el jefe sonríe. Brindis. Porque no hay nada como los negocios para difuminar los contornos de las culturas, las razas y las identidades. La globalización económica lo ha demostrado ya sobradamente.

Al final del capítulo, Silvio y Tony se enzarzan en la última discusión. «Discriminan a los italianos como grupo cuando proscriben a Colón», se queja Silvio, y Soprano le corta: «¿Vas a parar? ¡Grupo, grupo! ¿Qué pasó con Gary Cooper? Eso me gustaría saber. Gary Cooper, ese era un americano. Un tipo fuerte y callado que hacía lo que debía. ¿Y se quejó? ¿Dijo:"Oh, tengo ancestros texanoirlandeses pobres, así que no os metáis conmigo porque mi gente sufrió"? Si fuera hoy, estaría en algún grupo de víctimas. Cristianos vaqueros violados gais». Soprano está oponiendo la típica imagen del individualista clásico de su tiempo a la del individuo traspasado por sus identidades colectivas, propia de la época que se avecinaba, pero Silvio no parece convencido: «La gente sufre. Escupían a mis abuelos porque eran de Calabria». Tony lo corta: «Te preguntaré algo: todo lo bueno de tu vida ¿te vino porque eras calabrés? Te contestaré: no. Tienes un hijo en el Lackawanna College; tu esposa está bien buena, o lo estaba cuando os casasteis; tienes uno de los bares de *topless* más rentables de New Jersey. ¿Todo esto es por ser italiano? No. Todo eso es porque eres tú, porque eres inteligente o lo que cojones seas. ¿Dónde coño está nuestra autoestima? Eso no viene de Colón ni de *El padrino*».

Todos contra todos

Han pasado dieciocho años desde que se estrenó ese capítulo de *Los Soprano*. Entonces, a este lado del Atlántico, considerábamos cómico que unos mafiosos estuvieran tan preocupados por su legado cultural. Hoy no extrañaría a nadie. En 2019 la CUP, un partido catalanista de extrema izquierda, propuso retirar la estatua de Colón de Barcelona «por su connotación racista», y lo decían totalmente en serio.[1] Lo que en 2002 eran polémicas locas típicas de los estadounidenses o preocupaciones de exaltados se ha convertido en el paisaje de fondo de nuestras vidas. Como si los más exacerbados y radicales de cada grupo social hubieran tomado el mando de la discusión y marcasen el paso, cualquier símbolo, cualquier figura histórica, cualquier obra clásica es de pronto un motivo de herejía. Y, por supuesto, aparecen demagogos dispuestos a aprovecharse de las pasiones de las tribus para legitimarse. De las bocas más mentirosas brotan órdenes de limpiar la cultura con lejía y de los máximos responsables de la pobreza presente salen alegatos para reparar heridas de gente que lleva muerta cientos de años.

Ahí tenéis el caso del presidente mexicano Andrés Manuel López Obrador, quien exigió en 2019 que los reyes de España pidieran perdón por los crímenes cometidos por los conquistadores. Yo leía asombrado las noticias pensando que, en caso de que las disculpas fueran necesarias, él sería la persona menos indicada para reclamarlas. Pocos días después de su carta, un descendiente de Moctezuma le reprochó: «Me sienta francamente mal que se use la figura de mi ancestro con fines políticos. No tiene ningún sentido exigir al rey que pida perdón por algo que ocurrió hace cinco siglos, y se lo dice alguien que tiene *sangre azteca* a alguien que no».[2] Y pongo en cursiva aquí eso de «sangre azteca» para resaltar hasta qué punto hemos permitido que el endiablado léxico racial se entremezcle en nuestras trifulcas.

Las palabras del descendiente de Moctezuma me son tan ajenas como las de López Obrador. Los dos son, como todos nosotros, el resultado desdibujado de expediciones, escaramuzas, batallas, abusos, comercios y gestos de generosidad. No existe la pureza, ni la raza blanca, ni la sangre azteca. En la historia es muy difícil establecer líneas diáfanas entre el bien y el mal; no siempre hay nazis y judíos para aclarar las ecuaciones, ni suelen quedar instituciones capaces de pagar ciertas deudas ni pueblos dignos de reclamarlas. ¿A quién restituir lo que se quitó a los tatarabuelos? Las cadenas de transmisión de la riqueza y la cultura se han roto y se han vuelto a construir muchas veces. Dinastías enteras se han arruinado, mientras nuevos ricos se convertían en dueños del mundo antes de arruinarse para que los sustituyeran otros.

Además, ¿de quién hablamos exactamente cuando nos referimos a nuestros ancestros? El abuelo de López Obrador fue un exiliado cántabro en Tabasco y todos sus apellidos son fruto de ramas criollas, pero él es tan mexicano como cualquier indio. México, como todas las naciones de Latinoamérica, es una consecuencia directa de la Conquista, de las ideas racionales de la Ilustración, de los sentimientos apasionados del romanticismo europeo. En cualquier universo paralelo donde los galeones se hubieran desviado este país no existiría. No hay un mundo perdido, no hay una estación anterior; el pasado es un tiempo al que no se puede regresar. ¿Restituir? ¿A quién? Los responsables del expolio y sus víctimas han desaparecido. Los ídolos demolidos por los hombres de Pizarro son, como el propio conquistador, piezas del puzle de nuestra civilización, y todas están soldadas: separarlas es imposible.

La pregunta que deberíamos hacernos siempre que un político apela a deudas fantasmagóricas es qué trata de ocultar. Esto es justo lo que hizo el Ejército Zapatista de Liberación Nacional, que tras la exigencia del presidente mexicano lanzó un comunicado en el que le reprochaba que utilizara la historia para hacer propaganda y celebraba aquello que la hispanidad tiene de hermanamiento entre pueblos.[3] Pero echemos un vistazo al país para el que López Obrador reclamaba gestos de restitución simbólica a la Corona española. Durante 2019, el primer año de su Gobierno, México superó su propio récord de homicidios.[4] Amnistía Internacional informó de que las desapariciones se colocaban por encima de las sesenta y una mil, mientras la violencia se recrudecía en muchas zonas del país sometidas al poder de los narcos. La situación era, como en años anteriores, especialmente peligrosa para los periodistas y las mujeres.[5] ¿Hubieran mejorado las vidas de esas personas con una disculpa de Felipe VI de Borbón? ¿Mejorarían las vidas de los indígenas que hoy siguen marginados en México? En absoluto. Sin embargo, todos los demagogos saben que una ciudadanía concentrada en disputas culturales es más fácil de engatusar, incluso en las peores condiciones sociales. Por eso, cuando se remiten a pasados remotos, hay que mirar al presente de forma crítica.

Mientras López Obrador trataba de convertirse en el valedor de la cultura mexicana, ¿cuál era su verdadera actitud hacia ella? Según recogía Gabriel Zaid, durante el primer sexenio de su mandato los presupuestos mexicanos de cultura se recortaron en mil millones de pesos. El de librerías y bibliobuses se recortó de cincuenta y uno a treinta y dos millones; el de la Orquesta Sinfónica Nacional se redujo un 89 por ciento; el de publicaciones un 46 por ciento, el de la Fonoteca un 23 por ciento, el de bibliotecas un 12 por ciento; el Instituto Mexicano de la Radio despidió al 35 por ciento de su personal y cerró cuatro emisoras; se canceló el Premio Iberoamericano de Cine Félix y se redujo la dotación del Programa de Estímulo a los Creadores Cinematográficos y del Premio Ariel. Las becas del Fonca, autónomas durante más de treinta años, pasaron a formar parte de la Secretaría de Cultura. ¿Supuso todo este recorte un incremento análogo de la inversión en la cultura indígena? No, el presupuesto de 2020 del Instituto de los Pueblos Indígenas también sufrió un recorte del 40 por ciento.[6]

Sin embargo, la de López Obrador no es una táctica extraña hoy. Podemos encontrar ejemplos como este a patadas, en todas partes. Mirad al expresidente de Cataluña, Artur Mas, que en 2012 dio un viraje desde el nacionalismo constitucional que había caracterizado a la derecha catalana y sumergió a su partido en el independentismo extremista. Sus cantos de amor a Cataluña, su lengua y su cultura centenaria, sus promesas de un futuro resplandeciente y sus ataques frontales a España (toda tribu necesita enemigos) se combinaron con una agenda económica de reducción de gasto social, que durante su Gobierno se redujo en 5.538 millones.[7] Los de Cataluña fueron los recortes más drásticos de toda España.[8] Como en el caso de López Obrador, la llamada a la tribu de Artur Mas era una simple estrategia de legitimación. Sin embargo, las heridas que abren los demagogos tardan mucho tiempo en cerrarse. Cuando ellos se marchan, las tribus siguen a la gresca, preparadas para recibir demagogos todavía más nefastos; después de Mas vino Carles Puigdemont, y después de él vino Quim Torra. Hoy Cataluña está tan rota, tan dividida, como lo estará mañana México si no encuentran motivos para reconstruir su país.

Karl Popper, filósofo desvirtuado por los memes de internet, ya había anticipado todo esto. Al término de la Segunda Guerra Mundial buscaba una explicación a la catástrofe. ¿Cómo era posible que naciones cultas y civilizadas se hubieran torcido de aquella manera? ¿Cómo habían podido arrasar el fascismo y el comunismo con las democracias en un momento en que el progreso parecía tan sólido? El filósofo describió la sociedad abierta y trató de desenmascarar a sus enemigos. El suyo era un mensaje para el futuro, una advertencia. Indicó que la tribu es el estadio previo a la civilización y el punto al que todo puede regresar en una dinámica autodestructiva. Determinó que, frente a la sociedad flexible, cambiante e integradora que se levanta sobre la igualdad formal ante la ley y la responsabilidad de acatarla, es decir, frente a la democracia, estaba el tribalismo. Esta pasión ofrecía un sueño seductor, una utopía restauradora, una arcadia, y en la práctica traía la rigidez y las leyes redactadas a medida, discriminadoras. Popper señaló que, si aparecían políticos dispuestos a inflamar esta clase de pasión, la sociedad abierta tendría que combatirlos o sería su fin. Sin embargo, hoy es la gente la que llama a los mesías seculares. Son las tribus, ebrias de su propio victimismo, las que convocan manipuladores a su medida.

TODOS SOMOS VÍCTIMAS

En la opereta melodramática con decorados de cartón piedra y trajes pomposos que ha traído el narcisismo tribal, cada cual se pavonea con las prendas que le hacen parecer más desdichado. Sospecho que, como el jefe mohawk de pelo rubio del capítulo de *Los Soprano*, ese que averiguó sus orígenes remotos y su sangre india justo cuando legalizaban los casinos, muchos sacan hoy del arcón los atributos pertinentes para recibir beneficios en el momento oportuno. Ira y resentimiento por daños que afectaron a ancestros... ¿de qué me suena esto? ¿No ha sido siempre la coartada de todo nacionalismo para imponerse y justificarse? Además, me pregunto: ¿dónde están los abuelos nazis, fascistas o esclavistas? A juzgar por los legados de los que se pavonea la gente, da la impresión de que casi todos los verdugos murieron sin dejar descendencia.

Quizá es importante que aclare algo ahora, y que lo haga recurriendo a la primera persona: yo ignoro quiénes fueron mis ancestros, a qué pueblos pertenecieron, quiénes abusaron de ellos y sobre quiénes cometieron tropelías. Nunca me he preocupado de mi árbol genealógico, entre otras cosas porque está lleno de gente irrelevante que dejó poco rastro de su paso por el mundo. Me es tan indiferente que España pida perdón a México por la Conquista como que Siria se disculpe con España por el califato omeya o que Italia haga lo propio por su largo y sangriento dominio imperial. Entiendo que mis ancestros tuvieron que ser gente del montón, dado que nadie en mi familia conoce los caminos remotos ni nos ha sido legado ningún tesoro. Siervos en tiempo de servidumbre, supongo, y, en los últimos cincuenta o sesenta años, gente que consiguió escalar desde la miseria de sus padres en un país al que venían inmigrantes.

No siento como mías las heridas de la gente que fue intercambiando sus genes a base de relaciones sexuales desde los tiempos de la hoguera. Leo la historia como una sucesión de desastres y de momentos de grandeza en los que ni gano ni pierdo en la lotería, sucesos que dejaron dolor y gloria en la tierra que piso, que encumbraron o descuartizaron a desconocidos, algunos de los cuales debieron de tener genes en común conmigo. No siento como propias las victorias españolas contra las tropas de Napoleón, ni me duele la derrota ante los británicos de la Armada Invencible. Soy consciente de que hubiera podido nacer en Zagreb, en Colombia o en Japón, o ni siquiera haber nacido.

Criarme en una familia en la que confluyen los dos bandos de la Guerra Civil me hizo cínico también ante el llanto propagandístico. Creo en la justicia reparadora y entiendo la necesidad que tienen los descendientes de las víctimas de la guerra y la dictadura de recuperar los restos de las cunetas, nunca exhumados, y detesto que las oligarquías franquistas sobrevivan en el entramado empresarial de hoy. Sospecho que una paz levantada sin cimientos de justicia no es duradera, como una chabola, y confío en los tribunales internacionales que juzgan crímenes de lesa humanidad. Me ilusionó, por ejemplo, que Argentina investigase a los torturadores españoles del franquismo y me ofendió que el Gobierno de España impidiera su extradición. Soy consciente de que la historia tiene colmillos que se clavan en el presente, pero desconfío de quienes politizan estos sentimientos, quienes no son víctimas directas y se colocan junto a ellas en la foto.

Existe una pragmática de la renuncia que deja los crímenes impunes mirando al futuro. Es una apuesta arriesgada, pero en conflictos enquistados una generación opta por la concordia a costa de la justicia, y esto también lo respeto. En los setenta y los ochenta no fue la restitución, sino la confianza en el futuro y el veto a los rencores lo que permitió que la generación de mis padres construyera una España nunca vista antes. Mi padre es hijo de un pescador y una costurera; hasta donde sé, el primer y único miembro de mi familia que se hizo catedrático desde el origen más humilde e iletrado. La vida que él tuvo hubiera sido inimaginable para cualquiera de sus antepasados, y en parte pudo vivirla gracias a esos pactos de renuncia. De modo que, cuando mis últimos abuelos se mueran, no pienso heredar sus reproches, ni el odio de mi yaya Virginia contra los comunistas que violaron a su hermana cuando tenía catorce años, ni el rencor de mi abuelo Juan por los bombardeos de la aviación fascista italiana. No viví sus vidas y no tengo ningún derecho a aprovecharme del dolor que ellos experimentaron.

Pero la mía es una actitud extraña, incluso mal vista y condenada a la herejía, puesto que mucha gente vive de las rentas que proporciona un pedigrí razonablemente sufrido, y muchos políticos instrumentalizan a las víctimas: a las de ETA, a las Franco, a las del machismo. Como explica el filósofo Daniele Giglioli[9] y contó mucho antes que él Friedrich Nietzsche en su *Genealogía de la moral*, hay momentos de la historia en que la debilidad pasa a convertirse en fuerza y la fuerza, en debilidad. En este sentido, es posible que nunca hayan tenido tanto poder como hoy las víctimas que saben rentabilizarse. Pero subrayad esto último: es esencial saber rentabilizarse, no basta con ser víctima, parecerlo o colocarse a su lado en la foto. No, hay que repetir que vivimos en sociedades inhumanas producto de centurias de opresión contra nuestra tribu para que esa misma sociedad, supuestamente intransigente, nos abra de par en par todas las puertas. Hemos de hacernos valer, por tanto, como oprimidos o como sus representantes y repetir con desparpajo, desde la atalaya de la superioridad moral, que cuando matan a uno nos han matado a todos. La estafa salta a la vista, pero rebasando los extremos más alucinantes de distorsión obtendremos un premio.

Sin embargo, ninguna sociedad puede premiar a todos los colectivos. La guerra de las tribus provoca que las haya de primera y de segunda, grupos que lograron convertir su debilidad en fuerza y otros que siguen malviviendo sin despertar la más mínima atención. Jim Goad escribió en 1996 un libro audaz y muy importante sobre uno de esos grupos discriminados que no le importan a nadie: los *rednecks* estadounidenses. Sus miembros son gente blanca y normalmente de derechas con un ínfimo poder adquisitivo. Se pudren en el cinturón de óxido y en el campo, descolgados del progreso y la cultura, fracasados en los estudios, atascados en el primer peldaño de la escalera de ascenso social, pero no inspiran ninguna pena. No viven mejor que los negros de las barriadas más deprimidas de Detroit, pero hay una diferencia esencial y es que nadie se siente culpable por el destino de esa gente.

Durante décadas, los *rednecks* fueron el grupo social marginado que peor partido sacó a su debilidad.[10] Ya no era prudente disfrazarse de rapero o de jugador de la NBA, pero cualquiera podía agarrar un peto mugriento, calzarse una gorra y pintarse algunos dientes de negro para solazar a los amigos en la fiesta de Halloween. Mientras la palabra *nigger* se convertía en un tabú tan destructivo que nadie que no fuera negro osaba sacarla por la boca, era lícito, sin embargo, insultar al *redneck* a todas horas en televisión. Para rentabilizar la opresión hacían falta atributos de los que ellos carecían. De entrada, compartían el color pálido con los millonarios WASP, la clase dominante, y para seguir, votaban a la derecha o no votaban. Sus poblachos de remolques y granjas eran sitios abominables que la cultura solo miraba con pavor, como el escenario de las matanzas de Texas, parricidios e incestos. De modo que los *rednecks*, situados en los márgenes tanto geográficos como culturales, tenían todos los elementos para convertirse en una tribu tabú.

Nos cuenta Goad que, en esas condiciones de marginación, amasaron un resentimiento sordo y rabioso en paralelo con el proceso que convertía la cultura negra en un icono sagrado. No es que a los negros pobres les fuera mejor, pero al menos se hablaba de ellos con reverencia y sus problemas eran tomados en serio por los medios de comunicación. Pasa lo mismo hoy con las mujeres: ¿a quién le importa que más del 90 por ciento de las víctimas mortales de violencia sean hombres? ¿Alguien se preocupa de que en la inmensa mayoría de los accidentes laborales muera gente con pene? La clave no está en sufrir, sino en que a los medios de comunicación les importe. En este sentido, los *rednecks* fueron una tribu sin modo de canalizar su victimismo hasta que apareció Donald Trump. Fue el primer político de ámbito nacional que apeló abiertamente a la identidad de la basura blanca y que los utilizó, de la misma forma que López Obrador usa a los indígenas. Por supuesto que hay supremacismo blanco entre ellos, pero esto no debería extrañar a nadie que haya oído sermonear a la millonaria Oprah Winfrey habiendo leído los cuentos de *Knockemstiff*.[11]

La furia de la basura blanca es tan fácil de entender como la de los jóvenes activistas del Black Lives Matter, la de las transfeministas *queer*, los nacionalistas catalanes e incluso los xenófobos del sur de Francia asustados por el islam. Como cualquiera, yo también tengo mis preferencias, pero intento dejar claro que en una guerra tribal todos se ven como víctimas de un sistema puesto en su contra. Lo que para los muchachos negros de la universidad se ha condensado como un movimiento de protesta contra la policía, para los muchachos blancos del campo y los suburbios se ha enmarañado en forma de teorías de la conspiración. Todos creen pertenecer a pueblos oprimidos de forma más o menos cierta, más o menos fantasiosa, más o menos probable. Todos tienen sus tasas de fracaso y de pobreza, todos pueden contarnos una historia que inspire nuestra compasión, todos quieren emanciparse de algo y todos están furiosos.

Sin embargo, otra cosa que tienen en común las tribus es que ninguna ofrece espacio al resto para reacomodarse. Por este motivo la batalla identitaria está condenada al fracaso, a no ser que partamos los países en estados tribales monocromáticos. De alguna forma, este es el proceso en el que todos estamos metidos. Es lo que explica la profusión de tabúes y de herejías, de fronteras simbólicas y de desencuentros, de violencia, de polarización política y de auge de nacionalismos, xenofobias y discriminaciones. Dominadas por sus extremistas, que siempre consiguen convertirse en vanguardia, las tribus imponen su lógica y abren frentes de batalla allá donde se deja notar su poder.

LA CULTURA DE LA CANCELACIÓN

Tabú, herejía y narcisismo confluyen en la guerra de las tribus. Son reacciones de defensa ante el peligro simbólico (la «violencia simbólica», diría Bourdieu) que suelen manifestarse como expresiones de asco, pero no delatado o con la nariz, sino con otros dos órganos muy desarrollados en nosotros: la ideología y el sentido de pertenencia. En momentos de tensión e incertidumbre, este tipo de defensa es previsible, pero gracias a internet hemos llegado a extremos inauditos. La proliferación de tabúes y herejías que las tribus ordenan que sean respetados ha provocado un clima de censura y de represalia que llaman «cultura de la cancelación». Es un fenómeno típicamente estadounidense que se exporta poco a poco a todo el mundo y se implanta allí donde se comparte la lógica tribal. Sin embargo, quiero renunciar a la etiqueta o, al menos, a llamar «cultura de algo» a lo que es simple y llana censura.

Dado que muchas de estas «cancelaciones» están motivadas por activistas de izquierda, hay malestar en las filas progresistas y tiende a negarse el fenómeno con gestos displicentes de las manos. Los progresistas vuelven a participar del vicio de quitar hierro a los abusos de su bando, como llevan haciendo treinta años con la corrección política, y a veces justifican los casos más mediáticos. Según dicen, la cultura occidental debe ser revisada y adaptada a las nuevas sensibilidades, pues es un sitio hostil para las minorías que ha sido levantado por hombres blancos, machistas y heterosexuales. Esto puede sonar bien, pero es sencillamente ridículo. Abrir el canon a otras voces es algo que lleva siglos haciéndose. Tanta influencia tuvieron *Las mil y una noches* en la literatura europea como la *Odisea*. Además, abrir el canon a obras despreciadas nunca debería ser un pretexto para la censura de otras, y esto es exactamente lo que se reclama.

Con la llamada «cultura de la cancelación» no se está planteando una revisión académica, ni se están haciendo lecturas profundas, sino que se está invadiendo de política interseccional el estudio de la cultura. Dado que el canon está repleto de obras inmorales a los ojos del calvinismo progresista actual, lo que se plantea es el expurgo. Se tachan nombres, se derriban estatuas y se sacan libros de los currículos académicos a la mínima sospecha de que su contenido pueda ofender. Ante la negación del fenómeno por parte de muchos de sus valedores, la periodista Cathy Young —feminista de izquierdas, por cierto— decidió hacer acopio de ejemplos. Estaba molesta por el menosprecio y las mentiras con que la izquierda cultural estadounidense había reaccionado a la carta que firmaron en 2020 intelectuales como Mark Lilla, Noam Chomsky o Margaret Atwood contra esta ola de censura puritana. El resultado fue un artículo muy largo que demostraba lo que cualquiera que estuviera atento a estas trifulcas ya sabía: los que niegan la existencia de la censura de izquierdas o le quitan hierro simplemente están mintiendo.[12] Aquí van algunos ejemplos, tanto de Young como de cosecha propia.

Laurie Sheck, profesora de la New School de Nueva York, pronunció la «palabra n» (*nigger*) mientras discutía su uso en la obra del escritor estadounidense negro James Baldwin, es decir, citó a James Baldwin. Fue investigada y humillada públicamente por ello.[13] Lo mismo le pasó al profesor de la Universidad de California, Los Ángeles, W. Ajax Peris, que pronunció la palabra tabú mientras leía la carta de Martin Luther King desde una cárcel de Birmingham y, además, mostró un documental sobre el linchamiento a los negros que incluía ese lenguaje.[14] La misma suerte tuvo, en Stanford, la profesora Rose Salseda, que leyó la palabra *nigga* en la letra de una canción del grupo de *hip-hop* N. W. A. (Niggaz Whith Attitude) durante una conferencia. Ante las protestas de algunos estudiantes, Salseda se disculpó, pero repitió la ofensa una semana después al volver a decir el nombre del grupo. Entonces, una asociación de estudiantes emitió una resolución en la que condenaba las «continuas agresiones de Salseda contra la comunidad negra y los estudiantes negros» y se instó al departamento a «reconsiderar qué cursos puede impartir la profesora Rose Salseda» y a obligarla a «participar en la formación de identidad y humildad cultural».[15]

Young recoge un caso todavía más absurdo, de la Universidad de Doane, en Nebraska, donde una exposición en la biblioteca fue cerrada y el bibliotecario despedido porque, entre las fotos históricas de álbumes de recortes y anuarios de estudiantes, había dos imágenes de 1926 de las fiestas de Halloween donde se veía a blancos con la cara pintada de negro. Este se ha convertido en uno de los pecados capitales de la guerra cultural estadounidense, capaz de hacer que se tambaleen los tipos más poderosos. El primer ministro de Canadá, el progresista Justin Trudeau, tuvo serios problemas por unas fotos de 2001, es decir, de cuando era muy joven.[16] Se le veía disfrazado de Aladino y con la cara pintada de negro y, al abrirse el frasco de esa vieja imagen en 2019 y ser leída con los ojos susceptibles de hoy, se multiplicaron los artículos y los tuits como si fueran estornudos. Trudeau, cuya carrera política se había cimentado sobre los alegatos autorreferenciales de la izquierda tribal, recibía de pronto su propia medicina. Ahora el racista parecía ser él por algo tan intrascendente como una foto de juventud. No por sus palabras, no por su actitud hacia las minorías, no por unos sentimientos racistas, no, sino por una imagen. En vez de ofrecer explicaciones convincentes, Trudeau se deshizo en disculpas. Como tantos otros acusados de herejía, decidió aceptar el escarnio y prometer que no volvería a pecar.

Historias como estas no han hecho más que multiplicarse. Durante 2020, el movimiento Black Lives Matter se convirtió en el eje de toda clase de censuras, despidos y cancelaciones enloquecidas. En Estados Unidos no solo había que apoyar públicamente a los activistas, sino que había que hacerlo de la forma correcta. Por ejemplo, la comunidad teatral fue sacudida por un documento de Google titulado «Teatros que no se pronuncian», donde se nombraba y se avergonzaba a los centros de arte dramático que no habían hecho declaraciones de apoyo a las protestas. Cuando las compañías de teatro pasaron por el aro, también se las calificó en función de si mencionaron específicamente el Black Lives Matter y si habían hecho donaciones a la causa.[17]

En este sentido, cuenta Young que una compañía de yoga con sede en Denver cerró nueve centros debido a un linchamiento en las redes sociales que llevó a una avalancha de bajas entre los clientes. Todo comenzó cuando un puñado de empleados sintieron que la declaración de solidaridad con el Black Lives Matter en la página oficial de Instagram de la empresa era «demasiado tibia» y que llegaba «demasiado tarde».[18] Repito: la empresa tuvo que cerrar nueve sedes. Pero apoyar «tarde» al movimiento Black Lives Matter no era la única herejía posible durante aquellas semanas alucinantes de caza de brujas. Este mensaje de Facebook provocó una destitución: «Si bien quiero apoyar al Black Lives Matter, no creo que se deba hacer que la gente sienta que tiene que elegir a la raza negra sobre la raza humana. Si bien entiendo la urgencia y me siento obligada a abogar por las vidas de los negros, ¿qué pasa con nuestros policías? ¿Qué pasa con todos los que abogan y exigen equidad para todos?». Lo firmaba Tiffany Riley, directora de la escuela Mount Ascutney, y al día siguiente fue cesada del cargo por unanimidad.[19]

Por supuesto, estas «cancelaciones» suelen producirse allí donde esta clase de progresismo cultural posmoderno alcanza algún poder (a veces basta con que sea mediático). En este sentido, los museos suelen ser territorios vulnerables. En España ha tenido cierto renombre un libro de Peio H. Riaño que analiza los museos desde una óptica literal, típicamente estadounidense, y llega a conclusiones tan alucinantes como que «el Museo del Prado está lleno de violaciones que no vemos»,[20] simplemente porque en la placa de un cuadro pone «rapto» y no «violación». Una idea típica de la corrección política que sobreentiende que la lectura literal es la única de la que la pobre gente idiota es capaz y que los museos españoles, para no buscarse problemas, están asumiendo poco a poco. ¿Qué tipo de problemas? Young recoge el caso del Museo de Bellas Artes de Boston, que canceló un programa que permitía a los visitantes ponerse un kimono como parte de una exhibición centrada en una pintura de Claude Monet, y que los activistas criticaron como «vilmente racista» en la página de Facebook del propio museo, además de protestar ante los visitantes con carteles donde se leía: «Pruébate el kimono, aprende cómo es ser un imperialista racista». Algo parecido terminó originando la renuncia de Jill Snyder, directora del Museo de Arte Contemporáneo de Cleveland, quien canceló una exposición sobre la brutalidad policial hacia los negros después de que algunos miembros de la comunidad se quejaran de que era demasiado traumático ver esas imágenes. Dos semanas después, Snyder renunció al cargo.[21]

Los «asuntos de género» son otro de los terrenos sembrados de minas. Lindsay Shepherd, estudiante de doctorado en la Universidad Wilfrid Laurier de Ontario, puso un vídeo de Jordan Peterson en clase para fomentar un debate sobre los pronombres neutros y la identidad sexual. Peterson, profesor canadiense y psicólogo evolutivo, había tenido problemas debido a su negativa a usar los pronombres que eligieran sus alumnos transexuales, uno de los caballos de batalla de la tribu, y se convirtió en la bestia negra de la izquierda cultural anglosajona. Pues bien, el hecho de que Shepherd hubiera puesto un vídeo suyo en clase llegó hasta la Oficina de Diversidad e Igualdad de la universidad, que la sometió a un proceso que recuerda a las reprimendas de los consistorios calvinistas. Lo sabemos porque Shepherd grabó a escondidas la sesión en la que tres profesores la humillaron, la acusaron de fomentar ideas «nazis» y de traumatizar a los alumnos hasta que la doctoranda, que tenía poco más de veinte años, terminó deshecha en lágrimas. Su crimen había sido, al parecer, ofrecer a los alumnos el discurso de Peterson sin tomar partido de forma explícita contra él. Esto es una suposición, porque durante el auto de fe, que duró más de una hora, el comité de diversidad no concretó las acusaciones ni le comunicó quién o quiénes la habían denunciado. Después de que Shepherd hiciera pública la grabación, el ambiente de la universidad se convirtió en una auténtica caza de brujas. No pudo terminar su doctorado y acabó marchándose. Demandó a la universidad, y una comisión independiente descubrió la verdad: ninguno de sus alumnos se había quejado.[22]

Parecidos quebraderos de cabeza padeció Rebecca Tuvel, profesora agregada de Filosofía en el Rhodes College de Tennessee, quien fue difamada en masa y linchada sin piedad después de que la revista feminista *Hypatia* publicara su ensayo sobre los paralelismos entre la identidad transgénero y el «transracialismo», es decir, la adopción voluntaria de una raza diferente a la tuya. ¿Por qué la acusaban? Por usar términos como «genitales masculinos» y «sexo biológico». Los editores de *Hypatia* no solo no apoyaron a su autora, sino que se disculparon y prometieron «un proceso de revisión más eficaz».[23] En este sentido, ya hemos tocado los problemas de la escritora J. K. Rowling por sus opiniones sobre la transexualidad y el sexo biológico, o los de Scarlett Johansson por su anuncio de que interpretaría a un personaje trans. La misma suerte corrió la actriz Halle Berry, quien se retiró de la película donde iba a encarnar a un personaje transgénero.[24]

Otro ámbito vulnerable a esta censura es el sector editorial, puesto que muchos autores necesitan cuidar su reputación de personas comprometidas con la sociedad y sensibilizadas con las luchas de justicia social. La necesidad de los escritores de «parecer suficientemente *woke*» y evitar palabras e ideas problemáticas en sus libros ha alimentado una nueva industria: los «lectores de sensibilidad», que por un módico precio revisan tu manuscrito con los ojos de un inquisidor puesto de cocaína. La propia Rowling había recurrido en el pasado a los servicios de Writing in the Margins, una de esas empresas dedicadas a expurgar de las obras literarias cualquier palabra o concepto potencialmente ofensivo. Sin embargo, ni todas las precauciones del mundo pueden evitar el auto de fe.

En 2019 Jeanine Cummins publicó la novela *Tierra americana*, protagonizada por inmigrantes mexicanos. Es un tema en el que Cummins se había documentado durante años, pero fue atacada con el abominable argumento de que era «demasiado blanca» para escribir sobre este tema. Se exigió la retirada del libro por «apropiación cultural» (no lo consiguieron), pero sí se canceló la gira de presentaciones por motivos de seguridad y fue difamada en la prensa.[25] Peor suerte tuvo la novela de Alexandra Duncan, *Ember Days*, debido a que su autora pecó de tonta. Se vio envuelta en un escándalo cuando otra autora, Bethany C. Morrow, se molestó porque *Ember Days* tuviera capítulos escritos desde el punto de vista de una mujer negra de Georgia siendo Duncan blanca. La autora no solo no se defendió, sino que retiró el libro y explicó en Twitter que entendía que lo que había hecho era muy dañino.[26] Más adelante, en un giro aún más surrealista, la revista *Publishers Weekly*, que había publicado esta historia, se vio salpicada cuando Bethany C. Morrow les acusó de fomentar humillaciones contra ella. El texto fue reemplazado por una disculpa. Es decir, se canceló hasta la noticia sobre la cancelación porque no dejaba a su promotora en buen lugar.

Pese a todos estos casos, que necesariamente son una breve antología, la negación de la izquierda cultural de que este fenómeno sea una realidad se mantiene de forma pertinaz. Rebaten que todos estos episodios formen parte de una ola, y siempre encuentran motivos para justificarlos por separado. Interpretan que el sintagma «cultura de la cancelación» es un arma de la ultraderecha para atacar a la izquierda y someter a negros, a gais y a mujeres, y suelen emplear el argumento *ad hominem* como respuesta a quien denuncia estos casos. El ambiente se había vuelto tan hipócrita y represivo que, en 2020, en respuesta a la carta contra la censura de Chomsky, Atwood, Lilla y compañía, yo mismo coordiné, junto con el médico Antonio Sitges-Serra, la publicación de una carta de apoyo en el ámbito hispano. Se apuntaron figuras tan preeminentes como Mario Vargas Llosa, Fernando Savater o Adela Cortina, y una de las acusaciones que recibimos fue que el fenómeno, de existir, era propio de Estados Unidos y no tenía nada que ver con España.

Bien, no considero necesario probar aquí hasta qué punto es esto mentira porque ya lo hice en otro libro. En *Arden las redes* recogí muchos casos españoles previos a que los estadounidenses inventaran el término «cultura de la cancelación»; linchamientos digitales y mediáticos en los que se trataba de censurar o de castigar a los herejes por expresiones impuras, entendidas como amenazantes. Si bien es cierto que no presenciamos tantos casos, y que las universidades españolas no han sido azotadas más que en contadas excepciones por esas purgas, de la misma forma que en los noventa nos reíamos de la corrección política y hoy tropezamos con ella a cada paso en Madrid, la cancelación avanza. Es cuestión de tiempo que nos acostumbremos a ella. Vayamos a lo esencial: el mecanismo que ha activado esas cazas de brujas americanas está funcionando también aquí. Estadounidenses y europeos nos dividimos de la misma forma en nuestros narcisismos tribales.

APROPIACIÓN: UNA ÓPTICA RACIAL DE LA CULTURA

El ámbito donde este fenómeno ha causado ya unos daños más visibles es, además de algunos campus universitarios anglosajones, la industria cultural. Allí se ha popularizado una nueva acusación de herejía típica del narcisismo de las tribus, la «apropiación cultural». El concepto brotó en los años setenta de la comunión entre la antropología poscolonial y los estudios culturales. Fue George Lipsitz quien lo acuñó para referirse a lo que ocurre cuando una cultura «mayoritaria» toma elementos inmateriales de una cultura «minoritaria». Por ejemplo, cuando en Estados Unidos los blancos empezaron a interesarse por el jazz y difundieron esa extraña palabra con The Original Dixieland Jazz Band, cuyo éxito creó un nuevo mercado y un nuevo estilo de vida entre los blancos. La apropiación cultural serviría entonces para designar la explotación por parte de las industrias culturales de determinados símbolos exóticos sin rendir cuentas a la cultura originaria, de forma simbólica (como reconocimiento) o económica.[27] Uno de los ejemplos más célebres es el de Elvis Presley, cuyo productor adaptó los sonidos, movimientos y ritmos de la música negra para venderlos a un público blanco sin mencionar sus influencias ni repartir beneficios.

Este término ha sido más que discutido. El patrimonio artístico de un pueblo lo componen las obras materiales y estas se pueden robar, como ha pasado tantas veces en la historia, por ejemplo, cuando el Imperio británico diezmó los tesoros de Egipto. Sin embargo, entender que cada elemento inmaterial de una cultura, desde el *ramkie* sudafricano hasta el sombrero con borlas del Rif, pasando por las recetas típicas del sur de la India, el *bunraku* japonés o el cante jondo pertenecen a sus respectivos pueblos, como si fueran bienes inmobiliarios, significa atribuir a las culturas una pureza que no tienen. De la misma forma que los ingleses toman té por influencia de sus colonizados asiáticos, los indios se independizaron del imperio por influencia de las ideas políticas de sus opresores. La cultura no tiene más fronteras que las que levantan los puristas.

¿En qué consiste el robo si alguien toma de otra cultura una forma de cantar y canta? ¿Qué les está quitando? En la cultura los elementos no cambian de sitio, sino que se multiplican al ser replicados. Cada artista es dueño de su obra y nada más; esto es lo único que se puede robar y por esa razón existen los derechos de autor y el plagio. Los teóricos de la apropiación cultural han levantado fronteras donde no son necesarias, y para colmo suelen ser fronteras raciales: que el blanco no toque lo que hizo el negro, etcétera. En Estados Unidos «apropiación cultural» ya se usa como sinónimo de «racista». Durante el verano de 2019, por ejemplo, se acusó de ello a Kendall Jenner y Lali Espósito por hacerse peinados afro, a Johnny Depp por grabar un anuncio de Dior (eliminado) vestido de indio americano, a Scarlett Johansson por mostrar su interés en interpretar a una judía, a Iggy Azalea por cantar rap siendo blanca, a Kim Kardashian por bautizar su marca de fajas con el nombre «Kimono», etcétera, etcétera.[28]

El cambio de actitud de la izquierda en este particular ha sido increíble. No hace demasiado tiempo, cuando todavía se vendían discos, un artista pop que quisiera asegurarse ventas en el mercado progre optaba por el socorrido método de meter con calzador cítaras, laudes, bongos o flautas de pan (sonidos exóticos). La fascinación del público por esa entelequia llamada No Lo Entiendo Pero Suena Guay desplazó los tentáculos de la industria desde las guitarras eléctricas de Londres hasta África, Europa del Este y América Latina en busca de autenticidad o de cualquier sucedáneo que pudiera venderse como tal. Esto era un negocio lucrativo porque el público estaba aburrido de que todo sonara igual y muchos artistas, como Led Zeppelin o The Beatles, tenían una genuina curiosidad por las músicas remotas. El impacto industrial de estos viajes fue enorme. Si olía a sándalo, mejoraba; si sabía a cúrcuma, cien dólares más. La prensa especializada solía llamar «mestizaje» a la mezcolanza resultante, que aportaba a las creaciones un aire cosmopolita agradable a los oídos del «comprometido» de las últimas décadas del siglo xx.

En aquella orgía de productos exóticos empaquetados podía delatarse a veces, en efecto, lo que los estudiosos poscoloniales llamaron «apropiación cultural». No tenía por qué haber un interés sincero del artista —muchas veces, de su productora— por las músicas del mundo, y mucho menos un reconocimiento a los orígenes de sus adornos. Desde ámbitos académicos criticaban una práctica comercial que les parecía «robar» elementos para «venderlos» en un mercado predispuesto a comprar antes el disco de un artista con la cara blanca que el de otro con la cara negra. Para mí esto es lo más interesante del enfoque: dado que las chicas blancas tendían a caer rendidas de amor por cantantes blancos, y no tanto por cantantes negros, la industria adaptaba formatos y participaba de cierta segregación racial. Sin embargo, el narcisismo tribal ha hecho degenerar estos estudios. Rápidamente se convierten en autos de fe y provocan insensatas acusaciones populares. No se interpreta, sino que se tacha.

Gracias a la prensa sensacionalista y los hilos de Twitter de alumnos de segundo curso de estudios culturales ocurren en Estados Unidos cosas alucinantes. Por ejemplo, te pueden cerrar el restaurante si a suficientes pirados se les mete entre ceja y ceja que estás apropiándote de esencias culturales ajenas. Esto es lo que le pasó a una tienda de burritos en Portland, forzada a cerrar en medio de un linchamiento inverosímil porque su dueña (blanca) había aprovechado sus vacaciones en México para recoger allí recetas y utilizarlas para su negocio. Se la acusó de, atención, «supremacía blanca culinaria» en la prensa local de izquierdas.[29] Y cerró, vaya si cerró.

El pavor a tocar otras culturas con nuestras blancas manos me parece una consecuencia lógica de la fascinación superficial de los progresistas por el mito del «buen salvaje» durante el último tramo del siglo XX. Dado que el Tercer Mundo era víctima de la descolonización y la sombra económica de las metrópolis se proyectaba en forma de deudas externas impagables, la mirada de la izquierda quedó sesgada por el sentimiento de culpa. Yo mismo me estrené en las protestas con mi reproche a la deuda externa y la petición de que el 0,7 por ciento de nuestra economía se dedicara al desarrollo. Sin embargo, ya entonces percibía que la izquierda desactivaba a los habitantes del Tercer Mundo y los infantilizaba. No eran sujetos responsables, sino gente de colores que se dibujaba sonriendo en las pancartas. Sobre las abominables dictaduras africanas solo se contaba que eran efectos de la Guerra Fría, como si esas gentes no tuvieran ninguna responsabilidad sobre su destino; como si todo pudiera explicarse recurriendo al diablo blanco.

Los saqueos capitalistas en el Tercer Mundo y las guerras emprendidas por Estados Unidos en Oriente Próximo condujeron al progresista occidental a la ingenuidad. Se sacralizaron en la imaginación pueblos desconocidos y se instaló el mito de las arcadias robadas. Quienes creían encontrar en los chamizos del Congo un mundo sencillo que el capitalismo nos había arrebatado eran impermeables a datos objetivos como la esperanza de vida, la mortalidad infantil, los genocidios étnicos o ritos tan despreciables y normalizados como las ablaciones. Se miraba a estas culturas desde la condescendencia y el complejo de superioridad. El cuento nos decía que había millones de personas que no eran más que víctimas pasivas, y muchos progresistas terminaron alimentando el odio contra Occidente. La actitud de desprecio por uno mismo y su cultura se convirtió en una pose tan virtuosa como el ensalzamiento de otras, de las que con frecuencia no se sabía nada en absoluto. Desde ahí, el salto a la apropiación cultural, es decir, a considerar que las melodías o los sabores pueden robarse, era lógico. Si los pueblos subdesarrollados son pasivos, ¿qué otra cosa que un hurto es dejarse influir por sus músicas o sus recetas?

Desde mi punto de vista, esa desactivación del «otro», esa infantilización condescendiente, es lo que explica que la mayor ola del movimiento feminista de la historia de Occidente haya celebrado en Europa el «día del velo contra la islamofobia». ¿Cómo comprender si no la hostilidad del socialismo neerlandés hacia una mujer mutilada como Ayaan Hirsi Ali, que llegó de Somalia suplicando justicia para las que viven bajo la ley coránica? ¿Cómo entender que tantos escritores de izquierdas murmurasen que *Charlie Hebdo* se lo había buscado? ¿Cómo asumir que partidos comunistas que hacen gala de su ateísmo y ponen fotos de árboles navideños ardiendo feliciten educadamente el Aid el Kebir? ¿Cómo, sin una mirada cegada por la culpa y el complejo de superioridad, sin un «otro» simplificado hasta la caricatura, desprovisto de toda su agencia?

En este nuevo contexto de sacralización vacía, la apropiación cultural ha dejado de ser útil para el análisis de las industrias culturales y se ha convertido en la caprichosa fábrica de tabúes que es hoy. Así, unas personas que por lo general desconocen la cultura de la que están denunciando el robo o, peor, que se han erigido en portavoces de la misma sin haber producido una sola obra de interés son las que primero levantan la pancarta y la antorcha. En cada escándalo delimitan el territorio de lo aceptable y plantan una señal de «prohibido» como los hawaianos hicieron con la playa donde mataron a James Cook. Así, de pronto, que una artista paya como Rosalía introduzca palos flamencos en sus canciones deja de ser una muestra de apertura y se convierte en un robo a los gitanos, no porque la comunidad gitana haya protestado, sino porque cuatro activistas lo proclaman con la complicidad de la prensa de izquierdas. ¿Acaso el pueblo gitano de España, que ha mantenido encendida la hoguera vigorosa de su cultura durante siglos sin someterse a las normas, es indefenso y vulnerable? ¿Acaso no van por el mundo los artistas gitanos expandiendo su arte? ¿Acaso no es Rosalía una consecuencia de esta fascinación? De hecho, ¿de dónde creen los puristas que ha venido lo que hoy se entiende por flamenco? El cajón, hoy seña de identidad del compás, lo metió en el flamenco un payo, Paco de Lucía, y se lo trajo de Cuba y Perú.

Las culturas tienen fronteras porosas y, si nos remontamos en el tiempo, descubrimos que no existe la pureza. Sin embargo, en el ambiente de narcisismo tribal de nuestros días, una pasión integrista olvida que la foto de un folclore exótico que nos llega es el resultado de un ir y venir incesante de las influencias que tomó impulso cada vez que un artista desafió las fronteras, agarró elementos de otro sitio y creó en la libertad absoluta de su genio. La cultura no precisa de comisarios de aduanas colocados, con cara de pocos amigos, en las fronteras ficticias de las identidades.

Posiblemente la mejor paradoja de la apropiación cultural sea que quienes emplean hoy este término para denigrar a otros se consideran los más elevados antirracistas, pero están encerrados en un paradigma que solo puede entenderse como xenófobo. La forma más fácil de demostrarlo es buscar un caso inverso, esto es, acudir a los primeros «contagios» de elementos culturales negros en la gran sociedad blanca y ver quiénes se opusieron a esta «contaminación». Veremos enseguida que los que defendían entonces los límites entre las culturas y la pureza de cada una eran fundamentalistas blancos.[30] De hecho, vista de manera inversa, la de la apropiación cultural es la misma lógica perversa que empleó Hitler cuando prohibió en Alemania cualquier expresión cultural «cosmopolita» por «deformadora» y «judaizante».

Bien, después de haber examinado un poco el concepto, es posible que mi lector se esté preguntando ahora por qué a Justin Trudeau, a quien habíamos dejado vestido de Aladino en una vieja foto de juventud, lo acusaron de apropiación cultural. ¿Qué provecho pudo sacar en 2001 disfrazándose de persa más allá de pasar un buen rato en una reunión privada? ¿Qué beneficio obtuvo en 2019 cuando todo el mundo vio la foto y a punto estuvo de perder unas elecciones? Es decir, si la apropiación cultural implica lucro o aprovechamiento, robo, si implica que una cultura mayoritaria se adueñe de joyas inmateriales que supuestamente pertenecen a otra minoritaria, ¿qué sentido tenía acusar de esto a Trudeau?

Ninguno. Sin embargo, una parte de la opinión pública lo condenó con la lectura literal. La cara negra de Trudeau parecía racista, pese a no aludir al *minstrel*, y el disfraz de persa era una apropiación cultural, pese a no suponerle ningún provecho. Como ya vimos, tanto Halloween como el carnaval son rituales de suspensión del tabú. Si hay algún momento del año en el que la hostilidad simbólica se relaje, es durante esta clase de fiestas paganas. El espíritu del carnaval enlaza con un método ancestral para garantizar el orden: se suspenden los tabúes para que, con la llegada de la cuaresma, la sociedad vuelva a confiar en un orden. Así, los hombres dejarán de vestir como mujeres, las mujeres dejarán de llevar barba y parche de pirata, y los niños ya no parecerán zombis o fantasmas. Pero, pese a que este es el sentido antropológico de la fiesta, un espíritu de cuaresma brota de algunos departamentos de antropología estadounidenses.

En los últimos años varias universidades anglosajonas han tenido que prohibir a sus estudiantes que se disfracen en Halloween de cualquier minoría étnica para evitar enfrentamientos tribales por «apropiación cultural», mientras aparecen en países tan distintos como España guías y recomendaciones que ahondan en la misma línea.[31]

Si aquí, hasta hace poco tiempo, el mayor obstáculo que había encontrado el carnaval había sido la cerrazón mojigata del franquismo, hoy brotan como setas las restricciones de ayuntamientos «progresistas» que «animan» a los jaraneros a no caer en la ofensa con disfraces inapropiados. A la velocidad del 5G, marcos de interpretación puritanos anglosajones se implantan en todo Occidente. Pese a que la apropiación cultural se presupone como una defensa de los pueblos oprimidos, lo que hacemos al importar la óptica estadounidense es romper los contextos. Así, el hecho de que un español se pinte la cara de negro se interpreta hoy como si lo hubiera hecho un americano, pese a que en nuestro país no remite a la humillación de los esclavos, sino a la candorosa noche de los Reyes Magos.

Una defensa muy paradójica de las culturas, ¿no?

12

La casa del ahorcado

*Donde buscamos la salida de este laberinto
en que dejamos de ser iguales para ser rivales
y las sogas no pueden ser mentadas sin castigo*

Hace un par de años me invitaron a un programa de televisión donde se trataría la situación de la mujer, el machismo y todas esas cosas. Era un especial de cuatro horas que se emitiría en directo en horario preferente durante la noche del viernes en una televisión autonómica. Mi primera reacción fue negarme con la excusa de que no tenía mucho que decir y de que seguro que podrían encontrar expertos hasta debajo de las piedras, pues en los últimos tiempos han aparecido muchos, o al menos mucha gente que se dice experta en perspectivas de género y derivados. La mía era una salida cortés que ocultaba la verdad: creía ser consciente del tipo de tertulia que sería aquella y del papel que se me había asignado. Todavía coleaba el movimiento #MeToo, sobre el que había escrito algunos artículos demasiado críticos para el gusto general del activismo, pero muy leídos. Sin embargo, ante la insistencia de la presentadora y su apelación a la necesidad de dar mensajes diversos, acabé contestando que sí.

Cuando conocí a los demás contertulios solté un suspiro aliviado. No era una encerrona, como había supuesto. Habían convocado a hombres y mujeres del mundo de la prensa, de la cultura y de la televisión, pacíficos y dialogantes. Supuse que no habría gritos ni interrupciones y, algo extraño cuando se discute de feminismo en la televisión, no los hubo. Pese a que el ritmo televisivo devora la posibilidad de discutir en profundidad y el relato dominante estaba lleno de tópicos con los que no comulgo, hubo espacio para que cada cual dijera más o menos lo que pensaba. Si menciono esta anécdota irrelevante es por dos detalles. Antes de entrar en el plató la presentadora nos explicó que, para abrir boca, nos pediría a cada uno que respondiéramos a lo siguiente: «¿Eres feminista?». Creo que esta sencilla pregunta viene ahora muy a cuento después de lo que hemos tratado. No era una pregunta simple en absoluto, pero allí a todo el mundo se lo pareció.

Mi asiento era el penúltimo del plató. Uno a uno, todos respondieron afirmativamente, primero las mujeres y después los hombres. Ellas respondían convencidas y ellos con gesto de apoyo, y cada cual intentaba mostrarse sensible y recurría a los lugares comunes aceptados. Parecía haber acuerdo sobre ciertos temas: hay que luchar contra el maltrato y las violaciones, los hombres y las mujeres han de cobrar igual por el mismo puesto de trabajo, hay que repartirse las tareas de casa porque no hacerlo mina la vida profesional de las mujeres, no deben existir barreras ni techos de cristal para ellas, el machismo es malo, hay pocas mujeres en los consejos de administración de las empresas, etcétera. Yo estaba de acuerdo con todo eso. ¿Quién no? Son ideas generales y básicas de igualdad, tan vacuas como decir «Los nazis eran malos» o «El racismo no está bien». Sin embargo, cuando llegó mi turno y la presentadora me preguntó si yo era feminista, respondí: «No lo sé».

Ella me miró entre pasmada y divertida. Horas después podría constatar en Twitter que mi respuesta no había gustado demasiado por allí. «¿Cómo que no lo sabes?», parecía preguntarme ella. Yo pienso que el feminismo es amplio y contradictorio, y que «feminista» no es ninguna identidad a la que uno pueda adscribirse o, como mínimo, a la que yo quiera adscribirme. Para aceptar determinada etiqueta hay que definirla primero, y hoy el feminismo está en disputa. Hay feministas que no consideran como tales a otras, y se han escrito libros que afirman que, según lo que el feminismo es hoy, casi resulta preferible que te llamen de otra manera.[1] Supongo que alguien puede ser feminista en algunos terrenos y no serlo en absoluto en otros, y que todo depende también de quién vaya repartiendo los carnets. En la actualidad se habla de un feminismo hegemónico,[2] representado por gente como la del Ministerio de Igualdad, caracterizado por la visión puritana del sexo, la desconfianza hacia el deseo masculino, la censura cultural y una instrumentalización propagandística de las cifras que distorsiona la realidad y fomenta el miedo. ¿Compartía yo la idea de que la igualdad es necesaria? Sí. ¿Consideraba que el feminismo es hoy un movimiento que lucha por la igualdad? No siempre. No todos.

Pasaban por mi mente toda clase de textos feministas horribles leídos en los últimos años que no han causado ningún rechazo visible en la militancia. Textos que niegan a los hombres la posibilidad de ser cómplices en la lucha por los derechos de la mujer si no es callándose y abandonando el ágora,[3] que acusan a los varones de los pecados más horrendos por el mero hecho de producir testosterona,[4] que dicen a las jóvenes que han de estar siempre asustadas en la calle porque corren un peligro extremo debido a los hombres,[5] que celebran con desparpajo la misandria como si fuera lo más,[6] que equiparan la molestia con la violación,[7] que abogan por la censura del porno porque creen que incita a la violencia sexual,[8] que expulsan del feminismo a mujeres consideradas heréticas,[9] que sospechan de cualquier expresión masculina de deseo y describen la toxicidad de los gestos más inocentes,[10] que promueven la castración de los violadores,[11] etcétera. Por no hablar de textos que, en nombre del feminismo, examinan los clásicos de la literatura y la filosofía y despachan el asunto anunciando con simpleza que nos encontramos ante un despreciable páramo de opresión patriarcal.[12] ¿Feminista, yo? ¿Como quién? ¿Como Judith Butler, como Amelia Valcárcel, como Andrea Dworkin, como Loola Pérez, como Christina Hoff Sommers, como Camille Paglia? ¿Feminista de la igualdad, feminista de la diferencia, ecofeminista, feminista liberal, feminista disidente?

Pero, por encima de todo, ¿qué más daba lo que yo fuera? A Clara Campoamor, la diputada que logró implantar el voto femenino en España en 1931, tampoco parecía importarle la etiqueta: «La definición de "feminista" [...] no indica sino lo partidario de la realización plena de la mujer en todas sus posibilidades, por lo que debiera llamarse "humanismo"; nadie llama "hominismo" al derecho del hombre a la completa realización. [...] Mi pensamiento era más político y nacional, más amplio y objetivo que el concreto feminista. Consideraba fatal para un resurgimiento de la libertad y la justicia que veía en la República el divorcio espiritual de hombres y mujeres en España».[13] Supongo que podría haberla citado para referir que entiendo que la desigualdad entre hombres y mujeres es real, que debe ser combatida con medidas prácticas, pero que reniego de la batalla identitaria en que ha degenerado la cosa, y que está convirtiendo a hombres y mujeres en tribus que compiten. Y que me niego también a ser asimilado a un paquete de ideas cerrado, a un ismo.

Sin embargo, saltaba a la vista que la pregunta buscaba pulsar precisamente la tecla de la identidad. No estaba dirigida a nuestro pensamiento, sino que apelaba a nuestro deseo de pertenencia. Era un salvoconducto ofrecido por la presentadora, que nos invitaba de manera virtual a formar parte de la única tribu aceptable para la mayor parte de la audiencia de aquel especial sobre los problemas de las mujeres. Creo que la escena tuvo que ser cómica para cualquiera que la estuviera viendo desde casa y no anduviese ya seducido por las llamadas a la tribu. Tenía algo de auto de fe o de asamblea educativa en una república socialista. ¿Eres católico? ¿Eres comunista? ¿Eres de los nuestros? Se nos ofrecía integración a cambio de responder que sí, y allí estábamos unos cuantos hombres y mujeres ante la tesitura de hacer profesión de fe delante las cámaras. Repetí «No lo sé» y después puse algunas pegas a ciertas cosas que mostraron en los documentales, pero todo siguió, ya digo, de forma civilizada. Nadie atacó y nadie necesitó defenderse.

No recibí la prueba de la hipocresía de las etiquetas de aquel programa hasta unas cuantas semanas más tarde, cuando escribí a la productora para cobrar y me dijeron que lamentaban la confusión, pero que no pagaban. Esto me dejó anonadado. ¿Toda la noche delante de las cámaras, pudiendo estar en mi casa, y gratis? Protesté. Les dije que nadie me había dicho que no se pagaba y que, de haberlo sabido, no habría ido al programa. Me respondieron que lo sentían mucho y que iban a intentar arreglarlo. Debieron de reunirse y me escribieron: como había habido una confusión, sí que podían pagarme algo. Les pregunté entonces si, ya que había dinero, pagarían también a mis compañeros y en particular a mis compañeras. Me dijeron que no. ¡Curioso! Durante el programa se había proyectado un documental sobre la brecha salarial que explicaba que las mujeres cobran menos que los hombres por el machismo galopante, y de pronto yo era un hombre que negocia y cobra su colaboración, mientras sus compañeras de tertulia se quedan sin nada.

¿No éramos todos tan feministas? ¿Qué demonios significaba eso entonces? Les comuniqué que prefería no cobrar si no pagaban al resto y me repitieron que lo sentían mucho. Ahí terminó el asunto. Nadie cobró.

EL PROYECTO SOCIAL A LOS PIES DE LAS TRIBUS

En una entrevista del *podcast Lo que tú digas (LQTD)*, conducido por Álex Fidalgo, la escritora y sexóloga Valérie Tasso señalaba la paradoja entre identidad y alienación al referirse al movimiento LGTBIQ+. Decía Tasso: «Tú, que tan diferente te ves a los demás, ¿por qué te etiquetas? Por una parte queremos ser absolutamente peculiares, queremos reivindicar nuestras diferencias, pero por otra parte queremos esta etiqueta. ¿En qué quedamos? Yo soy Valérie Tasso. No me defino por mi orientación sexual, ni por mis gustos, ni siquiera por mi profesión. Soy más que todo eso. Si tú eres tan diferente, ¿por qué te metes dentro de un colectivo? ¿Por qué te metes?».[14] No es raro que la gente se busque a sí misma en el grupo, pero el cóctel de exhibición de un grupo en internet y la sensación de peligro ha conducido a esta situación extraña en la que muchos creen que luchan con el simple gesto de autoafirmarse. Así, los proyectos políticos pragmáticos, las medidas útiles para la vida de la gente han palidecido ante llamadas a la tribu y reivindicaciones simbólicas. Edu Galán reflexionaba; «¿Hasta qué punto el sistema nos modela la sentimentalidad del yo, que los trabajadores de una editorial salen a la calle para protestar por la publicación de un libro [las memorias de Woody Allen] y no por sus condiciones laborales?».[15]

Es una pregunta clave. En política, las llamadas a la tribu han desplazado la dialéctica de lo material y lo pragmático debajo de las alfombras. A nadie le importa un carajo tu programa, sino a quién te diriges y qué teclas pulsas en sus sentimientos colectivos. Amenazas fantasmagóricas y autodefensa, esto resume el populismo tribal del si-

331

glo xxi. Hemos llegado hasta ahí por un camino paradójico, divertido en cierta forma, como todo lo deprimente. Primero la política invadió la intimidad de la gente —«Lo personal es político»— y después la identidad tribal ha invadido la política. La identificación lo es todo y no solo para jovencitos, sino también para cada vez más electores de todas las edades. Lo vi con claridad en un monólogo de Bill Burr que empezaba el chiste diciendo que pronto habría una mujer presidenta de Estados Unidos y, cuando las mujeres del público rompieron en aplausos, gritó: «Pero ¡si todavía no os he dicho de qué partido es!».[16] En consecuencia, no sé si alimentados por esto o como responsables de la polarización y la fragmentación social, encontramos nuevos partidos políticos diseñados a la medida de las pequeñas identidades, mientras las formaciones tradicionales se radicalizan en torno a los mismos ejes: la patria y la amenaza externa si el partido apela a las pasiones de la derecha, los colectivos oprimidos y la amenaza interna del fascismo si busca el voto de izquierdas. En estas circunstancias, las formaciones eligen al equipo humano muy atentas a los atributos visibles, y los discursos se manufacturan para crispar a los oponentes sin provocar el más mínimo conato de herejía en la militancia, es decir, de forma previsible y estandarizada para que al votante-modelo le baste un simple ejercicio de identificación superficial para tomar una decisión. Allí donde esta guerra cultural alcanzó su apogeo, no se elegirá al candidato por su proyecto, sino por sus etiquetas. ¿Es patriota? ¿Es mujer? ¿Es de barrio? ¿Es gay? ¿Es como yo? Son preguntas dirigidas a un «yo» falso, desplazado a la tribu, que el candidato debe responder con sencillez respetando los tabúes y manteniendo unos estándares de lenguaje aceptado, con argumentos fáciles de digerir y metas maximalistas, de modo que el electorado pueda saber de un vistazo que es a esa persona a quien debe entregarse, porque «se siente representado». Lo que viene después es simple: el convencimiento íntimo de que, si las elecciones las ganan los oponentes, no solo estarás gobernado por quien tú supones que gestionará peor tu país, sino que te acecharán peligros horripilantes. ¿Cuántas veces dijeron en las últimas elecciones españolas los socialistas que si ganaban las derechas todas las mujeres y los gais estarían en un peligro mortal?[17] ¿Cuántas repitieron los conservadores que una victoria de las izquierdas sería el fin de la unidad de España?[18] Recordad ahora las cosas que se escribieron cuando Trump ganó las elecciones de 2016: era el fin del mundo, pero cuando el Apocalipsis no llega la campaña electoral sigue en marcha. Pasa entonces como en el poema de Kavafis:

> *¿Por qué inactivo está el Senado*
> *e inmóviles los senadores no legislan?*
> *Porque hoy llegan los bárbaros.*

Pero ¿existen los bárbaros o, como en el poema citado, solo existe la incertidumbre de la espera de algo nuevo y catastrófico en un mundo que se derrumba? Cataluña es un buen laboratorio para observar este clima desapacible de inquietud, parálisis y desmoronamiento en el que me gusta pensar como la casa de un ahorcado dominada por los tabúes y las herejías. Allí la pasión autorreferencial ha avanzado más rápido que en otras regiones, incluso más que en Estados Unidos. Las tribus han devorado la política hasta el punto de que ya no hay una división parlamentaria entre la izquierda y la derecha, sino entre las banderas a las que se rinde pleitesía. Así, los socialdemócratas de ERC han pactado durante años con los conservadores neoliberales de Convergència en lugar de hacerlo con los del PSC, y este Gobierno recibe el apoyo de los anticapitalistas de la CUP por la chabacana razón de que los tres pertenecen a la tribu nacionalista. ¿Podría ser de otra manera? Es dudoso. Según las encuestas, una parte sustancial del electorado no perdonaría que partidos con parecidas visiones económicas como ERC y PSC, o Convergència y PP, formasen gobierno juntos. Como Montescos y Capuletos, la pasión tribal ha creado divisiones anticlimáticas, consensos estériles y alianzas inverosímiles. El resultado es una sociedad paralizada, enfangada en las trifulcas simbólicas y sentimentales, y completamente incapaz de afrontar los grandes problemas. En Cataluña, todo lo que no sea la pertenencia o la renuncia a España ha quedado en segundo plano.

Sin embargo, ni siquiera hace falta que el viejo nacionalismo haga acto de presencia. En esta polarización tribal pueden influir muchos factores, como el hecho de que los votantes ya no sean tan fieles a sus partidos como antes y el control de estos haya quedado en manos de los militantes más fanáticos, como ha explicado el politólogo Ignacio Jurado.[19] La inestabilidad interna de las formaciones políticas las ha hecho mucho más proclives a adaptarse a las corrientes furibundas que emanan de las tribus a las que dicen representar. Dado que la política es más una lucha de poder que una gestión de los problemas de la sociedad, muchos partidos se encuentran atados de pies y manos por los límites que impone la batalla cultural a los discursos aceptables. La posibilidad de un voto de castigo, una infidelidad o una abstención súbita por cualquier aproximación a planteamientos tabú les parece una amenaza pavorosa, y optan por mantener a su militancia tan enfurecida como la de sus rivales. Es una lucha por el territorio que se pelea palmo a palmo, sin ceder un centímetro. Sirva como ejemplo la deriva del Partido Demócrata de Estados Unidos, cuya tendencia es muy reconocible en los partidos de izquierdas a este lado del Atlántico. Todavía en el periodo de transición a su presidencia, Joseph Biden lanzó un comunicado en el que aseguraba que los negros, latinos, asiáticos, nativos americanos y mujeres dueñas de pequeños negocios serían la prioridad de su Administración.[20] De esta forma, aun antes de empezar su mandato, demostraba que los grandes problemas económicos del capitalismo quedaban de nuevo en segundo plano, como en tiempos de Barack Obama. Víctima de la trampa de la diversidad, el Partido Demócrata abraza todas las luchas por la identidad, pero se niega a adoptar un papel agresivo en la redistribución de la riqueza en un país donde las bolsas de miseria afectan de forma transversal a todas las identidades. ¿Aprendieron algo de la victoria de Trump en 2016 o del hecho de que en 2020 obtuviera más votos que entonces? En absoluto. Y en este sentido, un episodio reciente me parece de lo más elocuente.

El profesor Adolph L. Reed, socialista negro de setenta y tres años que en los sesenta participó en los movimientos de emancipación y que después se convirtió en un relevante académico en las mejores universidades, se atrevió a exponer argumentos muy parecidos a los de Daniel Bernabé en el cónclave de la agrupación socialista del Partido Demócrata. Como publicaba *The New York Times*, y la cursiva es mía, Reed «adquirió la convicción, *hoy controvertida*, de que la izquierda está demasiado centrada en la raza y no lo suficiente en la clase social. Creía que solo se lograrían victorias duraderas cuando la clase trabajadora y los pobres de todas las razas luchasen hombro con hombro por sus derechos». ¿Controvertida? Atención a las reacciones.

Estábamos a finales de mayo de 2020, en plena pandemia, cuando Reed fue invitado a hablar en una reunión por Zoom de los socialistas demócratas de Nueva York. Los presentes conocían su historial, y también su temperamento provocador. Reed había nacido en Oklahoma bajo las leyes Jim Crow, había participado en las marchas por los derechos civiles, había peleado por la comunidad negra sin renunciar a sus ideas socialistas y, años después, había apoyado a Bernie Sanders frente a Barack Obama, a quien acusaba de neoliberal pese a ser negro, como él. Nunca le había temblado el pulso para criticar la deriva económica del Partido Demócrata; Clinton le parecía un lacayo de las finanzas y de Biden dijo que había reservado «toda su ternura para la banca y la industria de las tarjetas de crédito». Es decir, Reed es un socialista convencido. Lo que Bernabé llamaría un hombre de izquierdas que no cayó en la trampa de la diversidad.

Sin embargo, con las protestas del Black Lives Matter en marcha, los jóvenes asistentes a la reunión por Zoom entraron en frenesí nada más oírle hablar. Reed dijo que la atención segregada por razas a los efectos del coronavirus era un error y profundizó en su perspectiva de que los grandes problemas sociales del país son de clase, y que los negros pobres sufren de forma parecida a los blancos pobres. Lo interrumpieron, lo acusaron de «reaccionario y reduccionista», exigieron que se le expulsara de la reunión y esto es lo que ocurrió. En *The New York Times* lo explicaban con asombro: «La organización socialista más poderosa de la nación había rechazado el discurso de un profesor marxista y negro debido a sus puntos de vista sobre la raza».

Reed pertenece a una tradición de luchadores negros por la justicia social muy poco reivindicada hoy, sin espacio en las trincheras de la batalla tribal. Recuerda a Bayard Rustin, que marchó a la diestra de Martin Luther King y cuyo legado (fue uno de los promotores de la Marcha sobre Washington de 1963 e instruyó a King sobre el concepto de «resistencia pasiva») ha sido silenciado.[21] Rustin tenía todos los elementos para ser celebrado hoy por la izquierda: era negro, homosexual y socialista; pero, por encima de todo, era enemigo de quienes consideran que estas cosas son cruciales. Su tribu, como la de Luther King, era la humana. Fue Coleman Hughes, experto en asuntos raciales de *The New York Times* y autor en *Quillette*, quien rompió el silencio sobre Rustin con una apasionada columna.[22]

Ya en los años cincuenta, a Rustin le preocupaba, como hoy a Reed y a Hughes, que un sector de los activistas del Movimiento por los Derechos Civiles priorizase el rasgo divisorio de la raza por encima del concepto de «clase social». Su postura le granjeó enemistades agrias y poderosas; lo vieron discutir en televisión con Malcolm X, afeándole su orgullo racial y asegurándole que solo la unión de los pobres, independientemente de la raza, traería la justicia social. «La única forma de ser libre es enfrentarse directamente con la mierda», dijo, y en los sesenta pronosticó que la lucha por la emancipación podía degenerar en una batalla sin fin si no evolucionaba.

La óptica socialista de Rustin sirvió al pérfido John Edgar Hoover, primer director del FBI, para atacar al Movimiento por los Derechos Civiles y difamar a Martin Luther King, que tras la concesión del Premio Nobel de la Paz en 1964 se había convertido en una figura carismática a la que no era conveniente acosar directamente desde el Estado. Hoover buscó caminos alternativos para la difamación y señaló a Rustin; dijo que estaba llenando la cabeza del reverendo King con ideas comunistas. Pero la estrategia le duró poco: Rustin abandonó en 1965 el movimiento y se unió a la rama laborista del Partido Demócrata. Ocurrió entonces lo previsible: quien fue detenido y golpeado por la policía veinticuatro veces, quien inspiró la idea genial de la resistencia pasiva, fue catalogado como traidor por muchos de sus compañeros negros.

Aunque Rustin tampoco encontró acomodo en su nuevo ámbito. Como recuerda Coleman Hughes, atacó lo que consideraba el «síndrome del progresista blanco», esto es, la tendencia de estos a convertir a los negros en el detergente para limpiar su sentimiento de culpa, algo extraordinariamente presente en la izquierda estadounidense de nuestros días y, por contagio, en la occidental. En palabras de Rustin, no es más que una sofisticada forma de racismo: «Los negros han sido utilizados y explotados de muchas maneras por los estadounidenses blancos, pero solo recientemente se les ha pedido que satisfagan el deseo masoquista de los desencantados progresistas por la flagelación y el rechazo». Es decir, explotarlos simbólicamente para obtener la absolución. Las escenas de 2020, durante las manifestaciones del Black Lives Matter, en las que filas de progresistas blancos se tiraban al suelo por turnos a besar los pies de fornidos hombres negros, recibe, desde esta lente, una lectura todavía más perversa que la literal. Porque ¿quién está poniendo al otro de rodillas en realidad? ¿Quién emplea al otro como una herramienta?

Bayard Rustin insistió en que nadie, empezando por él mismo, debía ser valorado en función de atributos como el color o la orientación sexual, ni para bien ni para mal. Luchó por los derechos de los negros y de los homosexuales, pero evitó el narcisismo tribal y el ensimismamiento autorreferencial. Como Clara Campoamor, tenía un proyecto para la sociedad en la que quería vivir que no estaba dividido por celdas, sino igualado por los derechos civiles y la redistribución económica. La meta de la justicia social estaba para ellos al otro lado de la desigualdad económica, puesto que no hay nada más transversal a todas las identidades que la pobreza. Atendiendo a la polémica de Adolph L. Reed, no es difícil entender por qué han olvidado a Rustin en aquel país y por qué nadie lo conoce en el nuestro.

Forma parte, junto a personajes como Ayaan Hirsi Ali, de una estirpe siempre delgada, discreta y maltratada por el tiempo: la de quienes están dispuestos a romper la jaula de su propia identidad imaginando una sociedad donde nadie sea juzgado por lo que no ha elegido ser. Pienso que las ideas de este hombre singular, que murió en 1987, son hoy más necesarias que nunca, y que en ellas está la clave para desmantelar la casa del ahorcado donde proliferan los tabúes y las herejías, y donde parece cada vez más difícil que luchemos juntos por el bienestar de los demás, lejos de las garras del resentimiento identitario.

LA DEMOCRACIA COLGANDO DE LA SOGA

Cuando los progresistas exclaman «mujer, gay, trans, latino», los nacionalistas responden: «¡patria!». Como ya hemos visto, las identidades favoritas de la izquierda tienden a fracturarla en taifas y la desactivan ante los grandes retos económicos del presente, mientras que las de la derecha tienen el efecto de la cocaína pura en el organismo de un calamar. En una guerra cultural planteada en términos de identidad, el nacionalismo siempre va a ganar todas las batallas porque es eso, y no los derechos de la gente transgénero, lo que en un momento dado puede movilizar a un ejército. Es suicida aceptar una partida con semejantes cartas, más todavía cuando la obsesión identitaria desnaturaliza a la izquierda hasta convertirla en la gruñona institutriz victoriana que parece ser hoy en día.[23] Ante semejantes «liberales», era previsible que el nacionalpopulismo congregase a su alrededor a una población tan heterogénea y dispuesta al troleo y la travesura,[24] pero ni toda su retórica frívola ni las astracanadas tuiteras de gente como Donald Trump cambian las cosas: el nacionalpopulismo es, por encima de todo, una fuerza que trata de poner la soga al cuello de la democracia.

Fue Hannah Arendt quien alertó de la cuádruple conexión entre la ideología, la soledad, el crecimiento de las masas y la decadencia de las instituciones políticas en el origen del totalitarismo. Estos son los elementos que, junto al tabú, la pulsión tribal y la herejía, conforman el desapacible y peligroso estado de la vida pública que llamo la casa del ahorcado. Si el análisis de Arendt no fue equivocado, entonces podemos aventurar que Occidente se encuentra en las puertas de una regresión totalitaria. De hecho, ya lo hemos visto en Hungría, Polonia, Turquía, Brasil, Estados Unidos y en la triste Venezuela, donde el populismo bolivariano ha demostrado que las izquierdas también son muy capaces de utilizar la bandera para boicotear un Estado de derecho si se dan las condiciones adecuadas.

Hay que decir que el totalitarismo de nuestro tiempo no es como el del siglo XX, sino emotivo y chabacano, disimulado y escurridizo. Desfila desordenadamente con música hortera de Mariah Carey en vez de con marchas militares, y opta lo estrafalario —el chándal, un peinado extravagante— en lugar del casco de acero y el uniforme verde oliva. Tiene a su disposición el linchamiento digital y mediático y no le hace falta el gulag; prefiere la demolición de la credibilidad de las instituciones al incendio del *Reichstag*; utiliza el meme de Hitler y no la esvástica en estandartes. Es, por tanto, un producto más de lucimiento entretenido, apasionado, ruidoso y carnavalesco que silencioso, carcelario y ordenado como lo fueron, en el siglo pasado, el fascismo y el comunismo. En vez de imponer un pensamiento único, desarticula la posibilidad del pensamiento, provocando el caos y el desorden en todos los debates públicos. Como el diablo de Baudelaire, este totalitarismo posmoderno controla el pensamiento negando su propia existencia. Te asegura, riéndose en tu cara, que no acaba de decir lo que tú acabas de escuchar y que en el texto que tienes delante no pone lo que tú estás leyendo. Supongo que no hacen falta ejemplos. Poner cualquier televisión a la hora de la tertulia política es más que suficiente.

Pues bien: si hay una ideología en Occidente en la que han cristalizado todos estos elementos en forma de opción política ganadora, capaz de hacer tambalearse a una democracia sólida y antigua, esta ha sido el trumpismo. Escribo aquí la palabra «ideología» no el sentido habitual, sino en el que aporta Hannah Arendt: como un estado de desconexión completa entre la realidad y la opinión donde ya no existen «la distinción entre el hecho y la ficción [es decir, la realidad empírica] ni la distinción entre lo verdadero y lo falso [es decir, las normas del pensamiento]».

Durante los cuatro años siguientes a la victoria sorpresiva de Trump, el Partido Republicano quedó controlado por sus afines después de que el líder supremo hubiera purgado todo conato de herejía. El entonces presidente había logrado en aquel momento lo que parecía imposible para un candidato independiente en un país tan sometido a dinastías políticas y viejas luchas de poder como Estados Unidos: pasar por su horma la inmensa organización del partido de Lincoln mientras galvanizaba una identificación absoluta de las masas en torno a su persona. El truco de Trump no fue solamente su condición de individuo carismático y famoso gracias a sus apariciones en la televisión, como lo fuera Ronald Reagan. Para convertirse en un tiránico líder de acero se valió del viejo recurso totalitario del terror de puertas para adentro (sus subordinados temían un tuit difamatorio del presidente tanto como el gulag)[25] y de la propaganda, nacionalista primero y conspirativa después, de puertas para afuera.

Que la mentira y la difamación fueran una constante en los cuatro años de su presidencia es algo que palidece ante sus últimos días en el cargo. Centrémonos, pues, en aquellos compases finales, que parecen una versión paródica de Hitler moviendo ejércitos que ya no existen desde el interior del búnker. Antes de las elecciones de noviembre de 2020, Trump dijo que el único resultado posible era su victoria. Durante el recuento aseguró que había ganado cuando las cifras preliminares insinuaban lo contrario, y una vez que perdió dijo que todo había sido un fraude. Recurrió a los tribunales tratando de probar un robo de votos y ninguno aceptó sus reclamaciones, así que él atacó la credibilidad de los juzgados.[26] También quedó probado que había presionado a funcionarios de Georgia para que inventasen que habían encontrado votos extraviados, pero cuando esta noticia vio la luz ninguno de sus seguidores acérrimos se la creyó.[27] Durante cuatro años, Trump había torpedeado la credibilidad de la prensa desde sus mítines y su cuenta de Twitter. Había degradado todas las instituciones de la democracia americana y alimentado toda clase de teorías conspirativas que apuntaban a la existencia de unos poderes sombríos contra los que él estaba luchando. Y fue justo en el final, tras la holgada victoria de Joseph Biden, cuando todo este ruido chabacano alcanzó el grado de tormenta perfecta, y la desconexión entre los hechos y las palabras del trumpismo indujo a millones de personas a una situación de delirio colectivo.

Si lo pensamos bien, las imágenes de la toma del Capitolio del día de Reyes de 2021 por parte de tipos disfrazados de indio no deberían parecernos extrañas. Fueron de una coherencia lógica absoluta con el resto de los elementos de la ideología trumpiana. Que los asaltantes se hicieran selfis mientras vandalizaban la Cámara de los Representantes, que sus indumentarias ridículas dieran pábulo al instante a memes en la red, que posaran con los pies sobre la mesa de Nancy Pelosi y gritasen a las cámaras que los estaban esperando en la puerta que ahora se iban a tomar unas cervezas solo ajustaba más aquellos hechos al espíritu de este movimiento.

De alguna forma, aquello fue la imagen especular de las algaradas de Black Lives Matter el año anterior, cuando hordas descontroladas de supuestos justicieros tomaron varias ciudades, saquearon comercios y exigieron que se desmantelase la policía entre las palabras de admiración de miembros importantes del Partido Demócrata. En ambos casos hemos podido ver en acción tribus que se habían propuesto destruir las instituciones del Estado de derecho convencidas de su posesión absoluta y radical de la verdad. La toma del Capitolio de 2021 no se convirtió en un golpe de Estado gracias a la misma policía que los activistas de izquierda radical pedían desmantelar y a la fortaleza del sistema ideado por esos personajes inmortalizados en las estatuas que ellos derribaron. Pero volvamos a Trump y a su hipnosis colectiva.

Había llegado al poder diciendo que haría América grande otra vez pero en lugar de eso la deformó, arrastrando el concepto de nación a una burda identificación con su figura. Dos detalles que en su momento parecieron chistes fueron una sincera declaración de intenciones: el primero, su tuit después del *impeachment* fallido de 2019, donde mostraba portadas ficticias de la revista *Time* en las que él era presidente en 2020, 2024, 2028, y así hasta el año 9000 con la etiqueta #Trump4eva;[28] el segundo, que hubiera llegado a fantasear, en lo que parecía un capricho de megalómano disparatado, con que sería bonito que esculpieran su cara en el monte Rushmore.[29] Aquellos dos episodios de apariencia irrelevante cobraron interés tras su derrota electoral. Trump demostró que no solo era un mal perdedor como él mismo había dicho, sino que se negaba a perder y estaba dispuesto a darle la vuelta a la tortilla utilizando el caos y la violencia.

Pero la pregunta clave, más allá de su delirio narcisista, es de un orden profundo y antropológico: ¿cómo pudo una ciudadanía como la estadounidense, tan habituada desde antiguo a la alternancia democrática pacífica, aceptar en un principio el delirio de fraude electoral de un vanidoso patológico? Si es cierto que Trump incitó a los asistentes de su mitin del 6 de enero de 2021 a que impidieran la votación que se estaba celebrando a mil quinientos metros, en el Capitolio, ¿cómo es que lo obedecieron?

La respuesta es que el trumpismo había partido el país en dos. Para entonces, este movimiento había dejado de ser una corriente de opinión en torno al líder de un partido para convertirse en algo parecido a un credo. Los límites entre la verdad y la mentira, entre los hechos y las invenciones, sencillamente no operaban en el seno de esta ideología. Desde fuera podía decirse que el trumpismo era una tribu aparte dentro de la sociedad, con sus propias normas y alejada de cualquier contacto con la realidad por los recovecos del pensamiento mágico. La teoría más extendida tras las bambalinas del conato de insurgencia de 2021 era un delirio digno de estudio psiquiátrico. Se llamaba QAnon, y lo que en principio parecía uno de tantos batiburrillos de rumores de internet sobre casos de pedofilia en el Partido Demócrata, finalmente se convirtió en una religión pagana en torno a la figura de Trump. Según los creyentes de QAnon —también presentes en Europa, por cierto—, Estados Unidos era un país dominado por un «estado profundo» que actuaba en la sombra. Era Trump, como un príncipe enviado por la providencia, la única figura que podía devolver esta patria secuestrada.[30] De modo que los fanáticos de QAnon podían jalear «USA» no para celebrar su país, sino para llamar herejes a los compatriotas que optaban por el otro candidato.

Era algo parecido a lo que sus adversarios de izquierda radical habían logrado hacer con conceptos tan abiertos y maravillosos como «igualdad» o «inclusivo», convertidos en el fermento de acusaciones dogmáticas e histéricas para tachar y cancelar a toda clase de individuos molestos. Del mismo modo que esos activistas creían ser los únicos que defienden o respetan la vida de las personas de cierto color de piel, los seguidores de Trump estaban convencidos de ser los únicos estadounidenses legítimos, el Pueblo Elegido, y por tanto veían a sus oponentes como marionetas antiamericanas. Partiendo de esta base paranoica y delirante, les era imposible asumir que Trump perdiera las elecciones. ¿Cómo es posible que el pueblo no hable con la voz que le corresponde? ¿Qué otra cosa sino una interferencia podían haber sido esas elecciones fraudulentas en el que el rey perdía su cetro?

La insurrección fallida de 2021 se saldó con cuatro muertos. Sin la fidelidad del ejército a la Constitución y la fortaleza de aquel sistema, sin duda las consecuencias hubieran sido muchísimo peores. Dicho de otra forma, en una democracia más débil que la estadounidense, con unas instituciones más frágiles, digamos del estilo de las argentinas, mexicanas o españolas, quizá estaríamos hablando hoy del negro día de Reyes en que se impuso una nueva dictadura en el planeta.

La democracia estadounidense logró arrancarse la soga del cuello justo cuando las hordas tribales propinaban la patada al taburete, pero todos sabemos que esta historia no ha terminado. La corrosión de las defensas del Estado de derecho sigue su curso en aquel mientras lees esto, lo mismo que en el nuestro. Ni el trumpismo acaba con la derrota de Trump, ni se han atenuado lo más mínimo las pasiones tribales que inflaman a sus oponentes. Es una plaga que recorre Occidente. Así que ¿conseguiremos escapar de la casa del ahorcado?

Defendamos nuestras instituciones

Siempre digo que el amor y el asco por la libertad de expresión son los extremos de un termómetro que permite conocer la salud de una sociedad democrática. Hoy el mercurio está más cerca del asco. Los tabúes y las herejías son cada vez más numerosos mientras las tribus pelean por su territorio en una lucha de opresiones y privilegios en que la libertad y el bienestar ajenos siempre se perciben como un robo. En estas circunstancias, parece que nada pueda frenar el proceso de polarización que ha convertido a tantos ciudadanos en gente resentida y desconfiada, deseosa de venganza contra sus vecinos por antiguas y difusas disputas por las lindes del bancal. Dado que las condiciones materiales y laborales han sumido a buena parte de la población occidental en el desasosiego y la desesperanza, tampoco faltan políticos, gurús y capitanes de fortuna dispuestos a inflamar el odio de quienes sueñan con arcadias arrebatadas. La manera más fácil de detectar a estos vendedores de crecepelo es la siguiente: siempre te dirán que todos tus problemas se deben a que formas parte del grupo social X, y que el grupo social Z es el que ha estado desde el origen de los tiempos que seas plenamente feliz. Es un axioma vulgar que les funciona. El problema es que detectarlos no basta.

Frente al furor narcisista de las tribus, los estados democráticos ofrecen una imagen gris y decadente como la fachada de un edificio de ladrillo que se cae a pedazos. Cada vez más ciudadanos desconfían de los parlamentos, los jueces y la policía; de la escuela, la cultura y el idioma; de los relatos históricos, los cánones y la ciencia; de los derechos, las libertades y las responsabilidades: en suma, de todo eso que parece que siempre estuvo allí y que nosotros adquirimos sin ningún esfuerzo. Así, descreídos del valor de las cosas esenciales para nuestra vida en libertad, muchos esperan a que todo se derrumbe entre chistes, cotilleos y linchamientos o marchan seducidos por el narcisismo tribal. Es difícil ser optimista respecto a nuestro destino, pero las democracias no están acabadas en absoluto. El caso estadounidense nos demuestra que un Estado de derecho es capaz de defenderse del golpe mortal si sus instituciones son lo bastante fuertes.

Nuestro papel en esta batalla es ingrato. Pasa por despojarnos de la épica, por cultivar una mirada amable y el don de la resistencia. Como los miembros del Frente Judaico Popular de *La vida de Brian* cuando se preguntaban lo que les habían dado los romanos, nosotros tendremos que cuestionarnos acerca de lo que perderíamos si las instituciones de la democracia se desmoronasen. Veremos enseguida que la respuesta es abrumadora, porque ninguna reforma, ninguna seguridad, ninguna justicia, ninguna libertad es posible sin ellas. Nos educamos en el colegio, nos curamos en el hospital, nos reponemos de un bache económico gracias a las ayudas de la Seguridad Social y resolvemos nuestros problemas en el juzgado. Ayudamos a impulsar cambios que consideramos necesarios ejerciendo el voto, participando en organizaciones y escribiendo nuestra opinión sin miedo a ser castigados por ello. Llamamos a la policía y los bomberos cuando nos enfrentamos a un problema irresoluble, y esperamos que el ejército aparezca para quitar la nieve que bloquea nuestras calles. De alguna forma, la luz se enciende al pulsar el interruptor y los productos básicos nos esperan en los estantes del supermercado.

Claro que hay desigualdad, barreras, pobreza y castas hereditarias. Claro que el mérito es menos importante que la suerte o los contactos de papá. Claro que las democracias son eternamente imperfectas y la vida es más dura para ti si perteneces a un colectivo con problemas específicos. Pero nuestros problemas no se deben a un sistema creado en nuestra contra por nuestros opresores, sino a las imperfecciones de un sistema que tratamos, constantemente, de reconstruir a nuestro favor.

Como ya hemos explicado, la amenaza tribal contra la democracia no sería tan agobiante sin que otra amenaza previa, de origen económico, hubiera triunfado desde finales de los años ochenta. Pero nuevamente son las viejas instituciones lo que hemos de rescatar primero, si queremos que ellas nos rescaten a nosotros a continuación. Si la empresa para la que trabajas quiere recortar tu salario o se niega a pagarte las horas extra, nada puedes conseguir sin un Estado que regule el trabajo ni sindicatos con fuerza suficiente para negociar tus condiciones. La igualdad y la prosperidad social requieren de estas estructuras aburridas y grises, por mucho que las tribus te prometan el paraíso en una pancarta para mañana a la hora de merendar. Pese a toda su corrupción, burocracia y absoluta falta de carisma, no tenemos otro mecanismo que las instituciones para dejar de estar solos y desamparados cuando sopla el temporal.

Es la condición de ciudadanía lo que ha igualado más a los diferentes, fueran hombres o mujeres, negros o blancos. Es la condición de ciudadanía lo que permite agruparse en libertad a quienes tienen intereses parecidos y problemas similares para que el débil no sea pisoteado por los que son más fuertes, más numerosos o más hábiles. Las discriminaciones sexuales, raciales y religiosas existen, pero son fallos del sistema y no parte de su funcionamiento normal. La igualdad ante la ley y la igualdad de oportunidades son siempre el resultado de la calidad de la democracia: si ésta enferma o es boicoteada por otros poderes, entonces la desigualdad económica galopa, la clase política se corrompe y la cultura provoca tensión y malestar.

La casa del ahorcado es asfixiante, dificulta el pensamiento y parece no tener puertas ni ventanas, pero si estamos dentro es porque en algún momento penetramos en ella, así que debimos de entrar hasta aquí por algún sitio. Mi impresión es que fue un camino empinado de soledad, narcisismo, desconfianza, cinismo e incertidumbre económica. Así que, si queremos salir, quizá tendremos que desandar ese trecho.

Notas

PRIMERA PARTE
Tabú

1. Cook a la conquista de Hawái

1. Archibald Grenfell Price, *Los viajes del capitán Cook (1768-1779)*, Madrid, Ediciones del Serbal, 1985.

2. Marshall Sahlins, *Islas de historia*, Barcelona, Gedisa, 1988. Buena parte de las anotaciones de los marinos y de las anécdotas de este viaje provienen de su obra.

3. Sigmund Freud, *Obras completas*, vol. 13, Buenos Aires, Amorrortu, 1976.

4. Simon Garfield, *En el mapa*, Madrid, Taurus, 2012.

5. VV. AA., *El siglo XIX. 1789-1914*, T. Blanning (ed.), Barcelona, Crítica, 2002.

6. Nick Groom, *El vampiro. Una nueva historia*, Madrid, Desperta Ferro, 2020.

2. El espejo primitivo del tabú

1. Antonio Nieto Moreno, «La Fórmula 1 prescinde de las azafatas de la parrilla», *El País*, <https://elpais.com/deportes/2018/01/31/actualidad/1517409319_173833.html>.

2. D. Chiape, «La ley del "solo sí es sí" convierte el abuso sexual en agresión y penaliza el piropo», *El Comercio*, <https://www.elcomercio.

349

es/asturias/ley-solo-si-es-si-convierte-abuso-sexual-agresion-2020030
4002629-ntvo.html>.

3. Laura de la Fuente, Tribuna feminista, «Alegato contra la pornografía», <https://tribunafeminista.elplural.com/2020/06/alegato-contra-la-pornografia/>.

4. Ana Teresa Roca, «Varias organizaciones denuncian el acoso a mujeres en las clínicas para interrumpir el embarazo», *El País*, <https://elpais.com/sociedad/2019/03/07/actualidad/1551965439_389052.html>.

5. Alberto Castellano, «El edificio de Cáritas aparece con pintadas contra la acogida de migrantes», *La Provincia*, <https://www.laprovincia.es/las-palmas/2019/11/05/pintadas-xenofobas-sede-caritas-escaleritas/1224709.html>.

6. «Los operarios de limpieza eliminan la pintada homófoba que apareció en un local del Orzán», *La Voz de Galicia*, <https://www.lavozdegalicia.es/noticia/coruna/coruna/2019/12/04/operarios-limpieza-eliminan-pintada-homofoba-aparecio-local-orzan/00031575466218534978607.htm>.

7. «El monumento dedicado al niño Gabriel en Almería aparece con pintadas que incitan a "maltratar al varón"», *20Minutos*, <https://www.20minutos.es/noticia/3669436/0/pintada-almeria-gabriel/>.

8. Paul B. Preciado, «La heterosexualidad es peligrosa», *El País*, <https://elpais.com/elpais/2019/11/24/opinion/1574609789_778125.html>.

9. Lidia Falcón, «El engrudo ideológico del género», *Actuall*, <https://www.actuall.com/familia/el-engrudo-ideologico-del-genero-por-lidia-falcon/>.

10. John Woods, «Why blackface isn't ok to wear on halloween (or ever)», *Do Something*, <https://www.dosomething.org/us/articles/dont-wear-blackface>.

11. Alejo Schapire, «¿Hay que expulsar a Gauguin de los museos por pedofilia y xenofobia?», *Rfi*, <https://www.rfi.fr/es/cultura/20191119-hay-que-expulsar-gauguin-de-los-museos-por-pedofilia-y-xenofobia>.

12. «Vox recuerda la batalla de Las Navas de Tolosa y todas las que ayudaron a "expulsar al invasor musulmán" de España», *La Voz de Galicia*, <https://www.lavozdegalicia.es/noticia/espana/2020/07/16/vox-recuerda-batalla-navas-tolosa-ayudaron-expulsar-invasor-musulman-espana/00031594915147727891801.htm>.

13. «La Fiscalía investigará el acto de Monasterio en un centro de menas», *El Periódico*, <https://www.elperiodico.com/es/politica/20191119/fiscalia-monasterio-vox-delito-odio-menas-7741943>.

14. Marta Rodríguez, «¿Por qué el amarillo se ha vuelto un color polémico en Cataluña?», *EuropaNews*, <https://es.euronews.com/2017/12/18/-por-que-el-amarillo-se-ha-vuelto-un-color-polemico-en-cataluna->.

15. Javier Escribano, «Call of Duty retira el gesto de "OK" por sus connotaciones racistas», *Hobby Consolas*, <https://www.hobbyconsolas.com/noticias/call-duty-retira-gesto-ok-connotaciones-racistas-673459>.

16. Adrián de Miguel, «Así borró Ridley Scott a Kevin Spacey de 'todo el dinero del mundo'», *Fotogramas*, <https://www.fotogramas.es/noticias-cine/a19454345/ridley-scott-kevin-spacey-borrado-todo-el-dinero-del-mundo/>.

17. «El ingeniero despedido por publicar un manifiesto machista denuncia a Google por "discriminación laboral"», *El País*, <https://elpais.com/tecnologia/2018/01/08/actualidad/1515443837_348519.html>.

18. «¿Qué ha pasado con Colin Kaepernick, el jugador de fútbol americano que originó las protestas durante el himno de EE.UU. y fue centro de la polémica con Donald Trump?», BBC, <https://www.bbc.com/mundo/deportes-41000002>.

19. «Campaña contra el "despatarre masculino" en el metro de Madrid», *Fcinco*, <https://www.elmundo.es/f5/comparte/2017/06/05/59356be3268e3e676c8b45e8.html>.

20. «Admitida a trámite la denuncia contra Dani Mateo por sonarse la nariz en la bandera», *El Mundo*, <https://www.elmundo.es/television/2018/11/23/5bf80172e5fdea33698b45df.html>.

21. Quico Alsedo, «El actor Willy Toledo, ante el juez por cagarse en Dios: "Voy a seguir cagándome en la Virgen y no es delito"», *El Mundo*, <https://www.elmundo.es/cultura/2020/02/17/5e4a7813fc6c839e528b45ab.html>.

22. «La regañina de Jason Momoa a Chris Pratt», *El Periódico*, <https://www.elperiodico.com/es/gente/20191210/jason-momoa-abronca-chris-pratt-utilizar-botella-plastico-campana-amazon-7768869>.

23. «Scarlett Johansson abandona el film en el que iba a interpretar

a un transexual», *La Vanguardia*, <https://www.lavanguardia.com/cult ura/20180713/45877146492/scarlett-johansson-deja-film-transgene ro.html>.

24. «Bella Thorne, ex actriz Disney, muestra sus axilas sin depilar y genera polémica», *20 Minutos*, <https://www.20minutos.es/noticia/ 3365812/0/thorne-bella-depilar-disney-actriz-axilas-polemica/>.

25. «Cuatro autores abandonan la agencia literaria de J. K. Rowling por sus comentarios "tránsfobos"», *El Español*, <https://www.elespanol. com/mujer/actualidad/20200623/autores-abandonan-literaria-jk-rowling-comentarios-transfobos/499950288_0.html>.

26. Asier Martiarena, «Carmena impedirá que circule el bus trans-fóbico tras el desafío de Hazte Oír», *La Vanguardia*, <https://www.la vanguardia.com/local/madrid/20170228/42380272420/madrid-pro hibir-hazteoir-autobus-transexuales.html>.

27. «La Universidade da Coruña cancela las jornadas sobre trabajo sexual tras el aluvión de críticas», *Público*, <https://www.publico.es/so ciedad/universidad-coruna-cancela-jornadas-sexual-aluvion-criticas. html>.

28. «"Profundamente indignante": Piden eliminar significado de "negro"», *El Debate*, <https://www.debate.com.mx/mundo/Profunda mente-indignante-Piden-eliminar-significado-de-negro-20180920 -0214.html>.

29. Esther Armora, «Una escuela pública de Barcelona retira 200 cuentos infantiles por "sexistas" y "tóxicos"», *Abc*, <https://www.abc.es/ espana/catalunya/economia/abci-escuela-publica-barcelona-retira-200 -cuentos-infantiles-sexistas-201904111234_noticia.html>.

30. David Quammen, *Contagio*, Barcelona, Debate, 2020.

31. Bill Gates, «¿La próxima epidemia? No estamos listos», charla TEDx, <https://youtu.be/6Af6b_wyiwI>.

32. Elentir Vigo, «¿Nadie lo vio venir? Lo que se habló en el pro-grama de Iker Jiménez el 20 de febrero», *Contando Estrelas*, <https:// www.outono.net/elentir/2020/03/31/nadie-lo-vio-venir-lo-que-se-hablo-en-el-programa-de-iker-jimenez-el-20-de-febrero/>.

33. Antonio Muñoz Molina, *Todo lo que era sólido*, Barcelona, Seix Barral, 2013.

34. «El Consejo de Médicos expedienta a "Médicos por la Verdad" por su negacionismo con la Covid-19», *El Mundo*, <https://www.elmundo. es/ciencia-y-salud/salud/2020/08/28/5f48f38ffdddffa43e8b4611.html>.

35. En Twitter: <https://twitter.com/Acyn/status/13006209
78305736704>.

36. J. G. Frazer, *La rama dorada*, México, Fondo de Cultura Económica, 1972.

37. «Harvard Law Professor Ousted From Deanship, Leaves Weinstein Defense Team», *The Chronicle of Higher Education*, 12 de mayo de 2019, <https://www.chronicle.com/article/Harvard-Law-Professor-Ousted/246284>.

38. Philippe Ariès, *Historia de la muerte en Occidente*, Barcelona, Acantilado, 2000.

39. Adolfo García Martínez, «La función enculturalizadora de los ritos. Análisis antropológico de algunos ritos de paso», en VV. AA., *Etnografía y folclore asturiano*, Oviedo, Real Instituto de Estudios Asturianos, 2004.

40. J. G. Frazer, *La rama dorada*...

41. Marvin Harris, *Antropología cultural*, Madrid, Alianza, 2011.

42. Mary Douglas, *Pureza y peligro*, Buenos Aires, Nueva Visión, 2007.

43. Paul Bowles, *Cabezas verdes, manos azules*, Madrid, Alfaguara, 1991.

44. Es muy interesante cómo Douglas convierte la suciedad en un asunto simbólico separado de la porquería física y maloliente. La antropóloga afirma que «allí donde hay suciedad hay sistema» y que «nuestras ideas de suciedad expresan igualmente sistemas simbólicos». Para explicar esta abstrusa idea brinda ejemplos sencillos: los zapatos no tienen por qué ser sucios en sí, pero es sucio colocarlos encima de la mesa del comedor incluso si son nuevos; también nos parece sucio encontrar comida o utensilios del cuarto de baño en un dormitorio, y hasta el hecho de que la ropa interior esté a la vista donde debería verse ropa de calle nos puede provocar cierta conmoción simbólica. Lo que está fuera de su sitio se asocia con la suciedad, y lo que es sucio puede contaminarnos. Este mecanismo mental atávico, relativo al orden, es lo que lleva a muchas personas a expresar con involuntaria elocuencia que los africanos son un «parásito» del que hay que «limpiar» Europa. Inmigrantes, gente fuera de sitio; gente venida desde el margen.

45. Sebastian Haffner, *Historia de un alemán*, Barcelona, Destino, 2001; Stefan Zweig, *El mundo de ayer*, Barcelona, Acantilado, 2001; Imre Kertész, *Sin destino*, Barcelona, Acantilado, 2001, etcétera.

46. Arnold van Gennep, *Los ritos de paso*, Madrid, Alianza, 2013.

47. Arthur Schnitzler, *Camino a campo abierto*, Córdoba, El Olivo Azul, 2007.

48. Leyre Khyal y Un Tío Blanco Hetero (UTBH), *Prohibir la manzana y encontrar la serpiente*, Madrid, Deusto, 2019.

49. David López Frías, «El "despido" de Toni, el enano *stripper* más cotizado en Benidorm: "Esto sí que me ofende"», *El Español*, <https://www.elespanol.com/reportajes/20190811/despido-toni-enano-stripper-cotizado-benidorm-ofende/420458343_0.html>.

50. Claude Lévi-Strauss, *El totemismo en la actualidad*, México, Fondo de Cultura Económica, 1965.

51. Frazer, *La rama dorada*...

52. Ana M.ª Puras Gil, Rafael Teijeira Álvarez y M.ª Jesús Balana Asurmendi, «Procedimientos de actuación ante "restos humanos de entidad" en los departamentos de Patología. Fetos y Piezas de amputación de miembros. Una aproximación a la legislación vigente», en *Libro blanco de la Anatomía Patológica en España* (de libre consulta en <https://www.seap.es/libros-blancos>).

53. Citado en Amador Vega, Juan Antonio Rodríguez Tous y Raquel Bouso (eds.), *Estética y religión. El discurso del cuerpo y los sentidos*, Barcelona, Montesinos, 1998.

54. Citado en Ángel Crespo, *Lisboa*, Barcelona, Destino, 1988.

55. Adolfo García Martínez, «El tabú, una mirada antropológica», en VV. AA., *Tabú, la sombra de lo prohibido, innombrable y contaminante*, Gijón, Ocho y Medio, 2005.

56. Jean Cazeneuve, *Sociología del rito*, Buenos Aires, Amorrortu, 1972.

3. PSICOANALISTAS Y CARAS DE ASCO

1. «Scarlett Johansson drops out of trans role after backlash», *The Guardian*, 13 de julio de 2018.

2. En el momento de escribir estas líneas, sigue apareciendo en fase de preproducción, sin ninguna información adicional, en la base de datos de IMDB: <https://www.imdb.com/title/tt8656640/>.

3. «Por qué Izquierda Unida ha aprobado expulsar al Partido Feminista», *Newtral*, <https://www.newtral.es/por-que-izquierda-unida-ha-aprobado-expulsar-al-partido-feminista/20200225/>.

4. En Twitter: <https://twitter.com/Jose__Errasti/status/129861 8515176513537>.

5. Juan Soto Ivars, «Pablo de Lora, el profesor boicoteado por grupos feministas: "Lo peor son los tibios"», *El Confidencial*, <https://www. elconfidencial.com/cultura/2019-12-19/pablo-de-lora-boicot-feminismo-lo-sexual-es-politico_2383772/>.

6. «Protests Spur Another Resignation», *Inside Higher Ed*, 13 de noviembre de 2015.

7. Marina de la Torre, «La "cultura de la cancelación": el fin del arte y de la libertad», Disidentia, 2 de octubre de 2019, <https://disidentia. com/la-cultura-de-la-cancelacion-el-fin-del-arte-y-de-la-libertad/>.

8. «Ataque brutal a los creadores de Jesucristo gay con cócteles molotov», *Shangay*, 30 de diciembre de 2019.

9. «Un juez en Brasil ordena a Netflix retirar la comedia sobre Jesús gay», *El País*, 9 de enero de 2019.

10. Robert Hughes, *La cultura de la queja*, Barcelona, Anagrama, 2006.

11. El documental no está disponible en plataformas de pago, pero puede verse en YouTube buscando por el título: «Corea del Norte. Amarás al líder sobre todas las cosas».

12. El desapego de algunas madres hacia sus hijos recién nacidos y sus efectos está ampliamente documentado en la psicología contemporánea. Por ejemplo, en «Riesgo relacional madre-recién nacido. Estudio de prevalencia y variables asociadas», *Revista Chilena de Pediatría*, 86, 1 (2015).

13. María Folguera, «He tenido una hija, pero no aguanto ni una tarde de parque», *eldiario.es*, 11 de diciembre de 2017, <https://www. eldiario.es/nidos/Lunes-custodia-compartida-aburrimiento_0_ 717428624.html>.

14. Mariela Michelena, *Un año para toda la vida*, Barcelona, Planeta, 2009.

15. Existen estupendos relatos literarios de terror sobre estas sensaciones maternales complejas. Por ejemplo, en Anna Starobinets, *Una edad difícil*, Madrid, Nevsky Prospects, 2012.

16. Sigmund Freud, *Obras completas*, vol. 13, Buenos Aires, Amorrortu, 1976

17. Sigmund Freud, *Obras completas*, vol. 13...

18. Geoffrey Chaucer, *The Canterbury Tales*, Oxford, Oxford University Press, 2011: «Forbede us thyng, / and that desiren we».

19. «The Barbra Streisand Effect», *The Telegraph*, 26 de septiembre de 2014.

20. «Itinerario de formación y acompañamiento de novios», de libre consulta en la web oficial de la Conferencia Episcopal, <https://www.conferenciaepiscopal.es/itinerario-de-formacion-y-acompanamiento-de-novios/>.

21. Giovanni Papini, *El diablo*, Barcelona, AHR, 1963.

22. Henri Bergson, *La risa*, Barcelona, Plaza & Janés, 1984.

23. Jonathan Haidt, *La mente de los justos*, Barcelona, Deusto, 2019.

24. «Man charged after Picasso painting damaged in London gallery», *The Washington Post*, 31 de diciembre de 2019.

25. «A Vandal in the Tate», Lauren Collins, *The New Yorker*, 8 de octubre de 2012.

26. Natividad Pulido, «¿Por qué cuesta un vaso de agua medio lleno 20.000 euros?», *Abc*, 27 de febrero de 2015.

27. «I regret vandalising a Rothko, but I remain committed to Yellowism».

28. Sir Peter Chalmers Mitchell, *Mi casa de Málaga*, Sevilla, Renacimiento, 2010.

29. Ewan Somerville, «Edinburgh Uni "cancels" David Hume by renaming tower due to philosopher's views on race», LBC, <https://www.lbc.co.uk/news/uk/edinburgh-university-renames-david-hume-tower/>.

30. Colin McGinn, *El significado del asco*, Madrid, Cátedra, 2016.

4. Si no hay tabúes, hay guerra, revolución y violación

1. «Dos detenidos por agredir al autor de la obra "Me cago en Dios"», *El Diario de León*, <https://www.diariodeleon.es/articulo/cultura/detenidos-agredir-autor-obra-me-cago-dios/20040503000000714724.html>.

2. Ana Gabriela Rojas, «El músico mexicano Armando Vega-Gil se suicida tras ser acusado de acosar a una menor», BBC, <https://www.bbc.com/mundo/noticias-47780713>.

3. «NASA to Reexamine Nicknames for Cosmic Objects», NASA, <https://www.nasa.gov/feature/nasa-to-reexamine-nicknames-for-cosmic-objects/>.

4. «*Lo que el viento se llevó* regresa a HBO Max con una advertencia sobre racismo», EFE, <https://www.efe.com/efe/espana/cultura/lo-que-el-viento-se-llevo-regresa-a-hbo-max-con-una-advertencia-sobre-racismo/10005-4280546>.

5. Arturo Barea, *La forja de un rebelde*, 3 vols., Barcelona, DeBolsillo, 2006.

6. Claude Lévi-Strauss, *Las estructuras elementales del parentesco*, Barcelona, Paidós, 1969.

7. Margaret Mead, «Incesto», en *Enciclopedia Internacional de Ciencias Sociales*, vol. 5, Madrid, Aguilar, 1979.

8. José Hazel Mendoza Fuentes, «El fenómeno del incesto y la necesidad de un enfoque interdisciplinario para su estudio», *Revista Diorito* (2017), <https://www.researchgate.net>.

9. Citado en James Miller, *La pasión de Michel Foucault*, Santiago de Chile, Andrés Bello, 1995.

10. «FDP war gegenüber Pädophilen toleranter als bislang bekannt», *Der Spiegel*, <https://www.spiegel.de/politik/deutschland/libe ralismus-fdp-war-gegenueber-paedophilen-tolerant-a-919751.html>.

11. Isaac Risco, «Víctimas del "experimento Kentler" exigen justicia: "El Estado me dio a un pederasta"», *El Confidencial*, <https://www. elconfidencial.com/mundo/europa/2020-08-09/berlin-escandalo-pe derastia-menores-casas-de-acogida_2702780/>.

12. «Milo Yiannopoulos, la estrella mediática defensora de Trump que aprueba la pedofilia», *La Vanguardia*, <https://www.lavanguardia. com/internacional/20170221/42194324704/milo-yiannopoulos-edi tor-breitbart-news-donald-trump-pedofilia.html>.

13. Camille Paglia, *Free Women, Free Men*, Nueva York, Pantheon Books, 2017.

14. Germaine Greer, *Sobre la violación*, Barcelona, Debate, 2019.

15. Juan Arcones, «Una periodista de la CNN fabricó pruebas para acusar a Morgan Freeman de acoso», *Fotogramas*, <https://www.foto-gramas.es/famosos-celebrities/a25411820/morgan-freeman-acoso-pe-riodista-inventa-pruebas/>.

16. Guadalupe Sánchez, *Populismo punitivo*, Barcelona, Deusto, 2020.

17. Stefano Malatesta, *La vanidad de la caballería*, Barcelona, Gatopardo, 2019.

18. Nick Cohen, «It's open season for political thugs and the Tories gave them the pass», *The Guardian*, 29 de septiembre de 2019.

19. Stefan Zweig, *El mundo de ayer*, Barcelona, Acantilado, 2001.

20. Winston Churchill, *La crisis mundial (1911-1918)*, Barcelona, DeBolsillo, 2015.

21. Jon Savage, *Teenage. La invención de la juventud (1875-1945)*. Barcelona, Desperta Ferro, 2016.

22. *Ibid.*

23. Émile Durkheim, *Las formas elementales de la vida religiosa*, Madrid, Akal, 1982.

24. Sebastian Haffner, *Historia de un alemán. Memorias (1914-1933)*, Barcelona, Destino, 2001.

25. Nicolas-Edme Rétif de la Bretonne, *Las noches revolucionarias*, Córdoba, El Olivo Azul, 2009.

26. Jung Chang, *Cisnes salvajes*, Barcelona, Circe, 1993.

27. Daniel Gascón, *El golpe posmoderno. 15 lecciones para el futuro de la democracia*, Barcelona, Debate, 2018.

28. Margaret Atwood, «Am I a bad feminist?», *The Globe and Mail*, 13 de enero de 2018.

29. Disponible y traducido al español en YouTube: <https://www.youtube.com/watch?v=YIMfSVAfeFU>.

30. Pablo Ximénez de Sandoval, «Asia Argento, voz clave contra Weinstein, frenó con un pacto legal la acusación de que abusó de un menor», *El País*, 28 de agosto de 2018.

31. Gregorio Luri, *La imaginación conservadora*, Barcelona, Ariel, 2019.

32. Frank Zappa y Peter Occhiogrosso, *La verdadera historia de Frank Zappa. Memorias*, Barcelona, Malpaso, 2014.

33. Bruno Bettelheim, *Psicoanálisis de los cuentos de hadas*, Barcelona, Crítica, 1980.

SEGUNDA PARTE
HEREJÍA

5. JAMES DAMORE, UN HEREJE DEL SIGLO XXI

1. Emilio Mitre, *Ortodoxia y herejía. Entre la Antigüedad y el Medievo*, Madrid, Cátedra, 2003.

2. Se puede ir de año en año en la lista de *Fortune* para constatar que

Google sigue siendo considerada la mejor empresa del mundo para trabajar en el enlace <https://archive.fortune.com/magazines/fortune/best-companies/>.

3. Estas historias pueden leerse en <https://careers.google.com/>.

4. Elena Santos, «¿Cómo se han creado algunos productos de Google? Estas son las historias de sus ingenieros», *Genbeta*, 1 de marzo de 2016, <https://www.genbeta.com/web/como-se-han-creado-algunos-productos-de-google-lee-las-historias-de-sus-ingenieros-en-esta-web>.

5. Lauren Feiner, «Google sacrificed its "don't be evil" mantra to grow bigger, former exec says», CNBC, 2 de enero de 2020, <https://www.cnbc.com/2020/01/02/google-abandoned-its-dont-be-evil-mantra-former-exec-says.html>.

6. Dell Cameron y Kate Conger, «Google Is Helping the Pentagon Build AI for Drones», *Gizmodo*, 3 de junio de 2018, <https://gizmodo.com/google-is-helping-the-pentagon-build-ai-for-drones-1823464533>.

7. La versión de 2017 ha desaparecido de Google, pero puede consultarse en The Internet Archive, <https://web.archive.org/web/20180421105327/https://abc.xyz/investor/other/google-code-of-conduct.html>.

8. Sam Levin, «Google accused of "extreme" gender pay discrimination by US labor department», *The Guardian*, 7 de abril de 2017, <https://www.theguardian.com/technology/2017/apr/07/google-pay-disparities-women-labor-department-lawsuit>.

9. Farhad Manjoo, «Exposing Hidden Bias at Google», *The New York Times*, 24 de septiembre de 2014, <https://www.nytimes.com/2014/09/25/technology/exposing-hidden-biases-at-google-to-improve-diversity.html>.

10. James Damore, «Google's Ideological Echo Chamber», <https://assets.documentcloud.org/documents/3914586/Googles-Ideological-Echo-Chamber.pdf>.

11. Elisabeth Noelle-Neumann, *La espiral del silencio*, Barcelona, Paidós, 1995.

12. Jerry Dunleavy, «Ted Cruz: Google has "a staggering amount of power" to shape culture», *Washington Examiner*, 16 de julio de 2019, <https://www.washingtonexaminer.com/news/ted-cruz-google-has-a-staggering-amount-of-power-to-shape-culture>.

13. Allum Bokhari, «LEAKED VIDEO: Google Leadership's Dis-

mayed Reaction to Trump Election», *Breitbart*, 12 de septiembre de 2018, <https://www.breitbart.com/tech/2018/09/12/leaked-video-google-leaderships-dismayed-reaction-to-trump-election/>.

14. James Damore, «Google's Ideological Echo Chamber»...

15. James Damore, «Google's Ideological Echo Chamber»...

16. «Why Did Google Fire This Engineer?» *Rubin Report*, 7 de septiembre de 2017, <https://youtu.be/6NOSD0XK0r8>.

17. Elisabeth Noelle-Neumann, *La espiral del silencio...*

18. J. M. Coetzee, *Contra la censura*, Barcelona, Debate, 2004.

19. Juan Soto Ivars, *Arden las redes. La poscensura y el nuevo mundo virtual*, Barcelona, Debate, 2017.

20. <https://www.eldiario.es/theguardian/James-Damore-Google-radicalizacion-YouTube_0_675782932.html>.

21. <https://www.lavanguardia.com/economia/20170808/43427305369/google-despide-machismo-james-damore.html>.

22. <https://www.elperiodico.com/es/extra/20170808/google-despide-ingeniero-manifiesto-machista-6213366>.

23. <https://hipertextual.com/2017/08/james-damore-manifiesto-machista-google>.

24. <https://www.theguardian.com/commentisfree/2017/aug/08/google-sexist-memo-alt-right-martyr-james-damore>. Se publicó una traducción al español en *eldiario.es*, <https://www.eldiario.es/theguardian/machista-empleado-Google-ultraconservadores-EEUU_0_674033298.html>.

25. Scott Jaschik, «What Larry Summers Said», *Inside Higher Ed*, 18 de febrero de 2005.

26. Anne Campbell, *A Mind of Her Own*, Oxford, Oxford University Press, 2002.

27. Citado en Gustavo Andújar, «Un testimonio interesante», *Espacio Laical*, 3 (2018), <http://espaciolaical.net/wp-content/uploads/074-079-Un-testimonio-interesante1.pdf>.

28. Helena Cronin, «The vital statistics», *The Guardian*, 12 de marzo de 2005.

29. El experimento se emitió en la BBC y puede consultarse en YouTube, buscando «What is a monkeys favourite toy? - Horizon: Is your Brain Male or Female - BBC Two» o pinchando en: <https://youtu.be/Bm9xXyw2f7g>.

30. Thomas Hobbes, *Leviatán*, Buenos Aires, Losada, 2005.

31. Nuria Godón y Michael J. Horswell (eds.), *Sexualidades periféricas*, Madrid, Fundamentos, 2016.

32. El Williams Institute sitúa la población trans estadounidense en un 0,3 por ciento.

33. Steven Pinker, *La tabla rasa*, Barcelona, Paidós, 2003.

34. «World Rugby prohíbe a las trans competir en la élite femenina», *As*, <https://as.com/masdeporte/2020/10/11/polideportivo/160 2367659_988284.html>.

35. «Los Premios Darwin demuestran que los hombres son más tontos que las mujeres», *La Información*, 12 de diciembre de 2014.

36. Paul R. Gladden, «The Blank Slate», *Encyclopedia of Evolutionary Psychological Science*, <https://link.springer.com/content/pdf/10.1007%2F978-3-319-16999-6_1300-1.pdf>.

37. Jordan B. Peterson, *Mapas de sentidos*, Barcelona, Ariel, 2020.

38. Camille Paglia, *Sexual Personae,* Barcelona, Deusto, 2019.

39. Geoffrey Parker, *Carlos V*, Barcelona, Planeta, 2019.

6. Bulos, átomos y conocimiento prohibido

1. Hannah Arendt, *¿Qué es la política?*, Barcelona, Paidós, 1998.

2. Banesh Hoffmann, *Albert Einstein. Creator and Rebel*, Nueva York, Viking Press, 1999. La carta completa puede consultarse en PDF aquí <https://manhattanprojectbreactor.hanford.gov/files.cfm/Albert Einstein.pdf>.

3. Robert Jungk, *Brighter than a Thousand Suns. The Story of the Men Who Made The Bomb*, Nueva York, Grove Press, 1958.

4. Richard P. Feynman, *¿Está usted de broma, Sr. Feynman?*, Madrid, Alianza, 2018.

5. Kate Brown, *Manual de supervivencia*, Madrid, Capitán Swing, 2019.

6. Centro de Documentación Bioética de la Universidad de Navarra, <http://www.unav.es/cdb/dbcapo19f.html>.

7. Marta García Aller, *El fin del mundo tal y como lo conocemos*, Barcelona, Planeta, 2017.

8. Marta Peirano, *El enemigo conoce el sistema*, Barcelona, Debate, 2019.

9. Yuval Noah Harari, *Homo Deus*, Barcelona, Debate, 2016.

10. Félix de Azúa, *Volver la mirada. Ensayos sobre arte*, Barcelona, Debate, 2019.

11. Alberto Olmos, «Erich Fromm era gilipollas», *Zenda*, 17 de enero de 2020, <https://www.zendalibros.com/erich-fromm-era-gilipollas/>.

12. Chris Hughes, «It's Time to Break Up Facebook», *The New York Times*, 9 de mayo de 2019, <https://www.nytimes.com/2019/05/09/opinion/sunday/chris-hughes-facebook-zuckerberg.html>.

13. «Guillaume Chaslot, exingeniero de Google: "El algoritmo de YouTube nos lleva a consumir contenido extremo para mantenernos pegados a la pantalla"», entrevista de Juan F. Samaniego, *Nobbot*, 13 de enero de 2020, <https://www.nobbot.com/entrevistas/entrevista-a-guillaume-chaslot/>.

14. Eli Pariser, *El filtro burbuja*, Madrid, Taurus, 2017.

15. Raúl Álvarez, «Amazon admite que conserva algunos datos de Alexa de forma indefinida, incluso si el usuario elimina la grabación de voz», *Xataca*, 3 de julio 2019.

16. Dante, *Comedia*, «Paraíso», XXI, 93-96, Barcelona, Acantilado, 2018.

17. Elaine Park, «Q&A: Anna Lembke on smartphone technology addiction», *The Stanford Daily*, <https://www.stanforddaily.com/2018/02/22/qa-anna-lembke-on-smartphone-technology-addiction/>.

18. Yuval Noah Harari, *Sapiens*, Barcelona, Debate, 2014.

19. Si el puritanismo imperante en Twitter no le ha cerrado la cuenta cuando leas esto, puedes consultarlo aquí: <https://twitter.com/carmenromp/status/1208363706305929216>.

20. Trevor Nace, «Only Two-Thirds Of American Millennials Believe The Earth Is Round», *Forbes*, <https://www.forbes.com/sites/trevornace/2018/04/04/only-two-thirds-of-american-millennials-believe-the-earth-is-round/?sh=619b45877ec6>.

21. Citada por Antonio Sitges-Serra en *Si puede, no vaya al médico*, Barcelona, Debate, 2020.

7. Cazas de brujas e invasores de otro planeta

1. Eugenio Fuentes, *La hoguera de los inocentes. Linchamientos, cazas de brujas y ordalías*, Barcelona, Tusquets, 2018.

2. Vladimir Tismăneanu, *El diablo en la Historia*, Barcelona, Stella Maris, 2015.

3. Max Weber, *La ética protestante y el «espíritu» del capitalismo*, Madrid, Alianza, 2012.

4. Karl Marx y Friedrich Engels, *La revolución en España*, Moscú, Progreso, 1978.

5. Alberto Royo Mejía, *Historias de la historia de la Iglesia*, Maxstadt, Vita Brevis, 2011.

6. Sara Beam, «Consistorios y autoridades civiles», en VV. AA. , *Fe y castigo. Inquisiciones y consistorios calvinistas en el mundo moderno*, Charles H. Parker y Gretchen Starr-LeBeau (eds.), Madrid, Cátedra, 2020.

7. Raymond Mentzer, «Consistorios», en VV. AA., *Fe y castigo...*

8. Sara Beam, «Consistorios y autoridades civiles»....

9. Daniel Chirot, *Modern Tyrants. The Power and Prevalence of Evil in Our Age*, Nueva York, Free Press, 1994.

10. G. K. Chesterton, *Herejes*, Barcelona, Acantilado, 2017.

11. Miguel Delibes, *El hereje*, Barcelona, Destino, 1998.

12. Miran Hillar, «Servet y el nuevo paradigma histórico», en VV. AA., *Miguel Servet. Los valores de un hereje*, Zaragoza, Heraldo de Aragón, s. f.

13. Doris Moreno, «Perseguido por católicos y protestantes», en VV. AA., *Miguel Servet...*

14. Jonathan Zophy, *A Short History of Renaissance and Reformation Europe. Dances Over Fire and Water*, Londres, Pearson, 1998.

15. «Trayvon Martin Shooting Fast Facts», CNN, <https://edition.cnn.com/2013/06/05/us/trayvon-martin-shooting-fast-facts/index.html>.

16. Una copia del *post* puede consultarse en <https://archive.fo/kpjIG/e8a79ca1246ad6955332b9dba2e69fe1f03bde88.jpg>.

17. German López, «Bill Maher dropped the n-word on live TV», *Vox*, junio de 2017, <https://www.vox.com/identities/2017/6/3/15734024/bill-maher-n-word-real-time>

18. Stephanie Hinds, «Why I Stand With Yusra Khogali, Co-Founder Of Black Lives Matter Toronto», *The Huffington Post*, noviembre de 2016, <https://www.huffingtonpost.ca/byblackscom/black-lives-matter-toronto_b_9659874.html>.

19. J. Baglow, «White people have no right to criticize Yusra Khogali's anger», *rabble.ca*, febrero de 2017.

20. El e-mail de Weinstein y el de Rashida Love, al que responde, pueden leerse en <https://app.leg.wa.gov/committeeschedules/Home/Document/170557>.

21. «Campus argument over race goes viral as college erupts in turmoil», *Vice News*, <https://www.vice.com/en_us/article/a3jqx8/campus-argument-over-race-goes-viral-as-college-erupts-in-turmoil>.

22. *Ibid.*

23. Buena parte de los vídeos de la protesta pueden verse en el repaso que hizo el *youtuber* UTBH: <https://www.youtube.com/watch?v=rsI0PKQhckk>.

24. «Bret Weinstein Testifies to Congress on The Evergreen State College riots, Free Speech & Safe Spaces», <https://www.youtube.com/watch?v=uRIKJCKWla4>.

TERCERA PARTE
NARCISISMO TRIBAL

8. LA SEDUCCIÓN DE LA TRIBU

1. Un buen resumen del experimento puede leerse en Maria Konnikova, «Revisiting Robbers Cave: The easy spontaneity of intergroup conflict», <https://blogs.scientificamerican.com/literally-psyched/revisiting-the-robbers-cave-the-easy-spontaneity-of-intergroup-conflict/>.

2. «Neonazis reclaman a Rocío de Meer (Vox) derechos de autor tras volver a compartir su propaganda», *El Plural*, <https://www.elplural.com/politica/espana/neonazis-reclaman-rocio-meer-vox-derechos-autor-volver-compartir-propaganda_246982102>.

3. Paul Preston, *Franco*, Barcelona, Debate, 2018.

4. Michel Wieviorka, *El antisemitismo explicado a los jóvenes*, Buenos Aires, Libros del Zorzal, 2018.

5. Serguéi Nilus, *Los protocolos de los sabios de Sion*, Barcelona, Mateu, 1963.

6. «8chan y "El Gran Reemplazo": la teoría racista que ha impulsado los atentados de El Paso».

7. Cristina J. Orgaz, «Tiroteos de Nueva Zelanda: qué es la "teoría del reemplazo", la conspiración con la que el hombre que transmitió por Facebook el ataque trató de justificar la violencia», BBC, <https://www.bbc.com/mundo/noticias-internacional-47584638>.

8. Renaud Camus, *Abécédaire de l'innocence*, Neuilly-sur-Seine, Éditions David Reinharc, 2010.

9. Renaud Camus, *La campagne de France. Journal 1994*, París, Fayard, 2000.

10. «El "negro de Vox" la lía pidiendo "machos empotradores" para las "amargadas" de izquierdas», *El Español*, <https://www.elespanol.com/social/20200207/negro-vox-pidiendo-machos-empotradores-amargadas-izquierdas/465703969_0.html>.

11. Roberto Ballesteros, «Negro, catalán y directivo de Vox: "Hay una caridad mal entendida en inmigración"», *El Confidencial*, <https://www.elconfidencial.com/espana/2018-08-24/negro-catalan-y-direc tivo-de-vox_1607218/>.

12. «Abascal lee apellidos de inmigrantes que cobran ayudas: "Este podría ser español"», Cadena Ser, <https://cadenaser.com/ser/2019/10/29/politica/1572380682_401915.html>.

13. «Residente N.º 1992-UKR. Margaryta Yakovenko», entrevista de Alberto Olmos en *Zenda*, <https://www.zendalibros.com/residente-no-1992-ukr-margaryta-yakovenko/>.

14. Lo emitió Aragón Televisión, disponible en YouTube buscando «piscina Teruel» o en <https://www.youtube.com/watch?v=o608H Sux5l8>.

15. Edwy Plenel «El "gran reemplazo" o las formas de la islamofobia en la Francia actual», disponible en *Nueva Sociedad*, 257 (mayo-junio de 2015), <www.nuso.org>.

16. *Ibid*.

17. «El número de migrantes muertos en el Mediterráneo supera ya el millar en 2019», *La Vanguardia*, 7 de octubre de 2019, <https://www.lavanguardia.com/internacional/20191007/47863930469/nu mero-migrantes-muertos-mediterraneo-millar-2019.html>.

18. «No, no es cierto que El Ejido (Almería) no tenga ninguna librería», *Maldita*, <https://maldita.es/malditobulo/2019/11/05/no-no-es-cierto-que-el-ejido-almeria-no-tenga-ninguna-libreria/>.

19. John Scheid, *La religión en Roma*, Madrid, Ediciones Clásicas, 1991.

20. Edward Gibbon, *Decadencia y caída del Imperio romano*, 2. vols., Girona, Atalanta, 2014.

21. Ángel Villarino, «"Time to Start Drinking": los problemas de América son más grandes que Trump», *El Confidencial*, <https://blogs.

elconfidencial.com/espana/takoma/2020-11-07/trump-biden-obama-luce-declive-americano_2818132/>.

22. Dos libros lo describen magistralmente: Daniel Bernabé, *La distancia del presente*, Madrid, Akal, 2020, y Esteban Hernández, *Así empieza todo*, Madrid, Akal, 2020.

23. Citado en Douglas Murray, *La masa enfurecida*, Barcelona, Península, 2020.

24. Joseph Heath y Andrew Potter, *Rebelarse vende*, Madrid, Taurus, 2004.

25. Francis Fukuyama, *Identidad. La demanda de dignidad y las políticas de resentimiento*, Barcelona, Deusto, 2020.

26. Esteban Hernández, *El fin de la clase media*, Madrid, Akal, 2014.

27. En Twitter: <https://twitter.com/clitorisienta/status/1230290 226712543233>.

9. Solos y furiosos

1. Pablo Malo, «La Psicología Evolucionista del Conflicto y las funciones de la Mentira», *Evolución y Neurociencias*, <https://evoluciony neurociencias.blogspot.com/2020/10/la-psicologia-evolucionista-del. html?spref=tw>.

2. Los fragmentos del diario de Joseph Goebbels están extraídos de Joseph Goebbels, *Diarios*, Barcelona, José Janés, 1949, y del documental de Lutz Hachmeister *El experimento Goebbels* (2005).

3. George Steiner, *Nostalgia del absoluto*, Madrid, Siruela, 2001.

4. Albert Speer, *Memorias*, Barcelona, Plaza y Janés, 1969.

5. José Ortega y Gasset, *La rebelión de las masas y otros ensayos*, Madrid, Alianza, 2014.

6. Mark Leary, *The Curse of the Self: Self-Awareness, Egotism, and the Quality of Human Life*, Oxford, Oxford University Press, 2004.

7. He detallado este linchamiento en mi anterior libro, *Arden las redes*. Jon Ronson habló con ella meses después del suceso. La conversación puede leerse en Jon Ronson, *Humillación en las redes*, Barcelona, Ediciones B, 2015.

8. Byung-Chul Han, *En el enjambre*, trad. de Raúl Gabás, Barcelona, Herder, 2014.

9. Erich Fromm, *El arte de amar*, cito de la versión *online* traducida, <https://psicolebon.files.wordpress.com/2016/07/erich-fromm-el-arte-de-amar.pdf>.

10. Irene Sierra, «Acusan de tener sexo con una chica de 14 años a Haplo Schaffer: él reconoce parte de los hechos y borra su Twitter», *WatMag*, <https://www.thewatmag.com/youtube/acusan-de-tener-sexo-con-una-chica-de-14-anos-a-haplo-schaffer-el-reconoce-parte-de-los-hechos-y-borra-su-twitter>.

11. Anna Vannucci, Kaitlin M.Flannery y Christine McCauley Ohannessian, «Social media use and anxiety in emerging adults», *Journal of Affective Disorders*, <https://www.sciencedirect.com/science/article/abs/pii/S0165032716309442>.

12. Erin A.Vogel, Jason P. Rose, Lindsay R. Roberts y Katheryn Eckles, «Social Comparison, Social Media, and Self-Esteem», *Psychology of Popular Media Culture*, 3, 4 (2014), pp. 206-222.

13. H. C. Woods y H. Scott, «#Sleepyteens: Social media use in adolescence is associated with poor sleep quality, anxiety, depression and low self-esteem», *Journal of Adolescence*, <https://eprints.gla.ac.uk/120206/7/120206.pdf>.

14. Liu yi Lin, Jaime E. Sidani, Ariel Shensa *et al.*, «Association between social media use and depression among US young adults», *Depression and Anxiety*, <https://onlinelibrary.wiley.com/doi/abs/10.1002/da.22466>.

15. David Healy, Joanna Le Noury y Jon Jureidini, «Los antidepresivos en pediatría: ¿el mayor fracaso de la asistencia sanitaria?», *Revista de la Asociación Española de Neuropsiquiatría*, <http://scielo.isciii.es/pdf/neuropsiq/v38n133/0211-5735-raen-38-133-0195.pdf>.

16. Marta Peirano, *El enemigo conoce el sistema...*

17. Liliana Arroyo Moliner, *Tú no eres tu selfi*, Barcelona, Milenio, 2020.

18. Andreu Navarra, *Devaluación continua*, Barcelona, Tusquets, 2019.

19. Eva Millet, *Hiperniños, ¿hijos perfectos o hipohijos?*, Barcelona, Plataforma, 2018.

20. «Deaths of despair, once an American phenomenon, now haunt Britain», *The Economist*, mayo de 2019, <https://www.economist.com/britain/2019/05/14/deaths-of-despair-once-an-american-phenomenon-now-haunt-britain>.

21. «Deaths of despair, once an American phenomenon, now haunt Britain»...

22. Félix Ovejero, *La deriva reaccionaria de la izquierda*, Barcelona, Página Indómita, 2018.

23. Marlene Wind, *La tribalización de Europa*, Barcelona, Espasa, 2019.

24. Angela Nagle, *Muerte a los normies*, Tarragona, Orciny Press, 2019.

25. Camille Paglia, *Vamps & Tramps*, Madrid, Valdemar, 2001.

26. Fernando Broncano, *Puntos ciegos*, Madrid, Lengua de Trapo, 2019.

10. CORREGIR LO INCORREGIBLE

1. Marjane Satrapi, *Persépolis*, Barcelona, Norma, 2007 (integral).

2. Iván Bunin, *Días malditos*, Barcelona, Acantilado, 2007.

3. VV. AA., *Fe y castigo. Inquisiciones y consistorios calvinistas en el mundo moderno*, Charles H. Parker y Gretchen Starr-LeBeau (eds.), Madrid, Cátedra, 2020.

4. Álvaro Corazón Rural, «Neurosis playera», *Jotdown*, <https://www.jotdown.es/2019/07/neurosis-playeras/>.

5. Luis Carandell, *Celtiberia show*, Madrid, Maeva, 2015 [1970].

6. J. M. Coetzee, *Contra la censura*, Barcelona, Debate, 2004.

7. Fátima Arranz Lozano, «Estudio sobre estereotipos, roles y relaciones de género en series de televisión de producción nacional: un análisis sociológico», Instituto de la Mujer, 2020, <https://www.inmujer.gob.es/areasTematicas/AreaEstudiosInvestigacion/docs/Estudios/Informe__Publicacion_Ser_ies_DEF_.pdf>.

8. Fátima Arranz Lozano, «Estudio sobre estereotipos, roles y relaciones de género...»...

9. George Orwell, *Homenaje a Cataluña*, Barcelona, Debate, 2017.

10. Nuria Labari, <https://elpais.com/elpais/2019/12/04/opinion/1575478004_786689.html>.

11. Susana Ye, <https://verne.elpais.com/verne/2018/12/02/articulo/1543777568_905717.html>.

12. Beatriz Serrano, <https://smoda.elpais.com/moda/actualidad/melania-trump-insiste-en-prescindir-del-sujetador-es-un-acto-politico-de-resistencia/>.

13. Nuria Labari, <https://elpais.com/opinion/2020-06-05/yo-soy-racista-tu-eres-racista-todos-somos-racistas.html>.

14. Pilar Jericó, <https://elpais.com/elpais/2018/07/24/eps/1532430175_628808.html>.

15. Rosa Montero, <https://elpais.com/elpais/2019/09/20/eps/1568981473_933465.html>.

16. Carlos Mejía, <https://smoda.elpais.com/moda/actualidad/disfraces-halloween-indignantes/>.

17. *S Moda*, <https://smoda.elpais.com/belleza/lo-dice-la-ciencia-el-aire-acondicionado-de-tu-oficina-es-una-conspiracion-sexista/>.

18. Jung Chang, *Cisnes salvajes*, Barcelona, Circe, 1993.

19. «Qué es el "manspreading" y por qué Madrid lanzó una campaña para combatirlo en los autobuses», BBC, <https://www.bbc.com/mundo/noticias-40237173>.

20. «El Gobierno de Canadá propone una ley para proteger a los transexuales», *La Vanguardia*, <https://www.lavanguardia.com/vida/20160517/401858911197/el-gobierno-de-canada-propone-una-ley-para-proteger-a-los-transexuales.html>.

21. Ya lo describí en *Arden las redes*, donde estudié el fenómeno tras las historias de los linchamientos digitales y traté de componer una teoría sobre las nuevas amenazas a la libertad de expresión en el entorno digital, que (está feo que yo lo diga, pero tengo pocos amigos) se ha cumplido punto por punto.

22. Guillermo Cid, «Lo que hay tras el boicot de anunciantes a Facebook, y por qué Zuckerberg va a ganar», *El Confidencial*, <https://www.elconfidencial.com/tecnologia/2020-06-30/facebook-boicot-anunciantes-cambios-red-social_2662004/>.

23. Axel Kaiser, *La neoinquisición*, Barcelona, Deusto, 2020.

24. Lucía Lijtmaer, *Ofendiditos*, Barcelona, Anagrama, 2019.

25. Ricardo Dudda, *La verdad de la tribu*, Barcelona, Debate, 2019.

26. Almudena Ortuño, «El racismo de los conguitos frente al "Black Lives Matter"», *El Comidista*, <https://elcomidista.elpais.com/elcomidista/2020/06/26/articulo/1593180104_555602.html>.

27. Candice Carty-Williams, «Publishers want more black authors. Why have they silenced us for so long?», *The Guardian*, <https://www.theguardian.com/books/2020/jun/11/publishers-want-more-black-authors-why-have-they-silenced-us-for-so-long>.

28. «Las películas que quieran optar a un Oscar tendrán que cumplir criterios de diversidad», *El Mundo*, <https://www.elmundo.es/cul tura/cine/2020/06/13/5ee523ae21efa012448b461b.html>.

29. La profesora Roxana Kreimer recopiló muchos estudios, en «Los negadores del racismo», *Youtube*, <https://www.youtube.com/ watch?v=FswRxK11zRw>.

30. Como caricaturizaron Alan Sokal y Jean Bricmont en *Las imposturas intelectuales*, Barcelona, Paidós, 1999.

31. Roger Kimball, *La profanación del arte*, México, Fondo de Cultura Económica, 2008.

32. Alison Flood, «JK Rowling's new thriller takes No 1 spot amid transphobia row», *The Guardian*, <https://www.theguardian.com/ books/2020/sep/23/jk-rowling-thriller-no-1-transphobia-row-trou bled-blood-robert-galbraith>.

33. «La Fiscalía General del Estado considera machistas algunas señales de tráfico», *Abc*, <https://www.abc.es/sociedad/abci-fiscalia-gene ral-estado-considera-machistas-algunas-senales-trafico-20200908 1024_noticia.html>.

34. VV. AA., *La corrección política*, Barcelona, Planeta, 2019.

35. Melissa Willey, «It's Way Past Time to Stop Saying Things Are Retarded», *The Washington Post*, <https://www.wired.com/2012/10/ stop-saying-retarded/>.

36. Margarita Lázaro, «Leticia Dolera quiere aclarar por qué dijo lo del "campo de nabos" en los Goya», *HuffPost*, <https://www.huffin gtonpost.es/2018/02/05/leticia-dolera-quiere-aclarar-por-que-dijo-lo-del-campo-de-nabos-en-los-goya_a_23353486/>.

37. Walter Goodman, «Decreasing Our Word Power: The New Newspeak», *The New York Times*, <https://www.nytimes.com/1991/ 01/27/books/decreasing-our-word-power-the-new-newspeak.html>.

38. «Carlos Fernandez Liria: "Lavapiés tiene mucho de burbuja maoísta"», entrevista de Víctor Lenore en *Voz Pópuli*, <https://www. vozpopuli.com/altavoz/cultura/lavapaies-sexo-filosofia_0_139486 1830.html>.

39. Camille Paglia, *Sexual Personae*, Barcelona, Deusto, 2019.

40. Conor Friedersdorf, «The Fight Against Words That Sound Like, but Are Not, Slurs», *The Atlantic*, <https://www.theatlantic.com/ ideas/archive/2020/09/fight-against-words-sound-like-are-not-slurs/616404/>.

41. J. G. Frazer, *La rama dorada*, México, Fondo de Cultura Económica, 1972.

42. Félix Ovejero, *Sobrevivir al naufragio. El sentido de la política*, Barcelona, Página Indómita, 2020.

43. Mark Fisher, *Realismo capitalista. ¿No hay alternativa?*, Buenos Aires, Caja Negra, 2017.

44. Raymond Aron, *La libertad, ¿liberal o libertaria?*, Barcelona, Página Indómita, 2018.

45. Slavoj Žižek. *La vigencia de* El manifiesto comunista, Barcelona, Anagrama, 2018.

46. Pangloss, el tutor de Cándido en la novela de Voltaire, le transmite al desgraciado protagonista una filosofía conformista llevada al absurdo, basada en el dogma de que «vivimos en el mejor de los mundos posibles».

47. Daniel Bernabé, *La trampa de la diversidad*, Madrid, Akal, 2019.

48. Margaret Wappler y Valeria Bessolo Llopiz, «Melinda Gates: "Las feministas jóvenes se interesan en empoderar a todas, no solamente a ellas mismas"», *Elle*, <https://elle.clarin.com/lifestyle/sociedad/melinda_gates/>.

49. «Gillette denuncia la masculinidad tóxica en un anuncio muy polémico», *La Vanguardia* <https://www.lavanguardia.com/television/visto-en-youtube/20190115/454156886527/gillette-denuncia-masculinidad-toxica-anuncio-polemico-video-seo-ext.html>.

50. «Así es el anuncio de Navidad de Campofrío para este 2018», *Las Provincias*, <https://www.lasprovincias.es/culturas/tv/anuncio-navidad-campofrio-2018-20181219145333-nt.html>.

51. Daniel La Parra, Diana Gil-González y Antonio Jiménez, «Los procesos de exclusión social y la salud del pueblo gitano en España», *La Gaceta Sanitaria*, 25, 5 (2013), <https://www.gacetasanitaria.org/es-los-procesos-exclusion-social-salud-articulo-S0213911113000940>.

52. Luma Akil y H. Anwar Ahmad, «Effects of Socioeconomic Factors on Obesity Rates in Four Southern States and Colorado», *Ethnicity & Disease*, <https://www.ncbi.nlm.nih.gov/pmc/articles/PMC3101796/>.

53. Antonio Ortí, «Gordofobia: ¿qué hay detrás del odio a las curvas?», *El País*, <https://elpais.com/elpais/2019/02/05/buenavida/1549376946_960756.html>.

54. Angela Nagle, *Muerte a los normies*, Tarragona, Orciny Press, 2019.

55. Ricardo Dudda, *La verdad de la tribu...*

11. LA GUERRA DE LAS TRIBUS

1. «La CUP exige de nuevo retirar la estatua de Colón de Barcelona por su "connotación racista"», *Europa Press*, <https://www.europa press.es/catalunya/noticia-cup-exige-nuevo-retirar-estatua-colon-bar celona-connotacion-racista-20200619114237.html>.

2. César Cervera, «El descendiente de Moctezuma, contra López Obrador: "Me molesta que usen a mi ancestro con fines políticos"», *Abc*, 2 de abril de 2019, <https://www.abc.es/cultura/abci-moctezuma-contra-lopez-obrador-no-tiene-sentido-fines-politicos-2019033 10040_noticia.html>.

3. Juan Soto Ivars, «Ni España ni la Iglesia tienen que pedir perdón, dice el subcomandante Moisés», *El Confidencial*, <https://blogs.elconfi dencial.com/sociedad/espana-is-not-spain/2020-10-12/espana-igle sia-pedir-perdon-zapatista-moises_2785304/>.

4. Alberto Néjar, «Violencia en México: el récord de homicidios en 2019 durante el primer año de gobierno de AMLO», BBC, enero 2020, <https://www.bbc.com/mundo/noticias-america-latina-51186916>.

5. Isaura López, «Amnistía Internacional rindió su informe anual en materia de derechos humanos», *El Occidental*, 1 de marzo de 2020, <https://www.eloccidental.com.mx/local/amnistia-internacional-rin dio-su-informe-anual-en-materia-de-derechos-humanos-4910217. html>.

6. Gabriel Zaid, «Hostilidad a la cultura», en *Letras Libres*, 226 (2020).

7. «Artur Mas recortó el presupuesto de sanidad de manera drástica de 2011 a 2015», *El Triangle*, <https://www.eltriangle.eu/es/actuali dad/poderes/artur-mas-recorto-el-presupuesto-de-sanidad-de-mane ra_105545_102.html>.

8. Jessica Mouzo Quintáns, «Cataluña sufrió los mayores recortes sanitarios durante el Procés», *El País*, <https://elpais.com/ccaa/2017/ 12/10/catalunya/1512922676_645414.html>.

9. Daniele Giglioli, *Crítica de la víctima*, Barcelona, Herder, 2016.

10. Jim Goad, *Manifiesto redneck*, Barcelona, Dirty Works, 2017.

11. Donald Ray Pollock, *Knockemstiff*, Barcelona, Literatura Random House, 2017.

12. Cathy Young, «In Defense of The Letter», *Medium*, <https://arcdigital.media/in-defense-of-the-letter-ee6f7164f9c1>.

13. Alison Flood, «White professor investigated for quoting James Baldwin's use of N-word», *The Guardian*, <https://www.theguardian.com/books/2019/aug/15/white-professor-investigated-quoting-james-baldwin-use-of-n-word-laurie-sheck>.

14. «White UCLA professor under investigation after reading MLK's "Letter from Birmingham Jail"», Fox News, <https://www.foxnews.com/us/ucla-professor-investigation-mlk-n-word>.

15. «Art History Professor Condemned by Stanford Undergraduate Senate», *Reason*, <https://reason.com/2020/06/15/art-history-professor-condemned-by-stanford-undergraduate-senate/>.

16. Anna Purna Kambhampaty, Madeleine Carlisle y Melissa Chan, «Justin Trudeau Wore Brownface at 2001 "Arabian Nights" Party While He Taught at a Private School», *Time*, septiembre de 2019, <https://time.com/5680759/justin-trudeau-brownface-photo/>.

17. Jessica Gelt, «The spreadsheet that shook the theater world: Marie Cisco's "Not Speaking Out" list», *Los Angeles Times*, <https://www.latimes.com/entertainment-arts/story/2020-06-09/theaters-not-speaking-out-list-george-floyd-protests-black-lives-matter>.

18. Jennifer Brown, «Kindness Yoga called out: Weakened by coronavirus, 9 studios close after Instagram campaign exposes rift over race», *Colorado Sun*, <https://coloradosun.com/2020/06/29/kindness-yoga-closure-during-black-lives-matter/>.

19. «District board holds hearing on firing of Windsor School principal», *Valley News*, <https://www.vnews.com/School-board-holds-executive-session-termination-hearing-for-Windsor-principal-36179775>.

20. Juan Losa, «Peio H. Riaño: "El Museo del Prado está lleno de violaciones que no vemos"», entrevista en *Público*, <https://www.publico.es/entrevistas/peio-h-riano-museo-prado-lleno-violaciones-no-vemos.html>.

21. «MoCA Cleveland Director Resigns After Canceling Show on Police Brutality», *The New York Times*, <https://www.nytimes.com/2020/06/19/arts/design/moca-cleveland-director-resigns-.html>.

22. Colin Perkel, «Lindsay Shepherd sues Wilfrid·Laurier University for $3.6M over alleged "inquisition"», *Global News*, <https://global news.ca/news/4272268/wilfrid-laurier-ta-lindsay-shepherd-sues-uni versity/>.

23. Jesse Singal, «This Is What a Modern–Day Witch Hunt Looks Like», *New York Intelligenzer*, <https://nymag.com/intelligencer/2017/05/transracialism-article-controversy.html>.

24. Juan Soto Ivars, «Es hora de que la izquierda diga NO a la cultura de la cancelación», *El Confidencial*, <https://blogs.elconfidencial.com/sociedad/espana-is-not-spain/2020-07-09/izquierda-diga-no-cultura-cancelacion_2675728/>.

25. Rebecca Alter, «Why Is Everyone Arguing About the Novel American Dirt?», *Vulture*, <https://www.vulture.com/article/ameri can-dirt-book-controversy-explained.html>.

26. En Twitter: <https://twitter.com/DuncanAlexandra/status/1275986810519392258>.

27. Bruce Ziff (ed.), *Borrowed Power. Essays on Cultural Appropriation*, New Jersey, Rutgers University Press, 1997.

28. Juan Soto Ivars, «Apropiación cultural: la excusa para llamarte racista (y algo peor)», *El Confidencial*, <https://blogs.elconfidencial.com/cultura/tribuna/2019-09-04/kwame-anthony-appiah-las-menti ras-que-nos-unen_2208083/>.

29. Jagger Blaec, «This Week in Appropriation: Kooks Burritos and Willamette Week», *Portland Mercury*, <https://www.portlandmercury.com/blogtown/2017/05/22/19028161/this-week-in-appropriation-kooks-burritos-and-willamette-week>.

30. Jon Savage, *Teenage. La invención de la juventud (1875-1945)*, Barcelona, Desperta Ferro, 2016; y Juan Soto Ivars, «Apropiación cultural: la excusa para llamarte racista (y algo peor)»...

31. Icíar Gutiérrez, «Vuelve Halloween, vuelve la polémica: disfraces que buscan llamar la atención y acaban siendo racistas», *eldiario.es*, 30 de octubre de 2019, <https://www.eldiario.es/desalambre/Vuelve-Halloween-polemica-disfraces-atencion_0_958205118.html>.

12. LA CASA DEL AHORCADO

1. Jessa Crispin, *Por qué no soy feminista. Un manifiesto feminista*, Barcelona, Libros del Lince, 2018.
2. Loola Pérez, *Maldita feminista*, Barcelona, Seix Barral, 2020
3. «Una carta abierta a los hombres (feministas)», *Pikara Magazine*, <https://www.pikaramagazine.com/2014/10/una-carta-abierta-a-los-hombres-feministas/>.
4. Esther Miguel Trula, «¿Y si el vinculo entre la testosterona y la viol encia fuese un tópico injusto difundido por la mala ciencia?», *Magnet*, <https://magnet.xataka.com/en-diez-minutos/vinculo-testostero na-violencia-fuese-topico-injusto-infundado-mala-ciencia>.
5. Cristina Fallarás, «Ellos dan miedo y yo no finjo», *Público*, <https://blogs.publico.es/otrasmiradas/17379/ellos-dan-miedo-y-yo-no-finjo/>.
6. Erwan Cario, «Pauline Harmange : elle, les hommes, elle les déteste», *Libération*, <https://www.liberation.fr/debats/2020/10/01/pau line-harmange-elle-les-hommes-elle-les-deteste_1800981>.
7. Mari Luz Peinado, «Del piropo a la violación»: el debate sobre el acoso callejero en Argentina», *El País*, <https://verne.elpais.com/ver ne/2015/04/11/articulo/1428740416_673404.html>.
8. Cristina Sen, «La pornografía, puerta de la violencia», *La Vanguardia*,<https://www.lavanguardia.com/vida/20180706/45708376119/ pornografia-cultura-violacion-victima-violencia-sexual.html>.
9. «Diez feministas chilenas reaccionan a las ideas de Camille Paglia, la controvertida "anti-feminista"», *Emol*, <https://www.emol.com/ noticias/Espectaculos/2018/04/16/902459/Diez-feministas-chile nas-reaccionan-a-las-ideas-de-Camille-Paglia-la-controvertida-antifemi nista.html>.
10. María López Villodres, «Siete ejemplos de masculinidad tóxica que reconocerás en tu día a día», *S Moda*, <https://smoda.elpais.com/ feminismo/siete-ejemplos-de-masculinidad-toxica-que-reconoce ras-en-tu-dia-a-dia/>.
11. «Femen pide ante Interior la castración química de los violadores»,*Infolibre*,<https://www.infolibre.es/noticias/politica/2014/08/28/ femen_pide_ante_interior_castracion_quimica_los_violadores_ 20933_1012.html>.
12. Sara Calvo Tarancón, «El padre de la democracia es un misógi-

no», *Público*, <https://www.publico.es/sociedad/padre-democracia-mi sogino.html>.

13. Clara Campoamor, *El voto femenino y yo. Mi pecado mortal*, Sevilla, Renacimiento, 2018.

14. *LQTD*, «#125. Valérie Tasso – Los males modernos», <https://www.podiumpodcast.com/lo-que-tu-digas/temporada-2/125-valerie-tasso-los-males-modernos/>.

15. Raquel Piñeiro, «"Él es un psicópata y ella no está bien": el "caso Allen" va mucho más allá de quién miente y quién dice la verdad», *Icon*, <https://elpais.com/elpais/2020/10/01/icon/1601539970_164169.html>.

16. Bill Burr, *Paper Tiger*, 2019, Netflix.

17. «Echenique, "las tres derechas y el voto machista"», *El Periódico*, <https://www.elperiodicodearagon.com/noticias/temadia/echenique-las-tres-derechas-voto-machista_1356895.html>.

18. «Arenas ve en peligro la unidad de España porque el PSOE "se aliará con los radicales"», *El Plural*, <https://www.elplural.com/autonomias/andalucia/arenas-ve-en-peligro-la-unidad-de-espana-porque-el-psoe-se-aliara-con-los-radicales_27563102>.

19. Ignacio Jurado, «¿Por qué hay tanta polarización política en España y el mundo?», *El Confidencial*, <https://www.elconfidencial.com/area-privada-ec-exclusivo/2020-10-02/por-que-hay-tanta-polarizacion-politica-en-espana-y-el-mundo_2773548/>.

20. En la cuenta oficial de Twitter de la transición presidencial: <https://twitter.com/Transition46/status/1348403213200990209>.

21. Publiqué una versión de esta semblanza biográfica sobre Rustin en *El Confidencial*, <https://blogs.elconfidencial.com/cultura/tribuna/2019-03-23/bayard-rustin-negro-gay-socialista_1892998/>.

22. Coleman Hughes, «The Gay, Black Civil Rights Hero Opposed to Affirmative Action», *The New York Times*, <https://www.nytimes.com/2019/02/28/opinion/bayard-rustin-race-identity.html>.

23. Jordi Gracia, *Contra la izquierda*, Barcelona, Anagrama, 2018.

24. Angela Nagle, *Muerte a los normies*, Barcelona, Orciny Press, 2019.

25. Beatriz Navarro, «La muerte del partido de Lincoln», *La Vanguardia*, <https://www.lavanguardia.com/internacional/20210106/6170493/capitolio-republicanos-trump-asalto-estados-unidos-biden.html>.

26. Yolanda Monge, «Los tribunales de tres Estados rechazan las demandas de fraude electoral de Trump», *El País*, <https://elpais.com/

internacional/elecciones-usa/2020-11-14/los-tribunales-de-tres-estados-rechazan-las-demandas-de-fraude-electoral-de-trump.html>.

27. Michael D. Shear y Stephanie Saul, «Al teléfono, Trump presionó a un funcionario de Georgia para 'encontrar' votos que anularan las elecciones», *The New York Times*, <https://www.nytimes.com/es/2021/01/04/espanol/estados-unidos/georgia-trump-llamada.html>.

28. «Trump 4EVA, el polémico mensaje del magnate tras ser absuelto», *La Razón de México*, <https://www.razon.com.mx/mundo/trump-4eva-el-polemico-mensaje-en-twitter-del-magnate-republicano/>.

29. «Trump dice que le parece "buena idea" que esculpan su cara en el monte Rushmore», *Abc*, <https://www.abc.es/internacional/abci-trump-dice-parece-buena-idea-esculpan-cara-monte-rushmore-20 2008101013_noticia.html>.

30. Beatriz Navarro, «Trump abraza a la ultraderecha conspirativa de QAnon: "Les gusto"», *La Vanguardia*, <https://www.lavanguardia.com/internacional/20200821/482919523682/trump-abraza-ultraderecha-conspirativa-qanon.html>.

Agradecimientos

No hubiera podido escribir este libro sin las conversaciones, críticas, recomendaciones bibliográficas, apoyo psiquiátrico o simples comentarios dirigidos al viento y cazados con mi arpón de Andrea Palaudarias, Joaquín Muller, Anna Ribera, Roberta Gerhard y Miguel Aguilar, Fernando Broncano, Nacho Cardero, Angy Cohen, Leyre Khyal, Sergio Candanedo, Víctor Lenore, Alberto Olmos, Alejo Schapire, Esteban Hernández, Octavio García, Borja Sémper, Sergi Pàmies, Borja Adsuara, Anónimo García, Carlos S. Almeida, Raúl del Pozo, Diego S. Garrocho, Raquel Sastre, Patricia López, Xabel Vegas, Leonardo Cano, Guadalupe Sánchez, Diego Salazar, Sergio Lifante, Olaia Grande, Anxo Couceiro, Marta Medina, Daniel Arjona, Javi Ramos, Alfredo Pascual, Jaime Sánchez-Rubio Ruiz, Jorge Bustos, David Torres, Ricardo Colmenero, Pablo de Lora, María Zaragoza, Edgar Straehle, Hernán Migoya, Juan Abarca, Jorge Eduardo Benavides, Experto en Igualdad, Daniel Bernabé, Raúl Gay, Mario Colleoni, Sergi Bellver, Manuel Astur, Andreu Navarra, Julio Valdeón, Jorge Pedrosa, César Calderón, Goyo Jiménez, Jose Errasti, Mimunt Hamido, Bou, Javier Benegas, Marta Peirano, David López Canales, Daniel Suárez, Carmen Romero, Pablo Malo, Jimina Sabadu, Edgar Cabanas, Sonfía Rincón, Jesús Úbeda, Daniel Gascón, Juan Manuel de Prada, Diego Fonseca, Paco Bescós, Víctor Amela, Isabel Coixet, Adolfo García Martínez, Alberto Corsín Jiménez, Álex Fidalgo, Juan Gómez Bárcena, Lady Crocs y Judge the Zipper, Víctor Balcells, Xavi Serra, Oriol Puig, Alfredo Landed, Fabio de la Flor, Pepón Fuentes, Álvaro Velasco, Dani Mateo, Edu Galán, Arturo Pérez Reverte, Rebeca Ar-

AGRADECIMIENTOS

gudo, Ignatius Farray, Jon Sistiaga, Toni Sitges-Serra, Camilo de Ory, Pablo Blázquez, Lidia Heredia, Julia Otero, Marta Echeverría y una serie de amigos y conocidos a los que debo garantizar su anonimato: a vosotros os daré las gracias en persona.

Y por encima de todo, gracias a ti por haber leído el fruto de unos años de esfuerzo y obsesión. Si este libro te ha parecido interesante y lo recomiendas a tus conocidos o en tus redes sociales, estarás haciendo algo por mí de mucho valor. Mi correo, por si quieres hacerme llegar cualquier crítica o comentario, es: <jsoto@elconfidencial.com>.